초국적 관점에서 본 유학생의 경험과 유학정책

대구대학교 다문화사회정책연구소 총서 06

초국적 관점에서 본 유학생의 경험과 유학정책

교육 현장에서의 연구 결과를 중심으로

푸른길

책머리에

2023년 3월 23일 법무부 출입국·외국인정책본부의 2월 통계연보에 따르면 지난 1월 말 현재 어학연수를 포함한 외국인 유학생이 모두 20만 명을 넘어섰다. 본격적인 유학생 시대에 접어든 것이다. 대구대학교 다문화사회정책연구소는 2018년에 '초국가주의 관점에 기초한 유학정책과 교육혁신 연구'라는 주제로 한국연구재단의 대학중점연구소 과제에 선정되어 유학생 관련 연구를 진행해 왔다. 이의 일환으로 『한국어 교육과정론』(2019), 『초국가주의 유학정책과 교육혁신』(2021), 『Transnational Higher Education in the Covid-19 Era』(2021), 『국제 이주 입문』(2022) 등을 연구총서로 발간한 바 있다.

2018년 선정된 연구 주제의 목적은 크게 두 가지인데, 하나는 유학정책과 교육혁신을 위해 한국으로 유입되는 유학생의 경험을 초국적 관점에서 심도 있게 이해하는 것이고, 다른 하나는 유학생 교육 연구로서 유학생 데이터베이스 구축과 유학정책센터를 설립하는 것이다. 본서는 2021년부터 시작한 2단계 사업 이후 연구소의 연구진에 의해 이루어진 성과를 모은 것이다.

본서는 크게 1부 유학생의 생활세계, 제2부 한국어와 한국어 교육, 그리고 3부 초국적 유학정책의 세 부분으로 나누어진다. 제1부 유학생의 생활세계에서, 김연희·이교일(1장)은 국내에서 가장 큰 두 유학생 집단인 중국 유학생과 베트남 유학생의 차별 경험을 분석하고, 이러한 경험이 문화적응 스트레스와 정신건강 수준에 어떠한 영향을 미치는지를 규명하였다. 다음으로 이윤주(2장)는 대학에서 학문 수행을 목적으로 한 외국인 유학생과의 개별 면담을 통해 학업 경험에 자기결정성 동기의 적용상황을 분석하였다. 그리고 김혜영·황동진(3장)은 외국인 유학생 관리 실태 연구의 연장선으로, 소셜 네트워크 서비스가 유학생활 만족도에 미치는 영향을 살펴보았다.

제2부 한국어와 한국어 교육에서, 김정란·김명광(4장)은 외국어로서의 한국어 교육에서 중국인 한국어능력시험 5급 학습자 중 듣기와 쓰기 수준이 서로 다른 4명을 대상으로 딕토콤프(Dicto-Comp) 활동을 적용하여 듣기와 쓰기 담화통합 사례를 분석하였다. 다음으로 이윤주(5장)는 한국어 교육에서 외국인 유학생을 대상으로 한국어 학습에 영향을 미치는 태도를 분석하여 외국인 유학생 교육정책 및 방향을 제시하였다. 박은정(6장)은 한국어 학습자들의 역번역문을 통해 고급 학습자들의 한국어 사용 양상을 살펴보고 고급 학습자들의 한국어 실력을 향상하는 데 필요한 교육 내용을 살펴보았다.

제3부 초국적 유학정책에서, 김명광(7장)은 COVID-19 이전과 이후의 외국인 유학생 현황을 검토하여, 이를 바탕으로 유학생정책에 대해 제언하였다. 이화숙·이용승(8장)은 유학생 관련 명칭의 현황을 분석하여, 명칭의 사용에서 드러나는 문제점을 살펴 대안을 제시하였다. 이윤주·이화숙·이용승(9장)은 외국인 유학생의 학업 수행과 관련하여 이루어진 정의적 요인에 관한 연구 동향을 분석하여 유학생 교육정책에 관한 함의를 도출하였다. 이예지(10장)는 외국인 유학생의 비합법 시간제 취업 활동과 수학의 병행이 학업에 끼치는 영향을 탐색하여 포스크 코로나 시대 유학정책의 대안을 제언하였다.

모쪼록 이 책이 유학생과 유학정책에 대한 관련 학계의 연구와 일반인들의 인식 변화에 조금이라도 보탬이 되었으면 한다. 끝으로 이 책이 나오기까지 많은 도움을 주신 ㈜푸른길의 관계자 여러분과 대구대학교 다문화사회정책 연구소의 권순홍 선생에게 감사를 드린다.

2023년 3월 27일
집필자를 대신하여
윤재운 씀

차례

제3부 초국적 유학정책

제1부

유학생의 생활세계

유학생의 차별 경험과 정신건강 간의 관계에서 문화적응 스트레스의 매개효과 검증 연구

- 대구·경북지역의 베트남 유학생과 중국 유학생의 비교 -

김연희·이교일

Ⅰ. 서론

한국에서 유학하는 외국인 유학생 수는 2014년 이후 꾸준히 증가하였으며, 2019년에는 16만 명을 넘어 지난 10년 전과 비교하였을 때 두 배로 증가했다(교육부, 2020). 같은 해 한국인 학생들의 해외 유학이 역대 최저치로 감소한 것과는 크게 대비되는 현상이다. 외국인 유학생 수가 증가한 것에는 여러 가지 이유가 있는데, 한류 붐과 한국기업의 해외 진출로 한국 문화와 한국어 관심 증가(박준용 외, 2020), 국가·대학의 국제경쟁력 강화 노력, 국내 학령인구 감소에 대한 대안으로 외국인 유학생 유치정책 등을 주요 원인으로 지적할 수 있겠다(김성은·이교일, 2019). 그러나 최근 몇 년간 유학생 증가율은 둔화되고 있으며, '2020년까지 20만 명의 외국인 유학생 유치'라는 정부의 'Study Korea Project' 목표에는 훨씬 못 미치고 있다(교육부, 2020).

유학은 외국인 유학생들의 미래 기회를 확장시키기 위한 중요한 투자이다. 학업적 성취뿐만 아니라 문화적, 정치적, 사회적 자본을 축적하는 시기이기도 하다(황경아·홍지아, 2018; 주영·안귀여루, 2017; 안경주, 2016). 또한 대학은 문화적으로 다양한 캠퍼스 환경을 조성하고, 해외의 인재들을 유치하여 교육시

킴으로써 경제적 이익뿐만 아니라 고등교육의 국제화를 이룰 수 있다. 국가적으로는 국제적 교육협력을 통해 우리나라에 우호적인 우수한 외국의 인재를 육성하여 국제적 영향력을 강화할 수 있는 기회가 되기도 한다(정경희·김영순, 2018; 하연섭 외, 2015).

위와 같이 유학의 긍정적인 효과가 있지만, 유학생들의 학교 부적응과 한국 생활에 대한 부정적 경험 또한 많이 보고되고 있다. 한국 정부나 대학이 유학생 유치에만 집중하고 관리에는 소홀하여 학교 부적응 문제가 많아 이것이 장기적으로 한국 고등교육의 외국인 유학생 유치 경쟁력 약화로 이어질 수 있다는 지적이다(김한나 외, 2016). 자주 언급되는 교육 관련 문제들로는 유학생의 한국어 능력 부족으로 인한 면학의 어려움, 대학의 부실한 유학생 교육의 질 관리와 진로, 취업지도 부재 등이 있다(조효정·이유경, 2018; 최은혜 외, 2018; 전정미, 2017). 유학생이 재정 문제로 인하여 불법체류자로 전락하거나, 언어와 문화적 차이로 인한 사회적 고립, 학교와 지역사회에서 경험하는 차별 등 사회적 관계 문제가 주요 부적응 영역으로 지적된다(김환철·서은숙, 2019; 김종태·한기덕, 2013).

한국 사회의 외국인에 대한 배타성과 차별이 유학생들에게 스트레스 요인으로 지적되고 있고, 그로 인한 우울, 불안과 같은 심리·정서적 부적응도 이들의 유학생활에 위협이 되고 있다. 유학생의 차별 경험에 대한 기존 연구들은 내국인의 외국인에 대한 차별이 오랜 단일민족 국가 경험으로 인한 것도 있지만, 외국인의 국적, 인종, 문화, 경제적 수준 등에 따라 위계적 관계로 인식하고 다양한 수준의 차별이 발생하는 것으로 보고 있다(김환철·서은숙, 2019; 민예슬·김창대, 2018; 김종태·한기덕, 2013). 한국에서 유학하는 외국인 중에서 주로 아시아권 출신이고 출신국의 위상이 낮게 인식될 때 차별 경험에 많이 노출되는 것으로 나타났다(김종태·한기덕, 2013).

이주자의 적응에 관한 기존의 연구들에 따르면 사회적 소수자의 차별 경험은 문화적응 스트레스와 정신건강에 중요한 영향 요인임을 보여 준다(이민지 외, 2016; Noh & Kasper, 2003). 또한, 내국인은 유학생의 한국어 활용 수준과 한국 문화와 제도에 대한 이해에 따라 유학생에 대한 태도를 결정하는 것으로 나타났다(서영주, 2020; 박은경, 2011). 데스빈타 아유 이리아니·이토 히로꼬(2018)의 연구에 따르면 대구·경북지역 거주 아시아권 출신 유학생들은 학교 내에서 차별을 많이 경험하며, 출신 국가와 인종에 따라 차별의 정도가 다르다고 인식하는 것으로 나타났다. 이는 유학생의 인종과 민족(ethnicity), 국적, 문화적 배경, 한국어 능력 등에 따른 위계적 인식과 차별을 확인하는 것인데, 외국인 유학생의 민족 배경, 국적에 따른 차이에 대한 비교 연구는 아직까지 소수에 불과하다.

외국인 유학생에 관한 연구 중에는 유학의 역사가 가장 길고 유학생 규모가 가장 큰 중국 유학생을 대상으로 한 연구가 가장 많다. 두 번째로 큰 집단이며 최근 빠른 속도로 증가 추세인 베트남 유학생에 관한 연구는 최근 몇 년에 들어서야 시작되었다. 중국과 베트남 유학생들이 외국 유학생 전체에서 차지하는 비율이 67.8%에 이르고(교육부, 2019), 이들의 유학 경험에 대한 이해는 유학 교육정책과 실천을 위한 매우 중요한 정보가 될 것이다. 이 두 집단은 아시아권 출신이라는 점에서 유사하지만 각각 집단에 대한 한국인의 인식과 태도에는 차이가 있다. 이는 이들이 한국생활에서 겪는 차별 경험, 적응과정에서의 스트레스나 정신건강 수준에도 차이를 가져올 수 있으며, 유학생활 적응에도 영향을 줄 것으로 추측된다.

이 연구는 내국인 혹은 지역사회가 외국인 유학생을 '다름'이라는 차이를 근거로 문화, 경제, 사회적 측면에서 차별 현상이 발생한다는 것에 주목하고자 한다. 그동안 외국인 유학생 유치에만 집중해 온 정부와 대학의 유학정책이 진일보하기 위해서는 이들의 교육과 일상생활 적응뿐만 아니라 사회적 관계, 심리·정서적 안녕, 문화적응에 주목할 필요가 있다. 그리고 다양한 유학생 집단의 고유한 경험 차이를 이해하고 그에 따른 세밀한 맞춤형 교육정책이 이루어져야 한다고 본다. 이러한 시도로서 이 연구는 국내에서 가장 큰 두 유학생 집단인 중국 유학생과 베트남 유학생의 대학 캠퍼스 안과 밖의 사회적 관계에서 차별 경험을 비교·분석하고자 하고, 차별 경험이 이들의 문화적응 스트레스와 정신건강 수준에 어떠한 영향을 미치는지를 밝혀 보고자 한다.

이 연구는 다음과 같은 질문에 대한 답을 구하고자 한다. 1) 베트남과 중국 유학생의 차별 경험의 수준과 내용, 문화적응 스트레스와 정신건강 수준은 차이가 있는가? 2) 차별 경험은 문화적응 스트레스와 정신건강 수준과 어떤 관계가 있는가? 3) 베트남과 중국 유학생의 차별 경험과 정신건강 간의 관계에서 문화적응 스트레스는 매개효과의 차이가 있는가?

II. 이론적 배경

1. 선행 연구 검토

2000년대 초부터 시작된 외국인 유학생 연구는 크게 외국인 유학생 교육정책 연구와 유학생의 경험 연구로 나누어 볼 수 있다. 거시적 차원의 외국인 유학생 교육정책 연구들로는 '교육산업 육성'과 '해외 인재 확보와 유치'에 관한 연구들로 유학생 현황과 정부정책 방안 제안이 주를 이루고 있다. 한국과 중국, 일본을 중심으로 영국, 호주, 독일, 미국, 캐나다 등 주요 국가의 유학정책 사례를 살펴보고 우수 인재 유치, 유학생 유치 확대와 관리 및 지원, 활용 방안 등을 제시하고 있다(김한나 외, 2016; 배소현·김회수, 2014; 변수연·변기용, 2014; 이용균, 2012). 교육 현장에서의 정책 연구들은 늘어난 외국인 유학생들이 '대학에서 그들이 필요한 교육 서비스를 제공받고 있는가', '교육의 질을 담보하기 위한 대학과 정부의 정책은 수립·시행되었는가(조효정·이유경, 2018; 최은혜 외, 2018)'라는 질문에 대한 답을 구하는 것이다. 이러한 연구들은 고등교육의 국제경쟁력 제고와 대학의 질적 수준을 개선해야 한다는 정책 방향을 제시하 거나(신재영 외, 2018), 유학생 학업 지원을 통한 관리방안을 제안하였고(김지혜, 2017; 전재은, 2016), 유학생 유치 관리 역량을 강화하고 유학생 유치를 활성화 하기 위한 정책과제를 제안하는 논의를 포함한다(최은숙, 2017). 이 밖에도 학 업 지원의 구체적인 방안들로 한국어 교육, 전공 교육의 내실화, 진로 지도 강 화의 필요성 등을 지적한 연구들이 있다(전정미, 2017).

유학생의 경험에 대한 연구는 유학생이 급증하기 시작한 2010년 이후에 발 표되기 시작하였다. 국적별로는 중국 유학생에 대한 연구가 가장 많으며 일 본, 베트남, 몽골 유학생 등이 그 뒤를 따르고 있다. 유학생 개인의 학습 경험 에 대한 연구가 가장 다수를 차지하고(김상수, 2018; 이정아·윤소정, 2018; 황성 근, 2018; 홍승아, 2018), 그 다음으로 유학생들을 새로운 소비자로 보고, 소비 행 동과 여가활동 같은 생활양식과 관련된 연구가 많으며(노윤호 외, 2018; 노정희, 2016), 문화·심리적 경험에 대한 연구(이희승 외, 2018; 조용비·이동혁, 2018; 왕페 이 외, 2008)도 있다.

국내 유학생에 관한 연구는 중국 유학생을 대상으로 한 연구가 먼저 시작 되었는데(조혜영, 2003; 허춘영·김광일, 1997), 이들에 관한 최근 연구를 살펴보 면 중국 유학생의 학습 어려움과 중도탈락에 관한 연구들(임체리 외, 2020; 정경 희·김영순, 2018), 일상생활 실태에 관한 연구들(고염염·김정희, 2018; 유승아·김 미정, 2018)이 있고 최근 중국 유학생이 감소하는 원인에 대해 분석하고 발전방 안을 제시하는 연구(최봉환, 2020), 중국 유학생의 차별 경험과 유학생활 만족 도에 대한 연구도 있다(김해연 외, 2019).

중국 유학생 다음으로 높은 비중을 차지하고 있는 베트남 유학생 연구는 베트남 유학생의 교우관계 갈등 경험에 관한 연구(윤영주·장소영, 2016), 효율적 유치전략에 관한 연구(조항록, 2017), 베트남 유학생의 학습전략에 관한 연구(홍종명, 2017), 베트남 유학생의 대학생활 적응에 관한 연구(안진우·이채원, 2017) 등이 있다. 유사한 주제의 다양한 국가별 유학생 연구들도 존재한다. 기존 연구들의 한계는 출신국에 따라 유학생의 경험 차이가 분명함에도 불구하고 외국인 유학생을 통합해서 연구하거나, 반대로 특정 국가를 연구하여 유학생의 국적에 따라 어떠한 차이가 있는지에 대한 비교 연구가 아직까지 미흡하다는 점이다(데스빈타 아유 아리아니·이토 히로꼬, 2018; 안진우·이채원, 2013).

위에서 살펴본 것처럼 기존 유학생 연구는 국적 중심의 연구들이 주를 이루다 보니 집단 간의 차이를 비교하고 그에 따른 대학과 지역사회의 적절한 대응을 제안하는 연구들은 소수에 불과하다. 최근에 수행된 중국과 베트남 유학생에 관한 비교 연구로는 한국 적응과 진로 성숙에 있어 두 집단 간의 차이에 관한 연구(김효선·김은수, 2018), 중국·베트남 유학생의 학습과 생활 경험에 관한 비교 연구(김소진·쩐 응우웬 응우웬 현, 2020; 기성진, 2017)가 있지만, 심리·정서적 이슈에 대한 비교 연구는 전무하다. 기존의 연구에서 문화적응 스트레스, 차별 경험, 우울 중 한 측면을 다루기는 하였지만, 이주자의 적응에 지대한 영향을 미치는 것으로 알려진 차별 경험과 문화적응 스트레스와 정신건강 간의 관계를 살펴보는 연구는 없었다. 특히, 유학생의 국적과 민족적 배경에 따라 내국인의 태도와 행동이 다르다는 다수의 연구 결과로 미루어 보았을 때, 유학생 집단에 따라 차별 경험은 차이가 있을 것이고, 그에 따른 문화적 스트레스와 정신건강에도 차이가 있을 것으로 보여 유학생 국적 간에 어떠한 차이가 있는지를 밝혀 볼 필요가 있다.

이 연구는 국내 유학생 중 가장 큰 두 집단이며, 동북아시아와 동남아시아라는 지역적 배경을 달리하는 중국 유학생과 베트남 유학생의 생활 경험과 그에 따른 정신건강 적응을 살펴보고자 한다. 구체적으로 두 집단의 차별 경험이 이들의 문화적응 스트레스와 정신건강에 미치는 영향과, 차별 경험이 문화적응 스트레스와 정신건강에 영향을 미치는 기제와 정도에는 차이가 있는지를 비교 분석하고자 한다. 연구 결과는 국가별 맞춤형 유학생 지원체계와 방식을 마련하는 데 좋은 기초 자료가 될 것이다.

2. 주요 변인 간의 관계

1) 차별과 정신건강

차별은 사람의 취향이나 선호 그리고 특성 등의 차이에 따라 가치를 부여하는 과정에서 불합리하고 자의적인 기준에 따라서 인간의 차이를 평가하면서 나타나는 현상이다(정현 외, 2017; 고민석·김동주, 2013). 외국인 유학생은 출신국가, 인종·민족, 본국의 경제적 지위와 같은 구조적 기준과 한국어 활용 수준, 생활양식과 같은 문화적 차이로 인하여 차별받는다. 김종태·한기덕(2013)의 연구에 따르면 아시아권 국가일지라도 선진국이라고 인식하는 나라에 대해서는 한국인들이 긍정적 인식을 보이는 경향이 있으나 동남아시아와 같이 한국보다 후진국이라고 인식하는 나라에 대해서는 부정적 인식을 가지는 경향이 있는 것으로 나타났다. 서영주(2020)는 외국인 유학생의 역량이 한국어 능력에 의해 판단되기도 해서, 때로는 그것이 인종차별로 이어지는 경향이 있다고 말한다. 외국인 유학생에 대한 차별 경험은 사회적 고립, 지지체계 형성의 어려움, 좌절과 실망감과 같은 심리적 부적응으로 이어지게 된다.

외국인 유학생에 대한 차별이 이들의 정신건강에 부정적 영향을 미치는 결과를 보여 준 연구도 있다(고민석·김동주, 2013). 차별 경험은 개인이 조직이나 사회에서 낮은 사회적 지위와 불공평한 대우를 받고 있다는 인식을 갖게 하며, 이러한 부정적 인식은 스트레스 수준을 높인다(박우진, 2015; Floers et al., 2008). 몇몇 선행 연구 결과, 유학생의 일상적 차별 경험이 우울과 같은 정신건강의 위험을 높이는 것으로 나타났다(민예슬·김창대, 2018; 박지선·천지은, 2017).

2) 차별과 문화적응 스트레스

유학은 이문화(異文化) 간의 접촉을 의미하며 이러한 접촉과정을 통해 외국인은 문화적 변용과 적응과정을 거친다. 이러한 과정에서 본국과 이주국의 문화 차이로 인하여 발생하는 심리·문화적 스트레스를 '문화적응 스트레스(acculturative stress)'라고 한다(Gibson, 2001; Berry, 1997; Nwadiora & McAdoo, 1996). 외국인 유학생이 정착국에서 법, 제도, 학교문화, 일상생활 등 적응하는 과정에서 겪는 어려움, 심리적 갈등과 혼란, 불안과 긴장 등을 문화적응 스트레스라고 할 수 있다. 유학생들에게 이러한 문화적응 스트레스가 나타나는 이유 중 하나는 한국의 외국인 유학생 유치 역사가 짧아 대학이나 지역사회가 미처 이들을 위한 교육적, 문화적 수용에 대해 충분한 준비를 하지 못했기 때문이다.

한편 외국인 유학생의 문화적응 스트레스를 높이는 주요 요인으로 차별 경험이 자주 지적된다(김후조·손은정, 2011). 현재 한국에서 유학하는 외국인 학생이 지각하는 차별 경험으로는 학교와 지역사회에서의 국적, 인종, 한국어 수준, 문화적 차이 등으로 인한 무시, 폄훼, 조롱, 비난, 고립 등이 언급된다. 외국인 유학생들은 국적과 피부색 등으로 인해 아르바이트 구직의 어려움뿐만 아니라, 대중교통 이용의 불편함, 방송매체를 통한 해당 국가에 대한 비하와 편견 등을 경험하는 것으로 나타났으며, 이는 한국 사회에 적응하는 과정에서의 주요 스트레스 원인인 것으로 지적되고 있다(김환철·서은숙, 2019). 이러한 현상에 대해 선행 연구에서는 선진국 담론과 한국인의 내면화된 인종차별에 근거하여 동남아시아인, 아프리카 흑인, 조선족, 중국 한족에 대한 부정적인 인식에 따른 현상으로 설명하고 있다(이정향, 2015; 김종대·한기덕, 2013). 따라서 외국인 유학생들의 안정적인 유학생활을 위해서는 이들에 대한 차별과 문화적응 스트레스를 어떻게 감소시킬 것인지에 대한 관심이 필요하다.

3) 문화적응 스트레스와 정신건강

문화적응 스트레스는 불안, 우울, 절망감, 소외감, 정체성 혼란 등을 야기하며(Berry, 1997) 개인의 삶의 위기를 초래할 수 있다. 중국 유학생을 대상으로 한 문화적응 스트레스와 정신건강에 관한 연구에 따르면 외국인 유학생의 경우 일반 학생들이 경험하는 일상적인 스트레스 이외에도 새로운 문화에 적응하는 과정에서 다양한 언어, 사회규범, 대인관계의 어려움 등으로 인해 우울 및 신체화 증상과 같은 심리적 어려움을 갖는 것으로 나타났다(이아라·이혜경, 2020; 김민선 외, 2010; 임춘희, 2009; 나임순, 2006). 이는 다른 외국인 유학생 집단에서도 문화적응 스트레스가 정신건강에 밀접한 영향을 줄 것으로 추정되며, 이에 대한 검증이 필요함을 의미한다.

유학생에 관한 선행 연구에 따르면 외국인 유학생의 차별 경험은 문화적응 스트레스에 영향을 미치며, 문화적응 스트레스는 정신건강에 영향을 미치는 것을 확인할 수 있었다. 중국 유학생을 대상으로 차별과 문화적응 스트레스, 문화적응 스트레스와 정신건강 간의 관계를 살펴본 연구는 있으나, 차별과 문화적응 스트레스와 정신건강 간의 일련의 관계를 살펴본 연구는 없다. 최근 그 숫자가 가파르게 증가한 베트남 유학생에 대한 연구는 교우관계 갈등 경험(윤영주·장소영, 2016), 대학생활 적응(박종호, 2019; 김미영 외, 2018)에 관한 연구에 그치며 유학생의 정신건강에 대한 연구는 없다.

중국과 베트남은 동일한 아시아권 국가임에도 불구하고 국가의 경제와 국제적 위상, 민족, 문화 등에 대한 한국인들의 인식에 큰 차이가 있다. 따라서 이 두 집단의 생활 경험은 많이 다를 것으로 보인다(데스빈타 아유 이리아니·이토 히로꼬, 2018; 김종태·한기덕, 2013). 국내 유학생 중 가장 큰 두 집단의 차별 경험, 문화적응 스트레스, 정신건강 수준에 어떤 차이가 있는지, 이 세 변수 간의 영향관계에서 어떠한 차이가 나타나는지에 대해 검증함으로써 이들을 지원하기 위한 방안의 기초 자료를 제공하고자 한다.

초국적 관점에서 본 유학생의 경험과 유학정책

4) 인구사회학적 변수와 정신건강

성별은 정신건강의 주요 예측 요인이다. 우울과 불안은 일반적으로 여성이 남성보다 높다(라영안, 2017). 여학생이 남학생보다 스트레스에 대한 반응이 더 민감하며, 대인관계에서도 상대적으로 더 민감하기 때문에 우울을 경험할 가능성이 더 높다는 것이다. 그러나 이홍직(2012)의 연구에서는 남학생이 여학생보다 우울이 높은 것으로 나타났는데, 유학국에서의 경제적 부담감으로 인한 스트레스가 남학생이 여학생보다 높기 때문이다.

유학생의 유학국 거주 기간은 정신건강 수준과 관련이 있는 것으로 나타난다(Wilton & Constantine, 2003). 유학국에서 거주 기간이 길어질수록 새로운 문화에 더 적응하게 되고, 문화적응 스트레스는 감소하게 되어 정신건강 수준이 높아지는 것으로 나타났다(라영안, 2017). 유학생활 과정에서 유학국의 언어를 능숙하게 사용하고 유학국의 문화, 제도, 교육환경에 적응했기 때문이다. 마지막으로, 주관적으로 인식하는 건강 수준은 이주민의 정신건강과 밀접한 관계가 있다(Floers et al., 2008). 이내영·한지영(2011)은 중국 유학생은 신체적으로 건강 위험성에 대해 우려하고 있으며 이는 정신건강에도 부정적인 영향을 미칠 수 있다고 지적하였다.

III. 연구 방법

1. 연구 모형

이 연구는 대구·경북지역 유학생의 차별 경험과 정신건강 간의 관계에서 문화적응 스트레스의 매개효과를 살펴보며 유학생의 국적에 따른 주요 변인 간의 관계를 비교하기 위한 연구 모형을 〈그림 1〉과 같이 설정하였다.

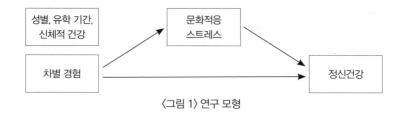

<그림 1> 연구 모형

연구 가설 1) 대구·경북지역 베트남, 중국 유학생의 차별 경험의 수준과 내용, 문화적응 스트레스, 정신건강 수준은 차이가 있다.

연구 가설 2) 대구·경북지역 외국인 유학생의 차별 경험은 문화적응 스트레스와 정신건강 수준에 영향을 미친다.

연구 가설 3) 대구·경북지역 베트남, 중국 유학생의 차별 경험과 정신건강 간의 관계에서 문화적응 스트레스는 매개효과가 있다.

2. 연구 대상 및 자료 수집

이 연구는 대구대학교 생명윤리위원회로부터 IRB 승인을 받았다(1040621-201905-HR027-02). 유학생이 설문조사 목적에 대해 이해하고 적극적으로 참여할 수 있도록 베트남어와 중국어로 번역하였다. 번역한 설문지는 유학생을 대상으로 사전조사를 실시하였으며, 번역의 정확성과 설문 문항의 적절성, 설문에 소요되는 시간 등을 확인하였다. 사전조사 결과를 바탕으로 설문지를 수정 보완하여 설문조사를 실시하였다.

이 설문조사는 비확률표집 방법 중 할당표집으로 설문 대상을 선정하였다. 조사 기간은 2019년 12월 1일부터 12월 15일까지이며 대구·경북지역에 소재한 5개 주요 4년제 대학교에 재학 중인 유학생 544명을 대상으로 진행하였다. 설문조사 방법은 본 연구자나 유학생 담당 교원이 직접 수업 시간을 활용하여 유학생들에게 연구 목적에 대해 충분히 설명한 후 설문조사에 참여하도록

초국적 관점에서 본 유학생의 경험과 유학정책

하였다. 총 389개의 설문지가 회수되었으며 이 중 응답이 불성실한 67개의 설문지를 제외한 322개의 설문지 중에서 이 연구의 대상인 베트남 국적 유학생 124명, 중국 국적 유학생 133명, 총 257명을 분석에 사용하였다.

3. 주요변수 및 측정 도구

1) 종속변수: 정신건강

종속변수인 정신건강을 측정하기 위하여 홉킨스 증상체크리스트(Hopkins Symptom Checklists(HSCL)−25)를 사용하여 불안 및 우울 수준을 측정하였다. 이 척도는 자기보고형 척도로서 동남아시아 난민 및 고문 피해자 연구에 널리 쓰였으며, 현재 성인 및 청소년 외상 집단이나 난민 집단의 정신질환을 측정하는 데 널리 사용되고 있다. 이 척도는 총 25개 문항으로 구성되었으며, 15문항의 우울 증상, 10문항의 불안 증상 질문으로 구성되어 있다. 이 척도는 평균 점수 1.75를 임상적 절단점(cutoff point)으로 본다. 4점 리커트 척도로써 '1=전혀 그렇지 않다, 2=그렇지 않다, 3=그렇다, 4=매우 그렇다'로 구성되어 있으며 평균 점수가 높을수록 정신건강 수준이 낮음을 의미한다. 이 연구에서 홉킨스 증상 체크리스트의 Cronbach's α=.962인 것으로 나타났다.

2) 독립변수: 차별 경험

독립변수인 차별 경험을 측정하기 위하여 서영인 외(2012)의 연구에서 사용한 차별 경험 문항을 사용하였다. 이 척도는 외국인 유학생의 한국 유학생활 중 차별 경험을 측정하기 위하여 개발된 척도이다. 이 척도는 총 6개 문항으로 구성되어 있으며, 각 문항은 '성별, 국적, 인종, 종교, 외모, 한국어 발음' 등으로 차별받은 경험 수준에 대해 질문하고 있다. 차별 경험은 4점 리커트 척도로써 '1=전혀 없다, 2=거의 없다, 3=가끔 있다, 4=자주 있다'로 구성되어 있으며, 평균 점수가 높을수록 차별 경험이 높음을 의미한다. 차별 경험의 Cron-bach's α=.819인 것으로 나타났다.

3) 매개변수: 문화적응 스트레스

매개변수인 문화적응 스트레스는 Sandhu와 Asrabadi(1994)가 개발한 Ac-culturative Stress Scale for International Student(ASSIS)를 이소래(1997)의 연구와 전우택 외(2009) 연구에서 수정 보완하여 국내 이주자들의 문화적응 스트레스 척도로 사용하였다. 이 척도는 자기보고형 척도로서 '1. 한국어(한국말)를 잘 이해하지 못한다, 2. 음식, 옷차림, 주택 등 생활 조건들이 달라 어렵다, 3. 한국 사람들의 사고방식을 이해하기가 힘들다, 4. 본국(모국)에서의 가치관이나 생활 습관이 한국과 잘 맞지 않는다고 느낀다, 5. 나는 경제적으로 어렵다, 6. 나의 나라에 대한 차별과 편견을 경험하였다, 7. 한국생활에 필요한 정보가 부족하다, 8. 본국(모국)에 두고 온 가족들 생각에 마음이 아프다, 9. 내가 무능하다는 느낌이 든다'의 9개 문항으로 구성되어 있다.

문화적응 스트레스는 4점 리커트 척도로써 '1=전혀 안 받는다, 2=거의 안 받는다, 3=조금 받는다, 4=많이 받는다'로 구성되어 있으며 평균 점수가 높을수록 문화적응 스트레스 수준이 높음을 의미한다. 문화적응 스트레스의 Cronbach's α=.813인 것으로 나타났다.

4) 통제변수

이 연구에서 사용한 통제변수 중 성별은 '0=남자, 1=여자'로 더미변수 처리하였으며, 유학 기간은 설문조사한 2019년 기준으로 유학 기간을 변환하여 사용하였다. 신체적 건강은 '1=전혀 건강하지 못하다, 2= 건강하지 못한 편이다, 3=건강한 편이다, 4=매우 건강하다'로 측정하였다.

4. 자료 분석

본 연구는 IBM SPSS Statistics 26.0을 이용하여 분석하였다. 첫째, 조사대상자의 인구학적 특성을 살펴보기 위하여 빈도분석을 실시하였다. 둘째, 주요변수의 다변량 정규성 검증을 위하여 평균과 표준편차, 왜도와 첨도를 확인하였다. 셋째, 조사대상자의 국적에 따른 주요변수의 평균 차이를 검증하기 위하여 독립표본 t검증을 실시하였다. 넷째, 주요변수 간의 상관관계를 살펴보기 위하여 피어슨 상관관계를 실시하였다. 마지막으로, 차별 경험과 정신건강 간의 관계에서 문화적응 스트레스의 매개효과를 검증하기 위하여 Baron과 Kenny(1986) 매개효과 검증과 Mackinnon 외(2002)의 연구에서 제시한 Sobel test를 실시하였다.

Ⅳ. 연구 결과

1. 인구사회학적 변수

조사대상자의 인구사회학적 변수를 국적별로 살펴본 결과는 〈표 1〉과 같다. 먼저 성별에서는 베트남 유학생은 여학생 75.8%, 남학생 24.2%로 나타났으며, 중국 유학생은 여학생 66.9%, 남학생 33.1%로 나타나 베트남 유학생과 중국 유학생 모두 여학생이 남학생보다 높은 비율을 차지하는 것으로 나타났다. 이러한 결과는 국내 외국인 유학생 성별 특성과 유사하게 나타났다(교육부, 2020). 한국 거주 기간에서는 베트남 유학생은 2년 이상~3년 미만 51.2%, 1년 이상~2년 미만 21.5%, 1년 미만 10.7%, 3년 이상~4년 미만 9.9%, 4년 이상 6.6% 순으로 나타났으나 중국 유학생은 1년 미만 46.7%, 1년 이상~2년 미만 25.2%, 2년 이상~3년 미만 21.5%, 3년 이상~4년 미만 4.7%, 4년 이상 1.8% 순으로 나타났다.

신체적 건강 수준에서는 베트남 유학생은 건강한 편이다 67.3%, 건강하지 못한 편이다 15.0%, 매우 건강하다 13.3%, 전혀 건강하지 못하다 4.4% 순으로 나타났으며, 중국 유학생은 건강한 편이다 55.7%, 매우 건강하다 26.2%, 건강하지 못한 편이다 18.0% 순으로 나타나 전반적으로 건강한 것으로 나타났다.

한편 조사대상자의 국적에 따른 정신건강 수준을 국적별로 비교한 결과 경미한 임상적 상태를 보이는 베트남 유학생이 68.5%, 중국 유학생 65.9%로 전반적으로 정신건강 수준이 양호하지 않은 것으로 나타났다.

〈표 1〉 인구사회학적 특성

변수	하위변수		빈도	퍼센트
성별	베트남	남학생	30	24.2
		여학생	94	75.8
	중국	남학생	44	33.1
		여학생	89	66.9
한국 거주 기간	베트남	1년 미만	13	10.7
		1년 이상~2년 미만	26	21.5
		2년 이상~3년 미만	62	51.2
		3년 이상~4년 미만	12	9.9
		4년 이상	8	6.6
	중국	1년 미만	50	46.7
		1년 이상~2년 미만	27	25.2
		2년 이상~3년 미만	23	21.5
		3년 이상~4년 미만	5	4.7
		4년 이상	2	1.8
	무응답		29	11.3

신체적 건강 수준	베트남	전혀 건강하지 못하다	5	4.4
		건강하지 못한 편이다	17	15.0
		건강한 편이다	76	67.3
		매우 건강하다	15	13.3
	중국	전혀 건강하지 못하다	0	0.0
		건강하지 못한 편이다	22	18.0
		건강한 편이다	68	55.7
		매우 건강하다	32	26.2
	무응답		22	8.6
정신건강 수준	베트남	1.75 미만	39	31.5
		1.75 이상	85	68.5
	중국	1.75 미만	45	34.1
		1.75 이상	87	65.9

2. 기술통계

이 연구에 사용된 측정변수들의 다변량 정규성 가정을 충족하는지를 확인하기 위하여 기술통계 분석을 실시하였으며, 그 결과는 〈표 2〉와 같다. 다변량 정규성 검증을 위한 조건은 왜도는 절대값 기준 3 미만, 첨도는 절대값 기준 10 미만으로 나타나야 한다(Kline, 2005). 이 연구에서 사용된 모든 변수는 〈표 2〉와 같이 왜도는 -0.311~0.338, 첨도는 -0.662~1.037 범위를 보여 다변량

〈표 2〉 주요변수의 기술통계

변수	평균	표준 편차	최소값	최대값	왜도		첨도	
					통계량	S.E	통계량	S.E
정신건강	2.049	0.634	1.000	3.760	0.029	0.152	-0.209	0.303
차별 경험	1.820	0.589	1.000	4.000	0.338	0.152	1.037	0.303
문화적응 스트레스	2.789	0.481	1.000	4.000	-0.311	0.152	-0.662	0.303

정규성의 범위를 벗어나지 않는 것으로 나타났다. 따라서 각 측정변수들에 대한 다변량 정규성에는 문제가 없는 것으로 나타났다.

3. 국적에 따른 주요변수의 차이 검증

조사대상자의 국적에 따른 정신건강, 차별 경험, 문화적응 스트레스에 대한 차이를 검증하기 위하여 독립표본 t검증을 실시하였고, 그 결과는 〈표 3〉과 같다. 먼저 정신건강에서는 베트남 유학생 집단(M=2.094, SD=0.639)이 중국 유학생 집단(M=2.008, SD=0.628)보다 정신건강 수준이 양호하지 않은 것으로 나타났지만, 통계적으로 유의미한 차이는 나타나지 않았다(t=1.089, p=.277).

베트남 유학생 집단(M=1.884, SD=0.558)이 중국 유학생 집단(M=1.759, SD=0.612)보다 차별 경험이 높은 것으로 나타났지만, 통계적으로 유의미한 차이는 나타나지 않았다(t=1.707, p=.089). 하지만 차별 경험의 하위 요인에서는 성별(t=-3.013, p=.003), 국적(t=2.874, p=.004), 외모(t=3.859, p= .000), 한국어 발음(t=3.802, p=.000)으로 인하여 유의미한 차이가 있는 것으로 나타났다. 구체적으로 성별로 인한 차별 경험은 중국 유학생 집단(M=1.67, SD=0.795)이 베트남 유학생 집단(M=1.40, SD=0.660)보다 높은 것으로 나타났지만, 국적(베트남 유학생 집단 M=2.52, SD=0.993, 중국 유학생 집단 M= 2.19, SD=0.897), 외모(베트남 유학생 집단 M=1.94, SD=0.931, 중국 유학생 집단 M= 1.55, SD=0.679), 한국어 발음(베트남 유학생 집단 M=2.52, SD=0.967, 중국 유학생 집단 M=2.08, SD=0.926)에서는 베트남 유학생 집단이 중국 유학생 집단보다 높은 것으로 나타났다.

마지막으로 문화적응 스트레스에서는 베트남 유학생 집단(M=2.919, SD=0.415)이 중국 유학생 집단(M=2.668, SD=0.508)보다 문화적응 스트레스 수준이 높은 것으로 나타났으며, 통계적으로 유의미한 차이가 있는 것으로 나타났다(t=4.310, p=.000).

<표 3> 집단에 따른 정신건강, 차별 경험, 문화적응 스트레스 차이 검증

주요변수		집단	N	M	SD	df	t	p
정신건강		베트남	124	2.094	0.639	254	1.089	.277
		중국	132	2.008	0.628			
차별 경험		베트남	124	1.884	0.558	255	1.707	.089
		중국	133	1.759	0.612			
차별 경험 하위 요인	성별	베트남	124	1.40	0.660	251.713	−3.013	.003
		중국	133	1.67	0.795			
	국적	베트남	124	2.52	0.993	255	2.874	.004
		중국	133	2.19	0.897			
	인종	베트남	124	1.57	0.723	255	−0.554	.580
		중국	133	1.62	0.765			
	종교	베트남	124	1.35	0.573	252.513	−1.231	.219
		중국	133	1.45	0.679			
	외모	베트남	124	1.94	0.931	224.013	3.859	.000
		중국	133	1.55	0.679			
	한국어 발음	베트남	124	2.52	0.967	255	3.802	.000
		중국	133	2.08	0.926			
문화적응 스트레스		베트남	124	2.919	0.415	254	4.310	.000
		중국	132	2.668	0.508			

4. 상관관계 분석

이 연구에 사용된 주요변수들 간의 관련성을 알아보기 위하여 상관관계 분석을 실시하였으며 그 결과는 〈표 4〉와 같다. 변수들 간의 상관관계를 실시한 결과, 문화적응 스트레스와 정신건강 간의 상관관계가 가장 높은 것으로 나타났으며($r=.483$, $p<.001$), 신체적 건강과 정신건강($r=-.399$, $p<.001$), 차별 경험과 문화적응 스트레스($r=.391$, $p<.001$), 차별 경험과 정신건강($r=.336$, $p<.001$), 신체적 건강과 문화적응 스트레스($r=-.224$, $p<.01$), 성별과 정신건강($r=.194$, $p<.05$), 성별과 신체적 건강($r=-.192$, $p<.05$), 신체적 건강과 차별 경험($r=-.150$, p<.05) 순으로 상관관계가 있는 것으로 나타났다.

〈표 4〉 상관관계 분석

	(1)	(2)	(3)	(4)	(5)	(6)
(1)	1					
(2)	−.077	1				
(3)	−.192**	−.094	1			
(4)	.146	.002	−.150*	1		
(5)	.149	.100	−.224**	.391***	1	
(6)	.194**	.052	−.399***	.336***	.483***	1

※ (1) 성별 (2) 유학 기간 (3) 신체적 건강 (4) 차별 경험 (5) 문화적응 스트레스 (6) 정신건강
※ *p<.05, **p<.01, ***p<.001

5. 주요변수 간의 매개효과 검증과 국적 간 경로 비교

Baron과 Kenny(1986)의 매개효과 검증의 첫 번째 단계는 독립변수가 매개
변수에 미치는 영향력을 확인하는 것이다. 두 번째 단계는 독립변수가 종속변
수에 미치는 영향력을 확인하는 것이다. 세 번째 단계는 독립변수를 통제한
후 매개변수가 종속변수에 미치는 영향력을 확인하는 것이다. 네 번째 단계는
독립변수를 통제하였을 때 독립변수가 유의한 결과가 나타나면 부분매개효
과, 그렇지 않은 결과가 나타나면 완전매개효과로 해석한다.

집단 간 비교에서 첫 번째 단계의 전체집단에서는 독립변수인 차별 경험
이 매개변수인 문화적응 스트레스에 유의한 영향력을 미치는 것으로 나타났
다(β=.352, p<.001). 베트남 유학생(β=.362, p<.001)과 중국 유학생(β=.405,
p<.001)도 차별 경험이 문화적응 스트레스에 영향을 미치는 것으로 나타났다.
차별 경험이 문화적응 스트레스에 미치는 영향에 대한 첫 번째 단계 결과는
〈표 5〉와 같다.

〈표 5〉 1단계 분석 결과

변수	전체(n=256) 비표준화 계수 B	전체(n=256) 비표준화 계수 S.E	전체(n=256) 표준화 계수	베트남 유학생(n=124) 비표준화 계수 B	베트남 유학생(n=124) 비표준화 계수 S.E	베트남 유학생(n=124) 표준화 계수	중국 유학생(n=132) 비표준화 계수 B	중국 유학생(n=132) 비표준화 계수 S.E	중국 유학생(n=132) 표준화 계수
상수	2.476	.208		2.459	.280		2.532	.303	
성별	0.064	.074	.057	0.055	.092	.055	0.017	.116	.014
유학 기간	0.025	.019	.084	−0.033	.034	−0.087	0.027	.026	.099
신체적 건강	−0.100	.049	−.136*	−0.014	.062	−.022	−0.168	.077	−.209*
차별 경험	0.293	.054	.352***	0.274	.073	.362***	0.345	.082	.405***
R2	.178			.139			.213		
adj R2	.162			.106			.179		
F	11.042***			4.269**			6.292***		
Durbin Watson	2.062			2.269			2.460		

※ *p<.05, **p<.01, ***p<.001

두 번째 단계에서 독립변수인 차별 경험이 종속변수인 정신건강에 미치는 영향력을 집단별로 비교한 결과 전체 집단에서는 차별 경험이 정신건강에 유의미한 영향력을 미치는 것으로 나타났다(β=.304, p<.001). 베트남 유학생(β=.294, p<.01), 중국 유학생(β=.332, p<.001)에서도 차별 경험이 정신건강에 유의미한 영향력을 미치는 것으로 나타났다. 차별 경험이 정신건강에 미치는 영향력에 대한 두 번째 단계 결과는 〈표 6〉과 같다.

〈표 6〉 2단계 분석 결과

변수	전체(n=256) 비표준화 계수 B	전체(n=256) 비표준화 계수 S.E	전체(n=256) 표준화 계수	베트남 유학생(n=124) 비표준화 계수 B	베트남 유학생(n=124) 비표준화 계수 S.E	베트남 유학생(n=124) 표준화 계수	중국 유학생(n=132) 비표준화 계수 B	중국 유학생(n=132) 비표준화 계수 S.E	중국 유학생(n=132) 표준화 계수
상수	2.143	.250		2.130	.396		2.150	.332	
성별	0.244	.089	.167**	0.238	.130	.155	0.254	.128	.185

유학 기간	0.014	.023	.036	−0.012	.048	−0.22	0.024	.028	.075
신체적 건강	−0.303	.059	−.315***	−0.289	.088	−.293**	−0.313	.085	−.330***
차별 경험	0.329	.054	.304***	0.342	.103	.294**	0.331	.090	.332***
R2	.228			.267			.305		
adj R2	.274			.239			.275		
F	20.625***			9.639**			10.206***		
Durbin Watson	1.958			1.932			1.815		

※ *p<.05, **p<.01, ***p<.001

Baron과 Kenny(1986)의 세 번째 단계는 독립변수를 통제한 후 매개변수가 종속변수에 유의미한 영향 관계를 갖는지를 검증한다. 이에 독립변수인 차별 경험을 통제한 후 매개변수인 문화적응 스트레스가 종속변수인 정신건강과 유의미한 관계가 있는지에 대해 살펴보았다. 그 결과 전체집단에서는 문화적응 스트레스가 정신건강과 유의미한 관계를 갖는 것으로 나타났다(β=.394, p<.001). 베트남 유학생(β=.464, p<.001)과 중국 유학생(β=.344, p<.001)에서도 문화적응 스트레스와 정신건강 간에 유의미한 관계가 있는 것으로 나타났다. 문화적응 스트레스가 정신건강 간의 관계에 대한 결과는 〈표 7〉과 같다.

마지막으로 Baron과 Kenny(1986)의 네 번째 단계를 검증한 결과는 다음과 같다. 먼저 전체 집단에서는 차별 경험이 정신건강과 유의미한 관계가 있는 것으로 나타나(β=.167, p<.01) 차별 경험과 정신건강 간의 관계에서 문화적응 스트레스는 부분매개역할을 하는 것으로 나타났다. 베트남 유학생에서는 차별 경험이 유의미하지 않은 것으로 나타나(β=.126, p>.05) 차별 경험과 정신건강 간의 관계에서 문화적응 스트레스는 완전매개역할을 하는 것으로 나타났다. 하지만 중국 유학생에서는 차별 경험이 유의미한 것으로 나타나(β=.198, p>.05) 차별 경험과 정신건강 간의 관계에서 문화적응 스트레스는 부분매개역할을 하기 때문에 베트남 유학생과 중국 유학생의 차별 경험, 문화적응 스트레스, 정신건강 간의 영향관계의 경로에는 차이가 있는 것을 확인할 수 있으며 그 결과는 〈그림 2〉와 같다.

〈표 7〉 3단계 분석 결과

변수	전체(n=256)			베트남 유학생(n=124)			중국 유학생(n=132)		
	비표준화 계수		표준화 계수	비표준화 계수		표준화 계수	비표준화 계수		표준화 계수
	B	S.E		B	S.E		B	S.E	
상수	0.878	.296		0.379	.452		1.120	.412	
성별	0.197	.081	.136*	0.199	.113	.129	0.220	.118	.162
유학 기간	0.003	.021	.009	0.011	.042	.19	0.015	.026	.048
신체적 건강	−0.248	.054	−.260***	−0.279	.076	−.283**	−0.237	.081	−.254***
차별 경험	0.180	.063	.167**	0.147	.095	.126	0.195	.092	.198*
문화적응 스트레스	0.508	.077	.394***	0.712	.119	.464**	0.400	0.108	.344***
R2	.417			.452			.402		
adj R2	.403			.426			.369		
F	28.908***			17.332***			12.222***		
Durbin Watson	2.129			1.734			1.815		

※ *p<.05, **p<.01, ***p<.001

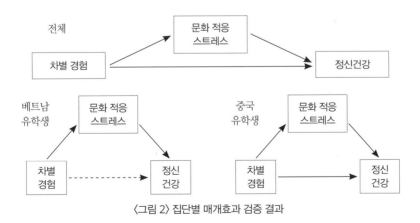

〈그림 2〉 집단별 매개효과 검증 결과

마지막으로 두 집단의 차별 경험과 정신건강 간의 관계에서 문화적응 스트레스의 매개효과의 통계적 유의수준을 정확하게 검증하기 위하여 Sobel test를 실시하였다. 먼저 전체집단에서는 Sobel's Z값이 4.191(p<.001), 베트남 유학생에서는 Sobel's Z값 3.180(p<.01), 중국 유학생에서는 Sobel's Z값 2.780(p<.01)인 것으로 나타나 매개효과가 통계적으로 유의함을 확인할 수 있었다.

〈표 8〉 Sobel Test 결과

집단	경로	Z
전체	차별 경험 → 문화적응 스트레스 → 정신건강	4.191***
베트남 유학생	차별 경험 → 문화적응 스트레스 → 정신건강	3.180**
중국 유학생	차별 경험 → 문화적응 스트레스 → 정신건강	2.780**

※ *p<.05, **p<.01, ***p<.001

V. 결론 및 함의

이 연구는 한국 사회에서 외국인 유학생이 겪는 차별 경험과 문화적응 스트레스 수준은 어떠한지, 그러한 경험들이 이들의 정신건강에 미치는 영향은 어떠한지를 살펴보았다. 이전의 연구들과 달리 외국인과 접촉이 수도권에 비해 적은 대구·경북지역의 유학생 경험에 초점을 두었고, 한국의 유학생 집단 중 가장 큰 베트남과 중국 유학생 간의 비교를 통해 출신국에 따라 차별 경험의 차이와 변수 간 관계의 경로 차이가 있는지에 대해 알아보았으며 그 결과는 다음과 같다.

첫째, 대구·경북지역 베트남 유학생과 중국 유학생의 차별 경험의 하위 요인(성별, 국적, 외모, 한국어 발음)과 문화적응 스트레스 수준에는 유의미한 차이가 있는 것으로 나타났다. 먼저 차별 경험 하위 요인에서는 중국 유학생이 베트남 유학생보다 성별로 인하여 차별을 받는 것으로 나타났지만, 국적, 외모, 한국어 발음으로 인한 차별 경험은 베트남 유학생이 중국 유학생보다 높은 것으로 나타나 김종태·한기덕(2013)과 서영주(2020)의 연구와 일치한다. 또한, 베트남 유학생의 문화적응 스트레스 수준이 중국 유학생보다 더 높은 것으로 나타났다. 출신 국가의 위상과 그 문화에 대한 한국인의 위계적 인식으로 인해 베트남 유학생에 대한 편견과 차별 경험이 많았고, 이는 베트남 유학생이 상대적으로 중국 유학생보다 더 높은 문화적응 스트레스를 받는 것으로 보인다.

둘째, 베트남 유학생과 중국 유학생 모두 우울과 불안 수준이 비교적 높은 것으로 나타났다. 두 집단의 정신건강 평균치는 경미한 임상적 우울·불안 수준을 넘는 것으로 나타났고, 중국 유학생과 베트남 유학생의 2/3 이상이 경미한 수준의 임상적 우울·불안 수준이나 그 이상을 경험하는 것을 확인했다. 이들이 문화적응 스트레스를 경험하고 있고, 외국에서의 학업과 생활적응, 경제적 압박 등 여러 가지 삶의 스트레스를 겪고 있어 정신건강 수준은 나쁠 것으로 예측했으나, 이 연구 결과에 따르면 이들의 정신건강 수준은 훨씬 더 열악한 것으로 나타났다. 이는 유학생을 위한 지원에 정신건강 서비스가 반드시 포함되어야 함을 보여 준다.

정신건강 서비스는 다른 어떤 서비스보다도 문화적 민감성을 필요로 하는 서비스라는 점에서 이중언어·이중문화자를 통한 정신건강 서비스 제공의 중요성을 강조하고자 한다. 유학생 집단이 매우 다양하여 이중문화·이중언어 서비스 제공에 어려움이 있지만, 각 대학에 재학 중인 유학생 중에서 주요 집단만이라도 위기 시에는 자국어로 서비스를 받을 수 있도록 이중언어·이중문화 전문가를 확보하려는 노력이 필요하겠다. 이중언어 전문가가 없을 시에는 이중언어 통역을 통해서 서비스를 제공할 수 있는 체계를 갖출 필요가 있다.

셋째, 외국인 유학생의 차별 경험과 정신건강 간의 관계에서 문화적응 스트레스는 매개효과가 있는 것으로 나타났다. 문화적응 스트레스의 매개효과는 베트남 유학생들에게서 더욱 강하게 나타났는데, 이는 베트남 유학생들이 중국 유학생들에 비해 국적, 외모, 한국어 발음 등으로 인한 차별 경험이 문화적응 스트레스 수준에 더 강하게 영향을 미치고, 그로 인해 궁극적으로 정신건강 수준에도 부정적인 영향을 미치는 것으로 보인다. 즉 성별, 국적, 인종, 종교, 외모, 한국어 발음 등에 따라 '소수자 인식부호'가 많은 외국인 유학생들이 차별 경험, 문화적응 스트레스와 정신건강 문제에 더 취약할 수 있다는 점을 보여 주며(김환철·서은숙, 2019; 이정향, 2015; 김종태·한기덕, 2013), 이들을 차별과 문화적응 스트레스로부터 보호하고, 정신건강에 관심을 기울이며, 지지체계를 제공할 방안을 모색하는 것이 필요하다.

구체적인 방안으로 외국인 유학생이 유학생활 중 가장 많은 상호작용을 하게 되는 대학교 내 교수, 교직원, 학생을 위한 다문화 수용성을 향상시키기 위한 교육과 프로그램을 실시하는 것이 필요하다. 이들이 다양성과 차이를 존중하고 수용하는 태도를 보인다면 외국인 유학생의 차별 경험은 낮아질 것이다. 정부와 대학교에서는 외국인 유학생에 대한 교육 및 상담정책을 국가별로 고려하여 유연하게 시행하는 것이 필요하다. 차별 경험은 출신국과 체류국 간의 문화적 차이, 국가 위상의 차이도 있지만 사드배치나 코로나19와 같은 예기치 않은 국가 간의 갈등상황에 의하여 특정 국가에 대한 차별과 부정적 인식이 높아질 수 있기 때문이다. 따라서 교육 및 상담 프로그램은 지속적으로 제공되어야 하며, 특정한 사회적 이슈가 발생하였을 때는 관련 국가의 유학생이 사회적 위험으로부터 보호받을 수 있는 프로그램을 시행하는 것이 필요하다.

이 연구는 외국인 유학생의 차별 경험과 문화적응 스트레스, 정신건강 간의 관계를 살펴봄으로써 차별 경험이 정신건강 문제로 이행되는 기제를 보여 주었다는 데 의의가 있다. 특히 외국인 유학생을 그들의 국적이나 문화와 관련 없이 동일하게 취급하여 연구하거나 단일 집단만 연구했던 기존 연구들과 달리, 주요 유학생 송출국인 중국과 베트남 유학생을 비교 연구하고 집단 간의 차이를 살펴봄으로써 유학생 지원 방식과 우선순위를 파악할 수 있게 했다.

한편, 이 연구의 결과는 최근에 급속하게 증가하고 있는 소련 사회주의 국가인 중앙아시아 국가나 몽골과 같이 국가와 경제 체제, 인종, 종교 등이 다른 유학생 집단들의 한국 내 경험에 대한 연구의 필요성을 부각시키고 있다. 추후 연구에서는 이들 국가 출신 유학생들을 포함하여 비교 분석하는 것이 필요하다.

마지막으로 이 연구는 연구 대상이 대구·경북지역으로 제한되어 다른 지역과 비교하여 분석하지 못한 한계가 있다. 수도권은 지방보다 외국인 유학생 수가 많으므로 이들을 위한 자원과 네트워크가 구축되어 있기 때문에 외국인 유학생의 정신건강에 영향을 미치는 요인에는 차이가 있을 것이다. 추후 연구에서는 전국적 표본을 대상으로 연구를 수행하여 한국 내 지역 간 유학생의 경험이 차이가 있는지에 대해 살펴볼 필요가 있다. 또 다른 한계점으로는 대학이라는 환경의 안팎에 초국적 공간이 형성되는 과정에서 경험의 차이가 있을 수 있는데, 유학생의 삶의 영역(domains)에 따른 경험의 차이를 세밀하게 분석하지 못하였다는 것이다. 또 차별 경험이라는 외부 자극에 대한 개인의 내적 대처 능력 또한 정신건강 성과에 주요 영향 요인이기에(Noh et al., 1999; Lazarus, 1993), 추후 연구에서는 학교, 지역사회, 미디어 등 다층적 영역에서 경험의 차이를 분석하여 좀 더 심도 있는 이해로 확장시킬 필요가 있으며, 대처 능력의 역할에 대한 분석을 통하여 환경과 내적자원 간의 상호작용 속에서 유학생의 정신건강 문제를 심도 있게 이해할 필요가 있다.

참고문헌

고민석·김동주, 2013, "중증장애근로자의 장애로 인한 차별 경험과 일상생활만족도와의 관계", 『한국웰니스학회지』, 8(2), 105-114.

고염염·김정희, 2018, "중국 유학생들의 식생활 및 생활습관 변화와 스트레스 정도에 따른 차이", 『대한영양사협회 학술지』, 24(1), 75-91.

교육부, 2019, 국내 고등교육기관 내 외국인 유학생 통계.

교육부, 2020, 국내 고등교육기관 내 외국인 유학생 통계.

기성진, 2017, "중국과 베트남 유학생의 한국어 읽기 능력 향상을 위한 교육방안 시사점 연구", 『한국어 교육연구』, 6, 21-46.

김미영·이유아·송연주, 2018, "베트남 유학생들의 대학생활적응 어려움과 극복과정에 관한 연구", 『교육문화연구』, 24(1), 481-503.

김민선·석분옥·박금란·서영석, 2010, "중국인 유학생들의 문화적응 스트레스와 우울 및 신체화의 관계: 부적응적 완벽주의와 적응적 완벽주의의 중재효과 검증", 『한국심리학회지』, 29(4), 725-745.

김상수, 2018, 베트남 "유학생의 자기결정성 학습 동기 연구", 『예술인문사회융합멀티미디어논문지』, 8(5), 905-913.

김성은·이교일, 2019, "한국 정부 유학생 교육정책의 계보와 과제", 『교육문화연구』, 25(5), 61-78.

김소진·쩐 응우웬 응우웬 헌, 2020, "한국 내 외국인 유학생의 문화적응 스트레스, 학문 동기, 한국어 수월성, 면학성취도 간의 관계연구 – 중국, 베트남 유학생 중심으로", 『MICE관광연구』, 20(3), 233-252.

김종태·한기덕, 2013, "한국 대학생의 외국인 차별의식의 근원 – 민족, 문명, 선진국 담론의 비판적 검증", 『담론201』, 16(3), 35-66.

김지혜, 2017, "외국인 유학생 대상 비교과 프로그램 개발 방안 연구", 『교양교육연구』, 11(2), 537-562.

김한나·우한솔·이승호, 2016, "한·중·일 3국의 외국인 유학생 유치 정책 비교 연구", 『아시아교육연구』, 17(4), 311-337.

김해연·신리나·황하성, 2019, "중국인 유학생의 차별 경험이 유학생활 만족도에 미치는 영향 – 귀인성향, 내외통제성의 조절효과", 『사회과학연구』, 26(1), 81-96.

김후조·손은정, 2011, "중국 유학생의 문화적응 스트레스, 자아탄력성 및 낙관성이 우울에 미치는 영향", 『청소년시설환경』, 9(3), 3-12.

김효선·김은수, 2018, "외국인 유학생의 한국 적응이 진로성숙에 미치는 영향 – 중국 및 베트남 유학생의 차이를 중심으로", 『인문논총』, 47, 51-67.

김환철·서은숙, 2019, "아프리카 흑인 유학생의 한국생활 적응에 관한 연구", 『한국 아프리카학회지』, 58, 3-39.

나임순, 2006, "외국인 유학생의 문화적응 스트레스와 생활 스트레스에 미치는 영향", 『한국비영리연구』, 5(2), 159-197.

노윤호·양하·황영현, 2018, "중국인 유학생의 온·오프라인 면세점 선택 영향요인", 『관광레저연구』, 30(8), 23-38.

노정희, 2016, "목표지향 행동이론을 적용한 중국 내 한국 유학생의 중국 국내관광 행동의도 분석", 『경영교육연구』, 31(1), 43-59.

데스빈타 아유 이리아니·이토 히로꼬, 2018, "대구·경북지역 거주 아시아권 출신 유학생의 학교 내 차별 경험", 『한국 사회학회 사회학대회 논문집』, 633-647.

라영안, 2017, "미국 내 한국인 유학생의 개인적 특성과 스트레스 대처전략이 우울에 미치는 영향", 『교육문화연구』, 23(2), 285-302.

민예슬·김창대, 2018, "외국인 유학생의 일상적 차별 경험이 매일의 우울에 미치는 영향 - 내부귀인의 조절효과", 『상담학연구』, 19(6), 113-127.

박우진, 2015, 문화적응 어려움을 겪는 중국유학생의 소시오드라마 경험 연구, 한국정신보건사회복지학회 학술발표논문집, 261-290.

박은경, 2011, "외국인 유학생의 국제이주와 지역사회 적응에 관한 연구 - 대구·경북지역 대학을 중심으로", 『현대사회와 다문화』, 1(2), 113-139.

박준용·김보경·김보영, 2020, "한류가 국내 고등교육기관의 외국인 유학생 유치에 미치는 영향", 『글로벌경영학회지』, 17(3), 38-64.

박종호, 2019, "베트남 유학생들의 행복한 대학생활 적응 방안 - 생활, 경제, 복지환경, 대학전공교육, 언어 연수 설문조사 기반으로", 『한국엔터테인먼트산업학회논문지』, 13(8), 495-504.

박지선·천지은, 2017, "중국인 유학생의 지각된 차별감과 우울, 음주습관 간의 관련성 연구", 『사회과학연구』, 33(4), 97-120.

배소현·김회수, 2014, "한국 고등교육 국제화 정책 분석-유학생 유치 및 관리 정책의 변화와 개선 방향", 『교육연구』, 37, 67-89.

변수연·변기용, 2014, "외국인 유학생 교육기관 인증제 국제 비교 연구", 『비교교육 연구』, 24(1), 1-29.

서영인·김미란·김은영·채재은·윤나경, 2012, "대학의 외국인 유학생 관리 및 지원 체제 강화 방안 연구", 한국교육개발원.

서영주, 2020, "외국인 유학생의 한국대학생활경험 내러티브 탐구 - 부산 A대학 아시아 유학생들의 경험을 바탕으로", 『다문화교육연구』, 13(1), 35-58.

신재영·이호섭·이영학, 2018, "외국인 유학생 전담학과 필요성과 기대효과에 관한 인식 분석 연구 - 4년제 대학교를 중심으로", 『예술인문사회융합멀티미디어논문지』,

8(3), 325-334.

안경주, 2016, "재한 중국 유학생의 사회적 자본 형성에 있어서 호혜성과 선물의 '문화적 하우(hau)' – 지방 H국립대를 중심으로", 『한국 문화인류학』, 49(3), 183-227.

안진우·이채원, 2017, "문화적응 스트레스가 베트남 유학생의 대학생활적응에 미치는 영향", 『사회과학연구』, 28(3), 157-177.

왕페이·최상복·남철현·이순자·김기열·방형애·유제영·김동민·김용복, 2008, "일부 주한 중국유학생들의 음주행태와 관련요인", 『알코올과 건강행동연구』, 9(2), 57-71.

유승아·김미정, 2018, "건강지원 스마트 공유주거 계획을 위한 중국 유학생 거주실태 조사연구", 『한국주거학회 논문집』, 29(2), 63-70.

윤영주·장소영, 2016, "베트남 유학생의 교우관계 갈등경험에 관한 현상학적 연구", 『인문사회21』, 7(2), 399-415.

이내영·한지영, 2011, "외국인 유학생의 건강 실태 조사", 『동서간호학연구지』, 17(1), 48-56.

이민지·장혜인·전진용, 2016, "차별지각, 문화적응, 문화적응 스트레스가 북한이탈주민의 우울에 미치는 영향", 『한국심리학회지:여성』, 21(3), 459-481.

이아라·이혜경, 2020, "중국 내 한국인 유학생의 문화적응 스트레스, 진로스트레스, 사회적 지지가 우울에 미치는 영향", 『지역사회간호학회지』, 31(1), 96-106.

이용균, 2012, "호주의 외국인 유학생정책에서 자유시장 원리와 조절 메커니즘의 접합", 『한국도시지리학회지』, 15(1), 33-47.

이정아·윤소정, 2018, "유학생과 한국대학생의 진로적응력과 학업적 자기효능감이 대학생활적응에 미치는 효과", 『학습자중심교과교육연구』, 18(2), 681-697.

이정향, 2015, "다문화 사회에서의 인종차별–일본의 외국인 차별사건을 중심으로", 『민족연구』, 62, 50-71.

이홍직, 2012, "재한 중국인 유학생의 우울에 영향을 미치는 요인에 관한 연구 – 인구 사회학적 특성, 한국어 능력, 문화적응 스트레스, 사회적지지 요인을 중심으로", 『한국웰니스학회지』, 7(3), 129-143.

이희승·양웨이웨이·곽춘려, 2018, "유학생의 스트레스가 대학생활 만족에 미치는 영향에 관한 연구 – 사회적 지지의 조절효과", 『관광경영연구』, 83, 655-690.

임체리·Li Xu Ning·박윤희, 2020, "중국인 유학생의 전공학습역량 향상을 위한 교육 프로그램 개발 연구", 『한국산학기술학회논문지』, 21(6), 389-402.

임춘희, 2009, "중국인 유학생의 대학생활문화에서의 스트레스와 적응", 『한국생활과 학회지』, 18(1), 93-112.

전우택·조영아·김연희·김현경·유시은, 2009, "북한이탈주민 패널 연구 – 2007년 남한 입국자들의 경제적 적응을 중심으로", 통일부.

전재은, 2016, "외국인 유학생 중도탈락률에 대한 대학기관 수준의 결정 요인 분석", 『글로벌교육연구』, 8(3), 29-51.

전정미, 2017, "외국인 유학생의 학업성취도 관련 요인 분석", 『한말연구』, 46, 149-174.

정경희·김영순, 2018, "중국인 유학생들의 대학교육 서비스 경험에 관한 연구 – 수도권 지역의 A대학교를 중심으로", 『교육문화연구』, 24(3), 547-566.

정현·박서연·전희정, 2017, "외국인의 차별 경험에 미치는 영향요인에 관한 연구 – 구조적·문화적·환경적 관점을 중심으로", 『행정논총』, 55(4), 307-336.

조용비·이동혁, 2018, "중국인 유학생의 문화적응스트레스가 우울에 미치는 영향 – 자아방어기제의 조절역할", 『상담학연구』, 19(3), 141-158.

조항록, 2017, "베트남 유학생 유치의 효율적 방안", 『언어와 문화』, 13(4), 219-246.

조혜영, 2003, "한국 체류 중국 유학생들의 한류와 한국 이미지 인식에 관한 연구", 『교육사회학연구』, 13(2), 209-234.

조효정·이유경, 2018, "대학 서비스품질과 친숙성이 추천의도에 미치는 영향: 중국인 유학생을 대상으로", 『서비스연구』, 8(3), 63-80.

주영·안귀여루, 2017, "유학생의 사회적 자본이 대학생활적응에 미치는 영향", 『청소년학연구』, 24(12), 245-271.

최봉환, 2020, "한국의 중국인 유학생 유입 현황과 효율적인 중국인 유학생 유치 방안", 『인문사회 21』, 11(5), 711-724.

최은숙, 2017, "외국인 유학생의 한국 문화적응 현황 및 학습자 요구 분석", 『한국언어문화학』, 14(1), 223-251.

최은혜·김민수·홍석기, 2018, "유학생 대상 대학의 서비스 품질, 만족도, 충성도 간의 관계에 대한 실증연구", 『서비스경영학회지』, 19(5), 269-294.

하연섭·이주현·신가희, 2015, "외국인 유학생 유치의 경제적 효과 추정", 『교육정책경제연구』, 24(3), 89-112.

황경아·홍지아, 2018, "재한 중국 유학생의 유학 동기와 문화자본으로서의 취득학위의 가치 연구", 『한국언론정보학보』, 91, 319-357.

황성근, 2018, "외국인 학생을 위한 글쓰기센터의 운영과 활용 방안", 『사고와표현』, 11(3), 137-160.

허춘영·김광일, 1997, "중국 유학생의 문화적응 양상에 대한 연구-I-Q방법을 이용한 조사연구", 『정신건강연구』, 16, 166-178.

홍승아, 2018, "한국 유학 대학생들의 학문적 요약문 글쓰기 – 한국인 대학생과의 비교를 통한 실태 분석", 『한국언어문화학』, 15(1), 257-283.

홍종명, 2017, "베트남인 유학생의 한국어 학습전략 분석 연구", 『어문논집』, 71, 407-432.

Baron, R. M., & Kenny, D. A., 1986, "The moderator-mediator variable distinction social psychological research: Conceptual, strategic, and statistical considerations", *Journal of Personality and Social Psychology*, 51(6), 1173-1182.

Berry, J. W., 1997, "Immigration, Acculturation, and Adaptation", *Applied Psychology An International Review*, 46(1), 5-68.

Floers, E., Tschann, J. M., Dimas, J. M., Bachen, E. A., Pasch, L, A., & de Groat, C. L., 2008, "Perceived discrimination, perceived stress, and mental and physical health among Mexican-origin adults", *Hispanic Journal of Behavioral Sciences*, 30(4), 401-424.

Gibson, M. A., 2001, "Immigrant Adaptation and Patterns of Acculturation", *Human Development*, 44(1), 19-23.

Kline, T. J., 2005, "Psychological testing: A practical approach to design and evaluation", *SAGE Publications*.

Lazarus, R., 1993, "Coping theory and research: past, present and future", *Psychosomatic Medicine*, 55(3), 234-247.

MacKinnon, D. P., Lockwood, C. M., Hoffman, M., West., S. G., & Sheets, V., 2002, "A comparison of methods to test mediation and other intervening variable effects", *Psychological Methods*, 7(1), 83-104.

Noh, S., Beiser, M., Kaspar, V., Hou, F., & Rummens, J., 1999, "Perceived racial discrimination, depression and coping - a study on Southeast Asian refugees in Canada", *Journal of Health and Social Behavior*, 40(3), 193-207.

Noh, S., & Kaspar, V., 2003, "Perceived discrimination and depression - moderating effects of coping acculturation and ethnic support", *American Journal of Public Health*, 93(2), 232-238.

Nwadiora. E., & McAdoo, H., 1996, "Acculturative Stress Among Amerasian Refugees - Gender and Racial Differences", *Adolescence*, 31(122), 477-487.

Wilton, L., & Constantine, M. G., 2003, "Length of residence, cultural adjustment difficulties, and psychological distress symptoms in Asian and Latin American international college students", *Journal of College Counseling*, 6(2), 177-186.

2장

학문 목적 외국인 유학생의 학업 경험에 관한 질적 연구
- 자기결정성 동기를 중심으로 -

이윤주

Ⅰ. 서론

이 글은 학문 목적 외국인 유학생을 대상으로 유학 경험에서 대부분을 차지하는 학업 수행과 관련하여 자기결정성 동기(Self-Determination Motive)를 심층적으로 파악하는 데 목적이 있다. 기존의 연구들이 자기결정성 동기 양상을 계량화하여 분석하는 데 목적이 있었다면, 이 연구에서는 자기결정성 동기 조절유형을 질적 연구 방법인 개별 심층 면접법(in-depth-interviewing)을 사용하여 외국인 유학생의 학업 경험을 보다 총체적으로 이해하려고 하였다. 이를 통해 외국인 유학생의 학업 경험에서 특정 동기의 높고 낮음이 유발된 구체적인 맥락을 보다 심층적이고 다각도로 분석하여 성공적인 학업 수행을 위한 교육과정을 제안하고자 한다.

지속적으로 증가하고[1] 있는 외국인 유학생들의 성공적인 학업을 위해 대학에서는 교육과정 및 교수법 등 다양한 프로그램을 진행하고 있다. 그러나 학업 배경이나 한국어 교육 정도 등 학습자 개인 변인에 대한 고려 없이 강좌가

---

[1] 외국인 유학생은 2021년 12만 명으로 2019년 16만 명으로 대폭 감소하였다. 이는 COVID-19로 인한 결과로 보인다(한국교육개발원 교육통계서비스(https://kess.kedi.re.kr).

개설되고 있어 학업의 효율성 및 성취도가 떨어지며(이선영·나윤주, 2018; 홍효정 외, 2013), 외국인 유학생들이 대학생활 및 학업 수행에서 겪는 어려움의 실제를 구체적으로 탐구한 연구가 부족하다(조영미, 2018: 112). 특히 외국인 유학생은 한국이라는 새로운 환경과 관계 속에서 자신의 위치를 정립하면서 새로운 정체성을 갖게 되는 집단이며, 다언어·다문화 자본을 겸비한 미래 인재로 '유학-취업-이민'으로 연계하여 유학생정책에 있어 변화의 중심에 서 있다고 할 수 있다(김신혜, 2020b; 김지하 외, 2000 등). 이에 보다 성공적인 외국인 유학생 학업 수행을 위해서는 정의적 요소에도 관심을 기울여야 한다는 목소리가 커지고 있다(박진욱, 2021; 이은화 외, 2014 등).

정의적 변인이란, 학습자가 언어 목표 성취를 위해 가지는 정서와 감정, 문화 그리고 태도, 불안 등을 나타내는 심리적 속성을 망라할 뿐만 아니라 학습자변인 중 가장 핵심적이며 전체적 학업에 영향을 끼치는 주요 요인이다(두흔, 2018: 35). 특히 정의적 변인 가운데 동기는 어떻게 동기를 부여하느냐도 중요하지만 무엇이 학습자 안에 있는 동기를 끌어내서 형상화하느냐에 따라 달라지므로 목표지향적인 성취 행동과 상관이 있다. Ushioda(2001)에 따르면, 제2언어 학습자들이 학업 초기에는 과거의 제2 언어 학업 경험에 의해 학업 동기가 결정되는 측면이 강한 반면, 학업이 진행되면서 어떤 구체적인 학업의 목표가 설정되는지에 따라 다른 영향을 받는다고 하였다(김태영, 2015: 135 재인용).

특히 자기결정성 동기는 학업 수행과정에 자신의 의지를 반영한 정도에 관한 것으로, 학업의 이유를 외부의 보상이나 압력에 의한 것이 아니라 학습자의 선택과 결정에 따른 의지 정도로 보는 것이다(김소형, 2019; 변준균, 2018; 이진녕, 2015; Ryan & Connell, 1989 등). 그러나 현재까지 한국어 교육에서 자기결정성 동기 연구는 어학연수생을 대상으로 한 설문조사 연구가 대부분이다. 이인혜·공하림(2019)과 정연희(2016)에서는 어학연수생과는 다른 맥락에서 학업을 수행하는 학부 유학생들의 동기를 파악하는 연구가 시급한 실정이며, 외국인 유학생의 학업 수행을 이해하는 데 있어 동기유형과 학업 상황의 변인이 어떤 관련성이 있는가에 대한 연구는 동기유형의 세분화가 중요한 기능을 한다고 하였다.

이와 같이 지금까지 한국어 교육 내 외국인 유학생의 학업 동기와 관련된 연구는 전반적인 실태만 보여 줄 뿐, 개개인의 입장까지 고려하여 어떤 학업 경험을 하고 있는지에 대한 미시적 관찰이 부족하다. 아울러 동기와 같은 정의적 요인은 개인적 특성이 강하기 때문에 개인의 내러티브를 깊이 살필 수 있는 질적 연구가 유용하다(성태제·시기자, 2021). 질적 사례 연구는 연구대상자가 '어떻게', '왜' 변화하고 있는가에 대한 답을 찾기 위한 목적을 가지고 있기 때문이다. 아울러 이 연구는 연구대상자의 입장에서 이들의 경험을 심층적으로 이해하려는 것이 목적이기 때문에 연구 결과의 일반화를 지향하지 않는 질적 연구의 일반적 특성을 따르고자 한다.

이에 이 글은 대학에서 학문 수행을 목적으로 한 외국인 유학생과의 개별 면담을 통해 '숙제', '공부', '토론·발표', '성적'과 같은 학업 경험에 자기결정성 동기가 '어떻게' 적용되고 있는지를 심층적으로 알아보고자 한다. 아울러 이러한 동기가 발생한 경험적 상황을 맥락화하고, 학문 목적 외국인 유학생의 성공적인 학업 수행을 위한 교육과정 구성을 제안하고자 한다. 특히 학사학위를 취득하고 석·박사과정으로 진학하여 학업을 이어 가는 외국인 유학생 수가 증가하면서 전체 학위과정 외국인 유학생 수의 25.9%를 차지하고 있다. 이러한 시점에 석·박사 외국인 유학생에 대한 교육방안도 재고할 필요가 있다.[2]

---

2 2021 과정별 외국인 유학생 현황(교육통계서비스 https://kess.kedi.re.kr 참조)

학위과정				비학위과정
학위과정 합계	전문학사/학사	석사	박사	비학위과정 합계
120,018 (78.8%)	80,597 (52.9%)	25,169 (16.5%)	14,252 (9.4%)	32,263 (21.2%)

초국적 관점에서 본 유학생의 경험과 유학정책

이에 따라 이 연구에서 설정한 연구 문제는 다음과 같다.

1) 학문 목적 외국인 유학생의 학업 경험에 미치는 자기결정성 동기는 무엇 인가?

2) 학문 목적 외국인 유학생들에게 특정 동기가 발생한 원인은 무엇인가?

3) 학문 목적 외국인 유학생의 석·박사 교육과정 구성은 어떠해야 하는가?

II. 이론적 배경 및 선행 연구

1. 자기결정성 동기 개념 및 특성

자기결정성 동기는 명칭이 말해 주듯이 '자기'라는 개념을 핵심으로 하는 '내재 동기'를 바탕으로 한 이론이라고 할 수 있다.[3] 1980년대 중반 미국의 로 체스터 대학의 Deci와 Ryan을 중심으로 학업 및 임상 상황뿐만 아니라 건 강, 운동, 일, 양육 등 실증적 연구에 포괄적으로 적용되고 있는 동기 이론 이다.

Deci와 Ryan(1985, 2000)은 동기가 '얼마나' 높은지, '왜' 유발되었는지가 결 과에 대한 차이를 불러일으키는 중요한 측면이라고 강조한 바 있다(정은교·안 도희, 2021: 285 재인용). 박현진(2020)에서는 자기결정성 동기와 학업 간의 관계 연구에서 자기결정성이 높을수록 특히 학업 수행에 긍정적인 영향을 미 치며, 고형진·김영주(2011)에서는 외적으로 동기화된 학생일수록 성취에 대 한 관심이 낮고, 확인된 조절유형의 학생들이 학교생활에 대한 재미와 관심이 높다고 하였다.

---

3   학습 동기 이론에는 'Gardner 동기 이론', '자기결정성 이론', '혼합된 동기 이론', 'Dörnyei 동기 적 자아체계', '내재 동기 이론' 등이 있다(김아영, 2010 참조).

자기결정성 이론은 자기결정성의 정도에 따라 연속선상에서 크게 '무동기 (amotivation)', '외재 동기(self-determined extrinsic motivation)', '내재 동기(intrinsic motivation)'로 분류한다. 외재 동기는 자기결정성이 부족한 순으로 다시 '외적 조절(external regulation)', '부과된 조절(introjected regulation)', '확인된 조절(identified regulation)', '통합된 조절(integrated regulation)'로 세분된다. 이때 '무동기(amotivation)'에서 '내적 조절(intrinsic regulation)'에 이를수록 점차 학습자의 자율성이 강하며 자기결정성이 발현된 동기라고 할 수 있다.

다시 말하면, 자기결정성 동기 조절유형은 자기 결정에 있어 자율성이 전혀 없는 무동기가 점차 외재적으로 동기화되면서 자신의 행동이나 가치가 자아에 내면화되는 과정을 말한다. 이것은 학습자의 자율적 의지 정도에 따라 여러 가지 형태의 조절유형이 존재하며, 이러한 자기결정성 동기 조절유형은 또 다른 동기에 의해 촉진되거나 강화될 수 있음을 시사한다. 자기결정성 동기 조절유형을 도식화하면 〈그림 1〉과 같다.[4]

또한, 자기결정성 동기를 측정하기 위한 연구 도구로는 Ryan과 Connell (1989)이 개발한 '자기조절 설문지(Academic Self-Regulation Questionnaire:

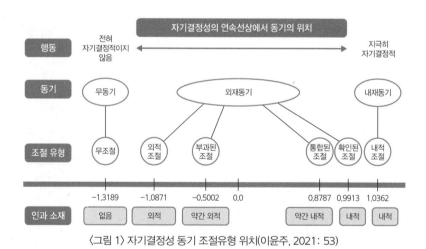

〈그림 1〉 자기결정성 동기 조절유형 위치(이윤주, 2021: 53)

SQR-A)를 시작으로 국내외에서 개발된 것이 총 33가지이다. 이처럼 연구 도구가 많은 것은 자기결정성 동기 이론이 4개의 미니 이론으로 구성되어 있어 5 각각의 하위 이론을 통해 자기결정성 정도를 측정할 수도 있고, 연구자에 따라 자기결정성 동기의 측정 구성 요인 수를 다르게 규정하여 연구 도구로 사용하고 있기 때문이다(이윤주, 2021: 65).

우선 Ryan과 Connell(1989)이 개발한 SQR-A는 일반적인 학업 상황에서 학습자의 지각된 행동에 대한 이유를 찾아 각각 다른 자기결정성 동기 조절유형을 측정하기 위해 만들어졌다. 이후 2004년 Ryan에 의해 수정 보완되어 규칙적인 운동 등과 같이 특정한 행동이나 종교적 행동 등 행동 부류에 대한 자기조절에 관하여 묻고 있는 평가 도구로 사용되기도 한다. 이러한 조절은 자기결정성에 의하여 그 유형이 결정된다고 보고 있다.

이후 박병기 외(2005)는 Ryan(2004)이 제시한 '학업적 자기조절 질문지'를 바탕으로 '외적 조절', '내사 조절', '동일시 조절' 그리고 '내재 동기' 문항을 수정 제작하면서 국내 교육 실정에 맞춰 '무동기'와 '통합된 조절'을 추가하였다. 그리고 6개의 조절유형에 4개의 주제 문항을 세분화하였고, 각 조절유형은 주제에 따라 8개의 하위 문항으로 구성하여 총 48개 문항으로 제작하였다. 문항 내용은 '숙제', '공부', '토론·발표', '성적'으로 모두 학업 수행과 관련된 것이다. 아울러 박병기 외(2005)에서 SRQ-A는 자기결정성 동기 조절유형을 측정하는 데 있어 설문 문항의 타당성을 입증한 연구 사례이기도 하다.

---

4   이윤주(2021)에서는 박병기 외(2005: 710) 연구 결과와 Deci와 Ryan(2000: 72)의 연구 결과를 합쳐 자기결정성 동기 조절유형 위치를 도식화하였다.
5   자기결정성 이론을 구성하는 4개의 미니 이론으로는 인지평가 이론, 유기적 통합 이론, 인과지향성 이론, 기본심리욕구 이론이 있다.

2. 한국어 교육 자기결정성 동기 선행 연구

한국어 교육에서 자기결정성 동기를 적용한 연구는 2011년 고형진·김영주를 시작으로 현재 약 20여 편에 이른다.[6] 이 선행 연구들은 학습자의 선택과 결정, 의지 정도를 알 수 있는 자기결정성 동기인 학업 동기에 주목하여 연구를 진행한 점에서 의의가 있다. 또한, 한국어 교육에서 이루어진 자기결정성 동기 연구는 크게 자기결정성 조절유형과 다른 요인 간의 상관성을 분석한 연구와 자기결정성 동기 조절유형만을 탐색한 연구로 나눌 수 있다. 한국어 교육 내 자기결정성 동기 관련 선행 연구는 〈표 1〉, 〈표 2〉와 같다.

〈표 1〉 자기결정성 동기 조절유형 간 상관성 연구

구분	연구자 (발행연도)	연구 목적	연구 대상	연구 방법	연구 결과 (높은 조절유형)
학위	고형진 (2011)	동기 양상, 학습자 변인, 한국어 학업 성취도와의 상관관계 연구	외국인 유학생 (169명-학부생)	박병기 외 SRQ-A, 설문조사	동기 양상: 확인된 조절 학습자변인: 확인된 조절 학업성취도: 외적 조절
	안주연 (2012)	자기결정성 동기유형과 스트레스와의 상관관계 연구	외국인 유학생 (63명-연수생)	박병기 외 SRQ-A, 설문조사, 면담	동기유형: 내적 동기 스트레스: 확인된 조절
	두흔 (2018)	척도 타당도, 한국어 성취도와의 관계 연구	중국인 유학생 (322명-연수생)	김아영(2008) K-SRQ-A, 설문조사	중국어 번안 척도 타당도 검증 한국어 성취도: 내적 동기
	변준균 (2018)	학습성과, 교육서비스 품질에 미치는 영향 관계 연구	외국인 유학생 (873명-연수생)	박병기 외 SRQ-A, 설문조사	학습성과: 부과된 조절 교육서비스품질: 부과된 조절
	이윤주 (2021)	자기결정성 동기와 읽기 이해력의 상관관계 연구	외국인 유학생 (200명-연수생)	박병기 외 SRQ-A, 설문조사	읽기 이해력: 통합된 조절

---

6 한국어 교육 내 자기결정성 동기 연구는 총 21편(학위-5편, 학술-16편) 중 양적 연구가 18편, 질적 연구 2편, 혼합 연구가 1편으로 조사되었다(http://www.riss.kr. 참고).

	고형진·김영주 (2011)	동기유형, 학업성취도와 상관관계 연구	중국인 유학생 (155명-학부생)	박병기 외 SRQ-A, 설문조사	동기유형: 확인된 조절 학업성취도: 통합된 조절
	홍종명 (2014)	자기결정성 동기유형과 개인변인(성별, 연령,거주 기간, 학교 재학 여부)과의 상관관계 연구	중도 입국 청소년(30명)	박병기 외 SRQ-A, 설문조사	동기유형: 확인된 조절 성별: 여학생-통합된 조절 연령: 19세 이상-확인된 조절 거주 기간: 1년 미만-확인된 조절 학교 재학: 미졸업-외적 동기
	이진녕 (2015)	자기조절 학습 간의 관계 연구	중국인 유학생 (303명-연수생)	박병기 외 SRQ-A, 설문조사	자기조절 학습: 외적 조절
학술	최정선 (2015)	한국어 교사의 자율성 지지, 학업 참여, 학업성취도와의 관계 연구	중국인 유학생 (172명-연수생)	자기조절 설문지 (SRQ-L)	자율성 지지: 확인된 조절 학업참여: 정적 영향 학업성취도: 매개효과
	이인혜·공혜림 (2019)	자기결정성 동기 양상과 학업 스트레스 간의 상관관계 분석 연구	외국인 유학생 (138명-학부생)	박병기 외 SRQ-A, 설문조사	동기 양상: 확인된 조절 학업스트레스: 외적 조절
	김소형 (2019)	동기유형과 한국어 학업에 미치는 영향 연구	중도 입국 청소년 (3명)	박병기 외 SRQ-A, 면담	동기유형: 내재적 동기 한국어 학업: 확인된 조절
	박현진 (2020a)	동기유형 및 문항별 특성과 학업성취도와 관계 연구	베트남 유학생 (21명-학부생)	박병기 외 SRQ-A, 설문조사	동기유형: 확인된 조절 유형간 관계: 인접 위치 동기 학업성취도: 확인된 조절
	박현진 (2020b)	동기유형 및 문항별 특성과 학업성취도와 관계 연구	한국어 예비교사 (25명-교육실습생)	박병기 외 SRQ-A, 설문조사	동기유형: 확인된 조절 유형 간 관계: 상반 위치 부적 학업성취도: 부적 상관관계

〈표 2〉 자기결정성 동기 조절유형 연구

구분	연구자 (발행연도)	연구 목적	연구 대상	연구 방법	연구 결과 (높은 조절유형)
학술	정연희 (2016)	사우디 유학생들의 자기결정성 동기 연구	사우디 유학생 (27명-연수생)	박병기 외 SRQ-A, 설문조사	부과된 조절

학술	홍종명 (2017)	자기결정성 동기유형을 통해 한국어 학습 동기 분석 연구	베트남 유학생 (239명-연수생)	박병기 외 SRQ-A, 설문조사	확인된 조절
	김상수 (2018)	베트남 유학생의 학업 동기 양상과 각 유형 간의 상관관계 연구	베트남 유학생 (110명-연수생)	박병기 외 SRQ-A, 설문조사	확인된 조절
	이민경·김상수 (2018a)	쿠웨이트 유학생의 자기결정성 동기 양상 연구	쿠웨이트 유학생 (33명-연수생)	박병기 외 SRQ-A, 설문조사	확인된 조절, 통합된 조절
	이민경·김상수 (2018b)	한국 대학생과 중국 유학생의 자기결정성 동기 비교 연구	한국 대학생(63명) 중국 유학생(78명)	박병기 외 SRQ-A, 설문조사	한국 학생: 확인된 조절 중국 학생: 통합된 조절
	정연희 (2018)	예비 학부 유학생의 자기결정성 동기 연구	외국인 유학생 (137명-학부생)	박병기 외 SRQ-A, 설문조사	확인된 조절
	윤새은임 (2019)	유학 동기 분석 연구	베트남 유학생 (6명-학부생)	박병기 외 SRQ-A, 면담	내적 동기, 확인된 조절, 내적 조절
	홍종명 (2019)	초급 학습자의 학습 동기와 탈동기 분석 연구	중국·베트남 유학생 (297명-연수생)	박병기 외 SRQ-A, 설문조사	확인된 조절

〈표 1〉은 한국어 학습자의 자기결정성 동기 조절유형과 다른 요인 간의 상관관계를 알아보고자 한 연구로 그중 고형진(2011)은 한국어를 외국어로 배우는 학습자를 대상으로 하는 동기 연구에서 자기결정성 동기를 다룬 첫 번째 연구이며, 자기결정성 동기 측정지 SQR-A 문항이 한국어 학습자들의 동기유형을 측정하는 데 문제가 없음을 확인한 연구이다. 한국어 학습자 169명을 대상으로 학습자의 개별적 특성에 따른 자기결정성 동기 양상 및 유형, 학습자변인과 관계, 한국어 학습 성취도와의 관계를 조사한 결과, 동기유형 양상과 학습자변인과 관계에서 '확인된 조절>통합된 조절>내적 동기>부과된 조절>외적 조절>무동기' 순으로 나타났다. 특히 학업 기간과 자기결정성 동기유형 관계에서 확인된 조절과 내적 동기에서 유의미한 집단 간 차이가 있는

것으로 나타났다.

〈표 2〉는 자기결정성 동기만을 조사한 연구로, 그중 정연희(2018)는 한국어 집중과정을 운영하고 있는 A대학 학습자 137명을 대상으로 자기결정성 동기를 살펴보았는데, '확인된 조절>내적 조절>부과된 조절>외적 조절>무동기' 순으로 나타났다. 이러한 연구 결과를 바탕으로 무동기나 내재적·외재적 동기가 높은 각각의 집단에 대해 학습자 개개인의 심층 면접 등을 통한 원인 분석과 대안 마련 등을 제안하였다.

특히 한국어 교육 내 자기결정성 동기 연구는 박병기 외(2005) SRQ-A 설문지를 사용한 정량(양적) 연구가 대부분이다. 그중 김소형(2019)과 윤새은임(2019)은 정성(질적) 연구, 안지연(2012)은 혼합(양적+질적) 연구 방법을 취하였다.

김소형(2019)은 중도입국 청소년의 자기결정성 동기가 한국어 학업에 미치는 영향에 대해 질적 연구를 실시하였다. 이 연구는 중도입국 청소년들이 체류 및 학업 기간이 길어질수록 한국어 학업 동기가 줄어든다는 선행 연구를 토대로 1년 미만 중도입국 청소년 3명을 선정하여 심층 면담하였다. 연구 결과 중도입국 청소년의 자기결정성 동기 조절유형은 숙제, 공부, 토론·발표, 성적에 대해 외적 조절보다 내재적 동기에 가까운 유형으로 나타났다. 한국어 학업과 자기결정성 동기와의 관계는 개인이 중요하다고 여기는 것에 가치를 두는 자기결정성이 내재적 동기에 가까울수록 한국어 학업 동기에도 영향을 미치는 것으로 나타났다.

윤새은임(2019)은 베트남 유학생 6명을 대상으로 이들에게 한국에서의 유학 생활이 어떠한 의미가 있는지에 대해 면담을 실시하였다. 표제(Topics)를 선정하여 유학 동기에 초점을 맞추어 심층 면접을 실시하였는데, 개인적 관심(한류의 영향으로 한국 및 한국인에 대한 긍정적 이미지, 베트남과 비슷한 한국의 문화와 민족성, 독립적인 유학 준비와 결심), 경력 개발(한국 대학 졸업이 주는 본국에서의 성공적인 취업 기회, 새로운 학업 환경에서의 경험 축적), 사회적 이유(부모의 한국 유학 권유, 친구 및 선생님으로부터 받은 영향, 베트남 사회 분위기로부터 받은 영향)과 같이 3개의 표제에 8개의 주제를 도출하였다.

안주연(2012)은 한국어 학습자 63명에게 설문하고 석사 준비생 6명에게 인터뷰를 하는 혼합 연구 방법으로 자기결정성 동기와 스트레스의 관계를 분석하였다. 연구 결과 자기결정성 조절유형과 스트레스와의 관계는 무동기, 외적 동기, 부과된 동기와는 약간의 선형관계가 나타났으며, 확인된 동기부터 내적 동기까지는 무시할 수 있는 선형관계가 나타났다.

위 세 연구 모두 다수의 선행 연구가 설문지 위주의 정량적 연구로 수행되어 학습자 개인별 학업 동기의 고유성이 드러나지 못한 한계가 존재한다(김태영, 2015: 137)는 지적에 대한 새로운 시도라고 할 수 있다. 그러나 외국인 유학생의 경우 한국에서 생활하는 체류자이므로 한국어 향상에 있어 비언어적 부분도 상당히 많은 부분을 차지하고 있다. 그러므로 심층 개별 면접 방법을 통해 연구대상자의 한국어 향상뿐만 아니라, 사회문화적 환경과 그 환경 내에서 이루어진 총체적 학업 경험, 즉 외국인 유학생의 학업 동기를 더 심층적이고 다각적으로 살펴보아야 한다.

III. 연구 방법

1. 연구 대상

이 연구는 목적에 따라 적합한 대상자를 발굴하는 의도적 표집(purposive sampling) 기법을 통해 연구 참여자를 모집하였다. 연구 참여자는 D대학교에서 한국어전공 교과목을 수학하고 있는 외국인 유학생으로, 연구자의 질문을 듣고 자신의 생각이나 의견 및 경험을 진솔하게 표현하는 데 큰 어려움이 없어야 하므로 한국어능력시험 3급 이상과 한국어 학습 경험이 3년 이상인 대상자를 중심으로 진행하였다.

한편 동기(motive)는 학습자변인 중 정의적인 영역에 해당하는 만큼 자신의 의견을 보다 진솔하게 답변하는 것이 중요하므로, 연구자는 면담에 앞서 참여자들을 여러 차례 만나 연구 목적, 연구 내용, 연구 방법 및 면담 내용이 녹음된다는 점 등에 대해 자세히 설명을 하였으며, 라포(rapport) 또한 연구자의 수업을 수강한 경험이 있는 학습자이므로 사전에 충분히 형성되었다. 본격적인 연구가 수행되기 전, 연구 참여 의사 동의서 및 설명서에 자필 서명을 받고 나서 심층 면담을 진행하였다. 연구에 참여한 외국인 유학생들의 인구학적 특성은 〈표 3〉과 같으며, 연구 참여자들의 익명성에 따라 참여자 A~G로 구분하였다.

〈표 3〉 연구 참여자 정보

순번	성별	이름	국적	전공(학년)	입국년도	한국어 연수기간	TOPIK 급수
참여자A	여	허***	몽골	한국어 교육학부(4)	2016년	1년	6급
참여자B	여	응****	베트남	무역학과(3)	2017년	18개월	3급
참여자C	여	레**	베트남	영어영문학(3)	2017년	18개월	5급
참여자D	남	응*****	베트남	무역학과(3)	2017년	18개월	4급
참여자E	남	즈***	베트남	호텔관광학과 (4)	2016년	7개월	5급
참여자F	여	팜**	베트남	한국어 교육학부(3)	2018년	8개월	4급
참여자G	남	바***	우즈베키스탄	한국어 교육학부(1)	2020년	14개월 (본국)	6급

2. 연구 절차

이 연구는 자기결정성 동기 설문지(SQR-A)를 질적 연구 방법인 개별 심층면접으로 수정하여 외국인 유학생의 학업 경험에 미치는 자기결정성 동기 조절유형을 보다 심층적으로 알아보고자 하였다. 이에 따라 중도입국 자녀를 대상으로 자기결정성 동기 조절유형을 연구한 김소형(2019)과 인터뷰를 통해 베트남 유학생의 읽기 불안을 연구한 이다슴(2020)의 연구 절차를 바탕으로 진행하였다.[7]

1) 자료 수집 방법

학습자들과의 면담은 2021년 12월 22일부터 12월 30일까지 일주일간 진행하였다.[8] 면담 내용은 휴대 전화 녹음 기능을 활용하였으며, 면담 시간은 조용한 장소를 택해 한 사람당 약 30분 이내로 진행하였다.[9] 참여자들의 응답 내용이 중의적이거나 불명확한 경우 '이야기'하고 '다시 이야기하기' 질적 탐구 기법으로 추가 질문하였다.

면담 질문은 한국형 학업 자기조절 조사지(SRQ-A)로 무동기부터 외적 조절, 부과된 조절, 확인된 조절, 통합된 조절, 내적 조절까지 6개 유형으로 구성되어 있다. 본격적인 면담에 앞서 조절유형별로 마련된 세부 질문들을 통해 특정한 동기유형을 유발한 원인, 경험, 상황적 맥락 등에 대해 심층적인 논의

---

7 김소형(2019)에서는 박병기 외(2005) 설문지를 구조화된 형식으로 질문하였으며, 이다슴 (2020)에서는 반구조적 면담법을 사용하였다. 예를 들면 '나는 한국어 읽기를 할 때, 한 단어 한 단어 번역한다'에 해당하는 리커트 척도를 '한국어 읽기를 할 때 한 단어, 한 단어씩 번역합니까?'라는 질문으로 바꾼 후, '그렇다'의 경우 '왜 한 단어씩 번역하면서 읽기를 합니까?', '아니다'의 경우 '그럼 어떤 방법으로 한국어 읽기를 합니까?' 등의 추가적 질문 방식을 사용하였다.

8 면담 전 손 씻기, 마스크 쓰기 등 코로나19 방역 수칙을 준수하여 면담을 진행하였다.

9 민진영(2020: 1032)의 연구 결과에서 면담 횟수 3회, 1회 60~90분 이하 빈도가 가장 높았다. 이에 이 연구에서도 조사 방법을 면담 3회와 면담 시간 60분으로 진행하였다.

초국적 관점에서 본 유학생의 경험과 유학정책

가 진행될 수 있도록 하였다.

조사를 실시하기 전, '한국 대학에 진학한 이유는 무엇입니까?', '본인이 생각하는 숙제, 공부, 토론·발표의 난이도는 어떻습니까? 왜 그렇습니까?', '현재 숙제, 공부, 토론·발표의 참여도는 어떻습니까? 왜 그렇습니까?', '현재 성적은 어떻습니까? 왜 그렇습니까?'라는 질문을 통해 연구 참여자들의 '숙제', '공부', '토론·발표', '성적'에 관한 현재 상황을 알아보았다.

다음으로 자기결정성 동기 조절유형 질문(self-determination motive) 조사를 실시하기 위해 박병기 외(2005)에 의해 개발된 설문지를 사용하여 리커트 척도에 따라 빈도를 조사한 후, 연구 참여자가 자유롭게 말할 수 있는 반구조적(semi-structured) 면담법[10]으로 자료를 수집하였다. 그리고 이 조사지를 바탕으로 연구 참여자와 심층 면담을 실시하였는데 '(각 문항별) 왜 그렇게 생각하십니까?', '(각 문항별) 언제 이러한 경험(생각)을 한 적이 있습니까?', '(특정 동기) 조절유형이 유발된 원인은 무엇입니까?' 등의 질문으로 면담하였다.

〈표 4〉는 한국형 학업 자기조절 조사지 내용 중 '숙제'에 해당하는 부분이다.

〈표 4〉 SRQ-A의 심층면담지 예시

	① 확실히 아니다 (−100%)	② 상당히 아니다 (−70%)	③ 약간 아니다 (−30%)	④ 약간 그렇다 (+30%)	⑤ 상당히 그렇다 (+70%)	⑥ 확실히 그렇다 (+100%)
무동기	❶ 숙제를 왜 해야 하는지 잘 모르겠다. –왜 (정도 선택)을/를 선택했습니까? 경험이 있으면 자세히 말씀해 주십시오.					①②③④⑤⑥
	❷ 숙제를 하는 것은 시간 낭비이다. –왜 (정도 선택)을/를 선택했습니까? 경험이 있으면 자세히 말씀해 주십시오.					①②③④⑤⑥
외적 조절	❶ 숙제를 하지 않으면 곤경에 처하기 때문에 하는 수 없이 숙제한다. –왜 (정도 선택)을/를 선택했습니까? 경험이 있으면 자세히 말씀해 주십시오.					①②③④⑤⑥
	❷ 숙제를 안 하는 것은 규칙 위반이기 때문에 하는 수 없이 숙제한다. –왜 (정도 선택)을/를 선택했습니까? 경험이 있으면 자세히 말씀해 주십시오.					①②③④⑤⑥

부과된 조절	❶ 숙제를 잘해야 선생님께서 나를 좋은 학생으로 생각할 것이므로 숙제한다. –왜 (정도 선택)을/를 선택했습니까? 경험이 있으면 자세히 말씀해 주십시오.	①②③④⑤⑥
	❷ 숙제를 안 하면 선생님께 미안한 마음이 들어서 숙제한다. –왜 (정도 선택)을/를 선택했습니까? 경험이 있으면 자세히 말씀해 주십시오.	①②③④⑤⑥
확인된 조절	❶ 숙제를 잘해야 학습내용 이해에 도움이 될 것 같아 스스로 숙제한다. –왜 (정도 선택)을/를 선택했습니까? 경험이 있으면 자세히 말씀해 주십시오.	①②③④⑤⑥
	❷ 숙제는 나에게 중요한 것이기 때문에 스스로 숙제한다. –왜 (정도 선택)을/를 선택했습니까? 경험이 있으면 자세히 말씀해 주십시오.	①②③④⑤⑥
통합된 조절	❶ 숙제를 잘하는 것이 인간적 성장에 도움이 될 것 같아 스스로 숙제한다 –왜 (정도 선택)을/를 선택했습니까? 경험이 있으면 자세히 말씀해 주십시오.	①②③④⑤⑥
	❷ 숙제하는 것은 나의 가치관에 비추어 당연하므로 스스로 숙제한다. –왜 (정도 선택)을/를 선택했습니까? 경험이 있으면 자세히 말씀해 주십시오.	①②③④⑤⑥
내적 조절	❶ 숙제 자체가 재미있어서 스스로 숙제한다. –왜 (정도 선택)을/를 선택했습니까? 경험이 있으면 자세히 말씀해 주십시오.	①②③④⑤⑥
	❷ 숙제하는 것 자체가 즐겁기 때문에 스스로 숙제한다. –왜 (정도 선택)을/를 선택했습니까? 경험이 있으면 자세히 말씀해 주십시오.	①②③④⑤⑥

2) 자료 분석 방법

자료 분석은 면담을 통해 수집한 녹음 자료를 반복적으로 들으며 연구자가 직접 전사 작업을 실시하였으며, 녹음 자료를 전사한 텍스트와 연구 메모를 원자료(raw data)로 활용하였다. 또한, 자료 분석시 명확하지 않거나 추가 질문이 있을 경우, 연구 참여자와 전화 통화나 문자 메시지를 통해 추가 면접을 진행하였다. 이후 수집된 내용과 정리된 원자료를 반복해서 읽으며 연구 참여자의 경험을 보다 구체적으로 이해하고 설명하기 위하여 질적 연구 방법인 사례 연구 분석 방법[11]을 참고하였다. 특히 자기결정성 동기 조절유형에 대한 각각

---

10 반구조적 면담법은 연구자가 질문 목록을 작성하되 연구 참여자가 자유롭게 생각을 덧붙일 수 있도록 하는 방법이다. 질문은 일반적 질문→구체적 질문, 비교·대조, 정교화(elaboration), 카드, 사진, 그림 등의 자료를 활용하여 연구 참여자가 좀 더 이야기할 수 있도록 한다(김신혜, 2020a: 52). 아울러 김태영(2015)에서는 학업 동기 조사 연구를 위한 면담법의 형식은 반자유 형식 면담법이 적합하며, 한국과 같은 동아시아 문화권에서 면담을 할 경우 면담자와 피면담자의 관계 형성 및 연령차를 고려하여야 함을 역설하고 있다.

11 사례 연구(case study)는 전통적인 양적 연구 방법으로 답할 수 없는 복잡한 문제들, 양적 연구

의 빈도를 확인한 후, 자기결정성 동기 조절유형을 구체적으로 맥락화하고, 참여자들의 '숙제', '공부', '토론·발표', '성적'에 관한 학업 경험에 대한 응답을 종합하면서 주제를 도출하고자 하였다. 이러한 분석 결과를 바탕으로 학문 목적 즉, 석·박사 외국인 유학생의 성공적인 학업 수행을 위한 교육과정을 제안하고자 하였다.

IV. 결과 분석 및 논의

1. 자기결정성 동기 조절유형 분석 결과

연구 참여자들의 학업 수행과 관련한 자기결정성 동기 조절유형을 알아보았다. 자기결정성 동기 조절유형 양상은 〈그림 2〉와 같다.

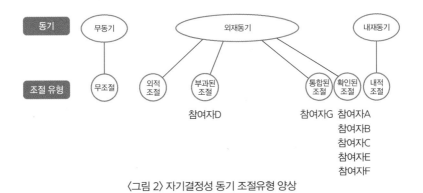

〈그림 2〉 자기결정성 동기 조절유형 양상

〈그림 2〉에서 알 수 있듯이 연구에 참여한 외국인 유학생들의 자기결정성

방법에 의한 일반화뿐 아니라 특이한 상황에 대한 깊은 성찰이 필요한 문제를 다루는 데 이용된다(김신혜, 2021: 147).

동기 조절유형은 '확인된 조절'이 많았다. 이는 학문 목적 외국인 유학생들은 한국어 학습 동기가 대체적으로 높은 편이며, 내적 동기화되어 가는 과정에 있다는 것을 보여 준다. 이것은 외국인 학부 유학생은 언어 학습을 하는 연수생보다 '확인된 조절'이 높다는 이인혜·공혜림(2019)의 연구 결과와 맥을 같이 한다.

학문 목적 외국인 유학생들에 있어 학업에 대한 자기결정성 동기는 한국어로 수업을 듣고 과제를 수행하며, 한국어전공 및 교양 수업을 수강하는 것과 관련이 있기 때문에 같은 한국어 학습자라 할지라도 학문 목적 한국어 학습자와 일반 목적 한국어 학습자는 동기의 수준에서 차이를 보일 수 있다. 왜냐하면 학문 목적 외국인 유학생들은 처한 학업 맥락에 따라 동기 유발이 다르게 작용하기 때문이다. 또한, 고급 학습자들은 상대적으로 오랜 시간 한국어 학습을 수행하였기 때문에 외부의 압력이나 보상이 없어도 어느 정도 자기결정에 의해 학업을 수행한다고 볼 수 있다(이진녕, 2015). 특히 한국에 거주하며 한국어를 학습하는 외국인 유학생들에게 있어 한국어 학습 동기는 기본적으로 부여된 상태라고 예측할 수 있다.

1) 무동기

먼저 무동기(amotivation)는 자기결정성이 전혀 없는 곳에 위치하는 동기유형으로 행동하려는 의지 자체가 없어 수동적으로 움직이는 조절유형이다.

"학점을 잘 받아야 장학금을 받을 수 있습니다. 그래서 저는 숙제, 공부, 토론·발표, 성적 점수가 무엇보다 중요합니다. 그래서 관심이 많습니다. 그리고 숙제와 공부는 학생에게 아주 중요하다고 생각합니다."(참여자A)

"우리는 유학생이라서 숙제, 공부, 토론·발표, 성적에 관심이 많습니다."

(참여자C)

"한국어센터에서 한국어를 공부할 때 숙제, 공부만 했습니다. 그런데 대학생이 되어 성적이 매우 중요하다는 것을 알았습니다."(참여자B)

이 연구에 참여한 대상자 모두 한국 거주 기간이 3년 이상으로 한국 유학 동기가 입국 초부터 한국 대학 진학에 있었으므로 '숙제', '공부', '토론·발표', '성적'을 우선순위로 여기고 있었다. 그래서 '숙제를 왜 하는지 모르겠다', '공부는 나에게 관심거리가 아니다' 등 무동기 관련 질문에 대해 의아해하는 표정을 짓기도 하였다. 특히 무동기의 수치가 낮게 나타났다는 것은 한국어 학업이나 한국 유학생활에 대한 목표가 뚜렷하고 가치를 부여하는 학업 동기가 강하다는 것을 의미한다.

2) 외적 조절

외적 조절(external regulation)은 자기결정성이 있기는 하지만 자율성이 가장 낮게 형성된 조절유형이다. 외부로부터 주어지는 보상이 없을 때는 동기 자체가 사라져 버리는 조절유형이다.

"숙제는 약속이에요. 그래서 억지로 아니에요. 내가 해야 해요."(참여자A)

"학생이라면 공부를 해야만 하기 때문에 하는 수 없이 공부한다는 질문에 맞아요. 하지만 하는 수 없이 숙제나 공부를 하지 않아요. 학생이라서 스스로 공부하는 습관이 있어야 해요."(참여자D)

"우리 유학생들은 하는 수 없이 공부하지 않아요. 모두 스스로 하려고 해요. 하지만 토론·발표는 어려워요. 한국어 발표할 때마다 긴장돼요."
(참여자B)

외적 조절유형은 부모나 학교 등 외적인 요인에 의한 학업 동기가 이루어질 때 수치가 높게 나타난다. 하지만 이 연구에 참가한 대부분의 외국인 유학생은 외부 조건보다는 자신의 의지로 '숙제', '공부', '토론·발표', '성적'에 관한 학업 수행을 진행하였다. 하지만 참여자D의 경우 외부 조절이 있기는 하지만 스스로 외적인 요인보다는 자기 결정에 의해 학업에 참여하고 있다는 의지가 보였다. 그리고 참여자B의 경우 말하기 불안으로 인해 '토론·발표'에 참여하는 것이 힘들다고 하였다. 한국어 말하기 경우 한국어 능력 숙달도의 지표가 되기도 하는데, 참여자B의 사례와 같이 말하기 불안은 다른 사람과의 소통으로 인해 자신감을 잃거나 남에게 뒤처져 내가 원하는 목표를 얻지 못할까 봐 걱정하는 부분이 대부분일 것이다.

3) 부과된 조절

부과된 조절(introjected regulation)은 이제 막 내면화시키는 단계로서 자신이나 타인의 인정을 추구하며 죄책감이나 창피함을 피하고자 자기 강화나 자기 가치감을 위한 조절유형이다. 즉 자신과 타인으로부터 인정받는 것을 기초로 하고 있다.

"숙제를 안 하면 선생님께 조금 미안해요. 숙제가 많을 때는 진짜 힘들어요. 하지만 꼭 해요." (참여자C)

"공부를 잘해야 나를 좋은 아들로 생각할 거예요. 저는 첫째입니다. 그리고 졸업 후에 고향에 돌아가 부모님을 일을 도울 거예요. 그래서 공부

를 잘해야 한다고 생각해요. 그리고 내가 공부를 못하면 친구들에게도 창피해요."(참여자D)

부과된 조절유형은 '부모님을 실망하게 해 드리기 싫어서', '선생님에게 인정받기 위해 공부한다' 등 자신의 의지가 처음으로 개입되어 내면화되었지만, 아직 외부로부터 주어진 보상이나 압력에 의한 행동이라고 할 수 있다. 참여자D 또한 베트남 남학생으로 졸업 후 고향에 돌아가서 아버지 사업을 이어받고, 첫째 아들로서의 체면을 지켜야 하는 등 면담 내내 가족 이야기를 많이 하였다.

정연희(2016)에 따르면 부과된 조절이 높다는 것은 한국어 학습이 심리적으로 이중성을 가지고 있어서 확인된 조절, 통합된 조절과 내적 조절로 전환될 수 있는 잠재력을 지니고 있는 중요한 시점에 있다는 것을 반증한다고 하였다. 즉, 부과된 조절은 동기의 내재화로 가는 첫 적응 단계로, 학습자 개인에게 주어진 행위가 의미 있고 중요한 목표로 이끌어 가는 가치 있는 역할을 한다는 것을 의미하는 조절유형이라고 할 수 있다.

4) 확인된 조절

확인된 조절(identified regulation)은 자신의 행동의 중요성과 가치를 인식하여 학업자 스스로 행동을 취하는 단계의 조절유형이다. 완전히 내면화시키지 않아도 학습자가 자신의 목표를 달성하기 위해 취하는 행위로, 행위 자체에 대한 기쁨이나 만족보다는 목적 달성에 가치를 두는 것을 말한다.

"저는 토론·발표에 참여하는 것을 좋아합니다. 그래서 한국 학생들과 있을 때도 제가 먼저 토론·발표를 해요. 토론·발표는 내 생각을 표현할 수 있어서 좋아요."(참여자C)

"성적이 중요하죠. 성적은 내가 노력한 과정을 반영하니까 성적이 매우 중요해요. 그리고 장학금도 받을 수 있고, 성적 점수가 좋아야 나중에 취업도 잘 할 수 있어요. 그래서 제 스스로 노력해요."(참여자E)

"공부를 안 하면 왜 한국에 왔어요. 공부하려고 한국에 왔어요. 그러니까 스스로 공부를 해야지요."(참여자F)

확인된 조절이 높다는 것은 자기결정이 높아서 내적 동기가 강하다는 것을 의미한다. 또한, 한국어 학업 자체에 대한 기쁨이나 만족보다는 한국어 학업을 통한 한국 유학생활의 목적 달성에 더 관심이 많다는 것으로 해석할 수 있다(김상수, 2018: 910). 이는 학업을 수행하는 데 있어 '숙제', '공부', '토론·발표', '성적'이 반드시 필요한 도구라는 점을 인식하고 있는 것으로 판단된다. 또한, 확인된 조절유형은 학업성취도를 유의하게 예측한다는 여러 양적 연구의 결과를 실제로 보여 주는 사례라고 할 수 있다. 그리고 한국어 학업의 목표가 외국인 유학생 개인에게 어떠한 의미가 있으며, 얼마나 중요한지를 잘 알고 있다는 것을 보여 준 면담 결과라 할 수 있겠다.

5) 통합된 조절

통합된 조절(integrated regulation)은 외적 동기 중에서 가장 자율적인 동기유형으로 자신의 일부로 받아들여진 개인의 욕구 및 가치, 목표와 통합될 때 나타나는 조절유형이다. 사회적 가치뿐 아니라 개인이 가진 가치관으로 결정하고 이에 따라 행동한다면 이는 통합적으로 조절된 것이라고 할 수 있다.

"한국이든 몽골이든 공부를 잘하면 뭐든지 좋아요. 돈도 많이 벌고요. 다른 사람들도 좋아해요. 그래서 공부는 인간적 성장에 도움이 된다고

생각해요."(참여자A)

"저는 1학년 때보다 지금 4학년 때 더 성장했다고 생각해요. 왜냐하면 대학교에서 전공 공부를 하니까 생각도 깊어지고 배려도 많아졌어요. 모두 숙제, 공부 같은 것이 도움이 되었다고 생각해요."(참여자G)

"과목마다 숙제하는 마음이 달라요. 어떤 과목은 스스로 숙제해요, 하지만 어떤 과목은 억지로 해요."(참여자B)

통합적 조절유형은 외재 동기와 내재 동기의 일치를 통해 자연스러운 내면화가 된 것이지만, 그 자체에 대한 관심이나 즐거움보다는 여전히 개인적으로 중요한 결과를 얻기 위한 행동 가치인 외적, 도구적 유형이라 완전한 내재 동기라고 할 수 없다. 그럼에도 불구하고 참여자들이 한국어 학업과 한국 유학 생활에 대한 강한 내적 동기를 가지고 있으며, 한국어 학업 자체에 대한 즐거움과 목표 의식뿐만 아니라 성공적인 한국어 학업 이후에 주어지는 결과에 대해 가치를 부여하고 있는 것으로 보인다.

6) 내적 조절

내적 조절(intrinsic regulation)은 자기결정성 동기에서 최고의 자기결정성을 갖고 있으므로 가장 자율적인 조절유형이다. '숙제하는 것 자체가 즐겁기 때문에 스스로 숙제한다', '공부 자체가 재미있어서 스스로 공부한다' 등 완전한 자율적 의지인 흥미, 즐거움, (자기)만족감 때문에 행동하는 조절유형이다.

"'성적 자체가 흥미로워서 도전해 봐야지' 이런 생각을 한번도 해 본 적이 없어요. 좋은 성적을 받으면 기분이 좋아지는 것이지, 성적을 받는

것 자체가 재미있지는 않아요. 나쁜 성적은 누구나 기분이 나빠요."(참여자C)

"숙제나 공부를 스스로 하는 편이에요. 부모님이나 선생님이 시키지 않아도 스스로 해요. 하지만 정말 재미있어서 또는 즐겁기 때문에 하는 것은 아니에요."(참여자A)

내적 조절유형이 높다는 것은 한국어 학업 자체가 가지는 흥미와 즐거움이 크다는 것을 의미한다. 하지만 본 연구 참여자들은 모두 완전한 자율성을 가지고 학업을 수행하는 것은 아니라고 하였다. 내적 동기가 성공적인 학업 성취를 돕는 조절유형이기는 하지만 외국인 유학생에게 있어 한국어 학업 자체가 흥미와 즐거움을 가지는 것은 아니다. 이는 이민형·김상수(2018)에서도 한국 대학생에 비해 외국인 유학생의 자기결정이 높은 것은 타국에서 유학생활을 이어가는 것 자체가 학습자의 자기결정성을 반영되지 않고서는 불가능하기 때문이라는 의견을 반영한 결과라고 하였다.

2. 학업 경험에 따른 자기결정성 동기 유발 원인

'동기'는 행동을 시작시키고 방향을 결정하며 행동의 지속성과 강도를 결정하게 한다(김아영, 2010: 24). 특히 제2 언어는 언어 기술 습득뿐만 아니라 새로운 사회문화적 행위와 함께하는 것이기에, 개인이 경험할 생활과 언어를 학습하고자 노력할 때 학습자의 정의적 변인인 동기가 작용한다고 볼 수 있다. 학문 목적 외국인 유학생의 학업 경험 관련 자기결정성 조절유형 양상을 보면 〈표 5〉와 같다.

〈표 5〉 학업 경험 관련 자기결정성 조절유형 양상

구분	자기결정성 동기 조절유형			
	숙제	공부	토론·발표	성적
참여자A	확인된 조절	확인된 조절	**통합된 조절**	확인된 조절
참여자B	확인된 조절	**통합된 조절**	**외적 조절**	확인된 조절
참여자C	확인된 조절	확인된 조절	**내적 조절**	확인된 조절
참여자D	**부과된 조절**	확인된 조절	확인된 조절	확인된 조절
참여자E	확인된 조절	확인된 조절	**통합된 조절**	확인된 조절
참여자F	확인된 조절	확인된 조절	**통합된 조절**	확인된 조절
참여자G	확인된 조절	확인된 조절	확인된 조절	**부과된 조절**

〈표 5〉와 같이 연구에 참여한 외국인 유학생의 경우, '확인된 조절'이 많은 것은 개인 행동의 목표를 자신의 것으로 완전히 내재화시키지는 않았음에도 불구하고 그 가치를 인정하고 수용한 상태로 학업을 수행한다는 것을 알 수 있다. 또한, 연구 참여자들이 '유학'이라는 특정한 목표를 위해 학업을 수행하는 과정에 있으므로 '숙제', '공부', '토론·발표', '성적'에서 즐거움이나 만족을 얻기보다는 유학 목적을 달성하기 위한 것으로 볼 수 있다.

"아르바이트를 많이 하는 학기에는 성적이 나빠요. 그런데 성적은 나중에 우리 취업할 때 아주 중요해요. 그래서 성적을 잘 받기 위해 많이 노력해요. 특히 숙제는 꼭 하고요, 토론·발표 시간에도 잘 참여해요."(참여자A)

"저는 한국어 말하기를 가장 못해요. 그래서 토론·발표는 순서 때문에 억지로 참여해요. 한국어 말하기를 좀 잘하면 토론·발표에 잘 참여할 거예요. 저는 한국에 처음 왔을 때부터 한국어 말하기에 자신이 없었어요. 읽기는 잘할 수 있는데 한국어 말을 하려고 하면 단어가 생각이 나지 않아요. 그리고 제가 말을 하면 다른 사람들이 '뭐라고요? 다시 말해 주세요.' 이렇게 말해요. 그럴 때마다 더 자신이 없어져요."(참가자B)

"저는 토론·발표를 좋아하는 성격이에요. 그래서 저는 팀에서 매일 리더를 해요. 제가 노력해서 토론·발표 점수를 잘 받아요. 그러면 팀원들이 좋아해요. 그리고 특히 저는 영어영문학과라서 영어 발표는 한국 학생들보다 제가 먼저 하려고 해요. 한국어보다 영어에 자신이 있어서 친구들에게 부끄럽지 않아요."(참여자C)

"대학생이 되니까 숙제가 더 많아졌어요. 아르바이트도 해야 하고, 숙제가 많으니까 자꾸 숙제하기 싫거나 친구 숙제를 많이 봐요. 그런데 숙제를 안 하니 공부도 안 하고 한국어 실력도 점점 낮아지는 것 같았어요. 그래서 숙제는 꼭 하려고 해요."(참여자D)

"3학년 1학기 때 광고 수업 시간에 광고 동영상 만들기 발표가 있었어요. 그런데 한국 학생들은 우리하고 같이 팀을 하려고 하지 않아요. 그래서 외국인들끼리 해야 할 상황이었어요. 그래서 속으로 생각했어요. '정말 잘 만들자.' 발표날이 되어 발표를 했는데 교수님께서 다른 학생들에 우리 팀을 본받으라고 했어요. 그때부터 자신감이 생겨 토론·발표를 하는 것이 힘들지 않고 재미있어요."(참가자E)

"어느 교수님께서 '왜 베트남 학생들은 공부를 안 하는지 몰라.' 이런 말을 들었어요. 그때 제가 공부를 안 한 것이 아닌데도 너무 부끄러웠어요. 그래서 그때부터 정말 열심히 공부했어요. 그리고 제가 공부한 후에 베트남 친구들에게 가르쳐줘요."(참여자F)

"1학년 때는 성적이 좋지 않았어요. 학년이 올라갈수록 성적이 좋아졌어요. 성적이 안 좋으면 부모님께 죄송해요. 물론 야단을 맞지 않아요. 하지만 부모님께 죄송해요. 그래서 저는 학년이 올라갈수록 성적이 좋아졌어요."(참여자G)

학문 목적 외국인 유학생의 경우, 학업 경험에 따른 자기결정성 동기 조절 유형 중 확인된 조절과 통합된 조절이 많은 것은 교양 및 전공필수 과목을 수강해야 하는 경우가 많기 때문이다. 대학에서는 자기가 수강하고 싶은 과목 외에도 다양한 과목을 수강해야 하므로 학업 동기가 완전히 내적으로 동기화되기 어렵다. 그래서 외국인 유학생 학습자들은 개인별 학업 동기에 따라 다양한 목적과 방법으로 학업을 수행하고 있다는 것을 알 수 있다. 다시 말해, '숙제', '공부', '토론·발표', '성적'과 같은 학업 경험에서의 학습 동기는 학습자 개인의 따라 다양하게 나타나며 이는 성공적인 학업 수행에도 영향을 준다는 것이다.

특히 대부분의 외국인 유학생들이 20대 초반이라는 점을 고려하였을 때 학습자 개인의 내재적인 요인이 학업에 미칠 가능성이 높다고 할 수 있다. 또한, 한국 유학이라는 새로운 환경과 관계 속에서 흥미와 즐거움을 가지고 있으며, 학업 수행 목표가 학습자 개인에게 어떠한 의미가 있으며, 얼마나 중요한지를 잘 알고 있다는 것을 보여 준다고도 할 수 있다.

그러나 많은 외국인 유학생들이 교양 및 전공에 대한 배경지식이 없이 한국어 학습이 끝나자마자 전공 수업을 포함한 학부 수업을 듣기 때문에 입학 후의 변화 적응에서 어려움을 겪거나, 학업 난이도의 증가에 따라 뚜렷한 학업 수행 제고가 쉽게 이루어지지 않고 있다(압둘라예바 닐루파르, 2019; 이진녕, 2015 등). 이에 이민혜·공혜림(2019)에서는 학부에 입학하여 다른 학업 맥락에서 다양한 학업 활동을 하게 되면서 동기와 같은 학습자의 개인별 요인들이 저하되지 않도록 학부 입학 단계에서 보다 체계적인 교육과정의 연계 및 관리가 요구된다고 하였다.

3. 학문 목적 외국인 유학생의 교육과정 구성

안경화 외(2000)에서는 교육과정을 계획할 때 '누구에게', '무엇을', '어떻게' 가르칠 것인가 등에 대한 기본적인 원칙이 필요하나 이 중 '누구에게 가르칠 것인가'가 소홀히 다루어지고 있음을 지적하며, 학습자 집단에 따라 교육 내용이나 방법이 달라져야 함을 강조하고 있다. 이준호 외(2021)에서는 한국어를 배우는 학습자의 목적이 다양해짐에 따라 기존의 교육과정으로는 새로운 수요자 계층을 위한 성공적인 한국어 교육이 이루어지기 어렵고, 결국 이는 새로운 교육과정의 개발이 필요하다는 사실을 재차 증명해 준다고 하였다. 또한, 김소은(2021)은 한국어 교육 전공의 교육과정을 분석할 때 사회적 맥락과 학습자의 특성이라는 요인을 고려하여 분석하여야 함을 주장하였다.

실례로 K대학교 유학생 교양과정을 살펴보면(김명광, 2021 참고), Waters와 Waters는 '학업 역량, 학습 기술'에 따라 '기저 역량과 목표 수행 상황 목록'으로 나누어 외국인 유학생이 달성해야 할 능력과 그 발현인 수행의 구체적인 실천 내용을 바탕으로 하고 있다. 이에 공동과정의 학습자 등급별 학업 역량의 구성에 '인지적 역량'과 '정의적 역량' 요소를 첨가하여 창의적이고 비판적인 사고력 함양, 공감 능력, 문화감수성 태도 등을 포함시켰다.[12]

현재 한국 사회의 노동인구 감소로 인해 외국인 유학생의 이주 지원이 확대

---

12 '역량'은 그 자원을 활용하는 능력을 일컫는다. 역량은 기술(skill)을 의미하기보다는 무언가를 할 수 있는 가능성과 실천력을 의미하는 것이다. 또한, 상황에 대처하는 태도로도 볼 수 있다. 즉 지식 활용 능력으로 유해준(2021: 148)에서는 교육과정 역량은 한국어 학습자들에게 필요한 역량으로 교육 내용을 설계하고자 하는 교육이라고 하였다.

되고 있다. 최근 외국인 유학생(D-2)을 일반고용허가제 외국인 노동자(E-9)로 활용하는 방안을 추진 중에 있으며, '한류 비자'라는 명목으로 한국에서 박사 학위를 취득한 경우 유학 비자 만료 후 우수 인력으로 분류돼 귀화 등 패스트 트랙으로 영구적으로 체류할 자격도 줄 예정이다. 특히 외국인 유학생은 '유학-취업-이민'으로 연계되는 유학정책에 있어 석·박사과정 유학생만을 위한 교육과정이 필요하다. 석·박사 외국인 유학생은 졸업 후 한국 사회의 전문 인력 집단으로 정주할 가능성이 높은 이주민 집단이다. 아울러 한국교육개발원(2021)에 따르면 최근 학위과정 과정생보다 석·박사학위 과정생의 증가 추세가 두드러져 그동안 학위과정을 통해 배출된 학생들의 교육 수요가 상급 학위과정으로 이동하였고, 중국 등의 국가에서 대학교원에 대한 박사학위 취득을 의무화하면서 외부의 석·박사 학위과정 수요가 증가하였다고 밝혔다. 이에 교육과정 구성에 있어서도 언어적, 전공적 역량은 물론이고 그 밖의 한국 생활 관련 교과 등 총체적 유학 경험이 실천될 수 있도록 학습자의 개별 요인을 최대한 고려한 교육과정을 설계하고 운영하여야 한다.

석·박사 외국인 유학생의 교육과정 운영은 전공 교과의 올바른 이해와 숙련, 기존과 차별화된 대학원 생활의 적응이 수반되어야 하므로, '언어 역량과정', '전공 역량과정', '공동체 역량과정', '개별화 역량과정'을 기반으로 한 교육과정이 마련되어야 한다. 석·박사 외국인 유학생을 위한 교육과정 구성은 〈표 6〉과 같다.

〈표 6〉 석·박사 유학생 교육과정 구성

교육과정	언어 역량과정	전공 역량과정	공동체 역량과정	개별화 역량과정	
교육 내용	한국어 의사소통 능력 강화	전공지식 능력 강화	세계 시민 의식 강화	인지적 요인 강화	정의적 요인 강화
교육 과목	한국어 기능별 교과	전공 주제별 교과	한국학 교육 교과	자기주도 학습 교과	맞춤형 학습 교과

첫째, '언어 역량과정'은 가장 기본적인 한국어 의사소통 능력을 키우는 것으로, 주로 한국어 말하기, 듣기, 읽기, 쓰기의 언어 기술 능력을 강화하는 내용이다. 그러므로 교과목은 고급 한국어 능력 향상에 직접적으로 영향을 미치는 언어 지식 관련 교과로 구성되어야 한다.

둘째, '전공 역량과정'은 석·박사 외국인 유학생이 소속된 전공 분야 지식 능력을 강화하는 내용이다. 학습자의 전공 주제에 따라 전공 교과는 물론 영어와 같은 교과도 편성하여 전공 수학 능력을 신장시켜야 한다.

셋째, '공동체 역량과정'은 세계 시민 의식을 고취시켜 안정적인 한국 유학 생활을 돕는 것은 물론이고, 이후 '유학–취업–이민'으로 연계된 초국적 이주자로서의 삶을 강화하는 내용이다. 그러므로 한국어를 제외한 한국과 관련된 모든 것에 대해 교육하는 '한국학교육' 교과(진대연, 2021 참고)로 구성되어야 한다.

넷째, '개별화 역량과정'은 학습자의 다양한 개인의 특성을 반영하여 수업 효과를 최상으로 끌어올리는 교수–학습 방법으로, 성공적인 학업 수행을 위해 학습자 개인의 인지적, 정의적 요인에 따라 학습 내용, 학습 방법, 학습 산물 등을 개별적으로 선택하는 교육과정이다. '인지적 요인 강화'는 자기 주도 학습 교과로 보고서 쓰기, 시험 준비, 노트 필기 등 학습전략 익히기를 주로 하며, '정의적 요인 강화'는 학습자 개인별 맞춤 교과로 학습자의 정의적 요인을 중심으로 동기, 태도, 불안, 효능감 등을 강화하는 내용이다. 개별화 역량과정은 비교과 활동 프로그램으로 구현할 수 있다.

V. 결론

이 연구는 자기결정성 동기 설문지(SRQ–A)를 개별 면담 문항으로 재구성해 외국인 유학생의 자기결정성 동기 조절유형 양상과 '숙제', '공부', '토론·발표', '성적'과 같은 학업 수행에 유발된 동기유형을 심층적으로 알아보았다. 이를 바탕으로 학문 목적 외국인 유학생, 즉 석·박사 유학생의 교육과정을 제안하는 것을 목적으로 하였다.

연구 결과 학문 목적 외국인 유학생의 자기결정성 동기 양상은 대부분의 연구 결과와 마찬가지로 '확인된 조절' 유형이 가장 높게 나타났다. 이는 어학연수와 다르게 교양 및 전공필수 과목과 같은 다양한 교과목을 수행해야 하기에 학습자 스스로 최대한 내면화된 동기에서 발현된 것으로 보인다. 또한, 한국어 학업 자체에 대한 기쁨이나 만족보다는 한국어 학업을 통한 한국 유학생활의 목적 달성에 더 관심이 많다는 것으로 해석할 수 있다. 또한, 학업 경험에 따른 동기 유발 원인은 학습자 개인별 목적이 다양해지고, 학업 수행에서 겪는 경험에 따라 다르게 작용되었다. 대부분의 외국인 유학생들이 20대 초반이라는 점을 고려하였을 때 학업 내용과 체계보다도 학습자 개인의 내재적인 요인이 학업에 미칠 가능성이 큰 것으로 파악되었다.

이에 따라 외국인 유학생의 개별적 역량을 강화하고 초국가주의 관점에서 '유학-취업-이주'라는 총체적 유학 경험에 기반한 석·박사 유학생들을 위한 교육과정을 제안하였는데, 이 교육과정에는 학습자 개인의 특성에 따라 학업을 수행할 수 있도록 '언어 역량과정', '전공 역량과정', '공동체 역량과정', '개별화 역량과정'으로 구성하였다.

본 연구는 자기결정성 동기를 양적으로 평가하던 기존 연구와 달리 개별 면담으로 재구성하여 학문 목적 외국인 유학생의 자기결정성 조절유형 양상을 심층적으로 알아보았다는 점에서 기존 연구와 차이점을 지니고 있다. 한국어교육 내 학문 목적 유학생을 대상으로 한 연구나 학습 동기와 같은 정의적 변인 관련 연구, 질적 연구 방법 등 다양한 연구가 부족한 실정에 실제적 사례를 제시했다는 점에서 의의를 찾을 수 있다. 또한, 석·박사 유학생 교육과정을 제안하므로 외국인 유학생정책 개발에도 기여하였다. 하지만 본 연구의 결과를 한국어 학습자의 전체적인 특징으로 일반화하는 데는 제약이 있고, 양적 연구와의 결론 차이를 명확하게 제시하지 못했다는 한계가 있으므로 후속 연구에서는 보다 다양한 학습자의 의견을 수집, 분석하여 연구 방법론에서의 차이뿐 아니라 외국인 유학생의 성공적인 학업 수행을 위한 여러 가지 교수–학습 방안들이 제시되길 기대해 본다.

참고문헌

고형진, 2011, "한국어 학습자의 자기결정성 동기 연구", 경희대학교 대학원 국제한국언어
    문화학과 석사학위논문.
고형진·김영주, 2011, "중국인 한국어 학업자의 자기결정성동기유형과 학업성취도와의
    상관관계 연구", 『한국어 교육』, 22(1), 1–26.
김명광, 2021, "외국인 유학생 교양 교육과정 구성과 운영 개선방안", 한국언어문화교육학
    회, 제33차 전국학술대회 자료집.
김상수, 2018, "베트남 유학생의 자기결정성 학업동기 연구", 『예술인문사회융합멀티미디
    어논문지』, 8(5), 905–913.
김소형, 2019, "중도입국 청소년 자기결정성 동기가 한국어 학업에 미치는 영향", 『다문화
    아동청소년연구』, 4(1), 41–65.
김수은, 2021, "사회적 맥락과 학습자 특성을 반영한 한국어 교육학 전공교육 과정 개발
    기초 연구 – 광주·전남 지역 소재 내 한국어 교육 전공 학부과정을 중심으로", 『한
    국어 교육』, 32(2), 31–61.
김신혜, 2020a, 『응용언어학 질적 연구 방법론 이론과 실제』, 한국 문화사.
김신혜, 2020b, 『내러티브 탐구와 제2 언어 학습』, 계명대학교 출판부.
김아영, 2010, 『학업동기: 이론, 연구와 적용』, 학지사.
김지하 외, 2021, 대학의 외국인 유학생 유치·관리 실태 분석, 연구보고서, 한국교육개발
    원.
김태영, 2015, "제2 언어 자아와 영어 학습 동기: 면담법을 통한 사례 연구", 『영어교육연
    구』, 27(3), 131–154.
두흔, 2018, "중국인 한국어 학습자용 정의적 요인 척도 타당화 연구", 고려대학교 박사학

위논문.

민진영, 2020, "한국어 교육 분야에서의 '내러티브 탐구' 동향 분석", 『학습자중심교과교육연구』, 20(10), 1019-1038.

박병기 외, 2005, "자기결정성이론이 제안한 학업동기 분류형태의 재구성", 『교육심리학회』, 19(3), 699-711.

박진욱, 2021, "국내 외국인 유학생 대상 학업적응 진단 도구 개발을 위한 구성 요인 연구", 『漢城語文學』, 44, 155-186.

박현진, 2020, "베트남인 학부생의 자기결정성 동기 분석-전공 진입 후 학업자를 중심으로", 『언어와 문화』, 16(4), 171-196.

변준균, 2018, "대학부설 한국어 교육 연수생의 유학 동기가 학업 성과 및 자발적 행동의 도에 미치는 영향과 교육서비스 품질의 조절효과", 숭실대학교 박사학위논문.

성태제·시기자, 2021, 『연구 방법론(3탄)』, 학지사.

안경화 외, 2000, "학습자 중심의 한국어 교육과정 개발 방향에 대하여", 『한국어 교육』, 11(1), 67-83.

안주연, 2012, "한국어 학습업자의 자기결정성 동기와 스트레스의 관계 연구: 국내 외국인 유학생을 대상으로", 한국외국어대학교 석사학위논문.

압둘라예바 닐루파르, 2019, "우주베키스탄 유학생들의 한국대학생활 적응 분석", 성균관대학교 석사학위논문.

유해준, 2021, "역량 기반 유학생을 위한 교양 교과 개발 연구", 『교양학연구』, 16, 145-164.

윤새은임, 2019, "수도권대학 베트남유학생의 유학 동기: 경기도 P대학을 중심으로", 『다문화 아동청소년연구』, 4(1), 1-40.

이다슴, 2020, "인터뷰를 통한 베트남인 한국어 학습자의 읽기 불안 연구", 『우리말연구』, 61, 143-182.

이민경·김상수, 2018, "자기결정성 이론에 따른 쿠웨이트 유학생의 학업동기 연구", 『예술인문사회융합멀티미디어논문지』, 8(2), 515-523.

이선영·나윤주, 2018, "외국인 유학생의 학업적응 실태조사: 교양교과목 개발을 위한 기초 연구", 『교양교육연구』, 12(6), 167-193.

이윤주, 2021, "외국인 유학생의 한국어 읽기이해력에 미치는 인지적·정의적 변인에 관한 연구", 대구가톨릭대학교 박사학위논문.

이은화 외, 2014, "한국 대학에서 유학생이 겪는 학업의 어려움 분석", 『수산해양교육연구』, 26(6), 1261-1277.

이인혜·공하림, 2019, "외국인 학부 유학생의 자기결정성 동기유형과 학업스트레스 연구", 『Journal of Korean Culture』, 45, 105–140.

이준호 외, 2021, "외국어로서의 한국어 교육과정 평가를 위한 평가 체계 개발 연구", 『한국어 교육』, 32(4), 225–249.

이진녕, 2015, "중국인 한국어 학업자의 자기결정성동기와 자기조절학업관계 분석", 『한국어 교육』, 26(3), 201–245.

정연희, 2016, "사우디아라비아 유학생의 한국어 학업 동기 연구", 『학습자중심교과교육연구』, 16(7), 319–338.

정연희, 2018, "예비과정 유학생의 한국어 학업에 대한 자기결정성 동기 연구: A대학의 한국어 집중 교육과정 사례를 중심으로", 『외국어교육연구』, 32(2), 129–151.

정은교·안도희, 2021, "자기결정성 이론 기반 대학생의 진로동기 척도 개발 및 타당화", 『교육심리연구』, 35(2), 285–317.

조영미, 2018, "학문 목적 한국어 교육의 연구 현황", 『한국어문화교육』, 12(1), 100–126.

진대연, 2021, "블랜디드 러닝을 위한 '한국학 교육과정' 개발", 한국언어문화교육학회, 제33차 전국학술대회 자료집.

홍효정 외, 2013, "외국인 유학생의 대학생활 적응을 위한 학업전략 프로그램 개발 및 적용 사례 연구", 『교양교육연구』, 7(6), 561–587.

Ryan, R. M., & Connell, J. P., 1989, "Perceived locus of causality and internalization: Examining reasons for acting in two domains", *Journal of Personality and Social Psychology*, 57(5), 749-761.

3장

유학생의 SNS 이용 목적이 유학생활 만족도에 미치는 영향

- 적응스트레스의 매개효과를 중심으로 -

김혜영·황동진

I. 서론

지난 50여 년간, 한국정부는 다양한 논리로 외국인 유학생을 유치하는 데 힘써 왔다. 초창기 유학정책은 동남아 및 아프리카와 같은 일부 저소득국가에 한국의 영향력을 확대하기 위한 외교정책의 일환으로 시작되었으나, 이후 수차례의 교육개혁을 거쳐 '고등교육의 국제화', '해외 우수인재 유치'와 같은 표어 아래 추진되었다(김성은·이교일, 2019). 하지만 표면적으로는 국가경쟁력 강화를 표방하고 있었던 한국의 유학생 유치정책은 사실상 학령인구 감소로 인한 대학의 재정적 문제와 '유학 불균형으로 인한(심각한) 국제수지 적자'를 메우는 '고부가가치 창출이 가능한 사업'이었다(교육인적자원부, 2001: 2). 유학생의 양적 확대를 위해 정부 초청 장학금제도를 확대하거나 입학 자격 기준 중 하나인 한국어능력시험(TOPIK) 요구 기준을 낮추는 등 입학 요건은 완화하는 반면, 유학생의 질적 관리나 유학생의 적응스트레스에 대한 지원과 관리가 부족하다는 관련 연구들이 이를 방증한다(김성은·이교일, 2019; 신인철 외, 2018; 조수현 외, 2010; 조혁수·전경태, 2009). 이렇듯 유학생의 양적 확대에도 불구하고 정책적으로나 실무적으로나 허술한 유학생 관리가 지속됨에 따라 유학생에 대한 연구는 이들의 대학생활 적응, 학업 적응, 심리적 적응, 문화적응 등과 같이 유학생의 (부)적응을 다루는 내용이 주를 이루었다(이혜영·박수정, 2018). 이러한 연구들은 지속적으로 유학생들이 겪는 문화 충격과 어려움에 대해 보고하였다. 더불어 유학생의 유학 동기, 교우관계, 지역사회 적응 등과 같은 유학생 개인의 삶에 주목함으로써 이들의 경험을 바탕으로 유학생 지원을 제언하는 연구들이 수행되었다(이민경, 2012; 전재은·장나영, 2012).

이러한 학계 차원의 노력에도 불구하고 여전히 국내 외국인 유학생의 유학생활 만족도는 낮은 수준을 유지하고 있으며, 이로 인해 학위과정을 끝내지 않고 모국으로 돌아가는 '중도탈락' 학생이 늘어나고 있는 실정이다. 이에 교육부는 2014년 교육국제화역량 인증제도(International Education Quality Assurance System: IEQAS)를 도입하여 매년 대학의 유학생 유치 및 관리 현황을 확인하고 일정 수준을 만족하는 대학에 인증을 통과시킴으로써 유학생 관리의 질을 높이고자 하고 있지만(신인철 외, 2018), 이 역시 유학생 관리를 양적 평가로 접근하기 때문에 유학생들이 실제로 겪는 어려움에 대한 해결책을 제공하지 못하고 있다. 경제·인문사회연구회(2010)에 따르면, 유학생들이 제기한 한국 유학생활의 문제로는 비자 발급 및 갱신과 관련된 문제, 한국대학에 대한 불충분하고 과장된 정보, 내국인 중심의 커리큘럼, 문화·환경적으로 고립된 대학생활, 한국 학생과 교수의 무시 등이 있다. 이러한 구체적인 문제 제시에도 불구하고, 정부와 대학은 유학생 유치 확대와 피상적인 유학생 관리 시스템에 치중한 나머지 실질적인 유학생 관리 및 지원 방안에 대해서는 이렇다 할 개선책을 내놓지 못하고 있다(김성은·이교일, 2019). 이렇듯 유학생 유치에 급급하여 유학생에 대한 제대로 된 지원이 이루어지지 않을 경우, 중도탈락으로 인한 인재 유실, 대학 자금난 및 국가적 이미지 실추와 같은 다방면의 부작용 우려가 있으므로 장기적이고 체계적인 유학생 지원 방안을 모색할 필요가 있다.

본 연구는 외국인 유학생 관리 실태에 대한 연구의 연장선으로, 현재 낮은 수준을 유지하고 있는 유학생의 생활 만족도를 향상시키기 위한 목적으로 수행되었다. 특히 사회적 유대가 생활 만족도를 향상하는 데 긍정적인 영향을 미친다는 기존 연구(Kahneman & Krueger, 2006)에 착안하여, 현대사회에서 사람들과의 상호작용 및 관계 형성·유지를 촉진하는 기능을 수행하는 소셜 네트워크 서비스(Social Networking Service, 이하 SNS)가 유학생활 만족도에 미치는 영향을 알아보고자 하였다. 또한, 유학생활 만족도와 유학생의 적응스트레스가 상응관계에 있음을 고려하여(김종원·김은정, 2019; 황나리, 2010), 적응스트레스라는 요인을 매개변수로 설정하고, 유학생의 생활 만족도, SNS 이용, 적응스트레스 간의 유기적 상관관계를 분석하고자 하였다. 연구 결과를 바탕으로 유학생들이 한국에서 보다 만족스러운 학교생활을 할 수 있도록 실질적인 지원 방안을 모색하는 것이 본 연구의 궁극적인 목적이다.

II. 본론

1. 유학생활 만족도와 적응스트레스

유학생활의 질적인 측면을 확인하기 위한 여러 접근법 중 하나로 유학생활의 만족도를 측정하는 방법이 있다. 여기서 생활 만족도는 개인이 세운 기준을 근거로 현재 자신이 처한 상황적 맥락을 평가한 것으로, 의식주와 관련한 기본적인 활동 및 사회적 관계 유지를 위한 활동을 포함한 생활 속 다양한 활동 가운데 형성되는 주관적 만족감을 의미한다(Shin & Johnson, 1978; Neugarten et al., 1961). 즉 유학생활에 대한 만족 수준이 높다는 것은 그만큼 현재 유학생활의 질적인 측면이 자신의 기준을 충족시켰다는 지표로 해석할 수 있다.

이러한 이유로 기존 연구들은 유학생의 유학생활 만족 수준에 주목하였고, 이를 실증적으로 분석한 연구들이 진행되어 왔다(김종원·김은정, 2019; 김해연 외, 2019; 양쥐엔 외, 2019). 이들은 사회적 관계, 문화적 적응, 학업 요인 등 유학생활의 만족도를 높일 수 있는 요인들을 탐색하고 변인들 간의 관계를 검증하는 데 기여하였다.

유학생활 만족도에 영향을 미치는 여러 가지 요인 중 적응스트레스는 많은 연구에서 다루어져 왔으며, 유학생활 만족 수준을 제고하는 중요 변인으로 작동한다. 적응은 익숙하지 않은 환경에서 기존에 자신이 가지고 있는 안정적인 개인의 체계(가치, 신념, 문화적 배경 등)가 상호작용을 통해 유지되거나 변화하는 등의 역동적인 과정이다(Gudykunst, 2003). 이는 다른 문화적 배경을 가진 사람들 간의 상호작용에 따라 적응스트레스가 상이하게 나타날 수 있음을 시사한다. 유학생은 유학목적국 도착과 동시에 맞닥뜨린 새로운 환경에 적응해야 한다. 새로운 환경은 단순히 공간적 변화뿐만 아니라 언어, 생활 습관, 가치관 등 모든 영역에서의 변화와 낯섦을 의미하기 때문에 새로 접한 문화와 환경에 어떻게 적응하는가에 따라 유학생활의 만족도가 달라질 수 있다. 실제로 유학생의 적응스트레스를 연구한 많은 연구가 적응스트레스가 적을수록 유학생활 만족도가 올라간다고 보고하였다(김종원·김은정, 2019; 황나리, 2010). 중국인 유학생의 문화적응 스트레스와 학교생활 만족도의 상관관계를 분석한 황나리(2010)는 문화적응 스트레스가 낮아질수록 학교생활 만족도는 올라가며, 적응스트레스를 낮추기 위해서는 사회적 지지가 필요하다고 하였다.

적응스트레스는 향수병, 집중력 저하, 학업 부진, 건강 저하, 불안, 우울 등의 심리적 문제까지 유발할 수 있으며(Michiko, 2002), 이는 중도탈락 혹은 한국에 대한 부정적인 인식으로까지 이어질 수 있기 때문에(김희경 외, 2010) 정부 및 학교 차원에서 적극적으로 유학생의 스트레스 해소를 위해 개입하고 유학생활의 질을 높일 필요성이 있다. 다시 말해 유학생의 만족스러운 학교생활을 위해서는 이들이 겪는 스트레스를 완화할 필요가 있고, 이를 위해 적응스트레스를 완화하는 방법을 모색하는 연구가 계속적으로 필요하다.

2. 적응스트레스와 SNS 이용 간의 관계

한편 전 세계적으로 SNS 이용이 보편화되고 개인의 일상생활에서 SNS가 차지하는 비중이 커지면서 유학생의 SNS 이용과 유학생활 만족도 간의 상관관계를 검증하는 연구들이 등장하기 시작했다. SNS의 특성상 SNS 이용이 새로운 관계 형성과 친밀도 향상에 영향을 미치기 때문에 생활의 만족 수준을 높일 가능성이 크기 때문이다(Ellison et al., 2007; Valkenburg et al., 2006). 특히 유학생의 경우 SNS가 유학목적국이라는 새로운 환경에 적응하기 위한 수단으로 사용될 수 있기 때문에 그 중요성은 더욱 크다고 할 수 있다(Li & Peng, 2019).

기존의 유학생과 이들의 SNS 이용에 대한 연구들을 살펴보면, 대다수의 경우 SNS 이용이 외로움 및 문화적 충격을 완화하는 역할을 담당하며, 유학목적국에서 더 잘 적응할 수 있게 도와준다는 긍정적인 연구 결과를 보고하였다(Billedo et al., 2020; Park & Noh, 2018; Zaw, 2018; Gomes, 2015; 김옥련·왕설, 2013). 이를 통해 SNS가 유학생이 쉽게 접근할 수 있는 사회적 자본으로써 사람들과의 상호작용을 촉진하고 새로운 관계를 형성하도록 도와주고, 유학생의 자존감을 높여 주어 새로운 환경에 적응할 수 있는 자본적 토대가 되어 주고, 궁극적으로는 만족스러운 유학생활을 도모하는 데 기여함을 알 수 있다(Saha & Karpinski, 2016).

하지만 모든 연구가 이들의 상관관계에 대해 긍정적인 것은 아니다. 실제로 기존의 연구들은 SNS와 유학생활 만족, 적응스트레스 간의 관계에 있어 일관된 연구 결과를 보고하지 못하였다(Acun, 2020; Billedor et al., 2020; Park et al.,

2014). 예컨대 유학 초기 SNS 이용은 모국 위주의 네트워크 형성을 가능하게 하여 향수병을 줄이는 데 기여한다. 이는 향수병으로 인한 적응스트레스를 감소시키는 요인으로 작동한다. 그러나 이러한 모국 중심 네트워크는 단기적으로는 적응스트레스를 감소시킬 수는 있으나 장기적으로는 새로운 관계 형성을 제한하는 요소로 작동하여 사회문화적 적응을 감소시킬 수 있다. Billedo 외(2020)는 유학생의 페이스북 이용과 적응스트레스 간의 관계를 분석한 결과, 이용 목적과 이용 정도 등에 따라 문화적응이 다를 수 있다고 보고하였다. 이러한 연구 결과들은 SNS 이용 목적과 패턴에 따라 적응스트레스와 유학생활 만족 수준이 달라질 수 있음을 시사한다. SNS 이용 목적이 주로 누구와의 상호작용을 위한 것인지에 따라 유학생활 적응에 긍정적인 영향을 미칠 수도, 부정적인 영향을 미칠 수도 있다는 것이다. 본 연구의 연구자들은 이러한 문제의식을 바탕으로 SNS 이용 목적과 유학생의 유학생활 만족 수준 간의 관계를 검증하고, 이들 관계에서 적응스트레스의 매개효과를 검증하고자 하였다.

Ⅲ. 연구 방법

1. 연구 모형 및 연구 자료

본 연구는 외국인 유학생의 SNS 이용과 적응스트레스, 유학생활 만족 간의 관계를 분석하여 검증하고 도출된 결과를 바탕으로 유학생활 만족도를 제고할 수 있는 방안을 모색하고자 하였다. 본 연구의 문제의식에 따른 연구 모형은 〈그림 1〉과 같다.

대학 주변 문화시설 및 인프라가 유학생활 만족도에 유의미한 영향을 미치는 관계로(최병숙 외, 2012), 본 연구는 전반적인 생활환경이 비슷한 유학생들

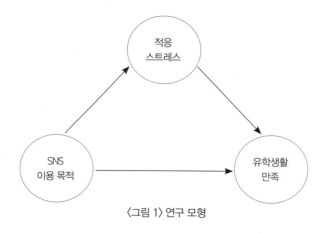

〈그림 1〉 연구 모형

을 상대로 조사하기 위해 지리적으로 인접한 지방 소재 5개 대학교의 외국인 유학생을 대상으로 설문조사를 실시하여 분석하였다. 자료 수집은 군집표집 방법을 통해 대학별 유학생을 모집하였으며, 총 450명을 대상으로 설문지를 배포하였다. 이 중 350부가 회수되었고, 편향된 응답, 고정 반응, 불성실한 응답 등 주요변수의 결측치에 해당하는 28건을 제외하여 최종적으로 322명이 연구 모형에 포함되었다. 조사응답자 중 남학생은 91명(28.5%), 여학생은 228 명(71.5%)이었으며, 학년 구성은 1학년이 169명(54.0%), 2학년 57명(18.2), 3학년 66명(21.1%) 그리고 4학년이 21명(6.7%)이었다.

　설문지는 한국어, 영어, 러시아어, 중국어, 베트남어 총 5개국 언어로 작성되었으며, 2019년 11월을 시작으로 약 두 달 반에 걸쳐 대면조사로 진행되었다. 조사 내용은 유학생활의 만족에 대한 문항으로 구성하였으며, 이 중 연구 모형에 투입될 SNS 이용 형태, 적응스트레스, 유학생활의 만족 수준에 관한 내용이 포함되었다. 문항에 대한 자세한 내용은 다음 장에 자세히 기술하였다.

2. 주요변수

1) 종속변수: 유학생활 만족

종속변수인 유학생활 만족은 주거, 기숙사, 장학제도, 안전, 의료, 출입국 및 체류 등 법률지원, 문화체험으로 총 7개의 영역으로 구분하여 조사하였다. 각 문항에 대해 만족도를 측정하였으며, '1점=전혀 만족하지 않음', '2점=만족하지 않음', '3점=만족함', '4점= 매우 만족함'으로 리커트 척도를 구성하였으며, 점수가 높을수록 유학생활 만족 수준이 높음을 의미한다. 신뢰 수준은 Cronbach α 값이 .839로 신뢰할 만한 수준인 것으로 나타났다.

2) 독립변수: SNS 이용 목적

SNS 이용 목적은 크게 3가지로 구분하여 분석하였다. 첫 번째는 기존에 형성된 관계와의 소통을 위한 목적으로, 여기에는 모국의 가족 및 친구들과의 연락 및 소통 등 하위 3개의 영역으로 조사하였다(예: 모국에서 알고 지낸 친구들과 계속 연락한다). 두 번째는 새로운 관계 형성으로 한국 학생, 한국인, 타인종 및 타문화 사람들과의 소통 등 하위 3개의 영역으로 조사하였다(예: 한국 학생들과 연락한다). 마지막으로 모국 사람과의 관계 형성으로, 한국에서 만난 모국 사람과의 소통 등 하위 2개의 영역으로 조사하였다(예: 한국에 거주하는 모국인 친구들과 자주 연락한다). 각 문항은 이용 정도로 측정하였으며, '1점=전혀 그렇지 않음', '2점=그렇지 않음', '3점=그러함', '4점=매우 그러함'으로 리커트 척도를 구성하였으며, 점수가 높을수록 SNS를 많이 이용하는 것을 의미한다.

3) 매개변수: 적응스트레스

매개변수로 적응스트레스를 측정하였으며, 총 9개 문항으로 조사하였다. 9개 문항은 한국어 이해, 의식주 적응, 사고방식 차이, 가치관 및 생활 습관 차이, 경제적 어려움, 차별 및 편견 경험, 정보 부족, 모국에 대한 향수, 무능감으로 구성하였으며, 각 문항은 '1점=전혀 안 받음', '2점=거의 안 받음', '3점=조금 받음', '4점=많이 받음'으로 리커트 척도를 구성하였으며, 점수가 높을수록 적응스트레스가 높음을 의미한다. 신뢰 수준은 Cronbach α 값이 .927로 신뢰할 만한 수준인 것으로 나타났다.

3. 분석 방법

연구대상자의 일반적 특성과 주요변수의 분포를 파악하기 위해 기술통계분석을 실시하였다. 또한, 왜도와 첨도값을 확인하여 정규분포를 가정하는지 여부를 판단하였다. 연구 문제를 검증하기 위해 크게 2가지 분석전략을 세웠다. 먼저 구조방정식모델(Structural Equation Models, 이하 SEM)을 적용하여 분석하고자 하였다. SEM은 일반 회귀모델에서 나아가 하나 이상의 독립변수와 종속변수와의 구조적 관계를 분석할 수 있다(Ullman, 2001). 이를 적용하여 SNS 이용 목적별로 유학생활 만족 수준에 미치는 영향을 분석하고자 하였다. 모형적합도를 확인하기 위해 절대적합지수, 증분적합지수, 추정적합지수 등 여러 지수를 확인하여 연구 모형을 검증하고 다음으로 변수 간 경로계수를 추정하였다. 유의미한 경로계수를 검증하여 변수 간 인과관계를 검증하였다. 다음으로는 SNS 이용 목적과 유학생활 만족 간의 관계에서 적응스트레스가 매개하는지를 분석하고 매개효과의 효과성을 검증하기 위해 Sobel test를 실시하였다. 분석을 위해 IBM SPSS AMOS. 21을 활용하였다.

IV. 연구 결과

1. 주요변수 기술통계분석

연구 모형에 투입된 주요변수에 관해 기술통계분석한 결과는 〈표 1〉과 같다. 모든 변수들의 왜도와 첨도 값을 확인한 결과 정규성을 검증하는 기준에서 벗어나지 않는 것으로 나타났다. SNS 이용 목적별로 보면, 모국에서 알고 지내던 친구, 가족, 지인과의 연락을 목적으로 한 SNS 사용(기존 연락)이 다른 목적에 비해 평균이 높은 것으로 나타났다(3.21~3.51점). 반면 한국에서 만난 새로운 사람들과의 관계 형성을 목적으로 한 SNS 사용(새로운 관계)은 상대적으로 낮은 점수를 보였다(2.62~2.77점).

적응스트레스의 경우 한국어 이해와 관련한 적응스트레스가 3.03점으로 가장 높았으며, 경제적 어려움(2.99점), 무능감(2.83점), 사고방식 차이(2.81점) 순으로 나타났다. 평균 점수의 분포를 보면 2점 후반에서 3점대에 형성되었는데, 이는 모든 영역에서 일정 수준 이상의 적응스트레스를 경험하는 것을 의미한다.

유학생활 만족 수준을 보면 안전 관련 부분의 만족 수준이 3.14점으로 가장 높았으며, 출입국 및 체류 법률 지원(3.07점), 주거(2.96점) 순으로 나타났다.

〈표 1〉 주요변수 기술통계분석

구분		평균	표준편차	왜도	첨도
SNS 이용 목적 (기존 연락)	모국에서 알고 지낸 친구들과 계속 연락	3.39	.67	−.83	.30
	모국에 있는 가족들과 안부	3.51	.65	−1.27	1.51
	알고 있던 사람들과의 친목	3.20	.68	−.58	.43
SNS 이용 목적 (새로운 관계)	한국 학생들과 연락	2.73	.78	−.22	−.31
	한국 사람들과 연락	2.77	.79	−.28	−.31
	타인종, 타문화 사람들과 연락	2.62	.90	−.19	−.73

SNS 이용 목적 (유학목적국에서의 모국 사람)	한국에 거주하는 모국인 친구와 새로운 관계 형성	2.95	.80	-.71	.37
	한국에 거주하는 모국인 친구와 친목	3.00	.84	-.66	-0.2
적응스트레스	한국어 이해의 어려움	3.03	.72	-.44	.05
	의식주 차이	2.52	.77	.04	-.37
	사고방식 차이	2.81	.78	-.21	-.39
	가치관 차이	2.56	.72	-.02	-.26
	경제적 어려움	2.99	.76	-.49	.01
	차별과 편견	2.57	.79	-.06	-.43
	정보 부족	2.61	.71	-.13	-.17
	향수병	2.78	.84	-.35	-.42
	무능감	2.83	.90	-.53	-.40
유학생활 만족	주거	2.96	.51	-.47	2.25
	기숙사	2.72	.72	-.34	.03
	대학의 장학제도	2.92	.65	-.39	.57
	안전	3.14	.53	-.11	1.51
	의료제도	2.94	.60	-.49	1.26
	출입국, 체류법률지원	3.07	.51	.09	.71
	한국 문화 체험	2.95	.65	-.34	.40

2. 모형적합도 검증

연구 모형을 검증하기 위해 연구 모형의 적합도를 분석하였다. 적합도를 검증하기 위해 여러 모형적합지수를 참고할 수 있다. 이때 하나의 지수만을 참고하여 모형의 적합도를 검증하는 데는 한계가 있다. 예컨대 절대적합지수의 경우 케이스 수의 영향을 받기 때문에 제한적인 결과 해석이 발생할 수 있다. 따라서 절대적합지수 뿐만 아니라 증분적합지수, 추정적합지수 등을 고려할 필요가 있다. 이에 모형의 적합도는 χ^2검증, CFI(Comparative Fit Index), TLI(Tucker_Lewis Index), RMSEA(Root Mean Squared Error Approxiation)를 통해 검증하였다. 분석 결과 χ^2=.000(DF=242), CFI=.978, TLI=.949, RMSEA=0.46으로 나타났다. 증분적합지수는 모두 0.9 이상으로 양호한 모형인 것으로 볼 수 있으며, 추정적합지수인 RMSEA도 0.5 이하로 연구 모형을 분석하는 데 문제 없는 것으로 확인되었다.

3. 구조모형 분석 결과

구조모형의 분석 결과는 〈표 2〉와 〈그림 2〉와 같다. 먼저 모국에서 알고 지내던 친구, 가족, 지인들과의 연락을 주목적으로 SNS를 사용한 경우, 유학생활 만족도가 높게 나타났다. 또한, 한국인, 타인종, 타문화권의 사람들과 같이 한국에서 새롭게 만난 사람들과의 연락을 목적으로 SNS를 주로 사용하는 경우에도 유학생활 만족 수준이 높았다. 이러한 연구 결과는 SNS를 통한 상호작용이 유학생활 만족도에 긍정적인 영향을 미친다는 기존의 선행 연구들과도 일치하는 지점이다. SNS를 통해 사회적 관계를 형성, 유지하는 행위가 유학생활의 질적인 측면을 높여주는 데 도움이 된다는 것이다. 한편 SNS가 한국에서 알게 된 모국 친구와의 소통을 위해 사용될 경우에는 유학생활 만족도에 통계적으로 유의미한 영향을 미치지 못하는 것으로 나타났다. 여기에 대해서는 매개변수인 적응스트레스와 관련하여 이해할 수 있다.

〈표 2〉 구조모형 경로계수

독립변수	종속변수	b	s.e	c.r.	p
SNS 이용 목적(기존 연락)	적응스트레스	-.003	.059	-1.045	.904
SNS 이용 목적(새로운 관계)	적응스트레스	-.097	.034	-2.852	.004
SNS 이용 목적 (유학목적국에서의 모국 사람)	적응스트레스	.107	.033	3.242	.001
적응스트레스	유학생활 만족	-.171	.050	-3.420	.000
SNS 이용 목적(기존 연락)	유학생활 만족	1.50	.047	3.210	.001

SNS 이용 목적(새로운 관계)	유학생활 만족	-.024	.030	-.812	.417
SNS 이용 목적 (유학목적국에서의 모국 사람)	유학생활 만족	.088	.033	2.650	.008

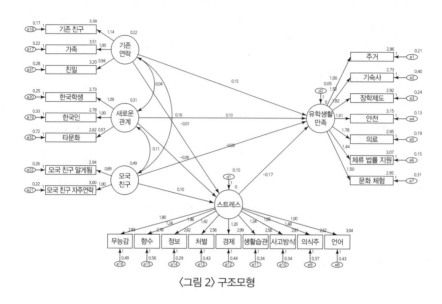

〈그림 2〉 구조모형

독립변수인 SNS 이용 목적과 매개변수인 적응스트레스와의 관계를 보면, 새로운 관계를 목적으로 SNS를 사용할수록 적응스트레스가 감소하는 것으로 나타났다. 이는 유학생이 한국에서 새로운 관계를 형성하고 SNS를 통해 이들과 관계를 유지할 때, 적응스트레스는 감소하고 유학생활 만족도는 높아짐을 시사한다. 반면 한국에서 모국 친구와의 소통을 목적으로 SNS를 주로 사용하는 경우 역으로 적응스트레스가 높아짐을 알 수 있었다. 이는 유학생이 한국에 와서 모국의 친구들과 주로 상호작용을 할 경우, 새로운 환경에 적응하는 데 오히려 역효과가 있음을 시사한다. 모국에서 알고 지내던 친구, 가족, 지인과의 연락은 새로운 환경에 적응하는 과정에서 오는 스트레스를 해소하는 역할을 하고, 한국에서 새롭게 교류하게 된 타문화권, 타인종(한국인 포함)과의 친목은 새로운 환경에 잘 적응하고 있음을 나타낸다. 하지만 한국에 와서도 같은 언어, 문화, 가치관을 공유하는 모국의 친구들과 주로 교류하는 경우에는 한국의 대학생활, 친구, 문화, 언어 등 다양한 분야에서의 적응을 지연시키는 결과를 초래한다. 따라서 적응스트레스를 감소하는 데 제한적으로 작동하면서 오히려 유학생활 만족도를 떨어뜨리는 결과를 초래할 수 있음을 의미한다.

4. 매개효과 검증

앞서, 연구 모형을 분석한 결과를 바탕으로 매개효과의 효과성을 검증하기 위해 Sobel test를 실시하였다. 분석 결과는 〈표 3〉과 같다.

〈표 3〉 매개효과 검증

	Z	one-tailed probability	two-tailed probability
SNS 이용(새로운 관계) ▶ 적응스트레스 ▶ 유학생활 만족	2.190	0.014	0.028
SNS 이용(유학목적국에서의 모국 사람) ▶ 적응스트레스 ▶ 유학생활 만족	-2.353	0.009	0.018

분석 결과 매개효과가 통계적으로 유의한 것으로 나타났다. 즉 새로운 관계를 목적으로 한 SNS 사용과 유학생활 만족 간의 관계에서 적응스트레스는 부분매개효과가 있는 것으로 나타났으며, 유학목적국에서 모국 친구와의 소통을 목적으로 한 SNS 사용과 유학생활 만족 간의 관계에서는 적응스트레스를 통해 완전매개하는 것으로 나타났다.

V. 결론 및 제언

해외에서 유학하는 많은 학생이 인터넷과 같은 미디어를 통해 정보를 추구하고 모국에 대한 외로움을 달랜다(김진영, 2003). 문화를 반영하는 미디어의 특성상 미디어 활용이 문화 충격을 완화해 주는 등 타문화에 적응하는 과정에서 주도적인 역할을 하기 때문이다(김옥련·왕설, 2013). 본 연구는 여러 미디어 중에서도 손쉽게 전 세계 사람들과 상호작용하고 관계 형성 및 유지를 가능케 하는 SNS의 기능에 주목하여 외국인 유학생의 SNS 이용과 유학생활 만족 간의 관계에서 적응스트레스 매개효과를 검증하고자 하였다. 특히 다양한 SNS 이용 목적이 유학생의 생활 만족도에 어떤 영향을 미치는지 밝힘으로써 이들의 성공적인 유학생활을 지원하는 방안을 모색하고자 하였다. 구조방정식모델을 사용하여 분석한 연구 결과를 요약하면 다음과 같다.

먼저, 유학목적국인 한국에서 만난 한국인, 한국 학생, 또는 타인종, 타문화권의 사람들과의 상호작용을 목적으로 SNS를 사용하는 경우와 모국에서 알고 지내던 가족, 친구, 지인 등과의 상호작용 및 관계 유지를 위해 SNS를 사용하는 경우 유학생활 만족 수준이 높아지는 것으로 나타났다. 반면, 한국에서 만난 모국 친구와의 관계를 위한 SNS 사용은 유학생활 만족에 통계적으로 유의한 영향을 미치지 못하였다. 이는 SNS 이용이 유학생활 만족 수준을 높인다는 기존의 연구 결과를 지지하면서 동시에 일관된 연구 결과를 보고하지 못했던 측면을 간접적으로 설명하는 지점으로 해석할 수 있다.

두 번째로 SNS 이용과 유학생활 만족 수준 간의 관계에서 적응스트레스는 매개효과를 가지는 것으로 나타났다. 한국에서 만난 새로운 사람(한국인을 포함한 타인종, 타문화권의 사람들)과의 상호작용을 위한 목적으로 SNS를 사용한 경우 적응스트레스를 감소시켰으며, 이는 유학생활 만족 수준을 높이는 데도 정적인 영향을 미쳤다. 이와 같은 결과는 유학목적국 소속 학생과의 소통 및 타문화권의 사람들의 상호작용이 낯선 환경에 적응하는 과정에 긍정적인 영향을 미치며 적응에 대한 스트레스를 감소시킴을 시사한다. 즉 유학목적국에서 다양한 문화권의 사람들을 만나 이들과 관계를 형성하고 유지하는 과정이 유학생활 적응과정의 일부이며, 이를 위해 SNS가 효과적으로 사용될 수 있음을 암시한다.

반면, 유학목적국에서 만난 모국 사람과 소통하기 위해 SNS를 사용하는 것은 오히려 적응 스트레스를 증가시키는 것으로 나타났다. 다시 말해 모국 사람과의 소통이 심리적 고립이나 사회적 위축을 감소시키는 데 긍정적인 영향을 미칠지는 모르나 언어, 문화, 가치관 등이 다른 낯선 환경에 적응해야 하는 유학생의 경우 오히려 적응을 어렵게 만들어 스트레스를 높일 수 있다는 것이다. 이상의 결과를 바탕으로 다음과 같이 제언하고자 한다.

첫째, 학교 차원에서 유학생을 대상으로 SNS를 활용한 다양한 친목 및 학업 목적의 모임을 추진할 필요가 있다. 언어, 문화, 환경 등이 모두 낯선 유학생의 경우, 자연스럽게 자신들과 말이 통하는 모국 친구들끼리 모임을 형성하게 된다. 하지만 이는 새로운 환경에 빠르게 적응할수록 학교생활이 수월해지는 유학생의 특성상 오히려 적응스트레스를 높이는 부작용이 있다(Billedo et al., 2020). 반면, 연구 결과에서 보여 주듯이 한국인, 한국 학생을 포함한 타문화, 타인종의 사람들과 새로운 관계를 형성하고 이를 유지하기 위한 목적으로 SNS를 사용하는 경우 그 긍정적인 효과가 유의미하게 나타남을 알 수 있다. 즉 다양한 사람들을 만나는 창구로 SNS를 사용할 경우 SNS가 유학생의 적응 스트레스는 낮추면서 유학생활 만족도는 높여 주는 순기능을 한다는 것이다. 하지만 한국 학생에 비해 상대적으로 인간관계가 협소한 유학생들이 외부의 개입 없이 새로운 친구를 만드는 것은 쉽지 않다. 이러한 이유로 학교 차원에서 SNS라는 장치를 활용하여 유학생들이 보다 다양한 인간관계를 형성하고 유지할 수 있게 촉구하는 것이 필요하다. 예를 들어 대부분 일회성으로 끝나는 유학생 대상의 이벤트를 진행할 때도, SNS로 친구 맺기를 독려하거나 SNS 상의 그룹을 형성해 주는 등 이들이 지속적인 관계를 유지할 수 있게 적극적으로 개입함으로써 유학생들이 넓은 인간관계를 형성할 수 있게 도와주는 것이 필요하다. 또한, 국내에서 일어나는 행사에 대한 정보가 상대적으로 적은 유학생들에게 SNS를 통해 지속적으로 홍보를 하고, 이들이 다양한 기회를 통해 한국에 있는 사람들과 사회활동을 할 수 있는 기회를 열어주는 것도 중요하다고 할 수 있겠다.

둘째, 모국의 가족 및 친구와의 관계를 유지할 수 있는 방법을 구체적으로 모색할 필요가 있다. 많은 유학생들이 가족 및 친구와 떨어져 지내면서 낯선 환경에 적응까지 해야 한다는 이중 스트레스를 겪으며 우울, 불안, 고립감 등을 느낀다(Ward et al., 2001; Church, 1982; Oberg, 1960). 이러한 정신적 스트레스는 학업에도 부정적인 영향을 미친다. 유학생의 사회적 지지와 적응스트레스와의 부적관계를 증명하는 꾸준한 연구 결과를 감안할 때(Geeraert & Demoulin, 2013; Tartakovsky, 2007; Yeh & Inose, 2003), 학교와 정부 차원에서 유학생이 사회적 지지를 받는 환경을 조성하는 것이 필요하다고 생각된다.

본 연구는 유학생이 SNS를 통해 모국의 가족, 친구 및 지인과 연락할 경우 적응스트레스를 상대적으로 더 적게 받는다는 결과를 보여 주었다. 다시 말해 SNS를 통해 사회적 지지를 받는 환경을 조성함으로써 유학생의 고립감 해소는 물론, 적응스트레스를 줄이고 생활 만족도를 높일 수도 있다는 것이다. 하지만 모국의 가족 및 지인과의 연락을 위해 사용하는 SNS는 개인의 상황과 여건에 따라 사용 여부가 달렸고, 또 SNS의 장시간 사용이 오히려 정서적으로 부정적 영향을 미친다는 연구 결과도 있다(Chen & Peng, 2008). 이보다 적극적이고 근본적인 해결책이 필요하다고 생각되는데, 이 중 하나로 동반가족 비자 발급 기준을 완화함으로써 유학생들이 굳이 SNS를 통하지 않더라도 가족과 함께 지내며 안정적인 환경에서 공부를 마무리할 수 있게 도와주는 방법이 있다. 유학생이 가족과 물리적으로 함께 있게 해 주며 불필요한 SNS 사용 시간을 줄이고, 정서적으로 보다 안정된 상태에서 유학 목적에서의 새로운 관계를 탐색하게 함으로써 전반적인 유학생활 만족도를 제고할 수 있을 것으로 생각되기 때문이다.

셋째, 다양한 변수와 유학생활 만족도 간의 상관관계를 고려한 후속 연구와 유학생활의 개선방안에 대한 지속적인 연구가 필요하다. 본 연구는 특정 지역에 한정하여 결과를 도출하였기 때문에 전국 단위, 혹은 보다 다양한 환경의 유학생을 대상으로 후속 연구가 진행될 필요가 있다. 이를 통해 유학생의 경험을 다각도에서 이해하고, 생활 만족도를 제고하기 위한 구체적이고 실질적인 방안을 모색할 필요가 있다.

그동안 유학생에 대한 연구는 유학생의 경험을 지나치게 일반화하거나 단편적으로 이해하는 데 그치는 경향이 있었다. 본 연구 역시 몇 가지 질문을 통해 유학생의 경험을 유추함으로써 이들의 실생활을 심도 있게 이해하는 데는 어려움이 있었다. 예를 들어 SNS를 사용하는 목적에 있어서 인간관계 이외의 이유에 대한 질문이 포함되지 않았기 때문에, 유학생이 SNS를 사용하는 다양한 목적을 아울러 이해하는 데는 한계가 있었다. 또한, 양적 연구의 특성상 이들의 삶에 대한 단편적인 이해로는 이들이 겪는 문제를 해소하는 데 어려움이 있었다. 본 연구는 유학생에 대한 연구가 질적 연구와 함께 병행되어야 한다고 제언한다. 특히 유학생활의 어려움에 대한 유학생의 목소리를 직접 듣는 것이 연구자, 교수, 또는 유학생 담당 실무자가 유학생의 생활 개선을 위한 구체적인 방안을 모색하는 데 도움이 될 것이라고 생각한다.

마지막으로 유학생의 적응스트레스를 낮춰 주고 생활 만족도를 높여 주기 위한 방안을 모색할 때 SNS 등 비교적 새로운 방식을 도입하는 것에 주저하지 않고 적극적으로 나서는 자세가 필요하다. 아직까지 국내 유학생 지원정책은 동화주의적 관점에서 유학생을 바라보기 때문에 일방적으로 이들이 한국 사회에 적응하기를 기대하는 경향이 있다. 하지만 본 연구에서 드러났듯이, 유학생들은 SNS 같은 다양한 소통 창구를 통해 주체적으로 유학생활을 이어 나가고 있다. 대학과 정부는 이를 잘 활용하여 유학생들이 한국 사회에 소속감과 유대감을 느끼며 학업을 마무리할 수 있도록 독려해야 할 것이다.

참고문헌

경제 · 인문사회연구회, 2010, 한 · 중 양국의 상호 유학생 실태와 개선방안.

교육인적자원부(국제교육협력담당관실), 2001, 외국인 유학생 유치 확대 종합방안(안).

김성은 · 이교일, 2019, "한국 유학정책의 계보와 과제", 『교육 문화연구』, 25(5), 61-78.

김옥련 · 왕설, 2013, "문화적응 스트레스와 SNS 이용에 관한 연구: 재한 중국인 유학생을 중심으로", 『사회과학연구』, 24(4), 377-401.

김종원 · 김은정, 2019, "중국인 유학생의 대학생활 적응과 대학생활 만족도에 미치는 영향에 관한 연구", 『한국산업정보학회』, 24(4), 99-112.

김진영, 2003, "미디어 의존 이론 연구: 미국 유학생들의 인터넷 이용, 민족 정체성, 미디어 의존, 그리고 인지적, 행동적 변화와의 관계를 중심으로", 『언론과학연구』, 3(2), 119-154.

김해연 · 신리나 · 황하성, 2019, "중국인 유학생의 차별 경험이 유학생활 만족도에 미치는 영향 귀인성향, 내외통 제성의 조절효과", 『사회과학연구』, 26(10), 81-96.

김희경 · 손연정 · 이미라 외, 2010, "국내 중국 유학생의 문화적응 스트레스 영향요인", 『성인간호학회지』, 22(2), 143-153.

신인철 · 한지은 · 박효민, 2018, "외국인 유학생의 학업중단 실태와 요인", 『다문화 사회연구』, 11(2), 105-133.

양쥐엔 · 박상수 · 왕레이 · 저우잉, 2019, "외국인 유학생의 심리적 요인과 사회적 지지요인이 유학만족에 미치는 영향에 관한 연구-한 · 중 양국 유학생의 유학환경적응(매개효과)을 중심으로", 『한중사회과학연구』, 17(2), 43-75.

이민경, 2012, "지방대학 외국인 유학생들의 유학 동기: A 대학 아시아 유학생들의 한국 유학 선택과 그 의미를 중심으로", 『한국교육학연구(구 안암교육학연구)』, 18(2), 177-201.

이혜영 · 박수정, 2018, "외국인 유학생에 대한 국내 연구동향 분석(2007~2016)", 『글로벌

교육연구』, 10(4), 119-145.

전재은·장나영, 2012, "니하오? 국내 중국인 유학생의 한국 학생과의 교우관계: 중국인 유학생의 경험과 인식", 『한국교육학연구(구 안암교육학연구)』, 18(1), 303-326.

조수현·채두병·강한균, 2010, "부산경남지역 외국인 유학생의 대학서비스의 만족에 관한 연구", 『실천경영연구』, 5(1), 1-13.

조혁수·전경태, 2009, "중국인 유학생들의 대학생활 실태조사 및 관리방안 연구", 『사회과학연구』, 20(3), 193-223.

최병숙·박정아·노정옥, 2012, "한국에서 유학하는 중국 대학생의 주거실태 및 주거만족도-전북대학교 중국 유학생을 중심으로", 『한국생활과학학회지』, 21(6), 1235-1250.

황나리, 2010, "국내 중국인 유학생의 대학생활 적응에 관한 모형 검증: 문화적응 스트레스, 사회적지지, 적극적 대처방식을 중심으로", 가톨릭대학교 석사학위논문.

Michiko, Y., 2002, "재한 일본 유학생의 스트레스 사건에 관한 연구", 서울대학교 석사학위논문.

Acun, I., 2020, "The Relationship among University Students' Trust, Self-Esteem, Satisfaction with Life and Social Media Use", *International Journal of Instruction*, 13(1), 35-52.

Billedo, C. J., Kerkhof, P., & Finkenauer, C., 2020, "More facebook, less homesick? Investigating the short-term and long-term reciprocal relations of interactions, homesickness, and adjustment among international students", *International Journal of Intercultural Relations*, 75, 118-131.

Chen, Y. F., & Peng, S. S., 2008, "University students' Internet use and its relationships with academic performance, interpersonal relationships, psychosocial adjustment, and self-evaluation", *CyberPsychology & Behavior*, 11(4), 467-469.

Church, A. T., 1982, "Sojourner adjustment", *Psychological Bulletin*, 91(3), 540-572.

Ellison, N. B., Steinfiled, C., & Lampe, C., 2007, "The bene-fits of Facebook "friends: Social capital and college students' use of online social network sites", *Journal of Computer-Mediated Communication*, 12(4), 1143-1168.

Geeraert, N., & Demoulin, S., 2013, "Acculturative stress or resilience? A longitudinal multilevel analysis of sojourners' stress and self-esteem", *Journal of Cross Cultural Psychology*, 44(8), 1241-1262.

Gomes, C., 2015, "Negotiating everyday life in Australia: Unpacking the parallel society inhabited by Asian international students through their social networks and entertainment media use", *Journal of Youth Studies*, 18(4), 515-536.

Gudykunst, W. B., 2003, "Cross-cultural and intercultural communication". *Thousand Oaks, CA: Sage Publication, Inc.*

Kahneman, D., & Krueger, A. B., 2006, "Developments in the measurement of subjective well-being", *Journal of Economic Perspectives*, 20(1), 3-24.

Li, L., & Peng, W., 2019, "Transitioning through social media: International students' SNS use, perceived social support, and acculturative stress", *Computers in Human Behavior*, 98, 69-79.

Neugarten, L., Havighurst, J., & Tobin, S., 1961, "The meas urement of life satisfaction", 『Journal of Gerontology』, 16, 134-143.

Oberg, K., 1960, "Cultural shock: Adjustment to new cultural environments", *Practical Anthropology*, 7(4), 177-182.

Park, N., & Noh, H., 2018, "Effects of mobile instant messenger use on acculturative stress among international students in South Korea", *Computers in Human Behavior*, 82, 34-43.

Park, N., Song, H., & Lee, K. M., 2014, "Social networking sites and other media use, acculturation stress, and psychological well-being among East Asian college students in the United States", *Computers in Human Behavior*, 36, 138-146.

Saha, N., & Karpinski, A. C., 2016, The influence of social media on international students' global life satisfaction and academic performance. In K. Bista (Ed.). Campus support services, programs, and policies for international students, 57-76, IGI Global.

Shin, C., & Johnson, M., 1978, "Avowed happiness as the overall assessment of the quality of life", *Social Indicators Research*, 5, 475-492.

Tartakovsky, E., 2007, "A longitudinal study of acculturative stress and homesickness: High-school adolescents immigrating from Russia and Ukraine to Israel without parents", *Social Psychiatry and Psychiatric Epidemiology*, 42(6), 485-494.

Ullman, J. B., 2001, Structural equation modeling. In B. G. Tabachnick, & L. S. Fidell (Eds.). Using multivariate statistics(4th ed., pp. 653-771). Needham Heights, MA: Allyn & Bacon.

Valkenburg, P. M., Peter, J., & Schouten, A. P., 2006, "Friend networking sites and their relationship to adolescents' well-being and social self-esteem", *CyberPsychology & behavior*, 9(5), 584-590.

Ward, C., Bochner, S., & Furnham, A., 2001, "The psychology of culture shock", *Hove, UK: Routledge.*

Yeh, C. J., & Inose, M., 2003, "International students' reported English fluency, social support satisfaction, and social connectedness as predictors of acculturative stress", *Counselling Psychology Quarterly*, 16(1), 15-28.

Zaw, H. T., 2018, "The impact of social media on cultural adaptation process: Study on Chinese government scholarship students", *Advances in Journalism and Communication*, 6, 75-89.

제2부

한국어와 한국어 교육

딕토콤프(Dicto-Comp)를 활용한 한국어 듣기 쓰기 담화통합 사례 연구

- 중국인 학습자의 한국어 능력 5급을 대상으로 -

김정란·김명광

I. 서론

본 연구는 외국어로서의 한국어 교육에서 중국인 학습자 5급 중 듣기와 쓰기 수준이 서로 다른 4명을 대상으로 딕토콤프(Dicto-Comp) 활동을 적용하여 듣기와 쓰기 담화통합(discourse synthesis) 사례를 살펴보고자 한다. 질적 연구의 장점인 다면적이고 깊이 있는 사례 분석을 통해 대학 유학생들의 학업 적응과 관련 있는 균형적인 한국어 듣기와 쓰기의 능력 향상을 위한 교수전략을 도출하는 데 있다.

최근 들어 대학들이 다양한 민족과 국가를 배경으로 한 외국인 학생들을 유치하고 있다. 이러한 추세는 다양화된 요구, 문화적 특수성에 대한 이해 그리고 다양한 형태의 교수법, 교재, 수업 활동 등 전반적인 측면에서 한국어 학습자의 개별화 교육이 필요함을 의미한다.

개별적인 학습자들은 각자가 선호하는 학습 양식이 있기 마련이고 다양한 학습 상황과 학습 과제에 따라 인지 양식을 조절하고 적응해 가면서 한국어를 습득해 갈 것이다. 그러나 현재 제2 외국어(L2)로서 한국어 교육의 장(場)은 문화 및 언어가 다양한 학생층이 모여 이루어지는 집합체가 혼재되어 운영되고 있고, 한국어능력시험 급수별로 분반하여 언어 능력 수준을 동일하게 규정함으로써 획일적 언어 교수에 치중할 우려가 있다. 이는 학습자의 국적이나 문화 고려, 개인차 요인, 인지 양식, 언어 기능 간 수준 차이를 고려하지 못해 일방적인 위계적 교육 내용을 처치할 가능성이 높다[1]. 이러한 문제를 극복하기 위해서는 한국어 능력에 작용하는 다양한 요인에 대한 천착이 필요하다. 이러한 요인 중 언어 기능 간 담화통합은 학문 목적 한국어를 목적으로 하는 외국인 유학생일 경우 학문 활동에 있어서 필수불가결한 요인이 되며 핵심적인 탐구 기술이다(김지애·이수은, 2016).

　담화통합은 Spivey(1984)에서 처음 제안된 개념으로, 필자가 다양한 텍스트를 읽고 이를 통합하여 자신만의 새로운 텍스트를 생성해 내는 것을 말한다. 한국어 교육에서 담화통합은 학문 목적인 유학생 대상의 연구물이 많으며 특히 읽기와 쓰기 통합 연구(김지영·오세인, 2016; 최은지, 2012; 2009; 이준호, 2011; 김정숙, 2009 등)가 대부분이다. 이러한 연구는 담화통합 자체의 유의성 입증과 동일 집단의 통합 부분에서 미숙한 양상을 점검한 것과 참고한 자료 내용을 구성하는 방식에서 외부의 지식을 읽고 자신을 중심으로 통합, 변형, 배열, 구조화, 해석하는 양상에 주안점을 두었다. 기존의 연구는 한국어 기능 중 읽기와 쓰기 영역에 치중되었고, 동일 집단(수강생, 같은 급수) 대상자에 한정하여 통합담화 양상을 점검한 것이다. 읽고 쓰기 통합교육의 다양한 활용 가능성을

1　한국어능력시험(Test of Proficiency in Korean, 이하 TOPIK)은 1997년에 1회로 시작하여 현재 시점 73회(2020.11.15) 진행 중이다. 이런 과정에서 1~9회(1997~2005) 때 1차 개편, 10~34회(2006~2014) 때 2차 개편, 35회부터 현재까지(2014~현재) 3차례 체제 개편을 하고 있다. 1차나 2차 개편 때는 급수별 평균치를 제시하고 과락 점수를 제시했지만 3차 개편 이후부터는 과락을 폐지했다. 과락 폐지는 언어 기능의 균형성을 담보하기 어렵다. 예를 들어 중급반 개인 중 말하기 능력은 중급 이상으로 뛰어난데, 쓰기 능력이 부족할 수도 있다. 이러한 경우 한국어능력시험에 말하기 영역이 없으므로 듣기, 읽기, 쓰기 능력 점수로 초급반이 되는 것이다. 이러한 의미는 역으로 말하기가 부족해도 읽기 쓰기와 같은 문자 언어 능력이 뛰어나면 고급반이 된다는 의미이다. 또는 고급반이지만 듣기 능력은 낮고 쓰기 능력은 뛰어날 수 있다는 뜻이다.

제기하고 있지만, 한국어 기능 간의 통합 영역 확대와 언어 기능 수준 차이에 따른 통합의 기제 양상을 세부적으로 밝혀내지 못하는 한계가 있다.

이는 한국어 급수는 통상적으로 언어 기능 간의 능력이 유의미한 상관성을 지닌다는 것을 입증하여 총합 점수로 등급이 설정되지만 한국어 능력이 우수하다고 해서 모든 영역의 언어 기능이 숙달된 것이 아니라는 의미도 함축하고 있다. Stotsky(1983), Tierney와 Leysc(1986)에서도 언어 기능의 상관성에 예외가 있다고 했다.

이러한 선행 연구를 기반으로 본다면 실제 언어 사용은 듣기와 쓰기, 읽기와 말하기와 같이 표현과 이해 영역이 통합되어 총체적으로 실현되는 부분이 많으므로 구어와 문어의 통합 부분도 확대하여 연구할 필요가 있다. 실제 담화통합에 있어서 이러한 연구가[2] 시도되고 있으나 아직 양적, 질적으로 미흡한 실정이다.

한국어 교육에서 담화통합 연구물은 아직 미비하지만 추후 연구 확대를 위해서라도 대상자 선정의 다양화를 통해 통합의 기제 양상을 살펴보는 것도 중요하다. Spivey와 King(1989)의 경우 연령에 따른 발달 양상이나 읽기 성취도의 고하(高下)에 따른 대상자를 기준으로 담화통합 양상을 살펴보고 있는데, 국내 선행 연구 대부분이 동일한 한국어 급수자들이나 같은 강좌를 수강하는 국내 학생과 외국인 학생을 비교 대상으로 하고 있다. 동급 급수자를 대상으로 구어와 문어, 표현과 이해의 능력 차이는 분명히 있으므로 세부적이고 체계적인 교수전략 방안을 마련하기 위해서는 다각도의 대상자 기준 선정도 긴요하다고 본다.

---

2 이미혜(2010)와 김지애·김수은(2016)은 담화통합을 말하기 기능을 중심으로 언급하고 있다. 전자는 한국어 통합 수업 효과를 높이는 방향을 위해서는 말하기 능력에 영향을 주는 문법 요인을 파악하고 효율적인 통합 방법을 모색하는 것이고, 후자는 최근 대학교육에서는 보고서나 논문 외에도 발표와 토론이 주요 평가의 수단으로 부상하였고, 팀 과제를 부과하여 학습자들이 대화를 통해 학문 활동을 수행하도록 권장하고 있는 실태를 반영하고 있는 연구이다.

따라서 본고는 학문 목적 한국어 교육에서 대학 유학생의 학업 적응과 관련된 학업 리터리시인 학문 공동체에 많이 노출되는 듣기와 쓰기 담화통합의 유용성에 입각하여 연구대상자 선정 기준을 한국어능력시험에서 언어 기능 간 점수 차 고하(高下)의 최대치를 기준으로 4유형으로 선정하고자 한다. 이는 연구대상자의 한국어 듣기와 쓰기 능력의 객관성을 확보할 수 있는 차원에서 신뢰도가 높은 정보를 제공해 줄 수 있다고 판단되므로 기존 연구물과 달리 대상자 선정에 차별성을 가진다.

연구과정은 사례 연구에서 자료 수집 방법인 의도적 표본추출 전략 방법 중 하나인 최대편차 사례를 선택한다. 연구자가 개설한 석사 강의를 수강하는 중국인 9명 중 한국어 5급을 대상으로 한국어능력시험의 듣기와 쓰기의 평균 점수를 기준으로 한 점수대의 최고치와 최저치에 해당하는 학생을 선정할 것이다. 그리고 참여자의 라포 형성을 위한 1차 인터뷰, 연구와 관련된 맥락적 정보를 얻기 위한 2차 인터뷰를 진행한다. 그후 정보 전달을 중점으로 뉴스 담화를 듣고 설명문 쓰기의 담화통합 활동인 딕토콤프 활동을 한 후 심층적 분석 정보를 얻기 위한 3차 인터뷰를 진행한다. 마지막으로 각 유형별 대상자의 분석 내용을 가지고 개인적인 피드백을 통해 듣기와 쓰기 통합 기능을 향상하기 위한 교육적 처치를 조언한다.

딕토콤프 활동은 2절에서 후술하겠지만, 고급 학습자의 듣기와 쓰기의 통합담화를 구현할 수 있는 입증된 활동 도구라고 할 수 있다. 중국인 유학생들 중 한국어능력시험 5급 학생 4명을 대상으로 하기에는 일반화의 한계가 있지만, 연구 참여자들의 한국어 듣기 쓰기 점수와 관련된 한국어 습득 요인을 참고한다면 교수자 입장에서 어느 정도의 교수전략 정보를 도출하여 대학 유학생들의 균형 있는 한국어 능력을 신장시켜 학업성취도 향상에 일조할 것으로 본다.

Ⅱ. 딕토콤프의 이론적 배경 및 절차

1. 한국어 교육에서 딕토콤프 선행 연구

딕토콤프는 쓰기 중 활동으로 학습자의 언어 수준에 따라 초급에서는 한 단어 또는 한 문장 받아쓰기에서 시작하여 중급 이상에서는 교사의 이야기를 듣고 내용을 재구성하는 활동이다. 받아쓰기(dictation)+작문(composition)의 합성어로(민병곤 외, 2020: 263) 주로 외국어 교육에서 듣기와 쓰기 통합 활동으로 활용되고 있다.

한국어 교육 분야에서 딕토콤프 활동을 다룬 논문들은 다른 유형의 교수 학습 유형에 비해 상대적으로 그 성과물이 매우 드물다. 한국어 교육에서 딕토콤프 활동을 활용한 연구는 강수진 외(2010)의 연구를 시작으로 김민경(2013), 박선민(2018), 민정호(2019)의 연구가 있다.

강수진 외(2010)의 연구는 한국어 교육에서 가장 먼저 딕토콤프 활동을 적용한 연구이다. 이 연구는 중급 학습자를 대상으로 딕토콤프 활동을 활용한 쓰기 수업이 학습자의 작문 기술과 담화 능력을 향상시킨다는 것을 실험한 연구로 실제 수업 적용 절차를 사례별로 제시했다. 김민경(2013)에서는 딕토콤프 활동을 적용한 작문은 자유작문에 대한 학습자들의 부담을 줄일 수 있을 뿐만 아니라 활동하는 과정에서 학습자들이 자연스럽게 쓰기 방법을 습득할 수 있는 효과적인 쓰기교육 방법이라고 말했다. 딕토콤프 활동이 한국어 학습자의 쓰기 능력과 듣기 능력에 미치는 효과에 대해 중점적으로 살펴본 연구 결과물이다. 박선민(2018)은 딕토콤프 활동이 한국어 학습자들의 듣기 능력과 쓰기 능력 향상에 미치는 영향과 효과를 검증하는 데 목적을 두고 있으며, 이전 연구들에서는 다루어지지 않았던 듣기와 쓰기의 상관관계와 듣기 능력과 쓰기 능력 향상의 원인에 대해 논의하였다. 민정호(2019)는 대학 유학생들의 학업 적응과 관련된 리터러시를 강의-필기, 모둠-메모, 상담-메모와 같이 듣고 쓰는 활동에 중점을 두고 학습자의 의사소통 상황에서 학습자의 특수성을 근거로 딕토콤프 절차를 변형한 수업 모형을 제안하고 있다는 점에서 의의가 있다.

따라서 한국어 교육에서 딕토콤프 활동은 듣기 쓰기 담화통합을 위한 유용한 교육적 장치로써 활용 도구나 담화통합 능력을 신장시키기 위한 도구적 활동임을 입증했다. 한국어 교육에 있어서 딕토콤프 활동은 '무엇을' '어떻게'에서 '어떻게'라는 방법적 활용에 가중치를 두다 보니 '무엇'에 해당되는 듣기와 쓰기 같은 언어의 본질적 측면을 간과한 부분이 있다.

일상생활 중 가장 많은 비중을 차지하는 것은 듣기[3]이다. 하지만 한국어를 배우는 외국인 학습자들에게는 시공간의 제약이나 발음의 이해, 발화의 속도, 주제에 대한 흥미도나 친숙도 등의 고려 요소가 많음에도 불구하고 듣기의 제반 요소를 고려하지 못한 채 들은 결과만 분석의 대상으로 삼았다. 듣기는 읽기와 달리 발화의 듣기를 통해 이해 여부가 동시적으로 이루어지기 때문에 독자가 시간을 가지고 많은 양의 정보를 고정된 형태로 제시하는 읽기 이해와 다른 구어 속성 차원에서 언어통합의 필요성이 대두된다.

그리고 쓰기의 경우 기존의 한국어 교육에서 외국인 학습자들이 가장 어려워하는 기능 영역[4](홍정현, 2005)이다. 이는 쓰기에 할애되는 물리적 시간 문제도 있지만 학습자가 외국인이라는 특수성으로 모국어 학습자가 독자와 필자로 동일화되는 것과 다른 차원에서 기인한다고 볼 수 있다. 한국어 학습자의

---

3 사람들이 하루 평균 듣기에 45%, 말하기에 30%, 읽기에 16%, 쓰기에 9%의 시간을 할애한다고 실증적인 연구로 제시한 바 있다(이창덕 외, 2010: 115).

4 현정순(2007: 28-42)은 한국어 교육기관에서 작문 시간을 따로 할애하지 못하는 경우가 많은데 이는 학습 시간의 부족 때문이라고 하였다. 문법, 말하기, 듣기 등 다른 영역 때문에 작문의 비중을 줄일 수밖에 없으며, 특히 중급의 경우 가르쳐야 하는 어휘와 문법의 양이 많아지기 때문에 실제 수업 시간에 글쓰기교육의 비중이 줄어들게 된다고 하였다.

쓰기는 제1 언어 쓰기가 아닌 제2 언어 쓰기로, 필자와 독자가 일치하지 않음으로써 생기는 어려움이다. 즉 다른 언어 문화를 배경으로 한 필자와 독자가 만나는 차이이기 때문이다.

한국어 교육에서 딕토콤프 활동의 궁극적인 목적은 쓰기 능력의 향상이지만 듣기 자료라는 원자료에서 학습자 개인별 듣기를 어렵게 하는 요인과 제2 언어 쓰기에 나타나는 결함을 밝혀낼 수 있는 측면에서 활용성이 강조되어야 할 것이다.

2. 딕토콤프의 이론적 배경

제2 외국어(L2) 학습에 있어서 출력(output)의 역할은 입력(input)만큼이나 중요하기 때문에 L2 학습자들에게 많은 발화(production)의 기회를 제공하는 것이 필요하다(Swain & Lapkin, 1995). Kowal과 Swain(2004)에 따르면 딕토콤프는 학생들에게 의미협상(negotiation)을 할 수 있는 문맥을 제공하고 언어의 형태(form)와 기능(function)에 동시에 주목하도록 유도하기 때문에 매우 효과적인 L2 학습 방법이라고 한다.

딕토콤프 활동은 받아쓰기와 작문이 결합된 활동으로 통제된 쓰기 중 하나인 받아쓰기를 통해 작문을 하는 확장된 형태의 받아쓰기 활동이다. 이와 유사한 활동으로 딕토글로스(dictogloss) 활동이 있는데, 전자가 학습자가 이야기를 들은 후 교사가 직접 적어 주는 키워드를 보고 재구성하는 것이라면 후자는 교사가 들려주는 이야기의 단어, 구 등을 메모했다가 원문을 재구성하는 것이다. 이는 절차상의 유사성으로 인해 개념상 비슷하게 보이나 엄연히 교육 목표가 다르다고 할 수 있다5. 문법 중심의 형태 학습을 위해서는 딕토글로

---

5 Wajnryb(1990)이 정의한 딕토글로스는 전통적인 받아쓰기(dictation)의 'dict-'와 다른 말로 그럴듯하게 설명하다(paraphrase)는 뜻의 'gloss'가 합쳐진 언어 교수 방법이다. 형태 초점 교

초국적 관점에서 본 유학생의 경험과 유학정책

스가, 통합적 언어 기능 향상을 목적으로 한다면 딕토콤프 활동이 적당하므로 이 두 활동의 구분은 절차상이 아닌 교육 목표의 차이로 구분하는 것이 맞다.

초기의 딕토콤프 활동은 형성 및 진단 평가를 위한 받아쓰기 평가 기법 중 하나였지만, 듣기 활동을 통해 청각 기억을 확장시키며, 이를 바탕으로 텍스트를 재생산하기 때문에 학습 강화 효과가 있어 화용적으로 재평가되면서 작문 학습 및 훈련 기법으로 발전되었다(강수진 외, 2010).

Ilson(1962)은 받아쓰기 활동과 작문 활동은 각각 언어를 학습할 때 좋은 활동이기는 하지만 전통적인 형태의 받아쓰기 활동은 실제성이 떨어지며 철자 훈련에만 집중되는 경향이 있고, 전통적인 작문 활동은 통제가 어렵다는 문제점을 제기하며 받아쓰기와 작문을 통합한 딕토콤프 활동을 처음으로 제안하였다. 받아쓰기의 엄격함과 작문의 자유성을 결합한 딕토콤프 활동6은 각 활동의 단점을 보완하는 효과적인 활동이며, 철자와 작문, 서면 자료나 구어 자료에 대해 이해하는 방법을 연습할 수 있는 활동이다.

딕토콤프 활동은 대규모 학습자로 구성된 교실에서 유용하게 활용될 수 있으며, 학습자들의 흥미를 유발할 수 있을 뿐만 아니라 교사가 의도하는 학습 내용을 전달하기에도 효과적인 방법이다(Bailey, 1998). 즉 딕토콤프 활동은 모방을 통한 재창조 활동이며, 듣기와 쓰기가 통합된 활동이지만 궁극적으로는 쓰기 능력 향상에 목표를 두고 있으며, 입력과 출력이 고르게 이루어진다는 점에서 결과 중심 접근 쓰기와 과정 중심 접근 쓰기, 장르 중심 쓰기가 적절히

수 기법(focus on form)으로 완결성을 가진 이야기를 들으며 간단한 메모를 한 후에 자신이 적은 것을 바탕으로 다른 학습자들과 협력하여 원문을 재구성하는 활동이다. 초급 학습자들의 문법 형태에 집중할 수 있는 활동으로 주로 활용된다. 따라서 딕토글로스가 문법 중심의 모방 쓰기라고 한다면 딕토콤프 활동은 다양한 주제를 가진 실제성 있는 듣기 자료를 제시한 후 유도작문에서 자유작문으로 나아갈 수 있으므로 교사는 과제의 난이도나 학습자의 언어 수준에 따라 자유롭게 교수 설계를 할 수 있는 장점이 있다.

6 듣기 능력과 정확성을 향상시켜주는 받아쓰기 활동과 작문이 결합된 활동으로 받아쓰기 활동과 작문을 대체하는 활동이 아닌 각 활동이 가진 단점은 보완하고 장점을 결합한 효과적인 활동이다.

균형을 이루고 있는 활동이다(권지연, 2019: 24).

3. 딕토콤프 교수 절차

Ilson(1962)이 처음 제안한 딕토콤프 활동을 바탕으로 Riley(1972), Klein-mann과 Selekman(1980), Keh(1989), Nation(1991), Bashiruddin(1992) 등의 여러 연구에서는 딕토콤프 활동을 구체화시켜 연구 목적에 맞게(또는 학습자 상황이나 교실 상황에 맞게) 응용 및 변형해 절차와 활동을 제시하거나 실제 수업에 적용하는 연구를 진행하였다.

연구자들에 의해 주로 채택되고 있는 Riley(1972), Kleinmann과 Selekman (1980)의 딕토콤프 활동에 대한 절차를 표로 요약 정리하면 〈표 1〉과 같다(권지연, 2019).

〈표 1〉 딕토콤프 활동 절차

Riley(1972)	Kleinmann & Selekman(1980)
처음 듣기	
▼	
개요 작성 및 보기	글의 개요 보기
▼	▼
듣기 및 개요 추가하기	듣기 및 개요 추가하기
▼	▼
재구성하기	재구성하기
▼	▼
확인	확인
▼	
새로운 작문하기	

한편 Riley(1972)에서 제시한 딕토콤프 활동의 세부 절차는 다음과 같다.

가. 교사는 전체 텍스트7를 학습자에게 들려준다.
나. 학습자는 전체 개요와 구성을 작성한다.

초국적 관점에서 본 유학생의 경험과 유학정책

다. 교사는 학습자들이 참고할 만한 담화 표지나 어휘 등을 판서한다.

라. 교사는 텍스트의 첫 단락을 정상 발화 속도로 읽는다.

마. 듣기를 마치면 학습자들은 자신이 작성한 개요와 판서되어 있는 개요를 참고하여 텍스트의 첫 단락을 재구성한다.

바. 학습자들이 텍스트를 재구성할 때 교사는 첫 단락을 두 번 더 읽는다.

사. 약 10분 동안 재구성할 시간을 준 후에, 첫 단락을 다시 한번 읽어 준다.

아. 다시 5분 동안 재구성하게 한 후 교사는 전체 텍스트를 읽어 주고, 학습자는 첫 단락의 재구성문을 완성한다.

자. 학습자들이 첫 단락 재구성문을 완성했으면 교사는 판서로 첫 단락을 제시하고 학습자는 자신의 재구성문과 비교하며 교정한다.

이와 달리 Kleinmann과 Selekman(1980)에서는 딕토콤프 활동은 교육 목표와 학습자의 수준에 따라 교수 요목을 다르게 설정해서 학습자에게 활용할 수 있는 활동이라고 하였으며, 모국어 학습자들에게는 초급[8], 외국인 학습자들에는 중·고급으로 나누어 수준별로 활용할 수 있는 딕토콤프 활동 절차와 내용을 제시하였다. 본고는 중국인 유학생 한국어 능력 5급 학습자를 대상으로 하므로 고급 학습자의 딕토콤프 활동 사례인 Kleinmann과 Selekman(1980: 379-380)이 제시한 개요 보기-듣기-재구성-확인의 4단계 절차에 따라 실행하고자 한다.

---

7 텍스트가 교수 목적에 적합하다면 어휘나 구조에서부터 보고서나 시험 및 토론, 연구, 조사에 대한 수업에 이르기까지 어떤 텍스트 자료든지 구체화하여 활용할 수 있다.

8 초급은 통사론적 문형 중심이라고 할 수 있다. 목표 문형을 제시한 후 학습자는 문형에 초점을 맞추어 작성하도록 한다.

1) 개요 보기 단계

이 단계는 활동에 앞서 글의 개요를 파악하게 하는 단계로 보통 개요지(out-line)를 제공한다. 이때 개요지를 통해 담화 표지어와 핵심 어휘를 제시하여야 한다. Kleinmann과 Selekman(1980)은 간단한 지시문, 수업 목표의 명확한 제시, 학습자가 작문에 사용할 어휘적, 통사적, 수사적 단서, 단락의 시각화가 포함되어야 한다고 하였다. 본고에서는 단위 차시 50분 수업에서 듣기 자료를 제시하기 전 아래와 같은 개요지를 배부했다. 또한 정보 전달 글에 대한 설명과 주요 문형, 나열 중심의 담화 표지, 어휘에 대한 학습을 15분 동안 할애했다.

개요지

♣ **사물인터넷**과 관련된 내용을 듣고 정보를 전달하는 글을 써 봅시다.

▶ 글의 종류: 정보 전달 글쓰기
▶ 주요 문형:
    – 가능성을 위한 표현: ～할 수 있습니다.
    – 진행을 나타내는 표현: ～하고 있습니다.
    – 개념의 뜻을 나타내는 방법: ～은 ～이다.
▶ 주요 담화 표지: 먼저, 첫째, 둘째, 셋째
▶ 새로운 어휘: **사물인터넷**, 외벽 도색 작업, 전용망, 원격제어

---

2) 듣기 및 개요 추가하기 단계

듣기 단계에서는 선정된 텍스트를 보통 2~3번 교사가 읽거나 녹음하여 들려준다. 이때 보통의 발화 속도로 읽어주되, 문장들 사이의 휴지(休止)는 보통보다 길어야 한다. 학생들이 최대한 기억하기 위해 집중하며 들을 수 있도록 교실 상황을 설정하는 것도 중요하다. 본고는 사물인터넷 뉴스 담화 2편을 재구성하여 3분 정도의 시나리오를 나열식으로 재구성하였다. 1번 들려주었을 때, 5급 학습자들에게 어휘가 어렵다고 판단되어 추가로 1번 더 들려주었다. 들은 후 개요 추가하기 활동은 하지 않았다.

3) 재구성 단계

재구성 단계에서는 청각 기억과 글의 개요를 토대로 하여 원문을 재구성하는 단계로 어휘나 문법의 정확성보다는 의미의 연결성[9]에 주의하여 실시한다. 이후 기억나지 않는 부분은 자신의 언어로 대체해 표현하도록 한다. 이러한 과정을 통해 학습자는 자신의 이해를 점검하고 배경지식을 활성화하며 쓰는 방법을 학습하게 된다. 본고에서는 재구성 단계 시간으로 30분을 할애했다.

4) 확인 단계

확인 단계에서는 자신이 쓴 내용과 교사가 제공한 원문을 비교하면서 얼마나 유사하게 완성했는지 확인하는 것으로 마무리된다. 또한, 이 과정에서는 원문에서 새롭게 제시된 표현이나 어휘에 대한 내용이 자신들이 유추했던 것과 교사가 설명하는 것이 맞는지 확인하며 귀납적인 방법으로 지식을 내재화할 수 있게 된다. 본 연구에서 확인 단계는 차시 수업이 끝난 뒤 학습자와 개별 인터뷰를 통해 진행했고, 듣기과정에 대한 내용이나 듣기 원자료와 비교를 통해 학습자가 어떠한 부분을 강화해야 할지 이야기하였다.

---

9   이준호(2005: 64-65)는 대학의 학업 수행 과정에서 학술적 텍스트를 보고서로 규정하고 전공 담당 교수가 외국인 학습자의 보고서를 평가할 때 가장 중요하게 생각하는 기준이 '내용'(43%) 이라는 것을 밝혔다. '주제의 적합성'(21%), '글의 완성도'(26%), '분량'(10%)이 그 뒤를 이었다.

Ⅲ. 연구 방법 및 분석 기준

1. 연구 방법 및 연구대상자 선정

본 연구의 방법은 사례 연구(case study)이다. 사례 연구는 맥락 속에서 풍부한 여러 가지 정보원들을 포함하는 세부적이고 심층적인 자료 수집을 통해 시간의 경과에 따라 하나의 '경계 지어진 체계'나 하나의 사례(또는 여러 개의 사례)를 탐색하는 것이다. 따라서 사례 연구에는 반드시 사례의 자료 수집과 관련된 시간과 장소, 사건과 같은 경계 지어진 체계가 설정되어야 하고 면접, 관찰, 문서, 시청각 자료와 같은 다중적인 정보원(multiple sources of information)이 포함되어야 한다. 또한, 선택된 사례는 맥락(context of the case)이라는 상황에서 유의미하고 풍부한 해석을 가능하게 하므로 사례의 사회적, 역사적, 경제적, 물리적 상황을 이해해야 한다(John W. Creswell, 2006: 87)

본 연구의 방법은 사례 연구의 전통적인 방법을 따른다. 연구자는 사례를 선택하고 사례에 대한 정보를 수집하기 위한 의도적 표본추출 전략을 따른다. 특히 표본선택 전략 중에서 최대편차 사례의 방식[10]을 적용한다. 이는 곧 자료 수집의 범위를 한정함으로써 분석 단계에서 명확성(specificity)을 제공한다. 그리고 사례의 경계를 결정하는 것은 대상자의 분석 자료를 한정하는 것으로 대상자의 면담 시간이나 연구과정, 한국어 듣기 쓰기와 관련된 사건을 중심으로 구별하고자 한다. 이러한 근거를 가지고 연구 방법을 수립한다면 질적 연구의 타당성을 확보할 수 있을 것으로 본다.

---

10 최대편차 사례란 사례의 과정과 결과의 다양한 상황의 의미에 대한 정보 획득, 즉 크기, 조직, 위치, 예산 등의 차원 중 한 가지에서 매우 상이한 서너 가지 사례(Norman K. Denzin et al., 2014: 451)를 의미하는데 본고는 한국어 듣기 쓰기 점수 차원에서 격차가 많이 나는 사례를 선택한다.

우선 사례 선택을 위해서 K지역 K대학의 석사과정 중국인 학생들(한국어화법교육론 수강생) 9명 중 5급 학생 4명을 선정하였다. 중국인 유학생 9명은 5급과 6급 학생이 혼재되어 있다. 특히 5급 학생은 고급 단계인 6급에 도달하기 위한 경계선에 있는 수준이다. 5급 수준은 전문적인 학문 영역에 대한 간단한 이해와 글쓰기를 할 수는 있으나, 한국인처럼 정교한 형식과 스타일로 구체화할 수 없는 단계로, 같은 고급 영역에 있기는 하나 정교한 교육이 필요하다. 더 나아가 토픽 II의 문제는 주어진 주제에 따라 관련된 장르 및 그 구조를 생각해야 하며, 자기 주도적으로 응집성 있는 단락을 만들면서 창의적인 글쓰기를 요구하는 수준이다.[11] 곧 정교성(compexity)의 정도에 따라 5급과 6급이 나누어지게 된다. 따라서 고급 단계인 6급 진입 전 단계에서 듣기와 쓰기 담화통합에 나타나는 결함을 살펴봄으로써 교수전략을 적용하기에 적합한 급수라 할 수 있다.

아래 〈표 2〉와 같이 연구대상자를 분류했다. 이때 듣기 쓰기의 점수에서 H(높은 점수)와 L(낮은 점수)은 연구대상자의 한국어능력시험 회차별 평균을 기준으로 최고치와 최저치를 선정하였다. 그러한 이유는 각 유형별 대상자가 표본으로 선정되면 상대적으로 듣기 쓰기 능력의 객관성과 정확성을 확보할 수 있는 변별점이 되어 이 글의 논의를 분명하게 드러낼 수 있다고 판단되었기 때문이다. 아울러 이 연구의 방향이 양적 연구가 아니라 질적 연구이며 외국인 학습자의 듣기와 쓰기 숙달도를 사례별로 심층적으로 파악하기 위함이다.

---

11 한국어 교육은 대개 개별 기관 중심으로 이루어지고 있어서 한국어 교육과정의 교육 목적이나 목표도 기관 중심으로 다르게 설정되어 있다. 현재 국내 한국어 교육 교육기관에서 일반적으로 도달하고자 하는 한국어 쓰기교육의 목표 중 고급에 제시된 것을 보면 다음과 같다.
- 구두법이나 철자 등에 약간의 오류가 있을 수 있으나 문자 구조를 이해하며 친숙한 주제에 대해서는 꽤 긴 글을 쓸 수 있다.
- 묘사, 서사, 요약 및 의견 주장 등의 내용을 적절하게 표현할 수 있다.
- 정치, 경제, 사회, 문화 전반에 걸친 친숙하지 않은 주제에 관해 쓸 수 있다.
- 연대기적 서술, 논리적 서술, 논술, 묘사 등의 문장을 구성할 수 있다.

<표 2> 연구 대상 분류 기준

A학습자	B학습자	C학습자	D학습자
듣기(L)	듣기(L)	듣기(H)	듣기(H)
쓰기(L)	쓰기(H)	쓰기(L)	쓰기(H)

표본 선택전략 중에서 최대편차 사례의 방식을 적용했는데 <표 3>과 같이 연구대상자들의 한국어 능력 성적 증명서에 표기된 점수를 바탕으로 영역(듣기와 쓰기)별로 H(높은 점수)와 L(낮은 점수)로 구분하였다. 이는 절대적인 점수가 아니라 4명을 상대적으로 비교하여 구분한 것이다. 그리고 입국한 날짜나 학기를 등록한 차수가 다른 학생들이므로 응시 일자가 동일한 시험 점수를 얻기가 어려웠다. 그러나 2019년도에 시행한 시험은 주제나 화제의 차이가 있을 뿐 채점 기준에서 난이도가 어느 정도 유사할 것이라 판단되기 때문에 같은 연도에 치러진 시험을 선택했다.

<표 3> 연구대상자의 듣기 쓰기 점수 정보

Test Type	A	B	C	D
Listening Score	65(L)	66(L)	72/100(H)	75/100(H)
Writing Score	35(L)	48(H)	43/100(L)	65/100(H)
Gender	F	F	F	F
Test Held/ Test Date	64회 2019.5.19	67회 2019.11.17	61회 2019.10.20	66회 2019.10.20
Toal Score	197/300	190/300	191/300	225/300

사례의 경계를 결정하기 위해서 2회에 걸쳐 면담을 하였으며 1차 때는 중국인 유학생 9명 전원을 대상으로 인적 사항과 같은 기초 정보나 한국생활을 공통으로 질문하였고, 2차에서는 선정된 4명에 대해 연구 목적, 과정과 유형별 대학 수업에서 한국어 듣기 쓰기와 관련된 사건을 중심으로 질문하였다.

1차 인터뷰[12] 내용을 통해 중국 유학생의 공통적인 정보를 기술하면 다음과 같다. 대상자는 모두 여학생으로 연령은 23~26세에 해당된다. 그들은 한국에 거주한 지 2~5년으로 생활 한국어를 잘하는 편이지만 대학 전공 수업을 수강하는 데 있어서 한국어 사용이 전반적으로 어렵다고 느끼고 있었다. 또한 수업에서 어려운 용어 사용, 한국 학생들 주도의 토의, 토론으로 인해 말하기를 꺼리는 경우가 많았다고 한다. 실제로 한국어 급수는 높은 편이지만 대학 수업에 있어서는 학문공동체 적응을 어려워하고 있으며 한국어 급수와 강의 참여도에서의 한국어 실력은 차이가 많이 나 별개로 생각하고 있는 경우가 많았다. 전반적으로 한국어에 대한 배움의 성취도가 높은 편이고, 한국어 교원 자격을 취득한 후 본국으로 가서 한국어 교원이 되기를 희망하였다. 가족과 떨어져 지내는 외로움을 제외하고는 한국생활에 만족하고 있으며 본국인 중국과는 다른 IT강국, 세계적인 K-pop, 자유로운 의사표현, 자본주의, 능력 중심 사회와 같은 부분에 문화적 차이를 느낀다고 응답하였다.

연구에 참여하고자 동의한 A, B, C, D학생을 대상으로 2차 인터뷰[13]를 진행하였다. 이때 연구자가 연구의 과정과 목적을 설명한 후, 학생들은 한국어 듣기와 쓰기와 관련된 경험을 이야기하고, 연구자는 그것을 메모하였다. A참여자는 듣기 L, 쓰기 L인 학생으로 한국 사람들과 대화하는 것을 꺼리고 유창하게 말하고 듣지 못하는 부분에 대한 자신감이 없었다. 특히 대학 수업에 있어서 보고서 제출을 할 때 번역기의 도움을 많이 받는다고 했다. B참여자는 듣기 L, 쓰기 H인 학생으로 대학 수업에서의 과제 제출과 같은 읽기와 쓰기는 자

---

12 2020년 10월 12일, 강의실에서 중국인 학생 9명과 전원 만남을 가졌다. COVID-19로 인해 방역수칙을 철저히 지키면서 인터뷰가 진행되었는데 우선 만남의 목적을 연구 목적과 관련시키지 않고 한국에서의 전반적인 생활과 대학생활의 어려운 점, 가족관계, 취미, 희망 직업, 한국과 중국의 문화 차이 등 일상적이고 보편적인 질문을 통해 라포를 형성하였다.

13 2차 인터뷰는 2020년 12월 15일에 온라인 ZOOM에서 실시간 화상으로 진행하였다. 인터뷰 내용은 대학 수업에서 한국어 듣기와 쓰기 학습에 있어서 어려운 점과 한국어 듣기나 쓰기와 관련된 사건 경험을 떠올려서 이야기하게 하였다. 이러한 목적은 참여자가 한국어 능력에 대해 스스로 자가진단할 수 있으며 추후 연구를 위한 대상자들의 연구 참여 인식을 가지게 하기 위함이다.

신이 있지만 실제 생활 한국어에서는 한국 사람이 말을 빠르게 해서 못 알아듣는 경우가 많다고 했다. C참여자는 듣기 H, 쓰기 L인 학생으로 한국어 시험에서 53번 문제가 매우 어려워 점수가 잘 나오지 않아 안타까워하고 있었으며 적극적으로 대화에 참여하는 등 생활 한국어 사용은 유창하나 대학 수업에서 강의 듣기에 어려움을 호소하고 있었다. 그 이유로는 전문어 사용이 많고 교수의 질문에 대답하는 것에 자신이 없어 응답을 하지 못한 부분이 많았다고 한다. D참여자는 듣기 H, 쓰기 H인 학생으로 한국생활 중 아르바이트 경험이 많아 한국인과 대화를 능숙하게 잘하고 한국 드라마와 영화를 자주 본다고 했다. 강의 수강 중 듣기와 쓰기에 있어서 큰 어려움은 없다고 응답했다.

질적 연구에서 참여자의 연구 윤리는 항상 문제시되는 항목 중 하나이다. 연구자도 본 연구를 위해 참여자를 선정하는 기준이 자신의 시험 점수가 공개되는 민감한 사항이니만큼 대상자들의 윤리 확보에 주의를 기울이고 신중하게 고려하였다. 미국인류학회의 윤리규정(Code of Ethics of the American Anthropological Association 2004)은 연구의 윤리에 대하여 몇 가지 사항을 언급하고 있다. 우선 연구를 시행함에 있어 연구자는 연구 참여자에게 충분한 설명을 해 주어야 하며, 이러한 연구자의 설명을 바탕으로 연구 참여자들이 자발적으로 연구에 동의하여야 한다. 또한, 수행한 연구는 외부인에게 노출되거나 제공되어서는 안 되며 기밀이 유지되어야 하고, 연구의 내용은 연구 이외의 목적에 절대 사용되어서는 안 된다. 또한, 연구자와 연구 참여자 간의 상호호혜성을 고려하여 연구에 참여한 이들에게 어떤 형태로든지 보상이 이루어져야 하며, 이때의 보상은 상식적인 의미로써 서로 도움이 되는 관계가 되어야 한다는 것을 의미한다(안지영, 2015 재인용).

본 연구를 위해 참여자의 윤리적 타당성을 확보하고자 1차 연구 참여자의 배경 정보를 바탕으로 유형별로 선정된 A, B, C, D유학생들에게 본 연구의 목적을 충분히 설명하고 듣기 쓰기 점수는 기밀 유지 및 연구 목적 외 사용하지 않겠다고 설명하여 자발적인 동의를 구하였다. 앞에서 한국어 급수와 실제 대학 수강에서의 한국어 실력은 차이가 많이 난다는 경험에 근거하여 학문을 목적으로 하는 대학 수업에 있어서 듣기 쓰기 담화통합 능력의 중요성을 인식시켰다. 자신의 듣기 능력과 쓰기 능력의 피드백을 개인적으로 연구 결과에 따라 처치해 주고 언제든지 한국어 학습에 있어서 연구자의 도움이 필요하면 학습에 도움을 주겠다고 약속하였다.

2. 분석 기준

딕토콤프 활동을 하기 위해서는 듣기 자료와 글쓰기 결과물을 가지고 분석해야 한다. 우선 듣기와 쓰기 자료 선정을 위한 기준과 결과 분석 기준을 언급하고자 한다. 듣기 자료와 쓰기 결과물 분석 기준을 위해 국립국어원의 '국제 통용 한국어 표준 모형14(김중섭 외, 2017)'을 중심으로 한국어 능력 5급 수준에 도달해야 하는 듣기와 쓰기의 등급별 목표와 내용을 보면 〈표 4〉와 같다.

〈표 4〉 한국어 5급의 듣기 쓰기 목표와 내용

듣기	* 등급 목표 – 친숙하지 않은 사회적, 추상적 주제 및 자신의 직업이나 학문 영역에서의 간단한 담화를 어느 정도 이해할 수 있다.
	* 등급별 내용 – 친숙하지 않은 사회적, 추상적 주제(정치, 경제, 과학 등)에 대한 간단한 담화를 듣고 주요 내용을 이해한다. – 협상, 보고, 상담 담화를 듣고 화자의 의도를 파악한다. – 일반적인 주제의 학문적 대화나 강연, 토론을 듣고 세부 내용을 이해한다. – 일반적인 내용의 방송 담화(뉴스, 다큐멘터리, 생활 정보 등)를 듣고 내용을 대체로 이해한다. – 발음, 억양, 속도 등에서 개인차가 있는 한국어 모어 화자의 발화를 대부분 이해한다(5, 6급).

---

14 국제 통용 한국어 표준 모형은 내외로 다변화된 한국어 교육의 수요에 부합하기 위해 국가 차

쓰기	*** 등급 목표** - 친숙하지 않은 사회적, 추상적 주제나 자신의 전문 분야에 관한 글을 구조에 맞게 쓸 수 있다. *** 등급별 내용** - 친숙하지 않은 사회적, 추상적 주제(정치, 경제, 과학 등)에 관해 논리적 구조를 반영한 글을 쓴다. - 자신의 전문 분야에 관하여 핵심 내용이 드러나도록 글을 쓴다. - 다양한 소재의 글을 요약하고 자신의 의견을 반영한 요약문을 쓴다. - 정의, 인용 등을 활용하여 글을 쓴다.

5급에서 다루는 듣기 자료는 다양한 담화를 제시하고 있다. 이러한 담화들은 사회적이며 시사적인 주제를 주로 다루고 있으며 개인적에서 사회적 주제로 확장됨을 알 수 있다. 따라서 본고는 친숙하지 않은 사회적, 추상적 주제를 가진 과학 분야의 뉴스 담화를 선정하고자 한다. 뉴스 듣기[15]는 실생활에서 접하게 되는 실자료(authentic material)로 듣기 환경에서 자주 노출되는 매체이고 실시간 다양한 소식을 전달하므로 최신의 정치, 경제, 과학과 같은 분야를 보도한다. 뉴스는 시청각 매체이므로 순수 듣기와 보기가 동시에 진행된다. Wilson(2008: 49)이 듣기 교육 자료로 동영상 자료가 사용될 때 학습자들에게 듣기 수업에서 요구하는 듣기 능력의 향상을 기대하기 어렵다[16]는 점과 김지혜 외(2013)에서 듣기 능력의 향상을 위해서는 음성으로만 이루어진 듣기 교육 자료를 시도해야 한다는 점을 수용한다. 아래는 뉴스 담화 음성을 문자로

원의 표준화된 한국어 교육과정이다. 이를 위해 1단계(2010년), 2단계(2011년), 3단계(2016년)에 따라 등급 체제를 수정하고 보완하고 있다.

15 뉴스 듣기는 시간이 길지 않으며 주요 정보들을 간편하게 전달한다는 점에서 이를 모방한 듣기 자료들이 수업에서 자주 사용된다. 뉴스는 현재 사회에서 발생하는 모든 사건 사고를 다루고 있어 학습할 수 있는 다양한 주제와 내용을 제공해 준다. 또한, 뉴스의 주제와 형식에 따라 중급부터 고급까지 다양한 학습자군에서 활용 가능하다는 장점이 있다.

16 Anderson & Lynch(1988), Rost(2002), Nation & Newton(2009) 등의 연구에서 듣기 수업에서 동영상 자료들을 활용할 때 화면이나 자막 등을 가리게 하는데 이는 학습자들을 청취에 집중하도록 만드는 장치이다(김지혜 외, 2013 재인용).

초국적 관점에서 본 유학생의 경험과 유학정책

전사한 내용이다.

우리 생활 주변의 각종 제품과 통신 기기가 통신망으로 연결되는 이른바 '사물인터넷' 서비스가 빠른 속도로 발전하고 있습니다. 예전에는 미처 생각하지 못했던 편리함과 안전을 더해 주는 서비스가 곳곳에 활용되고 있습니다.

첫 번째로, ① 작업 현장에서 사물인터넷은 헬멧, 안전모에 장착된 카메라와 무전기가 원거리에 있는 스마트 기기와 통신망으로 연결돼 현장 상황을 실시간으로 주고받을 수 있습니다. ㉠ 고층 현장에서 내려다 본 화면을 지상에 있는 감독자가 스마트폰으로 보면서 상황을 확인합니다. ㉡ LTE 통신망과 연결돼 통화도 가능합니다. 소형 기기와 주변 사물이 통신망으로 연결되면서 위험한 현장의 안전을 확보하는 새로운 서비스를 만들어 냅니다.

둘째, ② 생활 속에서 사물인터넷은 다양한 센서로 수집한 빅데이터를 통해 사용자에게 유용한 정보를 제공합니다. ㉠ 예로 염분도 측정 센서로 전국 식당 가운데 제일 음식을 짜게 하는 곳을 파악할 수 있습니다. ㉡ 가스 밸브의 주변 온도가 50도를 넘으면 사용자의 휴대폰으로 문자가 발송돼 화재 사고를 예방할 수 있습니다.

셋째, ③ 차량에 부착된 소형 IT 기기는 진동이나 충격을 감지해 통신망을 타고 운전자 스마트폰으로 알림 문자를 전송해 줍니다. ㉠ 작은 IT 기기 하나로 가로 주차 문제와 사고 발생 시 빠른 대처도 가능합니다. ㉡ 기존 통신망이 아닌 사물인터넷 전용망을 사용하기 때문에 월 천 원대 요금으로 이용할 수 있습니다.

사물인터넷이 확산됨에 따라 낮은 비용으로도 소형 기기들과 건물, 차량 등이 결합돼 안전을 높이고 다양한 서비스를 제공할 수 있는 새로운 상품들이 많이 나올 것으로 예상합니다.

출처1: 사물인터넷이 바꾸는 세상 / YTN 사이언스, 2015. 2. 11

본 뉴스 대본은 연구자가 사물인터넷을 주제로 다룬 2분 분량의 뉴스 두 편의 대본을 종합하여 연구자의 발화로 전달한다. 앵커의 발화들이 정제되고 속도가 너무 빠르다는 점을 감안한 것이다. 듣기 교육 자료의 실제성을 확보하기 위해 영상을 제공하지 않는다. 대본을 들려주는 시간은 3분이다.

전사한 내용에서 ①, ②, ③은 상위 의미를 지닌 문장을 표시한 것이고 ㉠과 ㉡은 하위 의미를 표시한 방식이다. 이러한 구분은 의미의 위계적 구분을 위해 임의로 정하였다. 후반에 학습자들이 들은 내용 중 선택된 정보를 파악하기 위함이다.

1) 듣기 자료 분석 기준

외국인 입장에서 한국어 듣기는 외국어 듣기에 해당한다. 듣기는 언어생활에서 가장 많은 빈도를 가지며 의사소통의 출발이 되는 부분이지만 외국인은 한국인 학습자에 비해 한국어 노출 빈도가 낮다. 이에 따라 외국인이 한국어를 들을 때 한국어 음운과 음절을 분별하고 의미를 환기하는 활동에서 음성적 정보의 인지적 처리 시간이 더 걸릴 수 밖에 없다.

듣기에 대한 접근은 들은 말을 정확하게 이해하는 이해관과 청자가 자신이 들을 말을 토대로 화자와 더불어 의미를 교섭해 가는 소통관으로 나누어 볼 수 있다(민병곤 외, 2020: 191). 딕토콤프 활동에 있어서 초급 학습자는 듣기 자료를 통해 정확한 이해를 바탕으로 청자가 가지고 있는 입말 신호를 확인하고 분절된 음운을 식별하는 단계인 소리 듣기(hearing)를 강조하지만 5급 수준의 고급 학습자의 경우 자신의 이해의 틀에 따라 선별되고 추론하고 의미를 해석하는 과정을 거쳐야 하는 재구성 과정 단계에 도달해야 한다. 최종적으로 학습자들은 듣기과정과 결과를 종합적으로 해석해서 자신의 가치 판단이나 반응까지 자기화하는 과정인 청해(auding) 단계까지 거쳐야 한다.

그러나 아무리 이와 같은 수준이 5급 학습자(또는 6급으로의 성취목표)라고 하더라도 이전의 기초 단계인 들리기 단계에서 아직 완결되지 않은 부분이 있다면, 예컨대 특정 국가에서 변별되지 않는 자음과 모음이 있고 그것이 완전히 습관화되지 않은 상태라면 발음 인식 차원의 들리기가 어려울 수 있다. 따라서 종합적인 맥락 추측이 필요한 고급 단계에서 특정 발음에 대한 이해에 치우친 나머지 듣기 이해와 그 이후의 쓰기 표현에 부정적 영향을 줄 수 있다. 이는 듣기 자료에서 발화된 것을 청자가 동시에 이해하는 시간적 동시성과 함께하는 특성으로 속도나 어휘 난이도, 발음 등의 요인 역시 소리 듣기부터 난관에 부딪쳐 이후 종합적 사고 이해와 표현에 영향을 줄 수 있다. 한국어 듣기를 어렵게 만드는 근원 요소들 중 특히 중요한 변수로 다루고 있는 요인을 정리하면 다음과 같다(민병곤 외, 2020: 199-200).

(1) 듣기를 어렵게 하는 요인

가. 발화에 사용된 어휘와 문법: 학습자들이 들은 말에 사용된 어휘나 문법을 정확히 인지할 수 있는가?

나. 발화의 조직 형태: 들은 내용의 정보들이 배치되어 있는 구조

다. 발화 유형: 발화의 유형은 글의 중심 소재나 목적에 따라 구분한다.

라. 발화 명확성: 필요한 정보만을 분명하게 담고 있는 말을 의미한다.

마. 발화 내용의 친숙성: 청자가 화제를 얼마나 친숙하게 느끼는가이다.

바. 발화의 상황 맥락: 화자 요인, 발화 요인, 정보 요인, 청자 요인이 있다.

사. 청자 요인의 영향: 학습자에게 요구된 반응 수준이나 맥락이나 상황에 대한 참여도, 대상에 대한 흥미도 등이 있다.

이러한 요인들을 중심으로 듣기 자료에서 어떠한 부분이 쓰기에 영향을 미

쳤는지 차시 수업 후 학습자와 인터뷰를 통해 듣기 인지과정에서 어려움을 살펴보았다.

2) 담화통합 분석

담화통합 쓰기란 Spivey(1984)에서 처음 사용한 명칭으로, 필자가 여러 텍스트에서 정보를 선택하고 결합하여 새롭고 독창적인 텍스트를 생산하는 행위를 말한다(Spivey, 1997).

딕토콤프 활동은 들은 내용을 쓰기와 연계하는 활동이다. 뉴스 듣기는 그 내용이 정보를 전달하는 기능에 해당되므로 장르의 특성상 형식은 정보 전달의 구조 양식이 적절하다. 5급 정도는 뉴스 듣기에서 얻은 객관적 정보를 순서대로 단순하게 나열하는 것이 아니라 중요한 정보를 선별하고 종합하여 한 편의 글을 구성해야 한다. 필자는 유사하거나 다른 정보들을 연결하기도 하고 변형하기도 하면서 적극적으로 조정하여 종합적으로 의미를 구성해 간다. 또한, 자료가 타당한지 확인하고 주제를 더욱 통합시켜 정교하게 만든다.

담화통합은 여러 자료를 통해 한 편의 글을 생산하는 과정[17]을 뜻한다. 학습자들은 통합적인 글을 쓸 때 조직하기, 선택하기, 연결적 변형을 사용한다. 권순희 외(2018: 343)에서는 Spivey(2004)의 내용을 정리하면서 다음과 같이 제시하고 있다.

(1) 담화통합 방식

가. 조직(organize): 글의 내용 구조가 어떻게 조직화되었는가? 글의 내용이 전개된 양식이 어떠한가?(예: 수집, 인과, 연대기 등 어떤 구조인가?)

---

[17] 담화통합은 본래 읽기 자료에서 정보를 수집하여 필자가 정보를 선택 종합하는 활동이나 본고는 정보를 수집할 때 다양한 매체를 활용할 수 있다는 점에서 시사성 있고 생생한 정보를 전달하는 뉴스 담화의 내용을 듣기 자료로 활용한다.

나. 선택(select): 자료 글에서 어떤 내용을 선택했는가? 여러 자료들에서 공통적으로 등장하는, 즉 의미적 위계 수준이 높은 정보를 선택했는가?

다. 연결(connect): 필자가 선택한 내용을 어떻게 연결했는가? 독자의 이해를 돕기 위한 방향으로 제시했는가?(예: 화제 전환과 표지의 사용이 자연스러운가?)

담화통합 요인은 학습자가 들은 내용 중 어떤 어휘나 문장을 선택했는지, 어떠한 연결 방법을 사용하면서 내용을 조직했는지를 알 수 있는 근거가 된다. 즉 듣기와 쓰기 활동에 있어서 중간 매개적인 요인으로 작용하면서 쓰기 결과가 산출되어 나온다.

3) 쓰기 자료 분석 기준

딕토콤프 활동에서 있어서 5급 수준의 받아쓰기라는 용어의 의미는 기초 문법이나 어휘와 같은 형식적인 부분에 집중해서 듣는 것이 아니라 내용이나 맥락 중심의 의미를 파악하는 것이라고 할 수 있다.

서수현(2008: 135)은 글의 기계적인 정확성과 관련된 인지적 부담이 상위 수준의 계획하기를 방해할 수 있기 때문에 표현의 '정확성'이 아닌 '적절성'을 쓰기 평가 준거로 채택할 것을 제안하였다. 이러한 적절성의 기준은 누구나 담화 공동체들의 '이 정도면 잘 쓰는 글이다.'라는 합의가 이루어져야 한다. 학자들마다 조금씩 글쓰기 평가 항목에 차이[18]가 있으나 공통적으로 어휘 및 문법

---

18 Applebee(1982: 365)는 글쓰기에 필요한 지식의 범주를 '언어에 대한 지식, 주제에 대한 지식, 독자에 대한 지식' 세 가지로 분류하였는데, '언어에 대한 지식'은 맞춤법, 문장, 문단 등의 통사 규칙을 말하며, '주제에 대한 지식'은 쓸 것에 대한 필자의 지식, '독자에 대한 지식'은 예상 독자의 반응이나 해석에 대한 지식을 말한다. Hillocks(1987)에서는 '내용에 관한 지식'은 학습자가 익혀야 할 지식과 주제에 관해 알고 있는 지식, '절차적 지식'은 내용을 조직화하는 지식, '구조적 지식'은 담화 구조, 구문 형태 및 쓰기 관습에 관한 지식을 일컫는다.

의 정확성을 포함하는 언어 지식, 글의 전체 내용에 대한 일관성 및 구조의 적절성에 주목하여 항목화하고 있다.

민병곤 외(2020: 257)에서는 1급에서 6급까지 수준을 상정하고 있다. 이러한 수준의 위계화는 장르를 한 축으로 또 다른 축을 상정하여 내용의 위계화가 가능해져야 함을 제안한다. 급수별 다루는 대표적 교육 장르를 위계화[19]하여 이에 따른 언어 내용 구조 지식을 급수별로 위계화하자는 의미로 해석된다. 한국어 쓰기 내용의 위계화 범주를 보면 〈표 5〉와 같다.

〈표 5〉 한국어 쓰기 내용 위계화

장르	언어 지식	어휘, 문법, 수사 영역
	내용 지식	글의 목적에 대한 이해, 독자에 대한 분석
	구조 지식	해당 장르의 구조 분석 영역

딕토콤프 활동은 자신이 알고 있던 기존 지식만으로 글을 쓰는 것이 아니라 듣기 자료를 통해 이를 비판적으로 받아들여야 하며, 자신의 기존 지식과 이를 통합함으로써 새로운 지식을 생성하여 텍스트를 완성하는 것이다. 이때 '무엇에 대해 쓸 것인가?'와 같은 명제적 지식을 내용 지식이라 한다면 이러한 내용 지식을 세 가지로 분류할 수 있다. 첫째, 필자의 장기 기억 속에 있던 '기존 지식', 둘째, 자료를 읽으면서 습득하게 되는 '상호텍스트적 지식', 셋째, 기존 지식이나 상호텍스트적 지식의 결합을 통해 새롭게 생성되는 '통합적 지식'

---

[19] 한국어 교육에서 다음과 같이 교육 목표와 교육 장르를 위계화하며 제시하고 있다.

언어 수준	교육 목표	교육 장르
초급	일상생활과 관련된 내용을 쓸 수 있다.	생활문, 실용문
중급	자신에게 친숙하거나 빈도가 높은 사회적·추상적 소재에 대해 쓸 수 있다.	생활문, 실용문, 설명문, 논설문, 감상문
고급	사회적·추상적 소재와 자신의 전문 분야에 대한 글을 쓸 수 있다.	생활문, 실용문, 설명문, 논설문, 감상문 비평문, 자신의 전문 분야 글

이 있다. 언어 지식은 학습자가 쓰기에 대해 가지고 있는 추상적인 개념으로 필자가 사용하는 문법, 어휘, 담화 스타일을 포함하는 쓰기에 대한 언어 지식 (Krashen 1984: 20)으로 광범위하게 정의 내릴 수 있지만, 여기에서는 어휘 문법, 철자, 구문에 대한 지식으로 Tribble(2008)이 말한 쓰기 능력의 하위 범주인 언어 체계에 대한 지식으로 한정한다.

담화통합에서 쓰기의 내용 지식인 '주요 정보원'의 분류는 Flower 외(1990), 이윤빈·정희모(2010), 이윤빈(2013)에서 모두 동일한데, '① 자료 내용', '② 자료＋필자 견해', '③ 기존 지식', '④ 기존 지식＋자료 내용'으로 나뉜다(송은정, 2018 재인용).

담화통합적 관점에서 구조 지식은 Flower 외(1990)와 이윤빈(2013)의 연구를 바탕으로 ① 자료의 내용을 요약하는 요약, ② 자료의 내용을 요약하고 필자의 생각을 간단히 덧붙이는 요약＋견해, ③ 자료의 내용을 일정한 서술 구조에 짜깁기해 넣고 필자의 견해를 덧붙이는 틀에 맞춘 정리, ④ 자료 내용을 종합하여 정보 전달식 글을 작성하는 종합적 서술, ⑤ 필자의 목적을 위해 자료 내용과 필자 지식을 사용하여 글을 작성하는 종합적 논평, ⑥ 자료 내용을 언급하지 않고 화제에 대한 필자의 견해를 자유롭게 서술하는 독립된 자유 기술로 유형화할 수 있다.

학습자의 쓰기 활동들은 개인적인 언어 능력에 따라 듣기 요인에 작용하는 양상이 다르다. 그리고 자신이 습득된 지식에 따라 조직, 선택, 연결의 담화통합 과정을 거치면서 쓰기에 관여하는 언어 지식, 내용 지식, 구조 지식이 다르게 나온다. 이런 과정은 통합적이며 선조적이지 않다. 듣기와 쓰기 활동에서 담화통합 요인을 보면 〈표 6〉과 같다.

〈표 6〉 듣기와 쓰기 간 담화통합 요인

듣기 요인	담화통합 요인	쓰기 활동
① 발화에 사용된 어휘와 문법		
② 발화의 조직 형태	조직	언어 지식
③ 발화의 유형		
④ 발화의 명확성	선택	내용 지식
⑤ 발화 내용의 친숙성		
⑥ 발화의 상황 맥락	연결	구조 지식
⑦ 청자 요인의 영향		

IV. 사례 분석 결과

듣기는 학습자들의 심리인지적인 과정에 해당하므로 이들이 어떤 과정으로 듣기를 하였는지를 파악하기 쉽지 않다. 따라서 이 연구에서는 참여자가 딕토 콤프 활동을 한 후 인터뷰를 하였다. 듣기 요인과 관련된 7가지 항목화 질문을 하였으며 글쓰기가 끝난 후 학생들이 이에 대한 소감을 응답하게 하였다. 쓰기 활동은 학생들이 쓴 정보 전달 글쓰기 결과물을 가지고 학습자가 가지고 있는 쓰기 지식을 듣기와 담화통합 과정에서 어떻게 연관이 있는지 살펴보았다.

1. A학습자: 듣기와 쓰기 점수가 낮은 학생

A학습자는 인터뷰에서 듣기 자료에서 발화된 단어의 전체적인 의미를 잘 모르겠다고 응답했다. 특히 발음을 잘 알아듣기 힘들었고, 화제에 대한 친숙성은 사물인터넷이란 단어를 처음 들어보았다고 하였으나, 듣기 내용에 대하여 '사물인터넷으로 생활이 편리하게 된 내용을 담은 뉴스'임을 인지하였다.

우선 쓰기와 관련된 언어 지식을 살펴보면 다음과 같다. 개요표에 제시된

초국적 관점에서 본 유학생의 경험과 유학정책

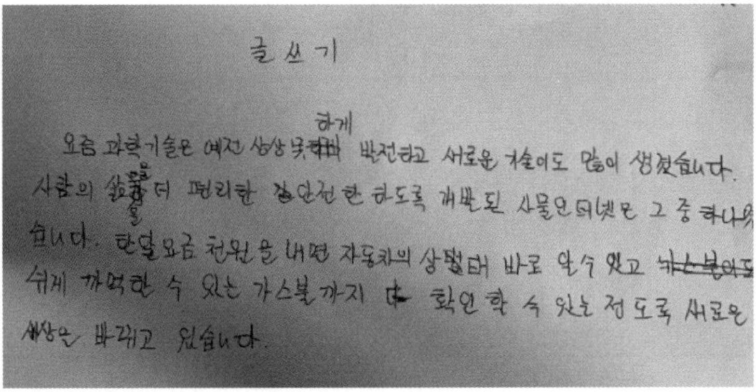

〈그림 1〉 A학습자의 글쓰기 사례

주요 문형을 적용하지 않았다. 개요표에 가능성, 진행, 개념을 나타내는 표현 방법을 제시하였는데 이를 지키지 않았다. 목표 어휘는 사물인터넷이라는 단어만 제시하고 있다. 정보 전달을 위한 글쓰기라고 미리 예고하였지만 이 학생은 3문장을 한 단락으로 이어 쓰는 글쓰기를 하였다. 아래에서 보듯이 언어 지식 중 어휘 부분과 문법 표현 부분에서 많은 오류가 나타난다.

예전(→ 예전과 달리), 상상 못하게(→ 상상도 못할 수준으로), 기술이도(→ 기술도), 생겼습니다(→ 생기고 있습니다), 편리한(→ 편리하고), 안전한 하도록(→ 안전하도록), 하나였습니다(→ 하나입니다), 쉬게(→ 쉽게), 까먹을 수 있는(→ 잊어버릴 수 있는), 있는 정도록(→ 있을 정도로), 세상을 바뀌고 있습니다(→ 세상으로 바뀌어 가고 있습니다)

※왼쪽은 오류 표현이며 오른쪽은 수정된 표현임

어휘 지식은 문장 속에서 맥락에 맞게 다양한 어휘를 풍부하게 사용하는 지식, 특정한 접사나 어근을 결합하여 새로운 어휘를 만들어 이를 문어로 표현할 수 있는 조어 지식을 말한다. 문법 표현 사용 지식에서 조사가 결합된 표현에 대한 쓰기 적용 지식, 연결어미, 종결어미가 결합된 표현에 대한 쓰기 지식이 필요하다(김명광, 2019: 497-469).

여기서는 '쉽게', '까먹을 수'와 같은 철자나 어휘적 표현에서 오류가 나온다. 특히 문법적 표현에서는 구어에서 쓰는 구어적 표현이 오류로 지적된다. 문법적 표현의 오류도 많다. '편리한을', '정도록', '기술이도'와 같은 조사 결합이나 '안전한', '편리한과' 같은 연결어미 결합, '생겼습니다', '세상을 바꾸고 있습니다'와 같은 종결어미의 결합에서 오류가 보인다.

내용 지식은 듣기 자료에서 제시한 사물인터넷의 활용을 크게 3가지로 보여 주고 예를 제시하고 있다. 내용 지식 유형으로는 자료 내용만 제시한 경우이고, 그중에서도 예로 제시한 부분인 '자동차 상태', '가스불'만 선택적으로 선별되었다. 차량에 부착된 IT 기기가 진동이나 충격을 감지해 가로 주차나 사고 발생 시 핸드폰으로 실시간 전송되어 빠른 대처가 가능하다는 의미가 제시되어야 한다. 그리고 한 달에 천 원이라는 것은 사물인터넷 전용망을 사용하기 때문이라는 설명이 추가되어야 한다. 자동차의 핵심적인 내용을 선택하는 것이 아닌 예를 돕기 위한 보조 내용을 선택하였으며, 그 내용의 양도 아주 미미하다.

구조 지식은 장문 구성을 위해서 글의 내용 구성에 따른 단락 구성이 잘 이루어지고 논리 전개에 도움이 되는 담화 표지를 적절히 사용해야 한다. 본고에서 제시한 듣기 자료는 나열식의 구성으로 제시했으므로 필자는 나열식의 정보 전달 글을 구성해야 한다. 그러나 위 학습자의 경우 문단 구성이 안 되어 있고, 한 단락에서도 주제에 대해 자신의 생각이나 글을 체계적으로 구조화하는 능력이 부족하다. 객관적인 사실을 전달하기 위해 머리말-본문-맺음말에 대한 구조 지식과 설명할 내용에 대한 형식도 알아야 하고 정의, 예시, 비교, 분석, 설명, 묘사와 같은 정태적 형식의 표현 방식이나 서사, 과정, 인과와 같은 동태적 형식의 표현 방식을 적절히 사용할 수 있어야 한다.

종합적으로 정리하자면 위 필자는 듣기 자료에서 발화 조직 형태나 유형에 주의를 기울이지 않았으며 화제가 친숙하지 않아 쓰기에 대한 동기나 참여도가 낮아 담화통합에 있어서 조직과 연결이 누락되고 부수적 예시만 두 개 선택하여 글쓰기를 진행하였다. 그 결과로 쓰기 양상에 있어서 언어 지식에서는 어휘나 문법 분야에 많은 오류가 있었고 내용 지식은 의미적 위계 수준이 낮은 정보 자료 내용만 제시했으며, 구조 지식은 요약만 제시하여 정보 전달하는 글쓰기 구조 형식을 취하지 못했다.

2. B학습자: 듣기 점수가 낮고 쓰기 점수가 높은 학생

B학습자는 인터뷰에서 목표어가 어렵고 발음이 힘들다고 대답하였고 듣기 자료 내용이 너무 많아 부담스러웠다고 했다. 들은 내용을 기억하기도 전에 빠른 속도로 말하는 부분에서 이해가 잘 되지 않았다고 답했다. 사물인터넷 주제에 대해서 친숙도가 있으며 정보를 전달하는 글쓰기를 어떻게 하는지에 대한 지식을 가지고 있다고 했다. B학습자가 완성한 글을 보면 다음과 같다.

개요표에 제시된 주요 문형 세 가지 중 가능성을 나타내는 '~할 수 있다'라는 표현을 여섯 부분 제시하고 있다. 사물인터넷 개념을 정의하는 문형은 '~은 무엇이다'라는 형식을 취하고 있지는 않지만 정의는 포함되어 있다. 주요 담화 표지 사용에 있어서는 '먼저'라는 표지를 선택해서 사용하였다. 목표어는 '외색도벽', '작업', '원격조종', '제어'와 같은 어휘를 사용하였다.

언어 지식 중 어휘 부분과 문법 표현 부분에서 부분적 지적이 나온다. 어휘는 '스마트폼'과 '도론' 같은 오류가 발견된다. 문법적 표현에 있어서는 '요즘은'을 '요즘', '사람이 직접 옆에 대지 않아도'는 '사람이 직접 접촉하지 않아도', '외벽도색을'은 '외벽도색과 같은', '위험한다'는 '위험하게 한다', '확인한다'는 '확인할 수 있다'로 수정되어야 한다. 조사 사용에 있어서 불필요한 조사가 추

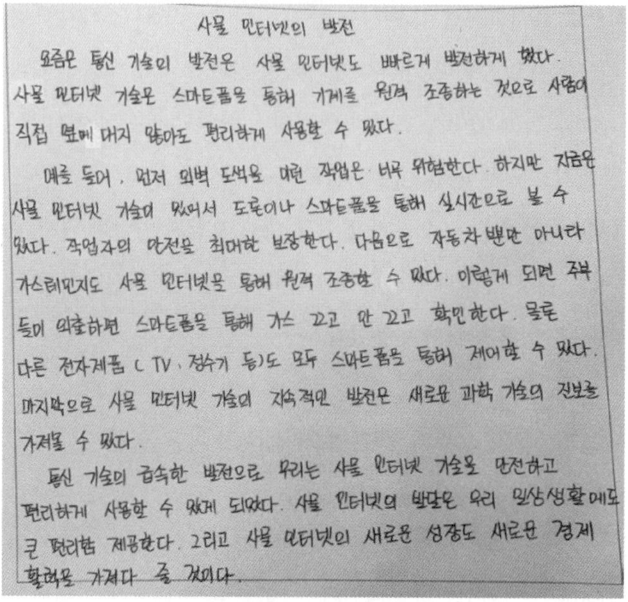
사물 인터넷의 발전

요즘은 통신 기술의 발전은 사물 인터넷도 빠르게 발전하게 했다. 사물 인터넷 기술은 스마트폰을 통해 기계를 원격 조종하는 것으로 사람이 직접 옆에 대지 않아도 편리하게 사용할 수 있다.

예를 들어, 먼저 외벽 도색을 미련 작업은 비록 위험한다. 하지만 지금은 사물 인터넷 기술이 있어서 드론이나 스마트폰을 통해 실시간으로 볼 수 있다. 작업자의 안전을 최대한 보장한다. 다음으로 자동차 뿐만 아니라 가스레인지도 사물 인터넷을 통해 원격 조종할 수 있다. 이렇게 되면 주부들이 외출하면 스마트폰을 통해 가스 끄고 안 끄고 확인한다. 물론 다른 전자제품(TV, 정수기 등)도 모두 스마트폰을 통해 제어할 수 있다. 마지막으로 사물 인터넷 기술의 지속적인 발전은 새로운 과학 기술의 진보를 가져올 수 있다.

통신 기술의 급속한 발전으로 우리는 사물 인터넷 기술을 안전하고 편리하게 사용할 수 있게 되었다. 사물 인터넷의 발달은 우리 일상생활에도 큰 편리함 제공한다. 그리고 사물 인터넷의 새로운 성장도 새로운 경제 활력을 가져다 줄 것이다.

〈그림 2〉 B학습자의 글쓰기 사례

가된 경우가 있으며 A학습자에 비해서는 많이 양호한 편이다. 특히 문법 표현에 있어서 서법에서의 문제가 보인다. 이러한 영향은 단순히 서술어 의미에 한하여 영향을 주는 것이 아니라 그 서술어를 포함하는 전체 명제의 의미에 영향(김명광, 2019: 469)을 주므로 주의할 필요가 있다.

특히 B학습자의 글은 문장의 응집성(coherence) 을 나타내는 표현을 많이 사용하고 있다. 목표어에 제시된 담화 표지어는 '먼저'라는 것만 사용했지만, '하지만', '다음으로', '이렇게 되면', '물론', '마지막으로', '그리고'와 같은 텍스트의 응집성 장치를 많이 사용하고 있다. 이러한 연결은 응결성(cohesion)과 같은 의미적 연결을 자연스럽게 해 준다. 쓰기 능력 중 글 전체 내용을 일관되고 응집력 있게 글을 생성해 낼 수 있는 것은 중요한 담화 능력이다.

내용 지식은 듣기 자료에서 제시한 사물인터넷의 활용을 크게 안전 보장과 원격조종을 선택해서 들었다. 그러나 본 듣기 자료에서 의미가 위계적인 상위

의미인 ①, ②, ③ 내용은 전혀 없으며 하위 의미인 ①-㉠, ㉡, ②-㉠, ㉡, ③-㉠, ㉡의 듣기 자료가 제시되어 있지 않다. '안전'이라는 키워드를 가지고 '외벽 도색' 정보와 '드론'을 추가했으며 '원격조종'이라는 키워드에서는 '자동차'나 '가스레인지'라는 정보를 선택해서 다른 전자제품인 'TV'와 '정수기'를 기존 지식에 활용하여 추가하였다. 이러한 유형은 들은 자료 내용의 주요 정보가 전혀 반영되어 있지 않고 필자가 선택적으로 기억한 어휘를 중심으로 생각을 추가하여 자유롭게 기술한 유형이라고 할 수 있다.

구조 지식은 선택된 자료 내용+화제에 대한 필자의 견해 유형에 해당된다. 정보 전달을 위한 문단의 형식적 구색은 갖추었으나 단락 구성이 잘못된 경우라고 볼 수 있다. 형식적으로 3문단으로 보이지만 실질적으로 머리말, 본문, 맺음말에 어떠한 내용으로 써야 할지에 대한 지식이 미흡하다. 머리말에서 설명 대상은 언급했지만 이 글을 왜 쓰는지에 대한 목적이나 동기를 안내하지 않았다. 본문에서는 설명 대상에 대해 내용을 조직적으로 설명해야 하는데, 본문 전체가 예시로 구성되어 있다. 결론에서는 본문 내용이 요약, 정리되어야 하는데 본문에 있는 '마지막으로'라는 표지어에 따른 내용이 결론으로 포함되어야 할 내용으로 보인다. 결론 부분에서는 필자 나름의 견해가 제시되어 있다.

B학습자의 글을 종합적으로 분석해 보면 듣기 자료에서 선택적인 어휘를 중심으로 발화 유형이나 조직 형태는 잘 파악했으며 화제에 대한 친숙성이 높다. 이에 따라 담화통합 방식은 '안전'과 '원격조종'을 선택하여 담화 표지어를 다양하고 적절하게 사용했으며 화제 전환이 자연스러운 글이라고 할 수 있었다. 조직은 본문의 글이 모두 예로 제시되어 있어 단락 구성에 있어서 주제를 뒷받침하는 양식에 주의를 기울일 필요가 있다. 이러한 듣기 담화통합의 결과로 쓴 글을 분석하면 언어 지식에서는 부분적 오류가 몇 가지 나왔고 내용 지식은 의미적 위계 수준이 낮은 단어를 선택해서 필자의 기존 지식을 활용한

글쓰기를 했다. 구조 지식은 3단 구성 형식에 맞추어 정보 전달 글쓰기 단락 구성 양식에는 접근했으나 단락마다 부족한 부분이 보인다. 구조 지식 유형으로는 선택된 자료 내용+화제에 대한 필자의 견해 유형에 속한다.

3. C학습자: 듣기 점수가 높고 쓰기 점수가 낮은 학생

C학습자는 평상시 한국 드라마를 즐겨 보는 편이라는 점을 보아 시청각 매체에 노출 빈도가 높은 학생이라고 할 수 있다. 듣기 자료의 내용이 한자 어휘와 영어 어휘가 많이 사용되고 있어 전체적으로 어렵다는 말을 했다. 화제에 대한 친숙도는 높은 편이고 자신의 주변에서 이런 물건을 많이 보았다고 말한 것으로 보아 주제에 대한 배경 지식이 많아 보인다. 정보 전달 글쓰기 기회가 많이 없었고 글쓰기를 하면서 어떻게 써야 할지 잘 몰라 시간이 많이 걸렸다고 답했다.

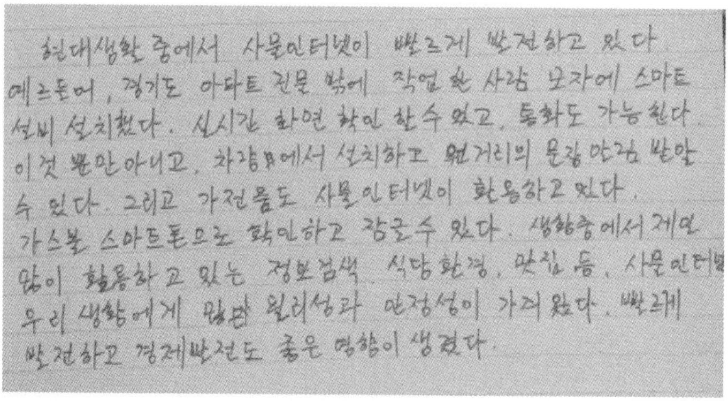
현대생활 중에서 사물인터넷이 빠르게 발전하고 있다.
예를 들어, 경기도 아파트 건물 밖에 작업 한 사람 모자에 스마트
설비 설치했다. 실시간 화면 확인 할수 있고, 통화도 가능 한다.
이것 뿐만 아니고, 차량에서 설치하고 원거리의 운장 안감 받알
수 있다. 그리고 가전물도 사물인터넷이 활용하고 있다.
가스불 스마트폰으로 확인하고 잠글수 있다. 생활중에서 제일
많이 활용하고 있는 정보검색 식당환경, 맛집 등, 사물인터넷
우리 생활에게 많은 편리성과 안정성이 가져왔다. 빠르게
발전하고 경제발전도 좋은 영향이 생겼다.

〈그림 3〉 C학습자의 글쓰기 사례

개요표에 제시된 주요 문형 세 가지 중 진행을 나타내는 '~하고 있다'라는 표현과 가능성을 나타낸 '~할 수 있다'를 한 부분씩 제시하고 있다. 사물인터넷에 대한 개념 정의는 없으며 주요 담화 표지 사용에서 '예를 들어', '이것뿐

만 아니라'를 사용하고 있으며 목표어에서는 '사물인터넷'이라는 용어만 사용
했다.

언어 지식은 어휘 부분과 문법 표현 부분에서 부분적 지적이 나온다. 어휘
는 '예르들어', '필리성', '받알 수 있다' 같은 오류가 발견된다. 문법적 표현에
'건물밖에'는 '건물 밖에서', '작업한'은 '작업하고 있는', '화면'은 '화면을'으로
'가능한다'는 '가능하다', '안정성이'는 '안정성을'으로 조사 사용에서의 오류가
있다. 문장에서 주어 생략이 보이는 부분은 마지막 문장을 비롯하여 종종 보
인다. 조사가 결합되는 부분에서 상당한 오류를 보이면 글 전체의 응집성을
떨어뜨리게 된다.

내용 지식은 자료 내용형으로 듣기 자료에서 제시한 사물인터넷의 내용 중
①-㉠, ㉡, ②-㉠, ㉡, ③의 내용, 즉 의미가 위계적인 상위 중심 문장 ①, ②,
③과 ①과 ②의 ㉠, ㉡의 내용을 선택해서 의미를 구성하고 있다. 특히 앞에서
제시한 유형에 비해서 듣기 내용을 가장 많이 선택한 경우로 듣기 발화의 어
휘나 문법, 발화의 명확성을 잘 인지하고 기억한 것이다. Norman 외(1972)가
제시하는 듣기 단계의 기억 장치의 흐름에서 수많은 정보들 중 무엇에 주목하
고 그것을 기억하는 과정을 도식화한 부분에 이 학생의 경우를 적용해 본다
면, 발화의 문법과 어휘는 감각 분석을 거쳐 의미화한 정보들만 단기 기억 장
치로 입력된 후 장기 기억 장치로 간다. 장기 기억 장치로 온 정보들은 오랫동
안 기억되거나 다른 정보를 처리하는 데 반영되며, 들은 내용에 대한 반응을
표현하기 위한 토대로 활용된다(민병곤 외, 2020: 196 재인용). 한국어 듣기 교육
에서 정보를 선별하는 능력이 정보를 정확하게 파악하는 데 아주 중요하다는
것을 나타낸다.

구조 지식은 선택된 요약만 제시된 유형에 속한다. 단락 전개에 있어서 예
시만 사용하여 들은 내용을 단순 나열한 수준이다. 주제문을 뒷받침하는 양식
이 부족하며 첫 문장에 대한 뒷받침 문장으로써 의미적 연결성에 관련성이 없

어 보인다. 중심 문장에 대한 뒷받침 문장의 예로써 사물인터넷의 편리성만 나열한 것으로 보아 의미적 연결성, 즉 결속성이 떨어진다고 볼 수 있다. 들은 자료 내용을 바탕으로 관련된 텍스트를 연결하는 부분은 3단 구성이 아닌 단락 중심으로 구성하였고 필자의 지식을 활용한 부분이나 견해가 전혀 없이 구성된 경우이다.

C학습자의 글을 종합적으로 분석해 보면 듣기 자료에서 선택적으로 주목한 어휘는 B학습자의 양상보다 훨씬 많이 제시되어 있다. 듣기 자료에서 제시된 중심 내용과 뒷받침 내용들을 '예를 들어', '이것뿐만 아니라'라는 표지어를 사용하여 문맥적으로 자연스럽게 연결은 했으나, 언어 지식 부분에서 조사의 오류, 주체가 생략된 문장들을 사용했다. 내용 지식은 자료 내용형으로 들은 내용만 제시하고 있다. 구조 지식은 정보 전달의 3단 구성이 아닌 단락 중심의 요약형으로 전개하고 있다. 듣기 자료의 내용을 가장 많이 반영하기는 했으나, 내용 지식에서 필자의 견해나 기존 지식 활용이 필요하고 글의 구조는 요약형으로 자료 내용을 종합하여 필자의 지식이 종합적으로 반영된 글쓰기 구조가 필요하다.

4. D학습자: 듣기 점수와 쓰기 점수가 높은 학생

D학습자는 대상자 중 5급 총점이 높은 학생에 해당한다. 듣기 쓰기 읽기 부분에 있어서 유창한 언어 능력을 갖추고 있다고 봐야 한다. 그러나 뉴스 담화 듣기에서 발화의 속도나 발음, 화제의 친숙성에 있어 어려움을 이야기했고 너무 많은 정보를 들어서 어떤 내용을 적어야 하는지에 대한 고민이 많았다고 한다.

개요표에 제시된 주요 문형 세 가지 중 진행을 나타내는 '~하고 있다'는 한 건, 가능성을 나타내는 '~할 수 있다'는 다섯 건이 나온다. 사물인터넷에 대한

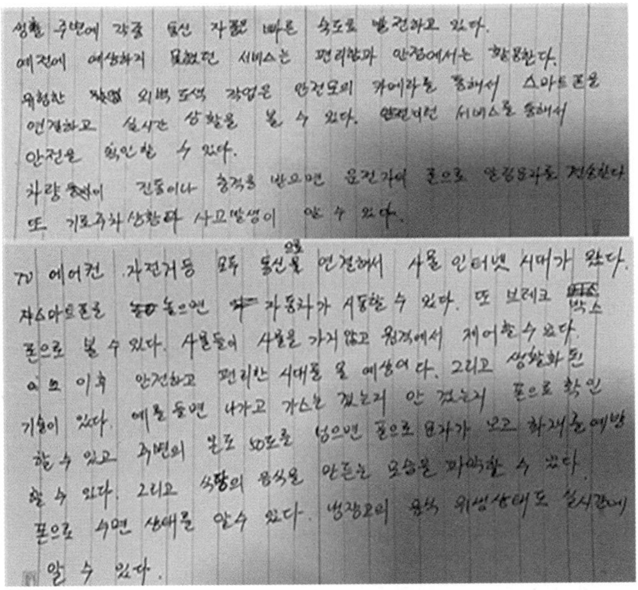

〈그림 4〉 D학습자의 글쓰기 사례

개념 정의는 없으며 주요 담화 표지는 개요지에 표시된 것을 사용하지 않았다. '또', '그리고', '예를 들면'이라는 표지어를 사용하면서 문맥적으로 의미 연결을 자연스럽게 하였다.

언어 지식 중 어휘 부분과 문법 표현 부분에서 부분적 지적이 나온다. 어휘는 '자품'은 '제품'으로, '숙도'는 '속도'로 '상활'은 '생활'로 수정해야 한다. 문법적 표현에 '박스'를 '박스를'로 조사를 추가해야 하고 '연결해서'를 '연결한'과 같은 연결어미 오류, '사물들'을 '사물'로 수정하고 '가지 않고'와 같은 비문을 사용하고 있다.

내용 지식은 자료 내용 종합형+필자 지식을 종합적으로 작성하는 유형에 속한다. 필자가 선택한 내용은 ①-㉠, ㉡, ②-㉡, ③-㉠과 같이 종합적으로 주요한 정보들을 기억해서 글을 작성했다. 의미적 위계가 높은 ①, ②, ③의 내용이 모두 포함되었다. 이러한 이유로는 이 학생은 다른 학생과 달리 메모하며 듣기 전략을 사용한 것이다. 다음은 D학습자가 메모한 것이다.

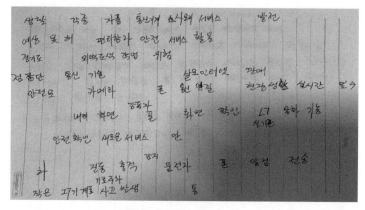

〈그림 5〉 D학습자 듣기 메모

이혜정·홍영일(2011)에서 메모하기 행위의 말성과 글성을 분석한 뒤 이해하기 위해서는 말성을, 정리를 위해서는 글성을 적절히 활용할 수 있어야 한다는 점과 김혜연(2014)에서 듣기와 쓰기의 통합 활동을 위해 적극적인 메모하기 행위는 쓰기 의미를 구성하는 데 효과적이라는 연구에서 보듯이 새로운 단어를 맥락 속에 포함시키거나 체계적인 입출력을 위해서는 메모하기 전략이 중요하다. 하지만 여기서 선택된 메모들을 의미상 범주화하여 문단 구성에서 풍부한 내용을 마련하기 위해 활용했으면 하는 아쉬움이 있다.

구조 지식은 자료 내용 요약+정보 전달식 글쓰기 구조는 취하고 있으나 문단 구분이 잘못되었고 마지막 부분에 대한 필자의 견해나 내용 요약으로 마무리되지 않았다. 서론, 본론은 있는데 결론 부분이 없는 유형이다. 결론 부분은 필자의 기존 지식의 내용인 '식당 음식', '수면 상태', '위생상태'를 자유롭게 추가한 경우에 해당된다.

D학습자의 글을 종합적으로 분석해 보면, 듣기 자료에서 선택적으로 주목한 어휘는 A, B, C 학습자가 제시한 것보다 풍부하다. 들은 내용 중 중요하다

초국적 관점에서 본 유학생의 경험과 유학정책

고 생각되는 어휘는 메모하기 전략을 통해 글쓰기에 활용하고 있었다. 언어 지식에서는 조사나 어미 연결, 비문이 부분적으로 보이고 내용 지식은 자료 내용 종합형+필자 지식을 종합적으로 사용한 유형에 속한다. 구조 지식은 자료 내용 요약+정보 전달식 글쓰기 구조 형식을 취하고 있으나 완벽한 형태는 아니다.

하지만 언어 지식에서의 오류 빈도가 낮고 내용 지식에서 듣기 발화의 어휘 사용 선택이 많은 점, 구조 지식에서 설명하기 방식을 취한 점은 한국어 듣기와 쓰기 능력이 높은 수준이라는 것으로 판단할 수 있다. 특히 메모하기 전략은 이전 학생들한테 없었던 부분이라 듣기 읽기 통합 과정에서 메모하기 전략의 유효성이 입증된 경우라 하겠다.

V. 결론 및 제언

A, B, C, D학습자 유형에서 공통점으로 나타나는 점은 딕토콤프 활동을 통해 듣기 자료 내용을 정확하게 듣고 의미를 구성하는 글쓰기를 한 것인데, '사물인터넷'이라는 주제의 뉴스 담화에 나타난 어휘나 문법, 발화 유형이나 조직 형태, 발음의 명확성과 주제에 대한 친숙성 정도에 따라 다르게 나타났다. 필자들이 사용한 담화통합 기제에서는 같은 자료를 들었음에도 쓰기를 위한 내용 선택이 다르고, 연결어 사용이나 내용 조직 방식이 달랐음을 알 수 있다. 쓰기에서는 언어 지식 부분에서 어휘나 문법에 대한 오류가 공통적으로 있었다. 내용 지식에 있어서 한국어 능력이 고급 단계인 5급이지만 자료 내용 제시형이 주를 이루고, 구조 지식에 있어서 완성된 정보 전달을 위한 글의 형식적 구조가 미흡한 것을 알 수 있다. 특히 글의 구조를 전개하는 양상에 있어서는 자료 요약 형식이 많았다.

유형별로 자세히 보면 A학습자는 듣기 자료에서 발화 조직 형태나 유형에 주의를 기울이지 않았으며 주제에 대한 친숙도가 낮아 담화통합에 있어서 조직과 연결이 누락되고 부수적 예시만 두 개 선택하여 글쓰기를 하였다. 그 결과로 쓰기 양상에 있어서 언어 지식에서는 어휘나 문법 분야에 많은 오류가 있었고, 내용 지식은 의미적 위계 수준이 낮은 정보 자료 내용만 제시했으며, 구조 지식은 요약만 제시하여 정보 전달하는 글쓰기 구조 형식을 취하지 못했다.

B학습자는 듣기 자료에서 선택적인 어휘를 중심으로 발화 유형이나 조직 형태는 잘 파악했으며 화제에 대한 친숙성이 높다. 이에 따라 담화통합 방식은 안전과 원격조종을 선택하여 담화 표지어를 다양하고 적절하게 사용했다. 언어 지식에서는 부분적 오류가 몇 나왔고, 내용 지식은 의미적 위계 수준이 낮은 단어를 선택해서 필자의 기존 지식을 활용한 글쓰기를 했다. 구조 지식은 정보 전달 글쓰기 양식에는 접근했으나, 단락마다 부족한 부분이 보인다. 구조 지식 유형으로는 선택된 자료 내용+화제에 대한 필자의 견해 유형에 속했다.

C학습자가 듣기 자료에서 선택적으로 주목한 어휘는 위 유형의 양상보다 훨씬 많이 제시되어 있다. 듣기 주제에 대한 친숙도는 높은 편이었다. 언어 지식 부분에서 조사의 오류, 주체가 생략된 문장들을 사용했다. 내용 지식은 자료 내용형으로 들은 내용만 제시하고 있다. 구조 지식은 정보 전달의 3단 구성이 아닌 단락 중심의 요약형으로 전개하고 있다.

D학습자가 듣기 자료에서 선택적으로 주목한 어휘는 A, B, C학습자가 제시한 것보다 풍부하다. 들은 내용 중 중요하다고 생각되는 어휘는 메모하기 전략을 통해 글쓰기에 활용하고 있었다. 언어 지식에서는 조사나 어미 연결, 비문이 부분적으로 보이고 내용 지식은 자료 내용 종합형+필자 지식을 종합적으로 사용한 유형에 속한다. 구조 지식은 자료 내용 요약+정보 전달식 글쓰기

구조 형식을 취한다.

본 연구의 문제의식은 같은 한국어 능력 급수라 할지라도 영역 간의 점수 차가 개인적으로 분명히 다를 것이고, 이러한 차이는 원활한 한국어 의사소통을 저해한다는 차원에서 담화통합으로 교수하는 것이 효과적이라는 점에서 시작했다. 이 연구의 한계는 참여자로 분류된 A, B, C, D학습자가 한국어 듣기와 쓰기 능력의 대표화나 전형화는 될 수 없다는 점과 딕토콤프 활동 후, 학습자들에게 교육적 처치 후 향상된 능력을 보여 주지 못한 부분이다. 또한, 쓰기 자료 분석에 치중하여 참여자의 듣기와 관련된 학습 변인을 심도 있게 다루지 못한 부분이 있다. 연구를 진행하면서 제언을 하자면 5급의 수준을 고려한 뉴스 담화 듣기의 내용이나 분량, 발화 속도에 대한 자료 선정 기준이 전무하여 연구자가 임의로 재구성하고 직접 발화하여 들려준 부분에서 급수에 맞는 듣기 자료 개발이나 검증된 도구 개발이 필요하다고 본다. 다양한 형식적 글쓰기를 위해 교육적으로 실천적 환경을 마련하는 것 또한 한국어 학습자들에게 제공되어야 하는 부분이다. 시대에 따른 외국인 학습자들의 변화와 요구에 응하기 위해서는 한국어 교육에서 학습자들의 개별적 학습 사항을 점검하고 실제적 자료를 누적화하여 교수법 개발과 적용을 통한 선순환적 관계가 되어야 한다. 본 연구는 중국인 학습자들의 듣기와 쓰기 능력 간의 차이를 개인별 사례로 비교해 봄으로써 듣기 쓰기 담화통합 교수 방향을 추이할 수 있는 시사점을 얻을 수 있다.

참고문헌

강수진·배도용·최서원, 2010, "장르별 글쓰기 수업의 Dicto-Comp적용 연구: 외국어로
    서 한국어 중급 학습자를 대상으로", 『한국어 교육』, 21(2), 1-28.
권순희·김경주·송지언·이영호·이윤빈·이정찬·주재우·변경가, 2018, 『작문교육론』,
    사회평론아카데미.

권지연, 2019, "딕토콤프 활동을 활용한 한국어 능력시험 쓰기 영역 통계 자료 기반 문항 교육 방안 연구", 이화여자대학교 교육대학원 석사학위논문.

김명광, 2019, 『외국어로서의 한국어 교육과정론』, 소통.

김미영, 2016, "한국어 학습자 글쓰기 교육을 위한 텍스트 내용 구조 분석 연구: 중급 학습자의 통제된 글쓰기를 중심으로", 『어문연구』, 89, 37-62

김민경, 2013, "딕토콤프(Dicto-comp)가 한국어 학습자의 쓰기 능력과 듣기 능력에 미치는 효과 연구", 고려대학교 대학원 석사학위논문.

김정숙, 2009, "내용 지식 구성을 위한 학문 목적 한국어 쓰기 교육 방안", 『한국어 교육』, 20(1), 23-44.

김중섭·김정숙·이정희·김지혜·박나리·박진욱·이수미·강현자·장미경·홍혜란, 2017, 국제 통용 한국어 표준 교육과정 적용 연구(11-1371028-000699-01, 4단계), 국립국어원.

김지애·김수은, 2016, "학문 목적 한국어 학습자를 위한 담화통합 말하기 교육 방안", 『한국어 교육』, 27(1), 21-55.

김지영·오세인, 2016, "외국인 대학생과 내국인 대학생의 수행 양상 비교를 통한 담화통합 과제의 전략 연구", 『어문논집』 75, 195-27.

김지혜·송금숙·이선영, 2013, "한국어 고급 듣기 수업에서의 라디오 뉴스 활용 방안", 『어문논집』, 69, 411-437.

김혜연, 2014, "듣기 – 쓰기 통합 활동으로서 메모하기 지도의 가능성 탐색", 『새국어교육』, 101, 183-215.

민병곤·김호정·구본관, 2020, 『한국어 교육학개론』, 태학사.

민정호, 2019, "한국어 교육 전공 대학원 유학생을 위한 듣기·쓰기 중심의 수업 모형 연구:학업 리터러시 향상을 위한 딕토콤프를 중심으로", 『사고와표현』, 12(3), 219-250.

박선민, 2018, "한국어 중급 학습자의 딕토콤프 활동 양상 및 효과 연구: 듣기와 쓰기 능력을 중심으로", 『한국어와 문화』, 24, 5-50.

서수현, 2008, "요인 분석을 통한 쓰기 평가의 준거 설정에 대한 연구", 고려대학교 대학원 박사학위논문.

송은정, 2018, "외국인 대학생의 한국어 담화통합 쓰기 과제 표상의 양상 연구", 『국어교육연구』, 32(2), 87-112.

안지영, 2015, "유아 대상 질적 연구의 연구윤리와 진정성", 『교육인류학연구』, 18(1), 67-104.

이미혜, 2010, "한국어 교육에서 말하기와 문법의 통합 교육", 『문법 교육』, 13, 93-114.

이윤빈, 2013, "담화 종합을 통한 텍스트 구성 양상 연구—쓰기 과제 표상과 텍스트 구성의 관계를 중심으로", 연세대학교 대학원 박사학위논문.

이윤빈·정희모, 2010, "과제 표상 교육이 대학생의 학술적 글쓰기 수행에 미치는 효과", 『국어교육』, 131, 463-497.

이준호, 2005, "대학 수학 목적의 쓰기 교육을 위한 교수 요목 설계: 보고서 쓰기 교육을 중심으로", 고려대학교 대학원 석사학위논문.

이준호, 2011, "학문 목적 한국어 학습자를 대상으로 한 읽은 후 쓰기 과제 연구", 『한국어교육』, 22(4), 83-108.

이창덕·임칠성·심영택·원진숙·박재현, 2010, 『화법 교육론』, 역락.

이혜정·홍영일, 2011, "말성(Orality)과 글성(Literacy)의 교수—학습적 함의: 성적 우수자의 노트필기 전략의 해석 사례", 『교육공학연구』, 27(4), 675-700.

최은지, 2009, "사회적 구성주의에 기반한 학문 목적 한국어 작문 교육 연구", 고려대학교 대학원 박사학위논문.

최은지, 2012, "고급 한국어 학습자들의 담화통합 쓰기 양상", 『이중언어학』, 49, 381-410.

현정순, 2007, "외국인을 위한 한국어 작문의 통합적 교수—학습 방안", 한양대학교 교육대학원 석사학위논문.

홍정현, 2005, "학문 목적 한국어 쓰기 요구 분석", 이화여자대학교 대학원 석사학위논문.

Applebee, A. N., 1982, "Writing and learning in school settings. In MartinNystrand (ed.) What writers know: The language, process, and structure of written discourse", *NY: Academic Press.*

Bailey, K. M., 1998, "Learning about language assessment", *New York: Heinle & Heinle.*

Bashiruddin, A., 1992, "Variations in dicto-comp", 『English Teaching Forum』, 30(3), 44-47.

Flower, L., Stein, V., Ackerman, J., Kantz, M. J., McCormick, K., & Peck, W. C., 1990, "Reading to write: Exploring a cognitive and social process", *New Oxford: Oxford Univerity Press.*

Hillocks, G., 1987, "Synthesis of reaearch on teaching writing", *Educational Leadership*, 71-82.

Ilson, R., 1962, "The dicto-comp: A specialized technique for controlling speech and writing in language learning", *Language Learning*, 12(4), 299-301.

John W. Creswell, 2006, 『Qualitative Inquiry and Research Design: Choosing among

Five Approaches』, 조흥식 역(2015), 『질적 연구 방법론 – 다섯 가지 접근(3판)』, 학지사.

Keh, C. L., 1989, "How I use the dicto-comp", *English Teaching Forum*, 27(1), 39-40.

Kleinmann, H. H., & Selekman, H. R., 1980, "The dictocomp revisited", *Foreign Language Annals*, 13(5), 379-383.

Kowal, M., & Swain, M., 1994, "Usingcollaborative language production task stopromote students' language awareness", *Language Awareness*, 3, 73-93.

Nation, P., 1991, "Dictation, dicto-comp, and related techniques", *English Teaching Forum*, 29(4), 12-14.

Norman, K. D., & Yvonna S. L., 1994, 『Handbook of Qualitative Research (4th ed.)』, 최욱 역(2014), 『질적 연구 핸드북』, 아카데미프레스.

Riley, P. M., 1972, "The dicto-comp", *English Teaching Forum*, 10(1), 21-23.

Spivey, N. N., & King, J. R., 1989, "Readers as writers composing from sources", *York: Oxford University Pres*.

Spivey, N. N., 1997, 『The Constructivist: Reading, Writing and The Making of Meaning』, 신헌재 역(2004), 『구성주의와 읽기·쓰기: 읽기·쓰기·의미 구성의 이론』, 박이정.

Stotsky, S., 1983, "Rescarch on reading/writing relationships: A synthesis and suggested directions", *Language Art*, 627-642.

Swain, M., & Lapkin, S., 1995, "Problems in output and the cognitive processes they generate: A step towards second language learning", *Applied Linguistics, 16*, 371-391.

Tierney, R. J., & Leysc M., 1986, "What is the value of connection reading and writing? In B. T. Pertersen(Ed), comvergences: Transactions in reading and writing", *NCTE*.

Tribble, C., 2008, "Corpora and corpus analysis: new windows on academic writing, How to teach listening, Pearson Longman", *York: Oxford University Pres*.

Wajnryb, R., 1990, "Grammar dictation", *Oxford: Oxford University Press*.

Wilson, J., 2008, "How to teach listening", *Pearson Longman*.

5장

한국어 교육에서의 태도 연구 동향 분석
- 외국인 유학생 연구를 중심으로 -

이윤주

Ⅰ. 서론

본 연구는 한국어 교육에서 외국인 유학생[1]을 대상으로 한국어 학습에 영향을 미치는 태도[2]에 대한 연구 결과를 바탕으로 절차적 문헌 분석의 방법에 따라 연구 동향을 분석하는 것을 목적으로 한다. 그리고 이에 대한 결과를 통해 선행 연구들의 성과를 검토하고 외국인 유학생 교육정책 및 방향을 제시하고자 한다.

국내 체류 외국인 유학생 16만 명을 도래한 현재[3] 한국어 교육은 급격한 양

---

[1] 외국인 유학생은 체류자격에 따라 구분하고 있다. 이 글에서는 고등교육기관에서 학업을 수행하고 있는 유학생을 모두 포함하고자 한다.

외국인 유학생의 체류자격

유학 (D-2)	D-2-1	D-2-2	D-2-3	D-2-4	D-2-5	D-2-6	D-2-7	D-2-8
	전문 학사	학사 유학	석사 유학	박사 유학	연구 유학	교환 학생	일-학습 연계유학	단기 유학
일반연수 (D-4)	D-4-1 (대학부설어학원 연수)				D-4-2 (외국어 연수)			

[2] 본 연구에서 다룬 '태도'는 정의적 변인 하위 구성 요인으로 주어진 대상에 대하여 일관성 있게 호의적 또는 비호의적으로 반응하게 하는 학습된 기질을 말하며, 대상·방향·강도의 차원을 가진 심리적 상태라고 할 수 있다(이미애, 2010: 31).

적 성장을 이루었을 뿐만 아니라, 다양한 학습자로 인해 한국어 교육의 목표와 범위, 내용 등이 학습자변인에 따라 변화하고 있다. 특히 외국인 유학생의 경우, 가장 오래된 초국적 이주의 한 형태로 대학의 국제화를 평가하는 중요한 지표가 되기도 하며 지역사회에도 큰 영향을 미치고 있다. 아울러 외국인 유학생에 대한 연구는 정부와 대학이 유학생을 정확히 이해하고 교육정책 및 방향을 만드는 데 초석이 되기도 한다.

이혜영(2018)에 따르면 외국인 유학생과 관련된 연구들의 성과는 2008년까지 매우 저조하였으나 그 이후부터는 계속 증가하고 있다. 이는 유학생의 증가와 더불어 외국인 유학생에 대한 연구, 교육정책 및 방향에 대한 중요성이 대두되고 있는 현실을 반영한 것이다. 아울러 이화숙·이용승(2021)은 외국인 유학생과 관련된 연구에서 유학생이 '외국인', '학습자', '유학생' 등으로 일컬어지며 논문 제목에서 확인할 수 있는 명칭 수만 해도 약 174종에 이른다고 하였다.

이처럼 외국인 유학생 관련 연구는 넓고 다양하게 진행되고 있으며 유학생 정책과 교육에도 큰 변화를 겪고 있다. 이러한 연구 성과에도 불구하고 외국인 유학생들의 학업 중도탈락률은 계속 증가하고 있다. 외국인 유학생의 학업 중도 포기는 개인적 차원에서 머물지 않고 더 나아가 불법체류라는 한국 사회의 문제가 되기도 한다. 박진욱·박은영(2017: 8)은 외국인 유학생들의 학업생활에 대한 적응은 한국어 능력뿐만 아니라, 문화적응력과 개인 내적인 심리적 특성도 중요한 요인으로 다루었다. 이러한 요인은 외국인 유학생들의 학업 중도탈락 요인이 되며, 그중 정의적 요인에 의한 것으로 판단하고 있는 연구들이 꾸준히 진행되고 있다. 이는 외국인 유학생의 학업에 영향을 미치는 것으

---

3 2020년 1월부터 세계적으로 대유행한 코로나19의 영향으로 외국인 유학생 수가 급격히 감소한 것으로 보인다. 2020 교육통계분석 자료집(https://kess.kedi.re.kr/index)에 따르면 학위과정은 113,003명, 비학위과정은 40,692명으로 전체 153,695명이다.

로 언어적 변인과 더불어 정의적 변인(affective variables)이 중요함을 시사한다.

정의적 변인은 학습자의 정서(affect)와 느낌(feeling)을 말한다. 정의적 영역은 인간 행동의 정서적 측면이며, 인지적 측면과 병행(juxtaposition)될 수 있다. 정의적 요인의 하위 구성 요인으로 Brown(2000)은 자아존중감, 자기효능감, 의사소통 의지, 억제, 모험시도, 불안(감), 감정이입, 외향성 동기 등으로 구분하였으며, 김순택(1987)은 포부—능력·노력(내적인 통제 소재) / 과제 난이도·운(외적인 통제 소재), 불안—고심·정도(emotionality), 자아개념—우월감·열등감·자신감·비자신감·정신건강—신체화·강박증·대인 예민성·우울·불안·적대감·공포 불안·편집증·정신증 등으로 규정하였다. 이 중에서 Bamford(1998)는 언어 학습과정과 관련된 정의적인 요인에 관한 연구는 학습자의 동기, 불안, 태도를 중심으로 이루어진다고 하였다(김영희, 2020: 163 재인용).

특히 정의적 변인 중 태도(attitude)는 준비된, 혹은 적응의 상태를 나타내는 라틴어 'aptus'에서 온 것으로 실제적인 행동 혹은 행동이 나타나기 위한 이전 단계의 상황을 말한다. 따라서 태도는 행동이 나타나기 위한 특정한 상태로 정의할 수 있다. 이차숙·최웅용(2011)에 따르면 태도는 단순히 학습 시간에 집중하고 바른 수업 자세라는 의미를 넘어 효율적이고 성공적인 학습 방법을 알고 자기 주도적인 학습 습관을 형성하는 데 바탕이 되는 전체 학습과정을 통해 갖게 되는 일련의 마음가짐이므로, 즉 수업을 통해서 기를 수 있는 요소라 할 수 있다. 또한, 양길성(2020)은 한 개인의 사회적 행동은 이해하고 예측할 수 있는 요소이기 때문에 교육에 있어 중요하게 고려해야 할 내용으로 여겨진다고 하였다. 아울러 전수현 외(2009)에서도 언어 학습에 있어서 태도의 중요성을 강조하였고, 최근 연구 동향을 바탕으로 학생들이 수업에 대해 어떠한 성취목표를 지향하는가, 즉 수업에서 경험하는 정의적 태도가 학업 수행에 큰 영향을 미치고 있음이 확인된다고 하였다.

이와 더불어 Gardner와 Lambert(1972)는 태도가 외국어 학습에 미치는 영향을 조사하였다. 연구 결과 제2 언어 학습자의 긍정적인 태도는 학습 성취도를 높여주고, 부정적인 태도는 학습 동기를 감소시켜 입력과 상호작용이 감소되기 때문에 목표하는 언어 능력을 성취하지 못하게 된다는 결론을 얻었다(조윤경, 2010: 349 재인용). 또한, 최진숙(2017)은 외국인 유학생을 대상으로 한국어에 대한 태도 변화를 조사하였는데 한국어에 대한 긍정적인 태도 변화가 한국어 능력을 더욱 향상시킬 수 있다는 가능성을 제기하였다.

요약하면 이전의 선행 연구들의 결과는 외국어 학습에 있어서 목표어에 대한 긍정적인 태도가 언어 학습의 효율성을 높일 수 있다는 것으로 수렴한다. 반면 부정적인 태도는 언어 학습의 효율성을 감소시키고 성공적 언어 학습에 효과적이지 못하다. 이러한 맥락에서 태도가 한국어를 외국어로 배우는 외국인 유학생의 학습 참여 및 성취에 필수적인 요인이라고 추론해 볼 수 있으며, 이에 따라 한국어 교육에서의 태도 연구는 앞으로 지속적이고 다양하게 수행될 필요가 있다.

외국인 유학생을 대상으로 한 태도 관련 연구는 유학생들이 인식하는 한국에 대한 관점을 연구한 김군옥 외(1973) 연구로 시작되었다. 이후 한국어 교육에서는 강영아(2001)를 기점으로 최근 2021년까지 꾸준히 연구되고 있다. 2000년대에 들어서 외국인 유학생을 대상으로 한 태도 관련 연구들이 증가하였는데, 이는 국내 유학생 증가 시기와 관련이 있다. 주제에 있어서도 한국어 학습 태도, 언어 기능별 태도, 정의적 변인의 하위 구성로서 태도, 한국 문화적응 태도 등 다양한 연구가 이루어지고 있다.

최서원(2011)은 한국어 학습자의 태도가 한국어 읽기 성취도에 미치는 영향을 살펴보았다. 그 결과 한국어 읽기 학습에 대한 태도와 읽기 성취도 간에 뚜렷한 상관관계가 있는 것으로 나타났다. 더불어 읽기 학습 태도에 가장 큰 영향을 미치는 것은 읽기 동기로 나타났다. 즉 읽기 학습 태도를 긍정적이고 적극적으로 변화시키기 위해서는 동기 유발이 필요함을 확인하였다.

하오선·신나민(2013)에서는 학문 목적 학습자 중 중국인 유학생들의 한국어 학습 실태를 살펴보고 학습 태도에 영향을 미치는 변인에 대해 파악하고자 하였다. 연구 결과 중국인 유학생의 학습 태도에 영향을 미치는 요인은 '교수와의 상호작용', '학점', '수업의 질', '한국 학생과의 상호작용'이었다. 학습 태도 점수가 높을수록 수업의 질, 교수의 지도방식, 한국 학생의 도움, 외국인 지원프로그램에 만족하고 있는 것으로 조사되었다.

전요한(2017)에서는 외국인 유학생의 학업성취도에 영향을 미치는 요인을 분석한 결과, 언어 능력은 학업성취도와 통계적으로 유의하게 정의 상관관계에 있었다. 또한, 언어 능력이 학업성취도에 미치는 영향에서 태도가 매개변인 역할을 하는지 확인하였는데, 연구 결과 학업성취도에 매개변인은 태도임이 확인되었다. 이 결과는 언어 능력이 좋으면 학업성취도가 높아지며, 그 사이에서 학습자의 태도가 학생들이 학업성취도를 높이는 촉진제의 역할을 한다는 것을 의미한다.

계윤미(2018)는 외국인 유학생의 학업 동기와 수업 태도 요인이 외국인 유학생의 학업성취도와 관련성이 있는지를 탐구하였다. 연구 결과 '수업 적응'과 '수업 활동 적응'이 높을수록 학업성취도가 높아졌다. 그리고 거주 기간이 2년 이상인 유학생의 수업 태도가 학업성취도에 유의미한 정적인 영향을 미치는 것으로 보고하였다.

최진숙(2019)은 외국인 유학생을 대상으로 한국어 수업 전, 후 수업 태도가 어떻게 변화하였는지 측정하였고, 외국인 유학생들의 한국어 수업에 노출되었을 때 그들의 태도가 어떻게 변화하는지 살펴보았다. 수업 전보다 수업 후에 한국어에 대한 태도 평점이 향상된 것을 보여 주었으며, 이는 곧 외국인 유학생의 한국어, 한국인 및 한국 문화에 대한 노출이 언어 태도에 영향을 주는 것으로 조사되었다.

이상의 선행 연구들을 요약하면 일반적으로 언어 학습에서 학습자의 태도

초국적 관점에서 본 유학생의 경험과 유학정책

가 학업 수행에 유의미한 상관관계가 있음을 알 수 있으며, 특히 외국인 유학생의 경우에도 그들의 한국어 언어 학습 태도가 한국어 학업성취도에 영향을 미치는 중요한 요인임을 알 수 있다. 따라서 외국인 유학생을 대상으로 한 한국어 교육의 체계적이고 목표지향적인 실행을 위해서는 현재 태도 연구가 어디에 위치하고 있는지를 파악하는 일이 중요하다. 그럼에도 불구하고 한국어 교육에서의 태도 관련 연구 동향 분석은 전혀 없으며, 정의적 변인 연구에서 외국인 유학생과 같은 특정 대상을 중심으로 이루어진 동향 분석 연구 또한 전무하다.

이에 따라 본 연구에서는 외국인 유학생을 대상으로 이루어진 한국어 교육에서의 태도 관련 연구들을 살펴봄으로써, 국내 외국인 유학생의 태도 연구 동향과 성과를 파악하고, 한국어 교육에서 태도 관련 연구는 어떻게 진행되고 있는지를 고찰해 이를 바탕으로 한국어 교육 내 외국인 유학생의 태도, 즉 정의적 변인 연구가 나아갈 방향을 제안하고자 한다.

이러한 연구 목적과 필요성을 바탕으로 본 연구에서는 다음과 같은 두 가지 방법에 기안하여 연구를 진행하고자 한다. 첫째, 체계적 문헌 고찰의 연구 방법에 근거하여 연구 대상을 선별하고 선정하는 과정부터 분석 결과를 도출하는 과정까지 전(全) 단계의 연구를 체계적으로 진행한다. 학계의 연구 성과를 점검하기 위한 통시적 연구 동향 분석을 위해서는 체계적 절차에 따라 연구 대상 목록을 엄밀하게 선정하는 과정 자체가 매우 중요하다. 엄정한 절차를 거쳐 선정된 연구 목록이야말로 타당도 높은 결론을 얻기 위한 출발점이자 전제가 되기 때문이다. 이에 본 연구에서는 자료 선별 및 선정 범위와 대상, 자료 수집 절차를 명확하게 밝히고, 최종 선정된 자료에 대하여 객관적인 분석 기준을 적용할 수 있는 문헌 고찰 방법에 기초하여 체계적으로 연구를 수행하고자 한다.

둘째, 본 연구에서는 한국어 교육에서 이루어진 외국인 유학생의 태도와 관

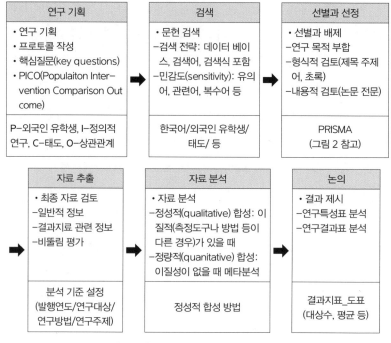

연구 기획	검색	선별과 선정
• 연구 기획 • 프로토콜 작성 • 핵심질문(key questions) • PICO(Populaiton Inter-vention Comparison Out come)	• 문헌 검색 –검색 전략: 데이터 베이스, 검색어, 검색식 포함 –민감도(sensitivity): 유의어, 관련어, 복수어 등	• 선별과 배제 –연구 목적 부합 –형식적 검토(제목 주제어, 초록) –내용적 검토(논문 전문)
P–외국인 유학생, I–정의적 연구, C–태도, O–상관관계	한국어/외국인 유학생/ 태도/ 등	PRISMA (그림 2 참고)

자료 추출	자료 분석	논의
• 최종 자료 검토 –일반적 정보 –결과자료 관련 정보 –비뚤림 평가	• 자료 분석 –정성적(qualitative) 합성: 이질적(측정도구나 방법 등이 다른 경우)가 있을 때 –정량적(quanitative) 합성: 이질성이 없을 때 메타분석	• 결과 제시 –연구특성표 분석 –연구결과표 분석
분석 기준 설정 (발행연도/연구대상/ 연구방법/연구주제)	정성적 합성 방법	결과지표_도표 (대상수, 평균 등)

〈그림 1〉 체계적 문헌 고찰 연구 흐름도

련된 연구 성과물을 더 세밀하고 체계적으로 조망할 수 있는 분석 기준을 마련하여, 이에 분석 기준별 분류과정을 거쳐 연구 추이를 고찰하고, 연구 결과에 나타난 연구 동향을 분석하여 한국어 교육 내 외국인 유학생의 태도 관련 교육정책 및 방향을 제안하고자 한다.

II. 관련 선행 연구 검토

지난 50여 년간 외국어로서의 한국어 교육은 양적인 성장은 물론 질적 성장을 이루며 국외 76개국 213개소의 세종학당과 1,500여 편의 박사 논문이 있다. 이러한 시점에 한국어 교육 내 동향 분석 연구는 학문적, 경험적 연구 방향을 개괄적으로 제시하고, 외국인 유학생 한국어 교육 발전 방안을 모색할 수 있다는 측면에서 의의가 있다. 특히 한국어 교육에서 정의적 변인에 관한 동향 분석 연구는 그 수 또한 많지 않으며, 정의적 변인의 기초적인 자료 제시에 있어 매우 유용한 연구라고 할 수 있다.

이혜영(2018)에서는 2007년부터 2016년까지 발표된 국내 체류 외국인 유학생에 대한 학술 논문의 연구 동향을 분석하였다. 외국인 유학생 동향 연구로 그동안 유학생 연구가 어떻게 진행되었는지를 알 수 있다. 또한 향후 유학생 연구를 위해 의미 있는 일이라고 하였으며, 외국인 유학생 연구 주제 및 폭넓고 다양한 관점에서의 필요성을 제기하였다.

특히 한국어 교육에서의 정의적 변인에 관한 동향 연구는 학습자변인과 밀접한 관련이 있다. 이에 따라 학습자변인 연구 동향을 분석한 강승혜(2011; 2014)와 원미진(2018)이 있으며, 정의적 변인 하위 요인을 동향 분석한 연구로는 동효령(2018), 한혜진·안정민(2019), 우지선(2021)이 있다.

강승혜(2011)는 2000년 이후 한국어 교사 및 학습자 관련 연구 동향을 분석하였다. 한국어 학습자 관련 연구 54편 중 정의적 요인과 관련된 연구가 23편으로 전체 학습자 요인에 관한 연구에서 가장 많은 비중을 차지하고 있음을 밝혔다. 또한, 강승혜는 2014년 연구에서도 정의적 요인과 관련된 연구가 25편에 이른다고 하였다.[4]

원미진(2018)은 개인차 연구에서 전통적으로 많이 연구되어 온 인지적 정의적 요인을 중심으로 언어적성, 동기, 학습·인지양식, 학습전략, 불안으로 구분하여 분석하였는데, 이는 연구 경향에 비중을 둔 연구이다. 하지만 정의적 변인의 하위 요소인 동기와 불안에 관한 연구 동향을 기술한 부분이 있다.[5]

---

4 강승혜(2014)에서는 강승혜(2011)의 연구에서 한국어 교사와 학습자를 대상으로 한 총체적인 연구 동향이 이루어지지 못함을 밝히고 있다.

동효령(2018)은 2000년부터 2017년까지 한국어 교육에서 이루어진 42편의 학습 동기 연구를 동향 분석하였다. 동기 연구에 적용된 동기 이론별 동향 연구를 살펴보면 Gardner의 동기 이론 연구가 13편으로 가장 많았으며 자기결정성 이론을 바탕으로 한 동기 연구가 그 뒤를 이었다. 연구자는 2000년 이후부터 본격적으로 이루어진 학습 동기 연구가 최근 동기 이론을 제대로 반영하지 못하고 있음을 제언하였다.

한혜민·안정민(2019)에서는 한국어 교육 분야에서 발표된 66편의 외국어 불안에 관한 연구 동향을 살펴보았다. 외국어 불안은 다른 정의적 요인보다 학업성취도에 큰 영향을 준다는 전제하에 연구 동향을 분석하였는데, 주목할 점은 주제별 범주를 언어 기능과 요인 간 관계로 구분하여 외국어 불안과 다른 요인과의 관계를 진단한 것이다.

우지선(2021)은 2010년부터 2020년까지 10년간 한국어 교육 분야에서 자기효능감과 관련된 연구 73편을 연구 유형, 연구 대상, 연구 주제로 나누어 분석하였다. 이 연구에서는 연구 대상을 학습자와 교사와 나누고, 학습자를 특정 언어권별과 학습 목적으로 나누어 분석하였다. 게다가 연구 주제에 관해서는 언어 기능별 연구와 관련 변인 간 연구로 나누어 연구물들의 성과를 분석하였다. 위에서 밝힌 연구자별 연구 동향 분석을 연구 준거 기준으로 정리하면 〈표 1〉과 같다.

주지하다시피 한국어 교육 내 정의적 변인 동향 분석 연구에서 태도 관련 동향 분석 연구는 아직 없다. 이에 따라 먼저 한국어 교육에서 이루어진 태도 관련 연구 동향을 계량적으로 살펴보고자 한다. 먼저 한국어 교육에서의 태도 관련 연구를 유형별로 시기와 대상별로 나누어 그 동향을 살펴본다. 다음으로 태도와 관련된 연구를 주제별로 세분화하여 분석하고자 한다. 이러한 분석 결

---

5 원미진(2014)에서는 한국어 교육에서 이루어진 동기 연구는 2010년 이후에 학위 20여 편, 학술 30여 편이며, 불안은 2009년 이래 학술 논문이 15여 편이라고 밝히고 있다.

〈표 1〉 한국어 교육 내 정의적 변인 관련 동향 연구 준거

	연도별	유형별	대상별	방법별		주제별
강승혜 (2011)	●	●	●	●	●	▶ 교사 ▶ 학습자 ▶ 교사-학습자
강승혜 (2014)	●	●	●	*	●	
동효령 (2018)	●	●	*	●	●	▶ 요인 분석 ▶ 학습전략 ▶ 학업성취도 ▶ 기타
이혜영 (2018)	●	*	●	●	●	▶ 대학문화 적응 ▶ 학업 적응 ▶ 심리적 적응 ▶ 대학의 지원방안 ▶ 유학생 관련 정책
한혜진·안정민 (2019)	●	●	●	*	●	▶ 언어기능별 ▶ 요인 간 관계
우지선 (2021)	●	●	●	*	●	▶ 언어기능별 ▶ 관련 변인 간 관계

과를 바탕으로 외국인 유학생과 관련된 태도 관련 연구 내용 및 방법에 대한 후속 연구의 방향성을 제시하고자 한다.

III. 연구 방법

1. 자료 수집 절차

본 연구의 대상은 한국어 교육 내 외국인 유학생의 태도를 다룬 실증 연구이다. 문헌 선정의 타당도를 높이기 위해 학위 논문과 학술 논문에 게재된 논문만을 연구 대상에 포함하였다. 연구 대상에 포함된 논문들은 한국어 교육

문헌 검색이 가능한 0000년부터 2021년 3월 1일까지 논문들 중에서 선정하였다. 문헌 검색의 경우 민감도[6]가 높은 검색을 수행하는 것이 중요하다. 이에 따라 본 연구에서는 학위와 학술 문헌을 모두 검색할 수 있는 한국교육학술정보원에서 제공하는 학술연구정보서비스(riss.kr)를 이용하여 체계적 문헌 고찰 방법에 따라 '문헌 확인→문헌 선별→선정 기준 검토→최종 선정' 단계로 진행하였다.

한편 본 연구 목적에 맞는 코딩 매뉴얼을 만들기 위해 2명의 연구자가 관련 문헌을 점검하였다. 체계적 문헌 고찰은 2명 이상의 복수 검토자가 독립적인 관계를 유지하되 중복하여 문헌을 검토, 분석하는 절차가 필요하다(김호정·김가람, 2017: 81). 본 단계에서 코딩의 신뢰성을 높이기 위해 한국어 교육 경력 10년 이상인 한국어 교사의 도움을 받아 분석 대상 문헌을 독립적으로 코딩하고 일치 여부를 비교하는 방식으로 진행하였다.

우선 '한국어'와 '태도'를 핵심 검색어로 검색하여 1차 검색 목록을 구성하였다. 검색 결과 2,998건(학위 논문 1,967편, 학술 논문 1,031편)의 연구가 나왔는데, 이 연구 목록의 세부 사항을 검토하여 적합성 여부를 판단하였다. 최종 선정된 문헌으로부터 데이터를 추출한 후, 코딩 작업을 거쳐 코딩 후 자료에 대해 정성적 합성[7]을 실시하였다. 1단계에서 선정된 논문은 제목에 태도가 없더라도 주제어와 초록에 포함되어 있으면 연구 대상으로 선정하여 2차 목록을 작성하였다. 다음으로 2차 검색 목록의 내용을 살펴보며 논문의 내용이 한국어 교육 혹은 학습자와 태도를 다루고 있지 않은 연구는 배제하였다. 마지막으로

---

6   민감도(sensitivity)는 적절한 연구를 찾을 가능성으로 정의되며, 민감도가 높은 검색은 포괄적(comprehensive)인 검색이라고 할 수 있다.

7   통계적인 합성을 할 수 없다고 판단되는 경우 정성적 합성(qualitative synthesis)이라는 방법을 통해 기술적으로 제시하며, 통계적 합성이 가능하다고 판단되는 경우는 정량적 합성(quantitative synthesis)을 수행한다. 정량적 합성은 메타분석(meta-analysis)으로 알려져 있다(김수영 외, 2011, NECA 체계적문헌고찰 매뉴얼 참조).

본 연구는 외국인 유학생을 중심으로 한 연구이므로 '외국인 유학생', '학문 목적 학습자'가 아닌 연구 또한 배제하였다.[8] 이러한 과정을 통해 최종적으로 한국어 교육에서 외국인 유학생을 대상으로 한 태도 관련 연구 총 51건(학위 45편, 학술 6편)을 수집하였다. 본 연구의 자료 수집 절차를 도식화하면 〈그림 2〉와 같다.

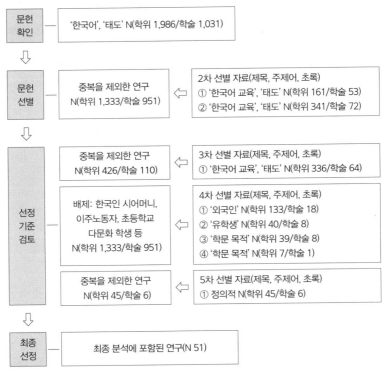

〈그림 2〉 외국인 유학에 태도 연구 동향 분석 자료 수집 절차

---

8 코팅 작업에 있어 단어 간 띄어쓰기에 따라 검색되는 수가 다르다. 이에 따라 '한국어교육/한국어 교육', '외국인유학생/외국인 유학생', '학문목적/학문 목적' 등으로 구분하여 검색하였다.

2. 분석 기준

한국어 교육 분야에서 연구된 외국인 유학생 태도 관련 연구 자료를 분석하는 준거로서 관련 선행 연구의 분석 틀을 참고하여 본 연구 목적에 맞게 수정, 보완하였다. 아울러 연구 동향의 분석에 적용한 기준은 연구의 성격에 따라 조금씩 다르지만 동향 연구에 있어 가장 중요한 기준은 연도와 주제 분류이다 (박진욱, 2020: 61). 이에 따라 본 연구에서도 한국어 교육 내 외국인 유학생 태도 관련 연구를 시기별, 유형별, 대상별, 방법별, 주제별로 나누어 분석하였다. 본 연구에서 진행된 한국어 교육 내 외국인 유학생 태도 관련 연구 동향 분석 기준은 다음과 같다.

첫째, 연구 시기는 검색 엔진을 통해 검색된 모든 자료를 발행 연도별로 분류하였다.

둘째, 연구 유형은 학위 논문은 석·박사 논문을 모두 포함하였으며, 학술 논문은 등재지 혹은 등재후보지 여부와 관계없이 모두를 포함하였다. 단 학술 대회 발표집은 제외하였다.

셋째, 연구 대상은 한국어를 외국어로 배우는 외국인 유학생을 대상으로 하였으며 대상에 따라 언어권별 연구로 나누어 분석하였다.

넷째, 연구 방법은 문헌 연구, 양적 연구, 질적 연구, 혼합 연구로 나누었다.[9]

다섯째, 연구 주제는 태도를 중심으로 언어 기능과 정의적 변인, 학업으로

---

9 문헌 연구는 문헌을 종합적으로 분석하거나 문헌에 기반을 두고 이론, 모형, 시사점 등을 논의 및 고찰한 연구이다. 양적 연구는 요인 분석, 상관관계, 집단 간 비교, 설문조사 결과 등의 양적 데이터를 통계적으로 분석한 연구이다. 이에 반해 질적 연구는 내러티브, 근거이론, 현상학, 담화 등 연구대상자 인터뷰, 심층면담, 포커스 그룹, 관찰조사, 사례 분석, 담화 분석 등의 방법으로 수행한 연구이다. 끝으로 혼합 연구는 단어 뜻 그대로 양적 연구와 질적 연구를 모두 사용한 연구라 할 수 있다.

크게 나눈 후 세부적으로 언어 기능은 말하기, 듣기, 읽기, 쓰기로 나누었고, 정의적 변인은 대표적 하위 구성 요인이라고 할 수 있는 동기, 자기효능감, 불안, 기타로 나누었다. 그리고 학업과 관련해서는 관련 변인 간 관계로 학업성취, 학업전략, 기타로 세분화하였다. 마지막으로 문화와 관련된 주제도 추가하였다.

위에서 제시한 분석 기준을 정리하면 〈그림 3〉과 같다.

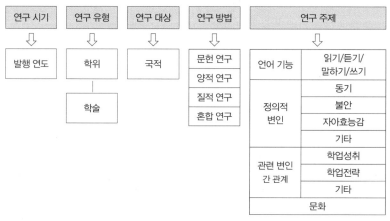

〈그림 3〉 한국어 교육 내 외국인 유학생 연구 동향 분석 기준

IV. 분석 결과 및 논의

본 장에서는 시기별, 유형별, 대상별, 방법별, 주제별 총 5가지 분석 기준에 따라 연구 자료를 분석하고, 그 결과를 바탕으로 외국인 유학생의 한국어 학습에 있어서 태도의 역할에 관한 연구 동향에 대해 기술하고자 한다.

1. 시기별 연구 동향

한국어 교육 내 태도에 관련된 연구가 시작된 것은 2001년으로 다른 정의적 변인 연구에 비해 빠른 편이다. 하지만 전체적인 정의적 변인 연구 동향을 살펴보면 2010년 이후부터 상대적으로 활발하게 진행된 외국어 불안감(한혜민·안정민, 2019: 90)·자아효능감(우지선, 2021: 1092)·학습 동기(동효령, 2018: 203) 연구에 비해 태도 연구는 2014년 이후에서야 활발히 진행되었다.

아울러 〈그림 4〉에 나타난 바, 한 해 1편에 지나지 않던 한국어 교육 내 외국인 유학생 태도 관련 논문이 2010년 이후 매년 2~4편으로 점차 증가하고 있는 것으로 조사되었다. 이는 국내 외국인 유학생 유입과 비례하며 학습자 개개인의 내적 특성과 밀접한 관련성을 가진 정의적 변인 연구의 증가라고 할 수 있다. 국내 외국인 유학생 유입률을 살펴보면 2010년 이후부터 꾸준히 증가하다가 2016년 이후부터는 매년 2만 여 명씩 증가하며 국내에 유입되었다. 그리고 외국인 유학생의 국적을 살펴보면 2019년 181개 나라에서 온 것으로 조사되었다.[10] 이는 다양한 배경을 가진 학습자가 증가하면서 학습자 개개인

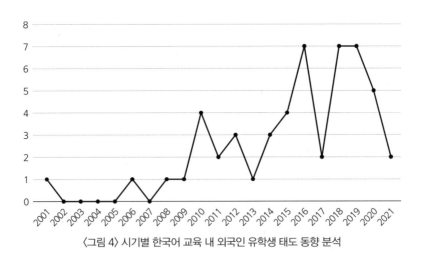

〈그림 4〉 시기별 한국어 교육 내 외국인 유학생 태도 동향 분석

의 특성을 중요하게 여기는 학습자 연구, 즉 정의적 변인 연구 증가 시기와 관련이 있다. 예를 들어 자기효능감과 외국어 불안감 관련 연구 동향을 살펴보면 2018년에 가장 많이 연구된 것으로 나타났으며, 이는 본 연구 결과와도 일맥상통한다.

2. 유형별 연구 동향

한국어 교육 내 외국인 유학생 태도에 관련된 연구는 학위 논문 45편, 학술 논문 6편으로 양적으로 비교해 보았을 때 학위 논문이 학술 논문에 비해 월등히 많이 연구되었다. 이는 관련 선행 연구와는 다른 양상을 보이는데, 자기효능감 연구에서는 학위 26편과 학술 40편, 학습 동기 연구에서는 학위 13편과 학술 27편, 외국어 불안감 연구에서는 학위 29편과 학술 37편으로 조사되었다. 물론 본 연구는 외국인 유학생을 중심으로 한 연구 동향 분석 연구이기 때문에 그 수가 관련 선행 연구와는 사뭇 다르다. 이에 본 연구자가 문헌 선정과정에서 찾아낸 한국어 교육 내 태도 관련 연구 수를 살펴보면 학위 426편, 학술 110편으로 조사되었다(〈그림 2〉 참조).

지식의 확산적 측면에서 볼 때 전문가들은 학술 논문을 의견을 나누고 지식의 확장과 공유하는 토론의 장이라고 생각한다. 이러한 측면에서 볼 때 태도 연구 유형에서 학술 논문 연구가 없다는 것은 태도 연구 발전에 전문가 연구가 필요하다는 것을 나타낸다. 물론 〈그림 5〉에서 살펴보듯이 학술 논문 연구가 매년 연구되고 있는 동향을 볼 때 학술 논문에서도 태도 관련 연구가 발전 가능성을 가질 것이라는 것을 감히 가늠해 본다.

---

10 교육통계분석 자료집(https://kess.kedi.re.kr/index) 참조.

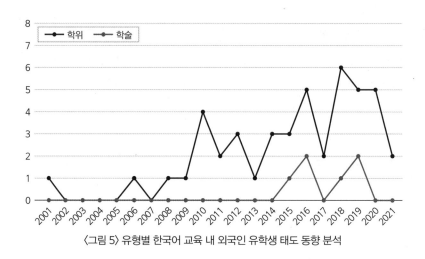

<그림 5> 유형별 한국어 교육 내 외국인 유학생 태도 동향 분석

3. 대상별 연구 동향

한국어 교육 내 외국인 유학생 태도와 관련된 연구는 대상에 따라 크게 국적별과 연구대상자 수로 분류하였다. 연구 동향을 살펴보면 다국적 학습자 57%로 가장 많이 나타났으며, 중국인 25%, 미국인을 제외한 서양인[11] 12%가 그 뒤를 이었다. 이것은 기본적으로 태도에 관한 연구들에서 대상자들을 특정 국적에 한정하지 않고 다양한 학습자들을 다루고 있다는 점에서 긍정적이다. 아울러 다국적 학습자들이 많다는 것은 앞서 서술한 바처럼 국내 외국인 유학생 학습자 수를 반영한 결과로 보인다. 중국, 베트남 등 특정 대상 국가에 한정하지 않고 다국적 학습자를 대상으로 한 연구를 통해 초국적 행위로서 유학을 실천하는 유학생들의 특성에 맞는 교육과정 및 프로그램 확충에 도움이 될 것으로 본다.

---

11 서양인이라 칭한 것은 독일인, 러시아인, 프랑스인 등을 총칭하는 말이다.

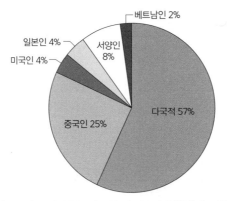

〈그림 6〉 대상별 한국어 교육 내 외국인 유학생 태도 동향 분석

4. 연구 방법별 연구 동향

앞서 제시된 문헌, 양적, 질적, 혼합의 연구 방법 분류 기준에 따라 본 연구 대상에서 대상이 된 총 54개 논문을 분석한 결과는 다음과 같다. 〈그림 7〉에서 나타난 바, 외국인 유학생을 대상으로 하는 태도 관련 연구는 양적 연구 (49%)가 질적 연구(12%)에 비해 4배가량 높은 것으로 나타났다. 이는 2차 자료에 의한 문헌 연구, 심층 면접을 통한 질적 연구보다는 대체적으로 1차 자료를 활용한 양적 연구가 활발히 이루어지고 있음을 보여 준다.

심상민(2014)에서는 다문화 학습자를 위한 한국어 교육 연구 동향 분석에서 설문지를 활용한 양적 조사 연구가 가장 활발히 이루어지고 있음을 밝혔으며, 조은영 외(2012)에서도 학문 목적 한국어 분야에서 요구 분석에 관한 연구 동향에 있어 양적 조사의 한 방법인 설문조사가 압도적으로 많이 사용되고 있다고 밝혔다. 이는 한국어 교육 분야에서 실제적인 자료에 기반한 연구가 주로 이루어지고 있으며, 외국인 유학생이 증가하면서 자료조사가 용이하게 되었다는 것을 입증한 결과라고 할 수 있다.

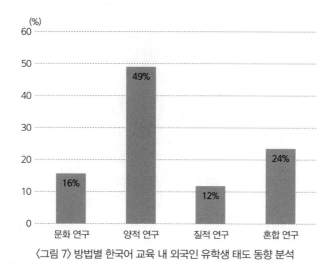

〈그림 7〉 방법별 한국어 교육 내 외국인 유학생 태도 동향 분석

아울러 학습자변인, 즉 정의적 변인 연구 방법에 대한 시사점도 추론해 볼 수 있다. 정의적 변인 연구에 있어 양적 연구와 질적 연구가 함께 이루어진 혼합 연구가 필요하다(이용준, 2020: 147). 그럼에도 불구하고 혼합 연구에 대한 인식 부족으로 인해 잘 이루어지고 있지 않다는 사실을 보여 준 결과라고 할 수 있다. 혼합 연구는 연구 결과를 확장할 수 있는데, 계량적 데이터를 바탕으로 개인적 사례를 함께 연구하거나 다른 연구 방법의 결과에 얼마나 많은 사례가 해당하는지에 대한 연구가 가능하다. 즉 서로의 결과를 재입증하거나 연구 질문 및 기술을 도출할 수 있다.

5. 연구 주제별 연구 동향

한국어 교육 내 외국인 유학생 태도 연구 주제는 크게 언어 기능별 연구와 정의적 변인 연구, 학업 간 관계, 문화로 분류하였다. 각 주제별 세부 항목은 언어 기능별 연구에서는 말하기, 듣기, 읽기, 쓰기이며, 정의적 변인 구성 요인에서는 동기, 불안, 자기효능감, 기타로 나누었고, 관련 변인 간 관계 연구는

초국적 관점에서 본 유학생의 경험과 유학정책

학업성취, 학업전략, 기타로 세분화하였다. 끝으로 문화 관련 주제도 살펴보았다. 연구 주제에 따른 연구 동향 분석 자료 선별은 논문 제목과 주제어, 초록을 살펴보았으며 더 상세한 내용은 본문 내용을 참조하였다.

〈그림 8〉에 나타난 바, 주제별 연구에서는 관련 변인 간 관계 연구가 35%로 가장 많았다. 그 뒤를 이어 언어 기능 연구(29%), 정의적 변인 하위 구성 요인(27%), 문화(8%) 순으로 나타났다.

연구 주제별 연구에서 관련 변인 간 관계가 가장 많은 것은 연구 방법에서 양적 연구가 많았던 것과 관련이 깊다. 대부분의 관련 변인 간 연구는 변인들,

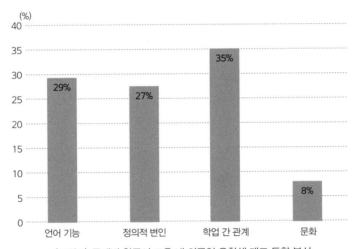

〈그림 8〉 주제별 한국어 교육 내 외국인 유학생 태도 동향 분석

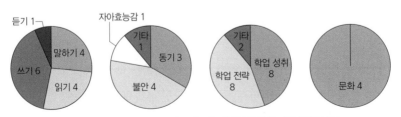

〈그림 9〉 세부 주제별 한국어 교육 내 외국인 유학생 태도 동향 분석

즉 독립변수, 종속변수, 매개변수들 간에 구조적 관계를 모형화하여 가설을 세우고 이를 검증하는 것이다. 이를 수행하기 위해서는 설문지 분석 등 양적 연구를 수행할 수밖에 없다. 따라서 주제에서 관련 변인 간 관계 연구가 많았던 것은 양적 연구가 많았던 것으로 인한 결과라고 추론해 볼 수 있다.

V. 결론

본 연구는 체계적 문헌 고찰이라는 연구방법론에 근거하여 한국어 교육 내 외국인 유학생 태도 연구를 대상으로 선정하고, 선별된 문헌을 분석하여 연구 동향을 살펴보았다. 자료 분석을 위해 관련 선행 연구에서 제시한 분석 기준을 참조하여 수정, 보완한 분석 기준을 마련하였다. 이를 바탕으로 '시기별, 유형별, 대상별, 방법별, 주제별'로 나누어 살펴보았다.

분석 결과를 요약하면 한국어 교육 내 외국인 유학생 태도 관련 연구 문헌은 총 51편으로 2010년 이후 꾸준히 이루어지고 있으나 다른 연구에 비해 현저히 저조하다는 것을 알 수 있었다. 특히 연구 유형에서 학술지 연구의 부족은 외국인 유학생 태도와 관련하여 전문가 연구의 필요성을 요구하며, 연구 대상과 방법에 있어 외국인 유학생 증가와 비례함을 가늠해 볼 수 있었다. 특히 연구 주제에 있어 학습 현장에 노출된 학습자의 언어 학습과 관련해서 겪는 언어 태도가 중요함에도 불구하고 외국인 유학생의 경험과 적응에 관한 실증적인 연구가 부족함을 알 수 있었다.

본 연구 결과를 바탕으로 한국어 교육 내 외국인 유학생의 태도 관련 연구가 앞으로 어떤 구체적 실천을 가지고 나아가야 하는지에 대해 고민해 보아야 한다. 이혜영(2018: 121)에 따르면 만약 외국인 유학생 연구가 학문적 연구의 바탕 없이 정책적, 현상적인 연구에 그치게 된다면 그동안 정부나 대학이 노력하여 이룬 외국인 유학생 수의 증대가 향후 어떠한 결과를 가져올지 예측하기 어렵다고 하였다.

이와 같이 외국인 유학생의 교육정책 및 방향을 설정하기 위해서는 외국인 유학생의 특징을 면밀히 검토할 필요가 있다. 특히 학습자의 정의적인 요인은 즉각적이고 실용적인 이점이 있어 성공적인 언어 학습에 중요한 역할을 하므로 한국어를 외국어로 배우는 외국인 유학생의 교육에 새로운 전환이 필요하다. 본 연구에서는 학습자, 교사, 지역사회로 구분하여 정의적 변인, 즉 태도와 관련하여 교육정책 및 방향을 제안하고자 한다.

우선 학습자 태도이다. 제2 언어 학습에서 학습자변인은 교육 내용이나 교수 방법보다 학습에 영향을 미치는 개인적 특성으로 더 중요시되고 있으며, 학습자의 인지적, 정의적 요소가 언어 교수–학습에서 결정적인 요인이 되므로 학습자를 어떻게 이해해야 하는지에 따라 언어 학습 성취와 밀접한 관련성을 가진다는 조윤경(2010) 외 여러 연구들과 맥을 같이 한다. 따라서 교육정책 및 방향에 있어 외국인 유학생의 정의적 영역과 관련된 '사전 진단'을 제안하는 바이다. 박진욱·박은영(2017)에서는 '국내 유학생을 위한 학업생활 진단 도구 개발'을 위한 예비 연구를 진행한 바 있으며, 이윤주(2021)에서는 외국인 유학생을 대상으로 하여 한국어 읽기 이해력 향상을 위한 인지적, 정의적 변인이 포함된 '개별화수업 읽기교육 구성안'을 제안하기도 하였다. 이와 같이 성공적인 한국어 학습과 한국생활을 위해서는 학습자, 즉 외국인 유학생의 태도가 중요한 요인으로 작동될 수 있으므로 사전 진단을 통해 더욱 체계화된 교육정책 및 방향이 필요할 것으로 본다.

다음으로 교사 관련 태도이다. 최근 외국인 유학생 교육정책적으로 중요한 이슈인 교사 교육에 대한 분야는 아직 그 성과가 미미하다(박진욱, 2020: 74). 또한, 본 연구 동향 분석에서는 다루지 않았지만, 문헌 선별과정에서 한국어 교육 내 태도와 관련하여 한국어 교사 관련 연구 수가 많지 않음이 확인되었다.

하오선·신나민(2013: 42)에 따르면 외국인 학습자들의 학습 태도에 '교수와의 상호작용'이 유의미한 영향을 미치고 있으므로 한국어 학습에 있어서 교수자와의 상호작용에 대한 이해 및 연구가 심화될 필요성을 제기하였다. 이와 같이 유학생과 가장 밀접한 관계인 한국어 교사와의 관계를 형성할 수 있는 프로그램을 개발하여 학습과 직접 연계된 교실 현장을 이루는 교수자–학습자 관계 형성 태도를 마련해야 한다.

마지막으로 지역사회 관련 태도이다. 유학생이 실제로 생활하고 있는 지역사회에서의 적응력을 높이기 위해서는 지역사회에 대한 교육이 필요하다. 박은경(2018: 136)은 대학 내에서 외국인 유학생을 대상으로 한 지역사회의 역사, 지리, 문화 등의 수업을 개설하여 지역사회의 이해 및 적응을 돕도록 해야 한다고 하였다. 지역사회에 대한 긍정적인 태도는 외국인 유학생에게 있어 한국생활에 대한 적극적 태도와 더불어 한국 문화에 대한 수용적 태도를 가지게 한다. 게다가 지역 주민은 외국인 유학생에 대한 바른 이해를 통해 지역사회의 구성원으로 인정하는 상호 존중적 태도를 형성할 수 있다.

아울러 수업 환경에서의 정의적 요인에 관한 교수–학습 방안을 들 수 있다. 학업이 진행되는 동안 학습자는 수업을 하기 전에 이미 갖고 있던 인지적 투입 행동뿐만 아니라 정의적 투입 특성을 가지고 학습과정에 임하게 된다. 즉 학습 전 학습의 태도와 동기 그리고 흥미를 평가하는 것은 학습자가 학습 과제와 과정에 대해 어떠한 능력을 보여 줄 것인지를 판단하는 중요한 자료가 된다. 이에 따라 외국인 유학생의 학습과 관련하여 대학 차원에서의 교수학습개발센터(유학생의 정의적 특성을 반영한 교수법 특강 등), 학생상담센터(유학생의 정의적 특성을 반영한 상담 프로그램 개발–참여 독려를 위한 인센티브제도 마련) 등을 제안하는 바이다.

본 연구의 한계는 '태도'를 어떻게 정의하고 사용했느냐에 따라 최종 선별 문헌이 확연히 달라진다는 것이다. 예를 들면 이수정·안한나(2020)가 연구 문제 2에서 '직소 과업은 듣기에 대한 학습자의 긍정적 태도 또는 학업 자신감, 흥미를 향상시키는가'에 대한 문제 제기 결과를 살펴보면 학습자의 긍정적 태도는 생략된 채 '수업흥미도, 자신감, 협동 학습에 대한 선호도'에 대해서만 다루고 있다. 이러한 경우 초록에 의한 문헌 선별은 태도에 포함되나, 연구 결과에 있어 태도를 정의적 변인 하위 구성 요인으로 본 것이 아니므로 본 연구에서는 배제하였다. 따라서 한국어 교육 내 외국인 유학생 태도 관련 연구 동향 분석에 앞서 태도를 한국어에 대한 총체적 태도로 볼 것인가, 정의적 변인 하위 구성 요인으로 볼 것인가, 언어 태도, 학습·수업 태도, 관계 태도 등과 같이 유사어 항목으로 볼 것인가 등에 대한 명확한 문헌 선별 기준이 필요하다.

참고 문헌

강승혜, 2011, "한국어 교사, 학습자 관련 한국어 교육 연구 동향 분석", 『이중언어학』, 47, 688-671.

강승혜, 2014, "한국어 교육 연구에서의 교사, 학습자 연구 동향 분석", 『이중언어학』, 56, 1-29.

강영아, 2001, "한국어 학습자의 정의적 요인과 성취도와의 관계: 일본 대학 내의 한국어 교육상황에서", 연세대학교 석사학위논문.

계윤미, 2018, "외국인 유학생의 학업성취도에 영향을 미치는 여러 요인과의 상관관계 연구: 회복탄력성을 중심으로", 이화여자대학교 석사학위논문.

김군옥·서임정·손선영, 1973, "在韓外國人 留學生의 실태및 對韓國觀", 『사회학연구』, 9, 56-78.

김수영 외, 2011, NECA 체계적문헌고찰 매뉴얼, 한국보건의료연구원.

김순택, 1987, 『정의적 특성과 학업성취. 학업성취의 요인』, 교육출판사.

김영희, 2020, "온라인 협력적 대학 영작문 수업의 인지적·정의적 효과", 『교원교육』, 36(3), 159-180.

김지영, 2021, "청소년기 부모양육태도에 관한 연구동향 분석", 단국대학교 석사학위논문.

김호정·김가람, 2017, "체계적 문헌 고찰을 통한 한국어 교육과정 연구 동향 분석", 『한국언어문화학』, 14(1), 75-110.

동효령, 2018, "한국어 교육에서의 학습 동기 연구 동향 분석", 『새국어교육』, 114, 193-22.

박은경, 2018, "외국인 유학생의 국제이주와 지역사회 적응에 관한 연구: 대구경북지역대학을 중심으로", 『현대사회와 다문화』, 1(2), 113-139.

박진욱, 2020, "KSL 배경 학령기 학습자에 대한 연구 동향 분석", 『한국어 교육』, 31(1), 51-79.

박진욱·박은영, 2017, "국내 유학생을 위한 학업 생활 적응 진단 도구 개발 연구", 『민족연구』, 69, 4-19.

심상민, 2014, "다문화 학습자를 위한 (한)국어교육 연구의 동향 분석-(한)국어교육 학위논문의 연구 경향 분석", 『새국어교육』, 98, 153-183.

안형식·김현정, 2014, "체계적 고찰 연구의 개요", 『대한의사협회지』, 57(1), 49-59.

양길성, 2020, "우리나라 초등학생과 중학생의 디지털 리터러시의 정의적 특성과 가정 변인 간의 관계", 『교육논총』, 40(1), 199-222.

우지선, 2021, "한국어 교육에서의 자기효능감 연구 동향 분석", 『학습자중심교과교육연구』, 21(2), 1085-1110.

원미진, 2018, "한국어 교육 학습자 연구의 경향과 전망-학습자의 인지적 정의적 요인을 중심으로", 『외국어로서의 한국어 교육』, 50, 115-148

이미애, 2010, "漢文科 創意的 敎授法이 情意的 特性과 學業成就度에 미치는 影響", 경북대학교 박사학위논문.

이수정·안한나, 2020, "한국어 듣기 수업에서의 직소 과업 연구-학부 외국인 유학생을 중심으로", 『한국언어문학』, 113, 231-261.

이용준, 2020, "국내 읽기 동기 연구 동향 분석: 체계적 문헌 고찰 방법을 이용하여", 『청람어문교육』, 77, 119-156.

이윤주, 2021, "외국인 유학생의 읽기이해력에 관한 인지적·정의적 변인 연구", 대구가톨릭대학교 박사학위논문.

이차숙·최웅용, 2011, "고등학생의 정의적 특성이 학습 태도에 미치는 영향", 『The Journal of Korean educational forum』, 10(2), 169-188.

이혜영, 2018, "외국인 유학생에 대한 국내 연구 동향 분석(2007~2016)", 『글로벌교육연구』, 10(4), 119-145.

이화숙·이용승(2021), "유학생 관련 명칭의 현황과 명칭 사용의 문제: 학술 논문의 제목을 중심으로", 『인문과학연구』, 39, 83-108.

전수현·이현숙, 2009, "한국판 통계에 대한 태도 검사(K-SATS) 타당화", 『응용통계연구』, 22(5), 115-1129.

전요한, 2017, "외국인 유학생의 한국어 능력이 학업성취도에 미치는 영향 연구", 『이중언
　　어학』, 66, 131-158.

정용주, 1987, "인지적 정의적 언어적 관점에서 본 영어습득이론", 31(1), 103-169.

조윤경, 2010, "교실에서 학습자 모국어 사용이 학습자의 정의적 요인에 미치는 영향", 『이
　　중언어학』, 44, 345-368.

조은영·심윤진·안재린·김영규, 2012, "학문 목적 한국어 분야에서의 요구 분석 연구 동
　　향 분석", 『외국어교육』, 19(4), 473-495.

최서원, 2011, "한국어 읽기 학습자의 태도 및 동기가 성취도에 미치는 영향", 『언어학연
　　구』, 21, 323-340.

최진숙, 2017, "한국 거주 외국인 유학생들의 한국어능력별 영어에 대한 태도변화", 『사회
　　언어학』, 25(3), 327-349.

최진숙, 2019, "영어능력으로 입학한 외국인 유학생들의 한국어에 대한 태도변화 연구",
　　『언어학』, 27(4), 53-66.

하오선·신나민, 2013, "중국인 유학생의 국내 대학 학습실태 및 학습 태도에 관한 사례 연
　　구", 『교육개발연구』, 49, 23-44.

한혜민·안정민, 2019, "한국어 교육에서의 외국어 불안감 연구 동향 분석", 『외국어교육
　　연구』, 33(3), 85-112.

황환·김영환, 2017, "국내 청소년 행복의 영향요인 연구에 대한 체계적 문헌고찰", 『한국
　　청소년학연구』, 24(7), 1-28.

Brown, H. D., 2000, "Principles of language learning and teaching, White Plains",
　　NY: Pearson Education.

Gardner. R. C., & Lambert W. E., 1972, "Attitudes and motivation in second language
　　learning, Rowley", *MA: Newbury House.*

6장

유학생 역번역문에 나타난 어휘 연구

박은정

I. 서론

본 연구는 한국어 학습자들의 역번역문에 관한 연구이다. 역번역은 국외의 외국어 교육이나 국내의 영어 교육에서는 활발히 논의되어 왔으나 한국어 교육 분야에서의 역번역에 대한 연구는 거의 없다고 할 수 있다. 외국인 유학생이 쓴 학위논문 Xu, Mingyue(2017)와 Saijitborisut과 Tanes(2014)는 중국어와 태국어 학습자를 대상으로 하고 있고 두 연구 모두 중급 학습자에 관한 것이다. 학습자들이 오류를 범한 어휘나 문법, 특히 연결어미를 학습하는 데 역번역이 좋은 학습 방법이라고 언급하였다. 최근 연구인 이원주(2018)에서도 중급 학습자를 대상으로 역번역이 한국어 쓰기 능력과 정의적 태도에 미치는 영향에 대해 연구를 하였다. 한국어 학습자들의 역번역에 관한 본격적인 논의는 허용(2018)에서 이루어졌다. 한국어 교육의 관점에서 고급 학습자들의 역번역문에 나타난 문장의 특징을 연구한 결과, 문장 전체의 구조를 이해하지 못해 호응관계를 정확하게 표현하지 못하며 고급 학습자임에도 불구하고 유사 의미의 다양한 표현보다는 초·중급 수준의 어휘와 표현을 우선시하는 경향이 보인다고 하였다. 또한, 구조가 덜 복잡한 문장을 선호하는 현상이 있다고 지적하였고, 한국어 교육에서 다루어지지 않았던 쉼표의 기능, 문장을 재구조화하는 과정에서 조사 '은/는'의 사용 오류에 대한 학습의 필요성도 언급하였다.

최근 서울 H대학의 외국인 전용 번역학과 개설과 지방 D대학의 창의융복합전공의 비즈니스 한국어통번역전공 개설, 그 외 다른 학교에서 외국인 학습자 대상 한국어 강의에서 번역 과목이 개설되는 현상을 통해 한국어 교육에서도 번역에 관한 학습자들의 관심과 사회적 수요가 있음을 알 수 있다. 번역학을 전공하는 학습자가 아니더라도 중급 이상의 한국어 학습자들은 번역에 대한 관심이 있을 수밖에 없다.[1] 모국어를 한국어로 번역하거나 한국어를 모국어로 번역 가능한 학습자가 있다면 한국어 실력이 상당히 높은 것으로 인정할수 있다. 그러나 한국어 고급 학습자들의 한국어 번역이 제대로 되었는지 확인할 수 있는 마땅한 방법이 없다. 교수자나 번역 검토자가 학습자의 모국어를 알지 못하면 번역에 대한 피드백이나 평가가 어렵다. 이럴 때 '역번역'이라는 방법을 활용할 수 있다. 역번역은 출발언어인 한국어 텍스트를 도착언어인학습자의 모국어로 번역했다가 원래 텍스트인 한국어로 다시 번역하는 것을말한다.

본고에서는 출발언어인 한국어에서 도착언어인 모국어로 번역했다가 다시원래 텍스트인 한국어로 번역한 고급 학습자들의 역번역 자료를 연구 대상으로 삼았다. 역번역의 방법을 선택한 이유는 다음과 같다. 첫째, 연구자가 학습자들의 모국어를 다 알 수 없는 상황이므로 한국어를 학습자의 모국어로 번역하게 하거나 학습자의 모국어로 된 텍스트를 한국어로 번역하는 경우만으로는 제대로 번역이 되었는지 확인하는 것이 어렵기 때문이다.[2] 둘째, 학습자 스

---

1 본국으로 돌아가거나 한국에 남아서 한국계 기업에 취업한 한국어 학습자들의 경우, 번역학을
   전공하지 않았지만 문서 번역 업무나 통역이 그들의 주 업무인 경우가 많다. 그러나 토픽 시험
   5, 6급을 통과한 고급 학습자라 하더라도 번역 업무가 쉽지 않다고 한다. 번역은 한국어가 가능
   하다고 할 수 있는 것이 아니라 번역과 관련된 학습이 필요한 영역이기 때문이다.
2 Brislin(1973)은 번역을 평가하는 사람이 목표어를 구사하지 못하더라도 원문과 역번역문을 비

스로가 원문과 자신의 번역을 확인할 수 있어서 자율적인 학습이 가능하다는 것이다. 스스로 원문과 번역문을 비교하면서 자신의 문장이 어느 부분에서 잘 못되었는지 알 수 있다. 셋째, 자유작문으로는 알 수 없는 한국어 학습자들의 한국어 사용 양상을 볼 수 있기 때문에 역번역이라는 방법을 선택하였다. 자 유작문일 경우는 학습자들이 자신 없는 부분에 회피전략을 사용하면 학습자 들의 글만으로는 확인할 수 없는 어휘나 문법, 표현이 있을 수 있다. 그러나 역 번역의 경우는 원문에 있음에도 불구하고 역번역문에 나타나지 않는 경우와 원문을 제대로 이해하지 못해 나타나는 오류나 누락은 자유작문에서의 회피 와는 다르다. 원문이라는 기준이 있으므로 역번역문과의 비교 검토를 통해 학 습자들이 한국어로 표현하는 데 있어 어떤 부분이 잘 안 되는지를 확인할 수 있는 것이 자유작문보다 좋은 점이라고 할 수 있다.

한국어 학습자들의 역번역문을 통해 고급 학습자들의 한국어 사용 양상을 살펴보고, 고급 학습자들의 한국어 실력을 향상시키기 위해 필요한 교육 내 용이 무엇인지, 특히 토픽 6급의 고급 한국어 학습자들이 전문적인 번역을 하 기 위해 더 필요한 한국어 교육 내용이 어떠한 것인지를 살펴보는 것이 본 연 구의 목적이다. 아래 〈표 1〉은 본 연구의 분석 자료인 역번역문을 작성한 고급 학습자들의 개인정보이다.

〈표 1〉 연구대상자 정보

학습자	A	B	C	D	E	F	G	H	I	J	K	L
국적	중국	중국	중국	중국	일본	중국	중국	중국	중국	러시아	중국	중국
급수	6급	6급	6급	6급	6급	5급	5급	6급	6급	6급	6급	6급
학습자	M	N	O	P	Q	R	S	T	U	V	W	X
국적	중국	중국	일본	중국	중국	중국	중국	중국	몽골	몽골	몽골	베트남
급수	6급	6급	6급	6급	6급	6급	6급	6급	6급	6급	6급	6급

교함으로써 번역을 검증할 수 있다는 점을 역번역의 장점으로 꼽았다.

초국적 관점에서 본 유학생의 경험과 유학정책

〈표 1〉의 연구대상자들은 모두 고급 학습자들로, 5급 2명을 제외하고는 22명이 6급 소지자들이다. 서울 소재 H대학 대학원 '외국어로서의 한국어번역전공' 학생들과 대구 D대학교 통번역전공의 번역 글쓰기 수업 학습자들이다. 분석 자료는 출간 예정인 '번역을 위한 고급한국어(가제)'의 본문 중에서 '공유경제, 언어 사용 패턴, 지구 재생에너지, 별의 일생과 종류'라는 4개의 텍스트를 번역한 것이다. 24명의 학습자들에게 교재의 한국어 본문(원문)을 자신의 모국어로 번역하게 한 후, 다음 수업 시간에 모국어로 번역한 텍스트만을 가지고 다시 한국어로 역번역을 하게 한 자료들을 분석하였다.

II. 이론적 배경

1. 역번역의 활용

번역은 외국어를 모국어로 번역하는 것과 모국어를 외국어로 번역하는 방법이 있다. 일반적으로 번역을 하는 사람에게 익숙한 언어인 '외국어→모국어'로의 번역이 가장 무난하지만 실제로는 '모국어→외국어'로의 번역 작업도 많이 이루어진다. 이런 경우 외국인 학습자들이 번역을 할 때 도착언어인 한국어 실력이 중요하다. 한국어 문장을 정확하게 표현할 수 있는 수준이 되지 못하면 번역은 어려운 작업이 될 것이다. 번역을 잘 하느냐 못 하느냐는 한국어를 정확하게 표현할 수 있는 능력에 달려 있다고 할 수 있다. 번역전공 학습자들이 토픽 6급을 취득한 고급 학습자라고는 하나 정확한 한국어 구사력이 있다고 확신하기 어려운 면이 있다.[3] 실제로 번역전공 한국어 학습자들은 스스

---

3 토픽을 준비하는 과정에서 시험을 위한 학습이 이루어지면 점수 획득은 가능하나 점수 획득을 위한 한국어 학습이 한국어 구사력으로 이어진다고는 말할 수 없는 현실적인 부분이 있다.

로도 한국어 실력을 향상시키고자 하는 바람이 있고, 고급 한국어 번역을 위한 연습을 하고 싶지만 마땅한 방법이 없다고 한다. 교수자 입장에서도 번역을 함에 있어 토픽 6급 그 이상의 한국어 실력이 요구되고 있어 한국어를 향상시킬 필요가 있다고 보지만, 현실적으로 고급 학습자들을 위한 교재 자체가 많지 않고 특히나 번역을 연습할 만한 교재는 없다는 것이 현실이다.

Duff(1989)는 번역을 언어교수에 적용한다면 여러 가지 이점이 있다면서 번역을 하는 과정에서 두 언어를 대조하므로 두 언어에 대해 알게 된다고 하였다. 선행 연구들에서 번역(역번역 포함)의 학습 방법이 한국어 실력을 향상시키는 데 긍정적이라고 했듯이 한국어와 학습자 모국어의 상호번역 작업을 하게 하는 번역이나 역번역은 학습자들에게 한국어 실력을 향상시키는 좋은 학습 방법이 될 수 있을 것이다.[4] 그러나 서론에서 밝힌 바와 같이 학습자의 모국어와 한국어를 대조하여 번역하는 방법은 한국어 학습자들의 다양한 모국어를 교수자가 모두 알고 있지 못하므로 현실적으로 어려움이 있다. 이때 역번역은 번역 훈련과 한국어 실력을 향상시키는 하나의 좋은 방법이 될 수 있다.

원래 역번역(Back-translation)은 번역을 검증하는 방법으로 많이 사용되었다. Brislin(1970)에서도 역번역은 실제로 사용되는 번역 품질 검증 방법으로, 문화 간 비교 연구에서 널리 사용된다고 했다. 역번역은 A가 출발언어에서 도착언어로 번역을 한 것을 다른 번역가 B가 그 출발언어의 원문을 보지 않고 거꾸로 번역을 한 후 두 개의 번역문을 비교하는 것이다. 두 개의 번역문을 비교하여 처음 번역한 것과 거꾸로 번역한 것의 차이가 적을수록 처음 번역한 텍스트의 질이 좋은 것으로 평가받는다. Paegelow(2008: 23)에서는 역번역문과 원문을 비교할 때 나타나는 차이에 대해 언급하면서 역번역문이 원문과 달랐지만 문제가 되지 않는 차이를 설명하였다.

---

4 김정아(2009)에서도 역번역 훈련을 통해 문장구조와 어휘 사용의 다양성과 정확성에 대한 인식을 강화할 수 있다는 점을 언급한 바 있다.

초국적 관점에서 본 유학생의 경험과 유학정책

<표 2> 문제 없는 차이: 샘플 B(Paegelow, 2008: 23)

Original source text(원문)	Genes are tiny things you can't see that tell your body how to grow
English–to–spanish translation(번역문)	Los genes son muy pequeños y no se pueden ver, pero le dan instrucciones al cuerpo sobre cómo crecer.
Spanish –to–English back translation(역번역문)	Genes are very small and cannot be seen, but they give the body instructions about how to grow

〈표 2〉의 원문은 영어이고 번역문은 스페인어이다. 그리고 역번역문은 다시 영어 문장이다. 원문과 역번역문의 두 문장이 의미상 차이가 크게 없기 때문에 문제가 되지 않는다고 말하고 있다. 즉 역번역문의 문장구조나 어휘가 원문과 동일하지 않아도 의미에 차이가 없으면 문제가 되지 않는다는 것이다. 본 연구에서는 학습자들이 생산한 역번역문에서 위의 〈표 2〉의 '문제없는 차이'에 해당하는 어휘 표현들에 주목할 것이다.

원래 역번역은 처음 출발언어에서 도착언어로의 번역과 도착언어에서 원문으로의 번역을 서로 다른 사람이 하는 것이지만, 한국어 번역 연습에서는 한국어 학습자가 처음 번역을 하고 역번역 역시 번역한 학습자가 하도록 하였다. 물론 역번역을 할 때는 원문을 보지 않아야 하며 처음 번역을 한 뒤 어느 정도 시간이 지난 후 역번역을 하도록 하는 것이 중요하다. 이렇게 역번역을 활용하면 평가하는 사람이 도착언어를 잘 알지 못하더라도 역번역문과 원문의 비교를 통해 번역의 질을 검증할 수 있고, 학습자는 번역 연습을 할 수 있다. 역번역이 완벽한 학습 방법은 아니지만 한국어 학습자들에게 도착언어인 한국어를 향상시키는 데 도움이 되는 방법이라고 판단된다. 역번역 작업을 마친 후 원문과 역번역문을 비교 검토하고, 그 과정에서 원문과 역번역문에서 발견되는 차이점에 집중하는 것은 도착언어를(한국어) 학습하는 하나의 좋은 방법이 될 수 있는 것이다.

번역을 잘 하기 위해서는 다양한 텍스트의 번역 연습이 필요하고 다양한 표현이 사용된 텍스트를 번역해 봐야 한다. 예를 들어 몽골어 모어 화자인 U학습자는 본고의 분석 대상인 텍스트에 포함되지 않은 '고령화의 문제와 대책'이라는 본문 텍스트를 역번역하면서 원문의 "우리나라 고령화는 세계 어느 나라보다도 빨리 진행되고 있는데, 이를 위한 준비가 아직 미흡하다"를 "우리나라 고령화는~아직 부족하다"로 번역하였다. U학습자는 원문과 비교하면서 자신의 문장이 틀렸다고 생각해서 문장에 빨간색 볼펜으로 수정을 하라는 교수자의 요청에 '부족하다'를 원문과 동일하게 '미흡하다'로 수정하였다. 한국어 토픽 시험에서도 '부족하다─모자라다'는 유의어로 출제 빈도가 높은 어휘이며, 사전에도 '부족하다'를 검색하면 유의어 '모자라다'가 나오고, '미흡하다'를 검색하면 '미진하다'가 유의어로 제시되어 있다. 따라서 학습자들은 이 둘의 관계가 유의관계라고 생각하지 않을 수 있다. 그러나 '미흡하다'의 사전적 의미는 '기준에 다다를 만큼 충분하지 못하다'이며 앞의 문장 맥락에서 충분히 서로 바꾸어 쓸 수 있는 유의관계어이다. 그런 측면에서 본다면 역번역은 원문과 역번역의 비교를 통해 다양한 한국어 표현을 학습할 수 있는 방법이라고 볼 수 있다. 한국어 학습자들이 문제가 되지 않는 차이가 있는 문장들을 다양한 한국어 표현을 학습하는 기회로 활용할 수 있을 것이다.

2. 언어 간 영향

번역은 한 언어에서 다른 언어로 어휘나 문장을 바꾸기만 하는 단순한 작업이 아니다. 언어 외적인 문화나 사회적 상황 설명까지를 포함하는 단어나 문장의 의미를 재구성해서 그 언어를 모르는 다른 사람에게 이해시키는 창의적인 작업이다. 이러한 번역과정에서 출발언어와 도착언어 사이에 존재하는 언어 내·외적 차이는 번역의 결과에 영향을 미친다. 흔히 대조언어학적 측면에서 '전이'나 '간섭' 현상으로 불리는 것들이 그것이다. Prator(1967)가 L1과 L2의 차이 정도에 따라 여섯 단계로 나눈 난이도를 제시한 바 있는데, 도착언어인 한국어와 출발언어인 학습자 각자의 모국어의 차이에 따라 학습자들이 느끼는 어려움은 다를 것이며, 그것은 역번역문에 영향을 미칠 것이다.

1980년을 지나면서 일부 연구자들은 전이라는 용어가 주로 행동주의와 연관되어 있기 때문에 전이 대신 언어 간 '영향(Cross Linguistic Influence, CLI)'이라는 용어를 선택했다(Jarvis & Pavlenko, 2008). 간섭, 전이, CLI가 SLA 분야에서 서로 대체되어 사용되기도 하지만 본고에서는 L1의 부정적인 영향뿐만 아니라 긍정적인 영향을 포함하는 언어 간 CLI 관점에서 한국어 학습자들의 언어를 살펴보고자 한다.

Moattarian(2013)에서는 언어 간 CLI가 나타나는 이유 세 가지를 다음과 같이 설명하고 있다. 첫 번째, 언어의 의미적 측면을 고수하고 한 언어에서 다른 언어로 단어를 번역하기 때문이다. 두 번째, 다른 언어로 표현되는 다른 방식의 생각에 주의를 기울이지 않는다. 세 번째, 두 언어 시스템 간의 차이점, 즉 철자법, 통시적·형태론적 형식 등을 무시하기 때문이다. 본고의 분석 대상인 한국어 학습자들의 역번역문에 나타난 언어 간 CLI도 Moattarian(2013)의 주장을 뒷받침하고 있다.

CLI 연구는 L2를 학습하는 과정에 L1이 미치는 영향에 대한 연구에만 국한되지 않는다. Jarvis와 Pavlenko(2008)는 언어 간 영향에서 세 가지 특정 방향으로 순방향 전이(L1에서 L2로), 역방향 전이(L2에서 L1으로), 수평방향 전이(L2에서 L3으로)로 분류했다. 본 연구의 분석 대상이 된 번역문은 순방향 전이의 유형에 속한다고 볼 수 있다. 순방향 전이는 학습자들이 익숙하지 않은 L2로의 변환에서 어려움을 겪는 것으로, Moattarian(2013)에서는 텍스트를 L2에서 L1(역전이)로 변환하는 경우보다 L1에서 L2로 변환할 때 더 많은 CLI 사례가 발견되었다는 연구 결과를 발표한 바 있다.

III. 역번역문에 나타난 어휘 양상

토픽 6급을 소지하고 있는 고급 학습자들의 번역문에 나타난 문장은 틀린 것이라기보다는 약간의 어색함이 느껴지거나 번역이 아닌 상황이라면 크게 문제가 되지 않는 문장이 많다. 그러나 번역을 하는 상황이라면 그냥 간과할 수 없다. 번역은 출발언어의 단어나 표현을 도착언어로 하나하나 옮기는 작업이 아니다. 도착언어의 언어 형식에 맞으면서 원래 텍스트에서 전달하고자 하는 의미는 달라지지 않아야 한다. 또한, 의미 전달뿐만 아니라 도착언어의 문화적 요소, 사회적 상황, 언어 관습에 맞는 표현으로 번역해야 좋은 번역이 된다.

1. 유의관계 어휘

앞에서 언급한 것과 같이 번역을 하는 데 있어서 출발언어와 도착언어가 일대일 등가(one-to-one)의 관계만 있는 것이 아니므로 학습자들은 도착언어(모국어 또는 한국어)에서 가장 적당한 어휘를 선택하기 위해 고민할 것이다. 유의어군에 포함된 어휘들은 공통의 의미자질을 가지고 있으므로 문장에서 서로 바꾸어 쓸 수 있다. 예를 들어 학습자 모국어의 어떤 어휘를 한국어 '유사하다' 또는 '비슷하다'로 번역해도 크게 문제가 되지 않는다. 그러나 두 어휘가 완전히 동일한 것은 아니므로 학습자들은 그 차이점을 알아야 한다. '유사점'이라고는 하지만 '비슷점'이라고는 하지 않고 '비슷한 점'이라고 하는 것처럼 문장에서 쓰일 때 달리 사용되는 것이 그러한 차이점이라고 할 수 있다. 두 어휘를 서로 바꾸어 써도 의미가 크게 달라지지는 않지만, 띄어쓰기를 포함하여 그 용례를 제대로 알지 못하면 도착언어의 언어 규범에 맞지 않는 문장이 될 수도 있다.

예문 1) '지구재생에너지 텍스트' 중에서

원문: 이는 지난 25년간 석유가 차지했던 증가치와 유사한 것으로

C6: 이는 석유가 과거 25년 **동안**의 성장 속도와 유사하다.

E6: 이것은 이 25년**동안** 석유가 차지했던 증가치와 유사하는 것으로

F6: 이는 지난 25년 **간**의 석유의 증가치하고 비슷하다.

J6: 지난 25년**간 동안** 석유의 증가치와 유사한 것으로

　위의 원문에 쓰인 '-간(間)'은 '동안'의 뜻을 더하는 접미사이다. 학습자 C, E가 사용한 '동안'은 명사로 어느 한 때에서 다른 한 때까지 시간의 길이를 뜻한다고 사전에 풀이되어 있다. '25년간'과 '25년 동안'은 의미상 큰 차이는 없다고 할 수 있다. 앞의 〈표 1〉에서 확인해 보면 학습자 C는 중국어 모어 화자이고 E는 일본어 모어 화자이다. 중국어 '間', 일본어 '間'과 한국어 '-간', '동안'은 일대다 대응관계에 있다고 볼 수 있다.[5] 역번역은 한국어 원문을 학습자 자신의 모국어로 번역한 후 다시 한국어로 번역한 것이다. 학습자들 대부분은 한국어 원문을 그대로 기억해서 쓰는 것이 아니라 모국어로 번역한 글을 보면서 한국어로 번역을 하는 것이므로 모국어와 대응하는 한국어 어휘를 자신의 어휘목록에서 찾았다고 볼 수 있다. 학습자 J는 러시아어 모어 화자로, 예문 1에서 보이는 바와 같이 '-간'과 '동안' 두 어휘가 한 문장에 나타나 오류문을 작성하였다. 한자 문화권이 아닌 러시아어 학습자에게도 한국어 '-간'과 '동안'은 의미적으로 같은 그룹 안에 있는 어휘임을 짐작할 수 있다. 그러나 '-간'과 '동

5　본고는 대조 분석의 관점으로 접근한 오류 연구가 아니므로 일본어 모어 학습자 E의 예문 '25년 동안'을 일본어와 대조하여 '25年のあいだ'(25년 동안)의 형태와 비교하지 않는다. 이는 한국어 표현인 '25년 동안'이 틀리지 않았다는 것을 보여 주는 것이며, '25년간', '25년 동안' 둘 다 표현할 수 있어야 한다는 다양성 측면에서 제시한 것이다.

안'을 대체해서 쓰더라도 한국어 고급 학습자들이 그 각각의 용법을 인지하고 있어야 한다. 한 문장에서 '-간'과 '동안'을 함께 쓸 수 없으며 '-간'은 접미사이므로 앞 단어에 붙여 써야 하고 '동안'은 명사이므로 앞 단어와 띄어 써야 한다. 또한, '-간'을 '동안'으로 바꿀 수 없는 경우도 있다는 것을 알아야 한다.

예문 2) '지구재생에너지 텍스트' 중에서

원문: 이는 **지난** 25년간 석유가 차지했던 증가치와 유사한 것으로

K6: 이는 **과거** 25년간 석유가 차지한 증가치와 유사하고
L6: 이는 **과거** 25년 간 석유가 자지했던 증가치와 유사하는 것으로
T6: **전** 25년간 석유 차지한 증가치와 유사하며

위의 예문은 원문의 '지난'을 '과거'로 번역한 학습자들의 문장이다. 전체 중 4명이 '과거'로 번역을 하였다. 한국어 교육에서 '지나다'와 '과거'를 유의어로 제시하지는 않는다. 그러나 고급 학습자들은 '지나다'의 의미를 '과거'가 가지는 의미와 같은 영역에 있는 것으로 인식해서 관형사형 어미가 결합된 '지난'을 명사인 '과거'로 번역하여 썼다. 국립국어원 표준국어대사전에 따르면 '지나다'는 '(1) 시간이 흘러 그 시기에서 벗어나다, (2) 어떤 정도나 한도를 벗어나거나 넘다' 등의 의미가 있다. '과거'는 '이미 지나간 때, 지나간 일이나 생활'이라는 의미와 '현재를 기준으로 시간이 흐르다'라는 의미가 겹쳐지고 있다. 이러한 현상은 학습자들의 한국어 수준이 고급이기 때문에 가능한 것으로 보인다. 그러나 위 예문의 학습자 T의 경우는 한자어 '전(前)'을 사용하여 번역을 하였다. '전'은 표준국어대사전에 명사로는 '막연한 과거의 어느 때를 가리키는 말' 또는 '이전'의 뜻을 나타내는 말이라고 나와 있다. 관형사로는 '이전' 또는 '앞', '전반기' 따위의 뜻을 나타내는 말이지만, 일부 명사 앞에 쓰인다고 제

시되어 있다. '전 시대, 전 학기' 형태로 '이미 지나간 시대, 이미 지나간 학기'의 의미를 나타낸다. 의미상 '전'이 '지나다'의 의미를 가지고 있으나 사전에 제시되어 있는 것처럼 관형사 '전'은 일부 명사 앞에 쓰이는 것으로 한국어 모어 화자들은 학습자 T가 번역한 문장에서처럼 '25년' 앞에 관형사 '전'을 쓰지는 않는다.

예문 3) '공유경제 텍스트' 중에서

원문: 셰어하우스란 여러 명이 **한** 집에서 사는 공동 주택 형태를 말한다.

F2: 셰어하우스란 여러 사람은 **같은** 집을 사용하는 것을 의미한다.
G2: 셰어하우스란 여러 명이 **같은** 집에서 사는 주택 방식을 뜻한다.
S2: 셰어하우스란 여러 명이 **하나의** 집에서 같이 사는 공동 주택 형식을 의미

한국어 사전을 찾아보면 관형사 '한'은 단위를 나타내는 말 앞에 쓰여 그 수량이 하나임을 나타내기도 하고 일부 명사 앞에 쓰여 '같은'의 뜻을 나타낸다고 되어 있다. 학습자 F와 G의 경우는 관형사 '한'을 '같은'으로 번역했고 학습자 S는 관형사 '한'을 '하나'로 번역한 것으로 보아 수량을 나타내는 '하나(1)'의 의미로 이해한 것으로 보인다. 이런 경우는 학습자의 모국어와 한국어 어휘의 대응관계에서 일어나는 오류라기보다는 한국어 '한'의 다양한 용법 때문인 것으로 볼 수 있다. 조사나 연결어미에 집중된 한국어 교육 문법 항목에서 '한'과 같은 관형사는 주목을 받지 못하는 부분이다. 이러한 역번역에 나타나는 문장을 통해 한국어 교육에서 소홀히 다루어졌던 내용들을 확인하고 학습하는 기회가 될 것이다.

　고급 수준으로 올라가면서 학습자들은 한자어로 인한 어휘 학습의 어려움을 토로한다. 특히 같은 의미를 가진 한자어를 포함하는 유사 한자어군의 어

휘들은 한국어 모어 화자에게도 구별이 쉽지 않다. 본고의 분석 대상 자료는 아니지만 한국어 학습자들은 "캐나다의 고민에 새로운 해답을 내놓았다"라는 원문을 역번역하면서 '해답'을 '답/대답'으로 번역한 경우가 많았다. 사전에는 대답(對答), 해답(解答), 회답(回答) 세 가지의 뜻이 제시되어 있다. 학습자들은 사전의 설명만으로는 원문의 '해답'과 '답/대답'의 차이를 구별할 수 없다. Fawcett(1997) 또한 번역을 할 때 어휘의 의미는 사전에 의해서 결정되는 것이 아니라 상황이나 문맥 속에서 결정되어야 한다고 말했다. "불러도 대답 없는 이름/ 불러도 해답 없는 이름"과 같은 예를 보면 알 수 있듯이 한국어 모어 화자들은 '해답'과 '답/대답'을 모든 문장에서 대체해 쓰지 않고 문맥에 따라 가장 적절한 어휘를 선택하여 사용한다. 번역문이 아닌 상황이라면 '해답/답/대답'을 명확하게 구별하지 않고 사용했다고 하더라도 전체 글의 문맥에서 모어 화자들이 이해할 수 있다면 의사소통 장애 문제가 발생하지는 않을 것이다. 그러나 번역의 경우는 다르다. 아래 예문은 같은 의미를 가진 유의 한자어이다.

예문 4) '별의 일생과 종류' 텍스트 중에서

원문: 예를 들면 A5는 A0와 F0형 별의 중간에 해당되며 양쪽의 **특징**을

A17: 예를 들면 A5는 A0와 F0형 별의 중간에 해당되며 양쪽 **특성**이
D17: 예를 들면 A5는 A0와 F0형 별의 가운데 있어 양쪽의 **특성**을
E17: 예를 들면 A5는 A0와 F0형 별의 중간에 해당되며 양쪽의 **특성**을

전체 고급 학습자 중 7명이 원문의 '특징'을 '특성'이라고 번역하였다. 사전에는 '특징'을 '다른 것에 비하여 특별히 눈에 뜨이는 점'이라고 제시되어 있고 '특성'은 '일정한 사물에만 있는 특수한 성질'이라고 나와 있다. 위의 예문에서 '특징'을 '특성'으로 번역했다고 해서 의미의 차이가 크게 느껴지지는 않는다.

그러나 '특징'과 '특성'을 바꿔서 쓸 수 없는 경우도 있다. 번역을 하는 고급 학습자라면 이 둘의 용법을 정확하게 알고 문장에서 적절하게 사용할 줄 알아야 한다. '특징'과 '특성'은 문장에서 분포의 차이를 보인다.

예문 5) 가: 한국어의 **특징/특성**은 높임말이 발달되어 있다는 것이다.

　　　　나: 한국어는 높임말이 발달되어 있다는 것이 **특징적이다/*특성적이다.**

'특징'과 '특성'은 명사로 쓰는 경우는 문장에서 바꿔 쓸 수 있으나 예문 5의 '나'와 같이 서술어로 쓰거나 관형사적 용법으로 쓰는 경우에는 한국어 모어 화자들이 '특징'을 사용하는 것을 알 수 있다.

예문 6) '언어사용패턴' 텍스트 중에서

원문: 왜 이런 비교 **방법**을 선택했을까?

D6: 왜 이런 **방식**을 선택했을까?
F6: 왜 이런 비교**방식**을 선택했을까?

원문의 '방법'을 '방식'으로 번역한 학습자는 4명이었다. 위 예문에서는 '방법'을 '방식'으로 번역해도 의미 차이가 크게 나지 않는다고 할 수 있다. 그러나 분명 모든 문장에서 이 둘을 바꿔 쓸 수 있다고 할 수는 없다. 사전에 '방법'은 '어떤 일을 해 나가거나 목적을 이루기 위하여 취하는 수단이나 방식'으로, '방식'은 '일정한 방법이나 형식'으로 설명되어 있다. 아래의 예를 보자.

예문 7) 가: 그 문제를 해결하기 위해 **방법/방식**을 모색해야 한다.

　　　　나: 각 나라의 생활 **방식/방법**은 문화에 따라 다를 수 있다.

한국어 모어 화자들은 '방법을 모색하다/방법을 강구하다'나 '행동 방식/생활 방식'과 같이 함께 어울려 사용하는 표현의 경우 '방법'이나 '방식' 중에서 더 선호하는 단어가 있다. 고급 학습자들이 이렇게 서로 공기하는 것들까지 학습하여 어휘를 선택하여 번역할 수 있다면 더 정확한 한국어 문장으로 번역이 가능할 것이다.

예문 8) '공유경제 텍스트' 중에서

원문: 경제적인 이유 외에도 혼밥, 혼술, 혼행 등 혼자 하는 **활동**에 지친 1인

학생 글: 경제적인 이유 외에도 혼밥, 혼술, 혼행 등 혼자 하는 **행동**에 지친 1인

예문 8의 경우는 원문의 '활동'을 '행동'으로 번역한 학습자들이 많았다. '행동'으로 번역한 문장은 대부분 중국어 모어 학습자들의 것이었지만, 한자어권이 아닌 러시아 학습자도 '행동'으로 번역하였다. 중국어 모어 학습자들은 중국어에서는 1인 이하의 경우에는 주로 '행동'을 사용하고 '활동'은 혼자 하는 행동에는 잘 사용하지 않는 특징이 있다고 설명한다. 몽골어 모어 화자인 V의 번역문에서도 이러한 문장이 나타나는데, 중국어와 마찬가지로 주로 1인의 동작에 '행동'이라는 단어를 사용한다고 한다. 고급 학습자들이 한국어 텍스트를 자신의 모국어로 번역할 때, 즉 L2에서 L1으로 번역할 때 모국어의 영향을 받았다고 볼 수 있다. 고급 한국어 학습자들이지만 같은 의미를 가진 한자어가 들어가는 한자어군들의 작은 의미 차이를 구별해 내는 것이 쉽지 않을 것이다.[6] 특히 모국어와 한국어 둘 다에 존재하는 어휘가 사용하는 상황에 따라

---

6 '참석', '참여', '참가'와 같이 어떤 상황에서는 서로 대치가 가능하지만 한국어 모어 화자들이 상황에 따라 달리 사용할 때도 있는 이러한 동음 한자어가 포함된 유의 한자어군들에 대한 연구가 필요하며 후속 연구에서 이루어질 것이다.

초국적 관점에서 본 유학생의 경험과 유학정책

차이를 보일 때 고급 학습자라 하더라도 정확한 구별이 쉽지는 않을 것이다. 위 예문의 학습자들이 번역한 '행동'이 원문과 비교할 때 지나치게 어색하다고는 볼 수 없다. 다만 '활동'이 '행동'보다 넓은 의미로 사용되며 '화산 활동'은 가능하지만 '화산 행동'이라고 하지 않는 것처럼 주체에 따라 쓰임이 달라진다는 것을 알아야 할 것이다.

예문 9) '공유경제 텍스트' 중에서

원문: 코-리빙과 같은 주택공유 문화에 대한 **거부감**이 줄어들고

a:7 코리빙과 같은 주택공동문화의 **거부심**이 감소하는
b: 코리빙과 같은 주택 공유 문화에 대한 **거부심**도 줄어들
c: co-living과 같은 공유 주택 문화에 대한 **거부심**이 줄어든

예문 9의 경우는 한국어 모어 화자들은 사용하지 않는 '거부심'이라는 단어로 번역한 나타난 문장이다. 원문의 '거부감'을 학습자들은 '거부심'으로 번역한 경우가 있었다. 중국어에는 '거부감'이라는 단어는 사용하지 않으므로 학습자는 '거부하는 감정, 심리, 마음'이라는 뜻으로 '거부심'이라는 단어를 재구성해서 번역하는 현상이 나타났다. 한국어 능력 6급의 고급 학습자들이므로 전체 문장의 맥락에서 의미를 이해했으므로 역번역하는 과정에서 자기가 이해한 문장으로 표출한 것이다.

---

7 A1과 같이 대문자와 숫자로 표시하지 않고 학생글 a, b로 제시한 경우는 〈표 1〉의 대상자들 다음 학기(2018년 2학기)의 학생들로 한국어 수준은 6급으로 동일한 중국어 모어 학습자들이다.

2. 유의어의 공기관계

고급 학습자들이 원문의 어휘를 다른 유의어로 대체하여 번역을 할 때 그 유의어들의 차이점을 인식하는 것도 중요하나 유의어와 문장에서 공기하는 용언과의 연어적 관계에 대해서도 학습해야 할 필요가 있다는 것을 아래 예들을 통해 알 수 있다.

예문 10) '공유경제 텍스트' 중에서

원문: 직원이 상주하며 생활 **편의**를 돕는 주거형태가 코-리빙이라는 주거형
학생 글: 직원이 상주하며 생활 **편리**를 돕는 주거형태가 코-리빙이라는 주거

고급 학습자들의 4분의 1이 원문의 '편의'를 '편리'로 역번역하였다. 중국어의 경우는 '편의(便宜)'는 '싸다'의 의미로 사용되므로 한국어의 '편리하고 좋다'의 의미로 사용된 '생활 편의'라는 공기관계가 이해되지 않았을 것이다. 일본어의 경우도 '편의(便宜)'라는 단어는 있으나 우리와 쓰임새가 다르다.[8] 몽골어에서도 '편의'와 '편리'가 대치되어 사용가능하다고 한다.

예문 11) '언어사용패턴 텍스트' 중에서

원문: 어떤 연관이 있지 않을까 하는 **의문**을 품은 것이 연구의 출발점이

F8: 연관이 있지 않을까 하는 **생각**에 따라 연구의 출발점이 되었다.
D8: 관련 있지 않을까 하는 **의심**은 연구의 출발점이다.
T8: 어떤 관련이 있을까하는 **질문**을 품은 것이 연구의 출발점이었다고

---

8 '편의'가 단독으로 쓰이는 것은 한국어와 일본어에서 마찬가지이지만 한국어의 '편의 시설'은 일본어에서는 '편익(便益) 시설'로 표기되는 것 등이 다르다.

초국적 관점에서 본 유학생의 경험과 유학정책

학습자들은 원문의 '의문을 품다'를 다양하게 번역하고 있다. 형태를 제대로 쓴 8개 문장을 제외한 나머지는 '의문'을 '의심', '질문, 문제' 등으로 번역하고 있고 '의문을 품다' 자체를 누락시키기도 했다. 반면에 학습자 F와 같이 '의문을 품다' 전체를 '생각'이라는 포괄적인 단어로 대치하기도 했는데 이것은 학습자들의 언어에 한국어 '의문을 품다'라는 표현과 맞바꾸어 번역할 수 있는 연어관계의 표현이 없기 때문인 것으로 보인다. 다른 언어권에서는 '의문을 품다'에 해당하는 표현이 없는 경우가 많다. 예를 들어 중국어나 몽골어에 '의문'에 해당하는 단어도 있고 '의문을 가지다'라는 표현은 있으나 원문의 '의문을 품다'는 없다고 한다. 학습자들에게 '품다'라는 동사도 낯설고 '의문을 품다'의 연어관계도 쉽게 접해 본 표현이 아닌 것이다. 고급 학습자들은 원문을 이해는 했지만 모국어로 표현을 하는 데 있어서는 적당한 어휘와 표현을 찾는 데 어려움이 있었다고 토로한다.

예문들에 나타난 어휘들이 학습자들의 자유작문에 나타난 경우에는 전체 글의 맥락을 통해 이해할 수 있으므로 문제가 되지 않을 수도 있다. 하지만 번역의 경우, 보다 정확하게 원문의 의미와 상황을 전달하기 위해서는 정확한 어휘의 사용이 요구된다. 그러므로 고급 학습자들은 번역을 할 때 단일 어휘의 등가의 개념뿐만 아니라, 대체하여 쓴 어휘가 한국어 문장구조에 적합한 것인지를 확인하고 수정할 수 있을 정도의 한국어 실력을 키워야 한다.

3. 대체 가능한 어휘와 표현

Moattarian(2013)에서는 순방향 및 역방향 전이의 44.07%는 언어의 의미적 측면을 고수함으로써 발생한다고 언급했다. 본고의 자료는 한국어 학습자들의 역번역문으로 'L2→L1→L2'의 번역과정을 거친 것이다. 원 텍스트의 단어를 다른 언어의 단어로 번역하기 위해 의미를 전달하는 것에 집중하다 보니 아래 예문과 같은 양상을 보인다.

예문 12) '공유경제 텍스트' 중에서

원문: 다른 입주민과 주거를 함께 하는 <u>형태 **외에**</u> 장기간의 여행으로 비어

N4: 다른 사람과 같이 사는 이런 <u>형식**말고도**</u> 장기간 여행 때문에 집이

V4: 다른 입주민들과 공유하는 형식이 **있는가 하면** 장기간 외출로

M4: 이러한 다른 새입자와 함께 사는 주거형태 **밖에** 장기적으로 해외에

예문 12는 학습자들이 자신의 모국어로 번역한 자료를 한국어로 다시 번역할 때 원문의 '형태 외'를 다양한 문장으로 표현한 것을 보여 준다. 학습자 N이 번역한 '말고'와 학습자 V가 번역한 '-(으)ㄴ가 하다'는 한국어 교육에서 '외'와 바꿔 쓸 수 있는 유의관계로 교육하지 않는다. 의존명사인 '외(外)'와 '말고'의 '말다'는 품사도 다르다. '말고'는 명사와 단독형과 함께 쓰이는 동사이다. '-(으)ㄴ가 하다'는 앞 문장과 뒤 문장의 내용이 상대적이거나 앞 문장의 내용에 뒤 문장의 사실을 덧붙여서 말할 때 사용하는 것으로 어휘의 차원을 넘어선 표현이다. 이렇게 원문의 '외'를 고급 학습자들은 '말고'와 '-(으)ㄴ가 하다' 등 다양한 표현으로 바꾸어 번역하였다. 이렇게 의미적 측면에 중심을 두고 번역을 하다 보니 학습자 M의 '밖에'와 같은 형태도 나타난다. 학습자 M은 중국어권 모어 화자로 원문 '외에'의 의미와 '밖'의 의미가 동일하다고 생각하고 있어 '밖에'라는 형태로 번역하였으나 한국어에서 한자어 '외'와 고유어 '밖'은 문장에서의 사용이 다르다. 이러한 한국어의 문장 규칙에 주의하지 않아 생긴 결과로 학습자 M의 번역 문장은 올바르지 않은 어색한 문장이 되었다.

초국적 관점에서 본 유학생의 경험과 유학정책

예문 13) '지구재생에너지 텍스트' 중에서

원문: 국제에너지기구 보고서에 따르면 2040년의 전 세계 에너지 수요는 2016 **년에 대비하여** 30%

B4: 2040년의 전 세계 에너지 수요는 2016년**보다** 약 30%
D4: 2040년에 전 세계 에너지 수요는 2016**년에 비해** 약 30%로

'두 가지의 차이를 밝히기 위하여 서로 맞대어 비교하다'의 뜻을 가진 '대비 하다'는 한국어 고급 학습자들이 비교급 조사 '보다'로 번역한 경우가 7명으로 비교적 많이 나타난 편이고, '-에 비하다'로 번역한 경우도 3개의 문장으로 나타났다. 물론 위의 예문에서는 '-에 대비하다', '보다', '-에 비하다'가 서로 대체 가능하다. 표준국어대사전에서는 조사 '보다'를 검색하면 '-에 비해서'의 뜻을 나타내는 격조사라고 설명이 되어 있지만, 사전에 제시되어 있는 '그는 누구보다도 걸음이 빠르다, 나의 행동은 고의라기보다는 실수였다'와 같은 예문을 '-에 비해서'로 대체할 수 없으므로 번역을 전공하는 고급 학습자들은 이러한 차이를 알아야 한다. 아래 문장들은 원문의 '같은'이 역번역문에 나타나지 않아 어휘의 누락이라고 보았던 예문이다.

예문 14) '언어사용패턴 텍스트' 중에서

원문: 대명사나 강조형 보조부사 **같은** 것들이 기능어에 속한다.

F3: 대명사하고 강조용 보조부사**들**이 기능어에 속한다.
M3: 대명사 혹은 강조형 보조부사**도** 기능어에 속한다.
O3: 대명사와 강조형 보조 부사**도** 기능어에 속한다.
C3: 기능어**의 유형은** 대명사, 강조형 보조부사 등이 있다.

24명의 학습자 중 원문의 '같은'으로 번역한 경우는 절반이 되지 않는 13명이고 누락시킨 경우가 6명, 학습자 M이나 O와 같이 조사 '도'로 번역한 경우가 3명, 나머지 하나는 학습자 C의 문장이다. 표준국어대사전에는 '같은'이 형용사로, '다른 것과 비교하여 그것과 다르지 않다'의 의미와('같은' 꼴로 체언 뒤에 쓰여) '그런 부류에 속한다는 뜻을 나타내는 말'로 설명되어 있다. 고급 학습자 7명은 원문을 자신의 모국어로 번역할 때 문장의 전체적인 의미를 생각하면서 모국어로 번역하였으나 다시 한국어로 역번역을 할 때는 마땅한 어휘를 찾지 못한 것으로 보인다. 중국어 모어 학습자 M과 일본어 모어 학습자 O의 경우는 역번역문에 나타난 위의 문장만으로는 조사 '도'로 번역한 이유를 정확하게 알 수 없으나, 원문의 '같은'을 모국어의 어떤 어휘로든 번역하였기 때문에 다시 한국어로 역번역을 할 때도 누락되지 않고 '도'의 형태로 나타났다고 볼 수 있다. 앞의 2절에서 언급한 Moattarian(2013)의 언어의 의미적 측면을 고수하고 단어를 번역하기 때문에 발생한다는 언어 간 영향이 나타난 것이다. 학습자들이 역번역한 '도'는 부사를 강조하는 느낌이 드는 데 반해 원문은 그러한 느낌이 없다. 그리고 원문의 경우는 기능어의 부류(유형)가 대명사와 부사 외에도 더 있다는 것을 암시하는 반면, '도'로 역번역한 학습자들의 문장에서는 그러한 느낌을 가질 수 없다. 원문의 문장과 학습자들이 역번역한 문장이 '대명사와 부사가 기능어에 속한다'는 의미에서는 크게 의미 차이를 보이지 않지만, '같은' 표현이 있을 때 원문을 더 명확하게 전달할 수 있다는 것은 말할 것도 없다.

본 연구에서 관심을 가진 문장은 예문 14 학습자 C의 문장이다. 학습자 C의 경우는 '같은'이 가진 의미인 '부류, 유형'의 의미를 끄집어 내 문장을 구성하였다. 학습자 입장에서는 예문 14의 원문은 수식하는 부분이 긴 주절의 형태이고 이 문장에 쓰인 '같은'의 의미도 낯설게 느껴질 것이다[9]. 그런 측면에서 보면 학습자 C가 구성한 문장이 원문보다 더 쉽게 느껴질 것이다. 원문과 학습자 C가 쓴 문장은 의미가 크게 달라지지 않는 범위 내에서 다양한 표현을 구사하기 위해 서로 바꾸어 쓸 수 있는 문장이라고 본다. 한국어 고급 학습자라면 학습자 C가 생산한 이러한 문장을 구성할 수 있어야 할 것이다. 이렇게 동일한 어휘로 번역을 하지 않더라도 다른 어휘나 문장구조로 번역한 문장이 원문의 의미와 달라지지 않아 문제가 되지 않는다는 사실을 학습자들에게 교수할 필요가 있다.

예문 15) '공유경제 텍스트' 중에서

원문: 공간을 공유하는 셰어하우스**에서 더** 발전하여 입주민 간의 친목도모

a: 공간을 공유하는 셰어하우스**보다** Ø 발전하여 입주민 간의 친목
b: 공간을 공유하는 셰어하우스**에서** Ø 발전하여 입주민 간의 친목

원문과 같이 '-에서 더'의 형태를 완벽하게 번역한 경우는 3분의 1에 불과하고 대부분의 학습자들이 예문 15의 a와 같이 '-보다' 비교급 조사를 사용하여 번역을 하였다. 학습자들의 대부분이 번역한 '-보다'의 형태가 틀렸기 때문에 제시한 것이 아니라 허용(2018)에서의 언급처럼 고급 학습자임에도 불구하고 초급에서 사용하는 비교급 조사를 더 선호하는 양상을 보인다는 것이다. b는 '더'를 누락시키고 '에서'만 번역한 문장으로, 부사 '더'가 가지는 의미를 좀 더 드러내지 못하는 번역이 되어 버린 경우이다.

---

9 학습자들이 언어교육과정에서 배울 때는 위의 문장과 같이 '같은'이 '그런 부류에 속하다는 뜻'일 때보다 비유 표현이나 비교를 할 때 '똑같다'의 의미로 학습한 경우가 대부분일 것이므로 위의 '같은'의 의미는 좀 낯설게 느낄 것이다.

예문 16) '지구재생에너지 텍스트' 중에서

원문: 경제협력개발기구(OECD) 회원국의 에너지 수요 중 재생 에너지가 차지
하는 비중은 2016년 8.2%**에서** 2040년 17%**로** 두 배 이상 늘어날 전망

K9: 재생 에너지가 차지하는 비중은 2016년 8.2**에서** 2040년 17%**까지** 2배로
R9: 재생 에너지가 차지하는 비중은 2016년의 8.2%**에서** 2040년의 17%**까지**
　　　두 배
T9: 2016년 8.2%**에서** 2040년 17%**까지** 두 배 늘어날 전망이다.
M9: 2016년의 8.2%**에서** 2배 이상 성장해 2040년의 17%**에** 달할 것이다.

위의 예문은 학습자들이 원문의 '-(으)로'를 역번역문에서는 '-까지'로 번역
한 문장이다. 원문에서는 '-에서', '-(으)로'가 함께 사용되어 출발점에서 방향
을 가리키는 조사 '-(으)로'로 마무리하고 있으나, 역번역문에서는 뒤에 나오
는 조사 '-(으)로'를 '-까지'로 역번역한 경우가 5명으로 나타났다. 아마도 학
습자들은 한국어 능력이 고급 수준이지만 언어교육과정의 초급에서 배운 '-
에서', '-까지'의 패턴이 익숙하기 때문에 이런 표현이 나타난 것으로 보인다.
그중에서 학습자 K와 R처럼 '17%까지' 뒤의 '두 배 이상'에 다시 '-(으)로'를 붙
인 경우가 3명이고, 나머지 2명은 학습자 T와 같이 '-까지'만 역번역하였다.
'-에서', '-까지'의 세트를 번역하였으나 원문에서의 방향성의 의미를 살려야
한다는 인식이 있었던 것으로 보인다. '-에서', '-까지'에 방향성의 '-(으)로'를
다시 사용한다고 해서 의미상 크게 문제가 되지는 않을 것이다. 그러나 학습
자들이 '17%로'와 '17%까지'의 느낌의 차이를 알고 사용하는 것이 바람직하
다고 본다. 학습자 T와 같이 '-까지'만 역번역을 하는 경우는 17%가 최종 도
달점이라는 것을 강조하고, '17%로'의 경우는 8.2%에서 높은 방향으로 가는
17%를 표현하는 것으로 방향성을 강조하는 느낌이 있다는 것을 알고 사용할

필요가 있다. 마지막 예문의 학습자 M의 경우는 '2배 이상 성장해'를 '17%에 달할 것이다'의 앞에 위치시켜 성장과정을 겪은 결과 어떤 수치에 도달했다는 것을 표현하고 있다. 학습자 M의 문장은 그 문장 자체만 보면 문제가 없다. 원문에서 나타나는 방향성의 의미가 드러나지 않는다는 점이 다르기는 하나 8%에서 17%로 늘어난 것에 대한 의미는 변함이 없다고 볼 수 있다.

4. 관형사, 부사의 누락

고급 학습자들의 역번역에 나타난 누락은 초·중급 학습자들에게서 흔히 나타나는 조사 누락과 같아 보이지 않았다. 아래 예문에서 보듯이 역번역문에 나타난 관형사, 부사의 누락은 의미 전달에 크게 영향을 주지 않는 양상으로 나타났다.

예문 17) '언어사용패턴 텍스트' 중에서

원문: 언어사용 패턴의 특징과도 **어떤** 연관이 있지 않을까 하는 의문을 품

C8: 언어사용 패턴이 Ø 관련이 있지 않을까 생각하면서 연구팀이 연구를
D8: 언어 사용패턴의 특징과 Ø 관련 있지 않을까 하는 의심은 연구의
I8: 언어사용 패턴과 Ø 연관이 있지 않을까 하는 문제를 품은 것이 이번

학습자들의 역번역문에서 절반이 원문의 '어떤'이 누락되어 나타났다. 고급 학습자들은 '어떤'이 의문문에 쓰이는 '사람이나 사물의 특성, 내용, 상태, 성격이 무엇인지 물을 때 쓰는 말'이 아니라 '대상을 뚜렷이 밝히지 아니하고 이를 때 쓰는 말'이라는 것을 알고 있다. 위의 학습자들이 쓴 예문에서 보듯이 '어떤'이 누락되어도 전체 문장의 의미를 이해할 수 있을 정도로 크게 문제가 되지

는 않는다. 그러나 제대로 된 번역을 하려면 이러한 의미까지 녹여서 번역을 할 수 있어야 한다고 본다.

예문 18) '언어사용패턴 텍스트' 중에서

원문: 연구진은 **단지** 언어 분석에만 그치지 않았다.

B4: 연구진은 Ø 언어분석에만 그치지 않았다.
F4: 연구진은 Ø 언어분석만 그치지 않고
I4: 연구진은 Ø 언어분석에만 그치지 않았다.
J4: 연구진은 Ø 언어분석에만 그치지 않았다.

예문 18은 부사 '단지'가 누락된 번역 문장이다. 거의 모든 고급 학습자들이 부사 '단지'를 번역하지 않은 것을 볼 수 있다. 학습자들에게 부사는 필수 성분이 아니어서 자유작문을 할 때도 부사의 사용빈도가 적게 나타나는 경향을 보이는데, 기준이 되는 원문이 존재하는 역번역에서도 부사의 번역은 소홀히 되는 경향이 나타났다. 중국어 모어 학습자와 몽골어 모어 학습자들은 '단지(但只)'에 이미 부정의 의미를 포함하고 있다고 인식하고 있다. 예문 18은 '-지 않다'라는 부정표현으로 종결되는 문장이라 학습자들은 '단지'의 번역을 소홀히 하였다고 한다.

IV. 제언 및 맺음말

지금까지 한국어 고급 학습자들의 역번역문에 나타난 어휘들을 살펴보았다. 번역을 하는 사람은 번역을 하는 과정에서 의미를 잘 전달하기 위해 가장 적절한 단어를 찾으려고 한다. 문맥에 합당한 어휘의 선택이 문장의 미묘한 느낌의 차이까지 전달하기 때문이다. 따라서 번역 수업에서 원문의 의미를 가장 잘 표현하는 어휘를 찾는 연습이 필요하며 그런 과정을 통해 학습자들은 어휘력을 향상시킬 수 있을 것이다.

앞의 2절에서 언급한 것처럼 한국어를 학습자들의 모국어로 번역하는 것보다 모국어 텍스트를 한국어로 번역하는 것이 더 어렵고 언어 간 전이도 많이 나타난다. 그런 측면에서 볼 때 한국어 학습자들은 자신들의 모국어에 대한 깊은 언어·문화적 지식과 도착언어인 한국어에 대한 좀 더 깊이 있는 학습이 필요하다. 고급 학습자들이 더 좋은 번역을 하기 위한 어휘 학습 방법으로 다음과 같이 몇 가지를 제시하고자 한다.

첫째, 다양한 유의어를 학습해야 하며 어휘와 자주 결합되는 형태들을 학습해야 한다. '25년간'과 '25년 동안'처럼 유의어 관계에 있는 한자어와 고유어를 학습해야 한다. 그리고 '생활 방식', '방법 모색'처럼 함께 어울려 사용되는 어휘들의 관계를 인지하고 있어야 한다. 둘째, 한자 유의어들의 차이를 학습해야 한다. '방식'과 '방법', '활동'과 '행동'처럼 같은 의미의 한자어를 포함하고 있는 어휘들은 약간의 의미 차이로 문맥에 따라 사용이 달라질 수 있으므로 유의해야 할 어휘들이다. 셋째, 어휘를 어휘로만 바꿔서 번역하는 것이 아니라 유의관계의 어휘 차원을 넘어 다양한 표현으로 바꿔 쓸 수 있어야 한다. 앞의 예문처럼 유의관계는 아니지만 문맥상 바꿔서 쓸 수 있는 어휘나 표현들을 학습할 필요가 있다. 넷째, 어휘의 의미를 사전 설명에 의존하는 것도 필요하지만 실제 한국어 모어 화자들의 용법을 학습해야 한다.

학습자들은 원문과 자신의 역번역문에서 발생하는 차이를 대부분 문제로 본다. 물론 역번역문과 원문이 차이가 난다고 해서 모두 문제가 있는 것은 아니지만 자신이 원문과 다르게 역번역한 부분이 원문과 어떤 느낌의 차이가 있는지 아는 것은 중요하다. 단순히 한국어를 학습하거나 문장 만들기를 연습하는 과정에서는 문제가 되지 않았던 느낌의 차이가 번역에서는 아주 중요한 문제가 될 수 있다. 어휘나 표현을 바꿔 쓸 수 있지만 그 둘의 차이가 어떠한지를 알아야 하는 것이 한국어 고급 학습자들을 위한 번역 한국어 수업에서 필요한 부분이다. 기존의 연구에서는 한국어 학습자들의 문장에 나타난 어휘 양상이라고 하면 학습자 모국어와 목표어인 한국어의 차이에서 오는 오류 분석이 대부분을 차지하였다. 그러나 본 연구에서는 고급 학습자들, 특히 최고급 한국어 수준을 지향하는 번역전공 학습자들이 생산한 역번역문이 '오류이냐 아니냐'의 관점이 아니라, 원문과 다르게 표현한 번역문이 모두 틀린 것은 아니며, 같은 내용을 번역하더라도 다양한 어휘나 표현으로 번역할 수 있다는 것을 보여 주었다.

　본 연구를 통해 지금까지 없었던 고급 한국어 학습자들의 역번역문에 나타난 어휘 사용 양상을 살펴보았다. 또한 좀 더 한국어 원문에 가깝게 원저자의 의도를 잘 드러낼 수 있는 한국어 표현을 학습할 수 있는 방법으로 역번역이 유용한 것임을 확인할 수 있는 계기가 되었다. 본 연구는 번역학을 위한, 특히 고급 한국어 학습자들을 위한 한국어 교육에서 고려되어야 할 교육 내용에 시사하는 바가 크다고 본다. 고급 학습자들이 번역을 하는 과정에서 언어 간 영향으로 나타나는 어휘 선택 양상을 통해 그동안 한국어 교육에서 간과되었던 부분들이 번역전공 고급 학습자에게는 중요한 교육 항목이 될 수 있음을 보여 주고 있다는 점에서 의의를 찾을 수 있을 것이다. 또한, 번역전공 학습자들뿐만 아니라 그 외 고급 학습자들을 위한 한국어 교육에도 유용한 기초 자료가 될 것으로 기대한다.

참고문헌

김정아, 2009, "직접쓰기, 번역하기, 역번역하기를 통한 영어 작문의 담화분석", 전남대학교 박사학위논문.

성초림·이상원·이향·장현주, 2001, "번역교육 현장에서의 번역물 품질 평가- 한국 외대 통번역대학원 교강사 설문을 중심으로", 『번역학 연구』, 2(2), 37-56.

이원주, 2018, "역번역(Back Translation)이 한국어 중급 학습자의 쓰기 능력과 정의적 태도에 미치는 영향 연구", 숙명여자대학교 석사학위논문.

허용, 2018, "한국어 학습자들의 역번역문에 나타난 문장의 특징 연구: 한국어 교육의 관점에서", 『교육문화연구』, 24(5), 629-649.

Aasa M., 2013, "Bidirectional Crosslinguistic Influence in Languag: Linguistic Aspects and Beyond", *International Journal of Linguistics*, 5-4,

Bracken, B. A., & Barona, A., 1991, "State of the art procedures for translating, validating and using psychoeducational tests in cross-cultural assessment", *School Psychology International*, 12, 119-132.

Brislin, R. W., 1970, "Back-translation for cross-cultural research", *Journal of cross-cultural psychology*, 1(3), 185-216.

Duff. A., 1989, "Translation", *Oxford: Oxford University Press*.

Fawcett, P., 1997, "Translation and Language: Linguistic Theories Explained", *Manchester: St. Jerome Publishing*.

Ellis, R., 1997, "Second language Acquisition", *Oxford: Oxford University Press*.

Ellis, R., 2012, "The Study of Second Language Acquisition(2nd ed.)", *Oxford, UK: Oxford University Press*.

Jarvis, S., & Pavlenko, A., 2008, "Crosslinguistic influence in language and cognition", *New York: Rutledge*.

Jarvis, S., 2016, 'Clarifying the Scope of Conceptual Transfer", *Language Learning*, 66(3), 608-635.

Kade, O., 1968, "Zufall und Gesetzmässigkeit in der Übersetzung", *Leipzig*.

Levinson, S., 1997, From outer to inner space: Linguistic categories and non-linguistic thinking, In J. Nuyts & E. Pederson(Eds.), Language and conceptualization(13-45), Cambridge, UK: Cambridge University Press.

Paegelow, R. S., 2008, "Back Tranlation Revisited: Differences that Matter and Those that", *The ATA Chronicle*, 1. 22-25.

Sinaiko, H. W., & Brislin, R. W., 1973, 'Evaluating language translations: Experiments on three assessment methods", *Journal of Applied Psychology*, 57(3), 328-334.

제3부

초국적 유학정책

7장

COVID-19와 유학생 유치정책에 대한 일고

김명광

Ⅰ. 서론

이 연구의 목적은 COVID-19 이전과 이후의 외국인 유학생 현황을 살펴보면서 유학생 유치와 직간접적으로 관련이 있는 정부의 여러 부처들, 특히 교육부, 법무부 그리고 보건복지부의 기존 유학생 제도를 비판적으로 고찰하는 데 있다. 좀 더 구체적으로 말하면 현 정부 부서의 유학생 관련 제도가 COVID-19로 초래된 외국인 유학생의 급격한 감소에 탄력적으로 대응할 수 있는지를 살펴보면서 COVID-19 이후 한국어 교육의 안정적인 발전을 도모하기 위하여 어떤 준비를 해야 하는지에 대한 몇 가지 제언을 하는 데 있다.

2절에서는 COVID-19가 외국인 유학생들에게 영향을 미친 정도를 파악하고자 한다. 현재 교육부는 매년 4월에 통계 발표를 하기 때문에 2021년 4월까지의 현황은 아직까지 파악되지 않았지만, 2020년 12월까지의 통계는 살펴볼 수 있다. 이 절에서는 COVID-19의 발발 이전의 외국인 유학생의 현황과 발발 이후의 현황을 비교해 봄으로써, 얼마만큼 COVID-19가 영향을 주었는지를 살펴본다. 3절에서는 대학의 외국인 유학생의 유치와 관리에 절대적인 영향을 주는 '교육국제화역량 인증제'를 살펴보는데, 이 제도가 COVID-19에 탄력적으로 대응할 수 있는지, 제도 자체의 허점은 없는지 등에 대한 검토를 통하여 단기적으로 COVID-19의 상황에서 유연하게 접근할 수 있는 제안, 장기적으로 외국인 유학생들을 안정적이고도 발전적으로 유치할 수 있는 몇 가지 제언을 하고자 한다. 4절에서는 일련의 법무부 비자 강화 조치를 비판적으로 고찰하는데, 특히 유학경비 보증제도, 언어 능력(TOPIK 성적) 보유 의무화[1]와 관련된 내용을 살펴보며, COVID-19 상황에 탄력적으로 대응할 수 있는 몇 가지 제언을 한다. 5절에서는 보건복지부가 COVID-19 상황에도 불구하고 강행 중인 외국인 유학생 건강보험 당연가입 적용제도를 살펴보는데, 특히 외국 보험료보다 높은 수준의 보험료 부과, 기존의 민간보험에서 보장하였던 부분에 대한 국민건강보험의 미흡한 점 등을 집중적으로 밝히고 이에 대한 몇 가지 제언을 한다.

COVID-19로 인해 무너진 국내 외국인 유학생 유치 및 재학생 학업, 대학의 재정 악화 등은 COVID-19가 종식된다고 해서 바로 회복될 수 있는 것이 아니다. 이는 COVID-19의 상황에서 당면한 유치 문제를 해결하려는 노력과 제도에 대한 중장기적인 안목으로 외국인 유학생들, 대학 등의 입장, 국제화 역량이라는 큰 틀에서 이 제도의 문제점을 파악하려는 노력이 수반되어야 한다. 이에 본 연구를 통해 COVID-19가 발생하고 1년이 지난 시점에서 이전의 외국인 유학생 유관기관의 정책을 재점검하고, COVID-19의 영향으로 위기를 맞은 대학가의 현 상황을 고려하지 않은 채 관계 부처에서 수립 및 시행하고 있는 외국인 유학생정책의 문제점을 파악한다. 본 연구는 유학생을 안정적으로 유치함과 동시에 제반 교육제도의 발전 방향에 도움을 줄 수 있는 몇 가지 제언을 하고자 한다.

---

1 이는 비인증대학의 충족조건에 해당한다.

Ⅱ. COVID-19와 외국인 유학생 현황

　외국인 유학생들의 수는 COVID-19 이전 시기와 이후 시기로 매우 확연하게 차이가 나타난다. 우선 COVID-19 이전 시기, 즉 2003년도에서 2019년도까지 외국인 유학생들의 추이를 살펴보면 아래와 같이 꾸준히 증가하는 추세에 있었다. 그리고 2003년과 2019년의 유학생 수를 비교해 보면 2003년에 12,314명이던 것이 2019년에 160,165명으로 지난 15년간 약 13배 이상 양적으로 급성장하였음을 잘 알 수 있다.

〈표 1〉 국내 외국인 유학생 현황[2]

연도	2003년	2004년	2005년	2006년	2007년	2008년	2009년	2010년	2011년
유학생 수	12,314	16,832	22,526	32,557	49,270	63,952	75,850	83,842	89,537
연도	2012년	2013년	2014년	2015년	2016년	2017년	2018년	2019년	
유학생 수	86,878	85,923	84,891	91,332	104,262	123,858	142,205	160,165	

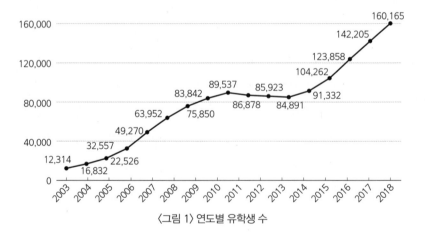

〈그림 1〉 연도별 유학생 수

2　〈표 1〉, 〈표 2〉, 〈그림 1〉, 〈그림 2〉는 한국교육개발원(KEDI)의 '2019년도 국내 고등교육기관 외국인 유학생 통계'를 참조하였다. 이 자료는 매년 4월 1일을 기준으로 집계된다.

　　　　　　　　　초국적 관점에서 본 유학생의 경험과 유학정책

(백 명)

〈그림 2〉 유학생 수 추이

	2011	2012	2013	2014	2015	2016	2017	2018	2019	2020
고등교육기관	895	869	859	849	913	1,043	1,239	1,422	1,602	1,537
학위	637	606	567	536	557	631	720	860	1,002	1,130
비학위	259	263	292	313	356	412	518	562	600	407

또한, 유학형태별 유학생 수도 2019년까지 꾸준히 증가하였다. 그런데 이러한 전반적인 증가 추세는 COVID-19로 인하여 상황이 급속도로 나빠졌다. 2019년 12월에 중국 후베이성 우한시에서 처음 발견된 COVID-19는 단기간에 전 세계적으로 확대되었다.[3] 한국도 예외가 아니어서 2020년도 2월 하순경부터 확진자가 약 1,500명 이상 증가하였고, 이 시점부터 외국인 유학생 유치 상황이 급속도로 악화되었다. 우리 정부는 처음에는 2019년 중국 입국자의 입국 제한 조치만을 취했는데, COVID-19의 국내 확진에 따라 2020년 4월 1일부터 모든 입국자에 대해 2주간 의무적으로 격리 조치를 취하였으며,[4] 한국에 들어오는 모든 외국인들에 대한 비자를 강화하였다. 더 나아가 2월에서 4월경 대구 지역을 중심으로 COVID-19가 급속히 확산되어 한국에 대한 불안감이 조성되어 입국을 꺼리는 유학생들이 늘어나게 되었다. 여기에 소속 국가가 자국민의 해외 출국을 허용하지 않아 입학이 취소되는 사태도 발생했다.

---

3 세계보건기구가 2020년 1월에 국제적 공중보건 비상사태를 선언하였고, 3월에는 팬데믹, 즉 세계적 범유행 단계를 선언하였다.

4 이와 관련된 법무부 조치는 다음과 같다.
   국외에서 유입되는 모든 사람(한국인 및 외국인) 2주간 자가(또는 시설) 격리(2020.4.1.): 4월 1일부터 국외에서 입국하는 모든 외국인에 대해 활동 범위 제한 조치.

예컨대 대학별로 차이는 있었으나 제주 지역 대학 가운데서는 신입생의 60%가 입학을 취소한 일이 있었고, 대구 지역에서도 260여 명의 신입학 유학생 중 220명 정도가 입국을 취소하는 상황이 생겼다.[5] 이러한 외적, 내적인 영향으로 말미암아 국내 유학생들이 감소하게 되었다.

이는 COVID-19 이후에 처음 발표된 교육부의 '2020년 교육기본통계(2020. 8.27 발표)'를 보면 잘 알 수 있다. 이 통계는 매년 4월을 기준으로 작성된 것으로 2020년 4월의 경우 COVID-19가 국내에 본격적으로 발발한 직후 시점에 작성된 것이기 때문에 시사하는 바가 크다. 아래 통계를 보면 2019년 전체 국내 외국인 유학생이 160,165명으로 집계된 데 비해 2020년 153,695명으로 전년 대비 6,470명이 줄어 약 4%가 감소하였는데, 이러한 감소는 COVID-19의 영향에 기인한 것이다. 외국인 유학생이 감소한 것은 2014년 이후 6년 만에 처음이다. 그런데 〈표 2〉의 2020년도 현황을 보면 학위과정과 비학위과정의 증감 추이는 다르게 나타났다. 곧 153,695명 중 학위과정 외국인 유학생 수는 113,003명(73.5%)으로 전년 대비 12,788명(12.8%↑) 소폭 증가하였지만 어학연수생, 교환연수생, 방문연수생 등 비학위과정 외국인 유학생 수는 40,692명(26.5%)으로 전년 대비 19,258명(32.1%↓) 감소하였다.

〈표 2〉 외국인 유학생 수 (단위: 명, %)

연도	총계	학위과정				비학위과정		
		합계	전문학사/학사	석사	박사	합계	어학연수생	기타연수생
2020년	153,695	113,003 (73.5)	74,851 (48.7)	24,996 (16.3)	13,156 (8.6)	40,692 (26.5)	32,315 (21.0)	8,377 (5.5)
2019년	160,165	100,215 (62.6)	65,828 (41.1)	23,605 (14.7)	10,782 (6.7)	59,950 (37.4)	44,756 (27.9)	15,194 (9.5)

---

5 교육부는 실제로 대구 지역을 중심으로 COVID-19 확진자가 속출했던 당시 입국예정자 중 상당수가 입국을 하지 않은 것을 밝혔다. 3월 10일 교육부가 밝힌 중국인 유학생 입국 현황을 보

초국적 관점에서 본 유학생의 경험과 유학정책

2018년	142,205	86,036 (60.5)	56,097 (39.4)	21,429 (15.1)	8,510 (6.0)	56,169 (39.5)	41,661 (29.3)	14,508 (10.2)
2017년	123,858	72,032 (58.2)	45,966 (37.1)	18,753 (15.1)	7,313 (5.9)	51,826 (41.8)	35,734 (28.9)	16,092 (13.0)
2016년	104,262	63,104 (60.5)	38,944 (37.4)	17,282 (16.6)	6,878 (6.6)	41,158 (39.5)	26,976 (25.9)	14,182 (13.6)
2015년	91,332	55,739 (61.0)	32,972 (36.1)	16,441 (18.0)	6,326 (6.9)	35,593 (39.0)	22.178 (24.3)	13.415 (14.7)
2014년	84,891	53,636 (63.2)	32,101 (37.8)	15,826 (18.6)	5,709 (6.7)	31,255 (36.8)	18,543 (21.8)	12,712 (15.0)
2013년	85,923	56,715 (66.0)	35,503 (41.3)	16,115 (18.8)	5,097 (5.9)	29,208 (34.0)	17,498 (20.4)	11,710 (13.6)
2012년	86,878	60,589 (69.7)	40,551 (46.7)	15,399 (17.7)	4,639 (5.3)	26,289 (30.3)	16,639 (19.2)	9,650 (11.1)
2011년	89,537	63,653 (71.1)	44,641 (49.9)	14,516 (16.2)	4,496 (5.0)	25,884 (28.9)	18,424 (20.6)	7,460 (8.3)
2010년	83,842	60,000 (71.6)	43,709 (52.1)	12,480 (14.9)	3,811 (4.5)	23,842 (28.4)	17,064 (20.4)	6.778 (8.1)

전체 외국인 유학생 수 중 출신 국가별로 외국인 유학생 수를 살펴보면 아래와 같다.

〈표 3〉 출신 국가별 외국인 유학생 수 (단위: 명, %)

연도	합계	중국	베트남	몽골	일본	미국	기타	아시아
2020년	153,695	67,030 (43.6)	38,337 (24.9)	6,842 (4.5)	3,174 (2.1)	1,827 (1.2)	36,485 (23.7)	141,232 (91.9)
2019년	160,165	71,067 (44.4)	37,426 (23.4)	7,381 (4.6)	4,392 (2.7)	2,915 (1.8)	36,984 (23.1)	145,747 (91.0)

국적별로 볼 때 전체 외국인 유학생 수는 베트남을 제외하고 중국 유학생의 경우 4,037, 일본 1,218, 미국 1,088, 기타 499, 아시아권 4,515 등 모두 전반적

면, 2월 23일부터 3월 7일까지 입국하기로 했던 유학생 중 3만 955명이 입국을 하지 않았다고 발표하였다.

인 감소를 보였다. 하지만 이러한 추이는 학위과정 및 비학위과정에 있어 매우 큰 차이를 나타낸다.

〈표 4〉의 학위과정의 경우 유학생 중 미국(89명)을 제외하고는 전반적으로 2019년 대비 소폭 증가하였다. 하지만 비학위과정의 경우 학위과정에 비해 감소율이 클 뿐만 아니라, 국가별로 감소 폭이 상이하다. 우선 유학생 중 베트남 유학생의 비율(수)은 47.1%(19,177명)이다. 단일 국가로 보았을 때 베트남 유학생 수가 가장 많지만 전년 대비 감소 인원은 5,028명으로 6.7% 하락하였다. 한편 중국 유학생의 감소 인원은 7,107명으로 47.5%, 몽골은 1,200명으로 42.7%, 일본은 1,338명으로 51.9%, 미국은 999명으로 63.9%, 기타 지역은 3,586명으로 25.9%, 아시아 지역은 17,333명으로 33.3% 하락하였다. 이 역시 COVID-19의 영향과 무관하지 않다. 그런데 더 심각한 것은 2020년 4월 기준 교육부 통계 〈그림 2〉, 〈표 3~6〉 이후의 현황이 더 악화되었다는 것이다.

〈표 6〉은 2020년 12월까지의 집계 현황으로, 앞서 2020년 4월 기준으로 본 통계에서 전체 외국인 유학생 수가 153,695명으로 집계되었지만 12월까지

〈표 4〉 출신 국가별 학위과정 외국인 유학생 수 (단위: 명, %)

연도	합계	중국	베트남	몽골	일본	미국	기타	아시아
2020년	113,003	59,177 (52.4)	19,160 (17.0)	5,230 (4.6)	1,932 (1.7)	1,263 (1.1)	26,241 (23.2)	106,476 (94.2)
2019년	100,215	56,107 (56.0)	13,221 (13.2)	4,569 (4.6)	1,812 (1.8)	1,352 (1.3)	23,154 (23.1)	93,658 (93.5)

〈표 5〉 출신 국가별 비학위과정 외국인 유학생 수 (단위: 명, %)

연도	합계	베트남	중국	몽골	일본	미국	기타	아시아
2020년	40,692	19,177 (47.1)	7,853 (19.3)	1,612 (4.0)	1,242 (3.1)	564 (1.4)	10,244 (25.2)	34,756 (85.4)
2019년	59,950	24,205 (40.4)	14,960 (24.9)	2,812 (4.7)	2,580 (4.3)	1,563 (2.6)	13,830 (23.1)	52,089 (86.9)

〈표 6〉 2020년 외국인 유학생 월별 입국 현황 (단위: 명)

입국 구분	합계	1월	2월	3월	4월	5월	6월
전체 유학생	118,328	20,593	42,065	14,209	7,150	2,192	1,860
중국	58,065	10,433	20,753	7,388	1,112	1,189	751
베트남	25,902	3,122	9,647	2,200	5,334	720	582
그 외	34,361	7,038	11,665	4,621	704	283	527
입국 구분	7월	8월	9월	10월	11월	12월	
전체 유학생	1,511	13,719	7,889	2,117	2,761	2,262	
중국	617	6,766	5,717	1,287	1,286	766	
베트남	394	1,430	789	263	372	1,049	
그 외	500	5,523	1,383	567	1,103	447	

자료: 2021학년도 1학기 외국인 유학생 보호·관리방안(교육부, 2021)

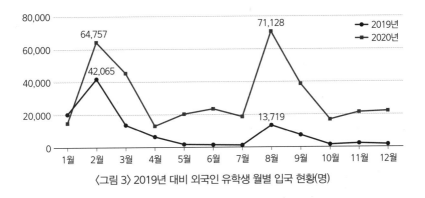

〈그림 3〉 2019년 대비 외국인 유학생 월별 입국 현황(명)

의 전체 유학생 수는 118,328명이다.[6] 4월 대비 12월의 감소 인원은 35,367 명으로 8개월 사이에 −23%의 큰 하락을 보였다. 더 나아가 이는 2019년도 160,165명을 기준으로 보았을 경우에는 41,837명이 감소한 것으로 26.1%로 의 더 큰 하락을 보였다. 앞서 4월 1일 기준으로 발표한 4% 감소율과 비교가 되지 않을 정도로 큰 폭으로 하락한 것이다. 교육부에서는 이를 학기별로 통

---

6   그런데 이 수는 입국 현황에 대한 통계이며 미출국 학생은 고려하지 않은 수이다.

계를 내었는데, 2020학년도 2학기(7~12월) 국내 입국한 외국인 유학생은 총 3만 명으로, 이전 학기 대비 65%, 2019년도 2학기 대비 84% 감소하였음을 보고한 것(학기별 입국자 2019년 2학기 191,062명→2020년 1학기 88,069명→2020년 2학기 30,259명)과 같은 맥락이다.

III. COVID-19와 교육부의 '교육국제화역량 인증제'

외국인 유학생 유치정책을 직접적으로 담당하는 부서는 교육부이며 유학생들의 비자 발급과 출입국을 관리하는 부서에는 법무부가 있다. 또한, 외국인들의 보험과 관련된 부서에는 보건복지부가 있는데, 이 세 부서가 직간접적으로 외국인 유학생 유치에 밀접한 관련이 있다. 물론 다른 부서도 외국인 유학생 유치에 영향을 미치기도 하지만 이 연구에서는 다루지 않는다.

먼저 이 절에서는 COVID-19와 교육부의 교육국제화역량 인증제도를 살펴본다. 교육부의 교육국제화역량 인증제(International Education Quality Assurance System: IEQAS)는 각 대학의 유학생 유치 실적과 유학생에 대한 교육 현황을 평가하는 제도이다. 대학 입장에서는 유학생 모집과 관련해 가장 중요한 평가이다. 잘 알다시피 인증대학으로 선정된 기관은 외국인 입학생의 비자 발급 절차가 간소화되고 교육정책 및 사업에 있어 혜택이 주어지므로 외국인 유학생 유치가 그렇지 않은 경우에 비해 매우 용이하다.[7] 반대로 인증을 받지

---

7   교육부 제2020-327의 공고문(2020년도 교육국제화역량 인증제 및 외국인 유학생 유치·관리 실태조사 시행 공고)을 보면 인증대학의 경우 다음과 같은 혜택이 주어짐을 언급하고 있다.
    가. 비자 발급 절차 간소화
    - 표준입학허가서만으로 사증 발급 심사 및 체류 기간 상한 부여.
    - 인증대학은 어학연수생 선발 시 신입생 정원의 100% 내에서 선발 가능.
    - 인증대학 석·박사과정 입학예정자는 국적에 상관없이 전자비자 발급 가능.
    나. 교육정책·사업상 혜택 부여

못하면 비자 발급 심사가 제한되거나 매우 강화되어 유학생 유치가 어려워질 수밖에 없다. 따라서 대학 입장에서 이 제도는 유학생 모집과 관련해 가장 중요한 평가에 해당한다.

(1) 교육국제화역량 인증제 인증 결과에 따른 대학 구분

가. 우수인증대학: 인증대학 중 국제화역량이 특히 우수한 대학[8]

나. 인증대학: 교육국제화역량 평가 지표를 충족하는 대학

다. 일반대학: 인증대학 및 하위대학에 속하지 않는 대학

라. 비자 발급 제한(모집 제한)대학: 비자 심사강화대학, 컨설팅대학

※ 평가 기준에 대하여는 후술 참조.

학령인구 감소와 관련해 유학생 유치를 돌파구로 여기는 상황에서 대학들은 위 (1)의 가, 나에 들기 위하여 평가 지표 충족에 사활을 걸고 있다. 교육국제화역량 인증제의 가장 핵심적인 지표는 불법체류율이다. 불법체류의 계산은 전체 유학생 중 최근 1년간 발생한 불법체류자의 총수를 분자로, 최근 1년간 신입생 또는 편입생의 총수를 분모로 백분율로 계산된다. 그런데 심사 기준을 미충족한 대학은 비자 심사 강화대학으로 분류되어 유학생 모집에 제한을 받기 때문에 대학은 재정적으로 타격을 입을 뿐만 아니라 교원 고용에 있어서도 불안정성에 놓이게 된다. 예컨대 대학 부설 어학기관(한국어 교육센터, 한국어학당)의 한국어 교원의 일자리 감소로 바로 이어지게 된다. 물론 대학과 연계된 지역 경제의 손실도 매우 클 수밖에 없다. 그렇다면 교육국제화역량

- '교육국제화역량 인증'을 받은 대학원에 한해 외국인 유학생을 정원 제한 없이 선발 가능.
- 교육부와 국립국제교육원 주관의 정부초청장학생(GKS) 수학대학 선정 시 가점 부여.
- 해외 한국 유학박람회 개최 시 인증대학 참여 우대 등.

8 이전에는 '불법체류 1% 미만 대학'이라 칭하였다.

인증제의 구체적인 내용은 무엇인가? 이를 살펴보면 다음과 같다.

교육국제화역량 인증제는 유학생 질 관리와 한국 고등교육의 이미지 향상을 위해 교육부에서 2011년 시범으로 실시한 후 1주기 외국인 유학생 유치·관리역량 인증제(2012~2015년)와 2주기 교육국제화역량 인증제(2016~2019년)를 도입 및 실시하였다. 평가체계 개선방안 정책연구 및 의견수렴 간담회 등을 통해 2020년에 3주기 인증평가를 시행하고 있다. 3주기 인증제는 2주기와는 달리 학위과정과 어학연수과정을 분리하여 독립적으로 평가한다.

그런데 교육부의 2주기 평가와 3주기 평가 대상은 대학별로 지원 시기가 다

〈표 7〉 2주기·3주기 평가체계

2주기		3주기	
구분	학위과정 및 어학연수과정 (통합 운영)	구분	학위과정(별도 운영)
		기본 조건	불법체류율*
필수 지표	불법체류율 중도탈락률	전략 및 선발	국제화 사업계획 및 인프라 (조직·예산) 학생 선발 및 입학 적절성 의료보험 가입률**
핵심 여건 지표	외국인 유학생 등록금 부담률 의료보험 가입률 언어 능력(한국어/영어) 신입생 기숙사 제공률	유학생 관리	유학생 등록금 부담률 유학생 학업·생활 지원 유학생 상담률
국제화 지원 지표 (정성)	국제화 비전 및 특성화 외국인 유학생 생활 적응 지원 외국인 유학생 학습 지원 외국인 유학생 교육 성과	성과	중도탈락률 유학생 공인 언어 능력(신입·재학) 유학생 만족도 및 관리
		구분	어학연수과정(별도 운영)
		기본 조건	불법체류율*
		전략 및 인프라	사업계획 및 인프라(조직·예산) 의료보험 가입률** 학급당 어학연수생 수
		어학연수생 지원 관리	어학연수생 등록금 부담률 한국어 교원 자격증 비율 입학·수료 관리의 적절성

자료: 교육국제화역량 인증제 3주기 평가체계 기본계획(안)(교육부, 2019)

초국적 관점에서 본 유학생의 경험과 유학정책

르기 때문에 3주기 평가 대상인 학교와 2주기 평가 대상인 학교가 현재 혼재되어 있어 유심히 살펴보아야 한다. 2주기 평가가 진행되고 있는 대학의 경우 2주기 평가를 받을지 아니면 3주기 평가 대상으로 전환할지에 대한 선택을 할 수 있다. 예컨대 2주기 평가 대상을 계속 지원한 경북지역 ○○대학을 예를 들어 설명하면 〈표 7〉과 같다.

(2) 2주기 평가(학부 및 연수생 통합 평가)

　　가. 2019년 9월 ⇨ 2주기 인증대학 신청
　　　　평가 대상 자료: 2018년 3월~2019년 2월까지(12개월)
　　나. 평가 지표 충족 후 인증대학 자격 부여
　　　　인증(효력) 기간: 2020년 3월~2022년 2월까지(2년간)
　　다. 모니터링(중간 평가의 개념, 인증 부여 후 매년 조사)
　　　　모니터링 신청: 2020년 9월
　　　　인증 결과 적용 기간: 2021년 3월~2022년 2월까지

　위의 경우는 2019년 9월에 2주기 평가를 신청한 대학으로 그 인증 효력 기간이 2020년 3월부터 2년간 유지되고 있는 2021년 인증대학이다. 그런데 3주기 평가를 2019년 9월에 신청하여 2020년 3월부터 그 인증 효력이 발생한 대학의 경우 역시 2021년 현재 인증대학으로 유지되는 바, 2주기 평가 대학과 3주기 평가 대학이 혼재되어 있게 된다.

　그런데 이와 같은 기간에 평가의 중요한 핵심 지표는 위에서 살펴보듯이 필수 지표인 불법체류율과 중도탈락률이다. 필수 지표인 불법체류율(2~4% 미만)과 중도탈락률(6% 미만) 2개 중 1개 이상을 충족하여야만 인증이 유지될 수 있는 기본 요건을 갖춘다. 여기에 핵심여건 지표 3개(등록금 부담률 80% 이상, 의료보험 가입률 90%, 신입생 기숙사 제공률) 중 2개 이상 충족 시 해당 대학은 인증

을 유지한다.[9] 하지만 필수 지표 2개 중 중도탈락률(6% 미만)만 충족하였을 때는 불법체류율이 10% 미만이어야 교육부가 해당 대학에 인증을 부여하게 된다. 이러한 평가 적용 대상인 대학들은 2020년 2월에 COVID-19라는 외적 상황으로 말미암아 3월부터 유학생들이 급격하게 감소하게 되었으며, 학생들의 불법체류율(미입국 학생 증가, 온라인/비대면 수업으로 인한 불법취업 증가)이 증가하게 됨으로써 평가 지표 충족에 어려움을 겪게 되었다. 평가 지표를 그대로 적용하게 될 경우 대다수의 대학이 미인증대학으로 탈락할 위기에 처해지게 된다. 교육국제화역량 인증제의 가장 핵심적인 지표는 불법체류율인데, 방금 살펴보았듯이 COVID-19로 인한 유학생의 급격한 감소, 2019년 이후 법무부의 비자 발급 심사 기준 대폭 강화, 여기에 더하여 외국인 유학생들의 국민건강보험 가입 의무화라는 총체적 어려움이 발생하였기 때문이다. 이러한 심각성을 인식한 교육부에서는 2020년 9월 8일 교육부 공고 제2020-327 조치(2020년도 교육국제화역량 인증제 및 외국인 유학생 유치·관리 실태조사 시행 공고)를 통하여 그 조건을 임시적으로 완화하였다.

(3) 가. 중도탈락률 지표만 만족하는 경우 2018년 7월~2019년 6월 또는 2019년 7월~2020년 2월 불법체류율이 10% 미만이어야 하며, 2018년 7월~2019년 6월, 2019년 7월~2020년 2월 기간 중 불법체류율이 모두 10% 이상인 경우 인증대학으로 허가함(교육부, 2020: 8).[10]

곧 COVID-19가 발발하기 이전 직전 시기 6개월(2019.7~2020.2) 또는 그 이전 시기 2018년 7월~2019년 6월의 기평가된 자료를 바탕으로 평가 지표가

---

9 여기에 국제화 지원 지표도 있는데 이는 정성 평가로 70점 이상이어야 한다.
10 또한, 2021년도 교육국제화역량 인증제와 관련된 공문이 2021년 3월 30일에 각 대학으로 발송되었다. 주요 내용은 2020년도와 유사하다.

초국적 관점에서 본 유학생의 경험과 유학정책

계산하는 방향으로 완화 조치가 이루어진 것이다. 그 결과 아래와 같이 평가 기간이 1년간 유예되는 효과를 얻었다.[11]

(4) 2018년 3월~2019년 2월 기간(12개월) 평가 자료를 토대로 2주기 신청 ⇨ 평가 지표 충족 ⇨ 2019년 3월부터 인증 평가 결과 적용(인증대학 유지 효력, 2년 평가 기간) ⇨ 모니터링(중간 평가) 2019년 3월~2020년 2월 ⇨ 2020년 2월 COVID-19 확산 및 외국인 유학생들의 급격한 감소 ⇨ 2021년 2월까지 평가 유지에서 2022년 2월까지 연장됨 ⇨ 2023년 2월까지 다시 연장됨.[12]

아울러 3주기 평가 대상를 신청하는 경우에도 이러한 완화 조치가 이루어졌다. 먼저 3주기 평가의 경우 평가 유효 기간은 2021년 3월부터 2024년 2월까지로 총 4년간 유지되며, 역시 기본 요건(불법체류율)과 평가 영역 3개(전략 및 선발, 유학생 관리, 성과)를 모두 충족하여야 한다. 3개의 평가 영역의 구체적인 지표는 아래와 같다.

(5) 각 평가 영역별 충족 여부는 세부 지표가 영역별 일정 개수 이상 충족하는 경우에 인정되며, 모든 평가 영역을 충족시켜야 인증 가능.
  * 전략 및 선발(2/3 이상), 유학생 관리(2/3 이상), 성과(2/3 이상).

3주기 평가의 핵심은 학부과정과 연수생과정을 분리하여 평가하는 것이다.

---

11 2021년도의 지침으로 인하여 이 평가 적용 기준이 1년간 또다시 연장되었다.
12 교육부 '2021년 교육국제화역량 인증제 및 실태조사 추진 방향' 참조.

(6) 가. 학부과정 평가.13

〈표 8-1〉 3주기 평가(학부)

분야	세부 지표	심사 기준	
기본 요건	불법 체류율*	(선택 1) 2018.7~2019.6 학위과정 및 어학연수과정 등 전체 불법체류율 2~4%** 미만 (선택 2) 2019.7~2020.2 학위과정 및 어학연수과정 등 전체 불법체류율 2~4%** 미만 (선택 3) 2019.7~2020.2 학위과정 불법체류율 1.5~2.5%*** 미만	
평가 영역	전략 및 선발	1. 국제화 사업계획 및 인프라(조직·예산)(정성) 2. 학생 선발 및 입학 적절성(정성) 3. 의료보험 가입률(95% 이상)	
	유학생 관리	1. 외국인 유학생 등록금 부담률(80% 이상) 2. 외국인 유학생 학업·생활 지원(정성) 3. 외국인 유학생 상담률(60% 이상)	
	성과	1. 중도탈락률	6% 미만
		2. 유학생 공인 언어 능력	신입: 30% 이상 재학: 정성 졸업요건 언어 능력 포함 여부
		3. 유학생 만족도 및 관리	1건 이상/정성

나. 어학연수과정 평가

〈표 8-2〉 3주기 평가(연수생 분리 평가)

영역	지표	기존 심사 기준	지표 조정(안)	인증 유지 기준
기본 요건	불법 체류율	8~10% 미만	(선택 1), (선택 2) 중 1개 이상 충족 (선택 1) 2019년(2018.7~2019.6) 학위과정 및 어학연수과정 전체 신·편입생 수 대비 2021년(2020.7~2021.6) 학위과정 및 어학연수과정 전체에서 발생한 불법체류자 비율이 2~4% 미만	(선택 1), (선택 2) 중 1개 이상 충족

---

13 * (선택 1)~(선택 3) 중 어느 하나를 충족하는 경우라도 '출입국관리법 시행규칙' 제17조의 3 제

	(선택 2) 2021년(2020.7~2021.6) 어학연수과정 신·편입생 수 대비 2021년(2020. 7~2021.6) 어학연수과정 전체에서 발생한 불법체류자 비율이 8~10% 미만	
핵심 지표	변동 사항 없음 −어학연수생 등록금 부담률(80% 이상) −학급당 어학연수생 수(20명 미만) −의료보험 가입률(95% 이상) −한국어 교원자격증(90% 이상)	3개 중 2개 이상 충족

자료: 교육국제화역량 인증제 3주기 평가체계 기본계획(안)(교육부, 2019: 2-3)

역시 3주기 평가에도 COVID-19가 발발하기 직전의 기간(2019.7~2020.2) 또는 그 전년도 기간(2018.7~2019.6) 중 하나를 선택하여 평가를 받을 수 있게 함으로써 COVID-19 상황을 반영하게 된 것이다. 그런데 문제는 COVID-19 상황에 대한 교육부의 위와 같은 평가 완화 방식은 매우 한시적인 조치로 2023년 상반기에는 이와 같은 개별적인 완화 조치가 없어진다는 점에서 큰 문제를 안고 있다. 그것은 COVID-19가 아직까지 현재 진행형이며, 2023년도에 끝난다는 보장이 없기 때문이다.[14] 좀 더 구체적으로 말하면 국내 백신이 완성되어 전 국민이 집단 면역을 갖춘다고 하더라도 이는 국내의 상황일 뿐이다. 유학생의 백신 접종 현황은 국내와 다르기 때문이다. 유학생들의 주요 대상 국가 대부분은 베트남, 몽골, 우즈베키스탄 등 주로 아시아 국가인데, 이 국가들의 백신 도입과 집단 면역 완성을 통한 일상생활의 전환은 우리보다 좀 더 오래 걸릴 수 있다는 점을 염두에 두어야 한다는 것이다. 따라서 이와 같은 시기 조정과 같은 임시 조치는 임시방편적일 뿐 유학생 유치의 근본적인 처방

2항 제5호에 해당하는 경우 외국인 유학생 모집 제한 권고대학(비자 발급제한대학)으로 지정.
** (100명 미만) 4% 미만, (100~500명 미만) 3% 미만, (500명 이상) 2% 미만.
*** (100명 미만) 2.5% 미만, (100~1,000명) 2% 미만, (1,000명 초과) 1.5% 미만이며, 전문대학은 구간별 기준에 1p% 추가.
※ 중도탈락률 기준 충족하는 경우 (선택 3)의 불법체류율 4% 미만 가능.
14 2021년도 3월에 이 조치를 다시 완화하여 1년간 연장하였지만, 이 역시 시기별로 조정한다는 한계가 있다.

이 될 수 없다. 그러므로 법무부와 교육부는 단기적으로는 급변한 유학생 유치의 현지 상황을 고려한 보다 더 탄력적인 조치를 마련해야 한다. 다음 교육 국제화역량 인증제의 평가 지표 자체에 대한 수정이 요구된다. 기존의 이 제도가 대학의 '국제화 역량 강화'라는 목표를 제대로 반영할 수 있는 방향으로 평가 지표를 변경하여야 한다. 우선 불법체류율의 산정 방식이 안고 있는 문제점을 해결하면서 기존의 국제화 역량 지표의 항목에 대한 수정이 필요하다는 것이다. 이에 이 글에서는 다음과 같이 몇 가지 제안을 한다.

첫째, COVID-19로 인한 유치 환경의 급변과 국외 환경을 고려할 때의 COVID-19의 영향이 최소 3년간 지속될 것을 가정하여 좀 더 연장된 기간 조정이 필요하다. 현재 각 대학, 특히 외국인 유학생들의 관리에 어려움을 가지고 있는 지방대학들의 정상적인 유치와 관리에 필요한 시간을 유예하는 조치가 필요하다는 것이다. 이는 단순히 대학들의 부실한 관리를 방치하자는 뜻은 결코 아니다. 지방대학의 한계(학생들의 수도권 선호도, 임시 일자리의 어려움 등)로 인해 그 어느 때보다도 유치와 관리가 어려운 현실적인 상황을 반영하자는 것이다. 무엇보다도 현재 제도의 가장 큰 문제는 외국인 유학생들의 불법체류에 대한 책임을 전적으로 학교에 돌리는 데 기인한 부실화이다. 외국의 사례를[15] 보면 유학생으로 대학에 입학해 사업장에서 일을 할 경우, 대학보다는 고용한 사업주에 대하여 엄격한 재재를 하기 때문에 대학이 유학생 유치와 관리에 전력을 다할 수 있다. 그런데 우리의 경우 고용주에게는 형사 처벌이 아닌 범칙금을 부과할 뿐이다.

(7) 200만 원 이하의 벌금 및 강제 퇴거, 입국 규제 5년이라는 제재 규정(출입국

---

[15] 예컨대 2009 EU(Directive 2009/52/EC) 지침을 보면, 외국인의 불법 이민을 막기 위한 정책적 대응으로 고용주 제재를 강화해야 함을 지적하였다. 금전적 제재 부과, 귀환비용 사업장 지불 요구, 세금, 사회보장 납입금 등 관련 비용의 부담, 공공 혜택 지원 제외, 형사 처벌 도입 등.

초국적 관점에서 본 유학생의 경험과 유학정책

관리법과 외국인근로자의 고용 등에 관한 법률).

그것도 사업주 연령과 환경, 위반 동기와 범칙금 부담 능력, 위반 횟수 등의 다양한 상황을 고려하여 처벌을 하기 때문에 실제적인 제재 효과는 매우 미미한 실정이다. 이와 같은 제재가 실제로 효과를 얻고 있지 못하다는 것은 다양한 논의에서 밝히고 있다.

(8) 가. 불법체류 근절에는 고용주 엄벌이 해법

불법체류자(미등록 이주민) 문제를 뿌리 뽑으려면 이들을 고용하는 사업주를 엄벌해야 한다는 제안이 나왔다. … 출입국관리법 등 관련 법률과 이주노동 전문가 5명의 심층 면접 결과, 유럽연합(EU) 사례를 종합 분석한 결과 고용주 엄벌이 불법체류 문제를 푸는 가장 효과적인 해법이라고 강조했다. … 규정상 불법고용주는 고용한 인원수와 기간에 따라 250만~2천만 원의 범칙금을 물지만, 고용주 대부분은 범칙금을 불법 고용에 따른 '부대비용'으로 여긴다고 보고서는 지적했다. … 아울러 불법체류 외국인을 고용한 사업주를 정부의 자금 지원이나 기술 개발 또는 인력 양성사업 등 각종 지원 대상에서 제외하고, 나아가 정부 입찰(국가를 당사자로 하는 계약에 관한 법률)에서도 배제해야 한다고 최 연구위원은 제안했다. … 불법체류자는 2016년 20만 8천 917명에서 증가세를 보여 2019년 말 현재 39만 281명에 이르고 있다(연합뉴스 2020.8.6).

나. 현재 불법고용주 제재 관련 법제도를 살펴보면 여러 유형의 외국인 불법 고용에 대한 정부의 입장을 명확히 파악하기 어렵고 처벌 역시 재량적 판단에 의해 결정되는 부분이 크다고 볼 수 있다. 외국인 불법 고용을 체계적으로 관리하기 위해서는 우선적으로 외국인 고용에 대한 정부의 허가기준이 설득력을 가져야 하고, 이를 통해 정부의 허가 범위 밖에서 이루어지는 외국인

취업과 고용이 심각한 법 위반이라는 사회적 합의를 만들어 가야 한다(최서리 외, 2019: 초록 부분 참조).

다. 우리나라에서 불법취업이 증가하게 된 배경

외국 인력에 대한 지속적인 수요가 존재하고 있으며, 이러한 수요에 대한 적절한 공급의 부족은 결과적으로 불법체류자의 양산을 초래하였다는 점이다. … 합법적인 외국 인력의 공급이 충분하지 못한 상황에서 불법체류자에 대한 기업들의 수요는 높았으며, 이로 인해 불법취업이 확대되었고, … 결과적으로 우리나라의 불법취업자 문제는 전통적인 출입국 관련 행정 외에 외국 인력 공급체계를 포함한 노동시장적 대책이 함께 요구되고 있음을 알 수 있다(이규용·이태정, 2007: 60-61).

라. 외국인 불법고용주에 대한 제재가 필요하고 국내 불법고용에 대한 사업주 처벌의 강도가 낮고 실무적으로 상당히 유화적으로 운영되고 있다(김환학, 2013).

마. 범칙금 모두 행정법 위반에 대한 제재이기는 하지만 벌금은 약식명령이나 재판을 거쳐 국가에 일정 금액을 납부해야 하는 형사처분이고 전과기록도 남는 반면 범칙금은 행정기관이 경범죄자에게 부과하는 금전적 제재를 의미함. … 범칙금 위주의 처벌은 고용주로 하여금 비용의 문제로 인식하게 하는 경향이 있으므로 범칙금의 강화 등은 실효성이 떨어질 것으로 보임. 대신 기존 '출입국관리법관련' 조항에 명시된 형사처벌 위주의 강력한 처벌과 노동법에 따른 부당고용 처벌을 강화할 경우 실효성이 더 높을 수 있음(최서리 외, 2019: 44-45).

위 논의의 요지는 불법체류의 근본 원인이 노동 시장과 고용주에 대한 약한 제재와 실효성 등에 있다는 것이다. 여기에서 필자는 고용주에 대한 약한 제재와 실효성에 대한 문제를 제기하는 것이 아니라, 불법체류에 대한 문제를 대학의 책임으로 전가하는 평가 지표의 필수 설정에 대한 이의를 제기하는 것이다. 곧 평가 지표에서 불법체류율에 대한 지표 증가는 사회 구조적인 측면이 더 강하며, 사회적 장치가 마련된다면 대학에서의 불법체류가 원천적으로 줄어들 수 있다는 점, 평가 지표에서 말 그대로 국제화 역량 강화를 위한 지표가 설정되어야 한다는 점을 강조하는 것이다. 불법체류율, 중도탈락률의 비중을 낮추고 그 외의 본연의 역량 강화 지표(유학생들의 언어로 개설된 교과목 개설 여부, 강의 적응 교과목 개설 여부, 외국어 강의 여부, 외국인 지원 프로그램 등)에 대한 지표 설정과 의미 있는 반영이 필요하다는 것이다. 둘째, 불법체류율 산정 방식 자체를 변경할 필요가 있다. 현재 불법체류율 계산의 평가 기준을 충족시키기 위해 신규 유학생의 과도한 유치를 계속해서 요구하고 있다. 논의의 편의상 3주기 인증 기준을 다시 한번 들어 보면 아래와 같다.

〈표 9〉 3주기 인증 기준: 학위과정과 어학연수과정 분리 평가

과정	기본 요건 지표	통과 기준
학위과정	불법체류율 1.5~2.5% 미만 *유학생 인원별 차등 적용	충족 필수 다만, 중도탈락률 기준 충족하는 경우 불법체류율 4% 미만 가능
어학연수과정	불법체류율 8~10% 미만 *유학생 인원별 차등 적용	충족 필수 다만, 어학연수생 등록금부담률 기준(80% 이상) 충족한 대학은 불법체류율 15% 미만 기준 적용

위에서 1.5~2.5%(학위과정), 8~10% 미만(어학연수과정)의 불법체류율 계산에서 분모는 신입생 인원이며 분자는 불법체류 유학생이다.

(9) 불법체류율 계산식

가. 분자: 전체 유학생 중 최근 1년간 발생한 불법체류자 총 수.

나. 분모: 최근 1년간 신규 입학 및 편입한 유학생 수.

그런데 분모의 경우 1년간 신규 입학 및 유학생의 수를 기준으로 하기 때문에 차기 연도의 분모를 충족하기 위해서는 대학 입장에서는 다시 또 그만큼의 유학생의 수를 유치할 수밖에 없다. 단적인 예로 불법체류를 한 학위과정의 학생(분자)이 2명이고 신규 신입생이 100명이라고 가정해 보자. 당해 연도에서는 2%로 기본 요건 지표를 충족할 수 있다. 하지만 차기 연도에 불법체류 인원이 여전히 2명임에도 불구하고 신입생이 10명이라고 한다면 과거의 유치했던 유학생은 평가에서 제외되기 때문에 20%의 불법체류율이라는 매우 비합리적인 평가 결과가 나올 수밖에 없다. 역으로 말하면 100명의 이전 신입생들을 대학 측에서 아무리 잘 관리한다고 하더라도 이 신입생들은 평가 측면에서는 아무런 도움이 되지 않는다. 따라서 대학 측은 다시 100명의 학생들을 무리하게 유치하여야만 한다. 그런데 이 지표를 충족시키기 위해 대학 측에서는 검증되지 않은 학생들을 유치할 수밖에 없어 다시 불법체류율이 상승하는 악순환을 겪을 수밖에 없다. 국제화 역량 지표에서 유치도 중요하지만 학생들의 교육적 질 관리도 이에 못지 않게, 아니 그 이상 더 중요하다고 감안해 볼 때 불법체류율 산정 방식의 분모 계산 방식에 대한 변경이 반드시 필요하다. 따라서 불법체류율 산정 방식은 아래와 같이 전체 재학 유학생 수로 수정되어야 한다.

(10) 가. 분자: 전체 유학생 중 최근 1년간 발생한 불법체류자 총 수.

　　　나. 분모: 신규 유학생이 포함된 전체 재학 중인 유학생 수.

셋째, 앞서 살펴보았듯이 외국인 유학생 수의 급감의 원인은 연수생(D-4 비자)이다. 이는 법무부에서 COVID-19의 영향과 함께 연수생에 대해서 비자 발급을 엄격하게 제한하고 있기 때문이기도 하다. 바꾸어 말하면 이는 연수생들이 불법체류를 한다는 잠재적 사고가 반영된 결과이다. 우리는 여기서 연수생의 개념을 다시 한번 생각해 볼 필요가 있다. 연수생이란 말 그대로 학부 또는 대학원에 입학하기 전 전공에 대한 수학을 잘 할 수 있도록 한국어에 대한 교육을 사전에 받는 사람이다.[16] 만약 연수생들이 한국어 교육이나 대학 적응 교육을 받지 못한 채 바로 한국 학부에 입학한다면 전공 수학에 매우 큰 어려움을 가지기 때문에 이 교육은 반드시 필요하다. 그럼에도 불구하고 법무부에서는 연수생의 비자를 엄격하게 제한하고 있다. 법무부에서 연수생을 제한한다면 이들에 대한 교육은 다른 곳에서 담당할 수밖에 없고, 그것은 대략 아래와 같은 방향일 것이다.

(11) 가. 현지 유학원에서 한국어 교육 이수.

나. 해외 중고등학교에서 한국어 교육 이수.

(11)-가의 해외 유학원에서 한국어 교육을 이수한다고 하였을 때, 가장 큰 단점은 학생들이 입학이 보장되지 않은 상태에서 한국어 교육을 받는 데 회의적이라는 점과 토픽 위주의 한국어 교육을 받기 때문에 국내 대학에서 입학한 후 대학생활과 전공생활에 적응하는 데 어려움을 겪는다는 것이다. 물론 현지에서 토픽을 공부한다고 하더라도 국내 한국어 몰입 환경에서 공부하는 것보다 학습의 효과가 크지 않기 때문에 한국에서 요구하는 토픽 수준에 도달하기가 상당히 어렵다. 또한, 현지 유학원에서 학생들을 가르치는 교사가 부족할 뿐만 아니라 전문적인 자격(한국어 교원자격증)을 가진 인력을 확보하기가 매우 어렵다. 대부분 유학원에서 현지 물가를 고려한 교사 임금을 지불하기 때문이다. 더 나아가 이 학생들이 한국에 입국하여 대학에 입학한다고 하였을 때 대학에서는 외국인을 위한 병행 프로그램을 운영해야 하기 때문에 또 다른 교육

---

16 여기에는 자비유학생뿐만 아니라 교환학생, GKS 장학생, 초·중·고등학교 재학 어학연수생 등도 포함된다.

비용이 발생한다. 그렇다고 하여 유학원을 대학 자체에서 경영한다면 현지 파견과 체류 및 교육 비용을 대학 측에서 부담해야 하기 때문에 대학 재정에 매우 큰 부담으로 작동할 수 있다. 따라서 현실적으로 볼 때 한국어 교육센터를 국내에서 운영하는 것이 바람직하다. 즉 학습 효과, 교육 및 관리 비용, 전문적인 인력 확보, 대학생활 및 전공생활 적응 등 많은 면을 고려했을 때 국내 한국어 교육센터를 운영하는 것이 대학뿐만 아니라 국가 차원에서도 기회비용이 덜 들어가는 것이다.

두 번째 안은 해외 중고등학교에 외국어로서 한국어 과목을 설치하고 원어민 교사를 파견해 한국어 교육을 실시하는 것이다. 실제로 2010년 태국과 한국 교육부는 한국어 교육에 대한 양해 각서를 맺고, 태국 현지 학교(해외 초·중등학교) 한국어 교원 파견사업을 시행하였다(2011년[54명/51개교]부터 매년 50명에서 60명의 교원을 파견하였다). 또한, 한국 교육부는 2017년도에 우즈베키스탄과, 2018년도 인도네시아, 2019년도 카자흐스탄과 M.O.U.를 맺고 현지 중고등학교에 교사를 파견하고 있다. 이는 이수한 학생들이 한국에 입학하기를 희망하는 경우 공적 교육에 대한 교육 비용을 교육부에서 부담하고 다양한 형태로 지원하기 때문에 교육의 질적 보장을 어느 정도 담보할 수 있다는 점, 대학의 재정 부담을 줄여 줄 수 있다는 점 등 여러모로 장점을 가지고 있다. 하지만 국가와 국가 간의 상호 협약이 단시일에 이루어지는 것이 아니라 장시간의 정책적 판단이 필요하다는 점에서 국가에서 교육 비용을 계속 부담할 수 있느냐 하는 회의론적인 시각이 존재한다. 또한, 태국을 제외하고는 전국적인 규모가 아니라 일부 지역에서만 한국어 교육이 이루어지기 때문에 그 실효성에 상당한 의문이 제기된다. 이 이외에도 한국 소재 유학원에서 한국어 교육을 담당한다는 것도 하나의 방안이 될 수 있지만, 법무부가 대학조차 신뢰하지 못하는 상황에서 유학원에 이러한 교육을 맡기겠는가 하는 점에서 거의 불가능하다고 예상된다.

초국적 관점에서 본 유학생의 경험과 유학정책

현재 대부분의 대학들이 한국어 교육센터를 운영하고 있다. 이는 학생들의 국제화 역량을 높이는 데 크게 일조하고 있다. 그럼에도 불구하고 한국어 교육센터의 비자를 지금처럼 제한한다면 외국인 유학생들의 유치를 크게 저해할 것은 너무도 당연한 일이다. 더 최악인 것은 법무부가 대학이 외국인 유학생을 유치하기 위해 유학원과 협력하는 것조차 막고 있다는 점이다. 대학의 국제화 역량도 학생들이 있어야 국제화 역량이 키워지는 것이다.

IV. COVID-19와 법무부의 비자 발급 심사 기준

법무부는 2019년 10월부터 비자 발급 심사 기준을 대폭 강화하였다. 대학들은 최근 들어 중국, 베트남, 몽골, 우즈베키스탄 등의 국가를 중심으로 외국인 유학생들을 유치하고 있다. 특정 국적 유학생들(베트남, 우즈베키스탄 등)을 중심으로 불법체류가 증가하고 있다는 점에서 이 국가들을 대상으로 비자 발급 심사 기준을 대폭 강화하였다. 법무부에서 제시한 강화된 주요 비자 심사 기준은 아래와 같다.

(12) 가. 베트남 어학연수생이 미인증대학에 입학하는 경우 재정입증특례 적용

　　나. 법무부장관 고시 21개국 국민이 비자 심사 강화대학에 입학하는 경우 언어 능력 보유 의무화

　　다. 중국, 베트남, 몽골, 우즈베키스탄 국민이 미인증대학의 어학연수과정에 입학하는 경우 법무부 출입국관리사무소를 통해서만 비자 발급 가능(재외공관 불가)

(12)-가의 경우 베트남 출신 유학생에 대하여 '유학경비 보증제도'를 도입

하였다. 비자 신청 시 9,000달러의 잔고증명서를 제출하는 대신, 베트남 및 한국에 지점을 둔 시중 은행에 지급유보 방식의 금융 상품에 가입해 미화 1만 달러를 예치한 후 그 잔고증명서를 제출해야 한다는 것이다. 이 잔고는 6개월마다 4,400달러까지만 인출이 허용되며, D-4 비자를 받은 후에는 전체 금액을 인출할 수 없게 하였다. (12)-나의 경우, 교육국제화역량 평가 결과 기준 미달인 대학에 입학하는 특정 국가 유학생(불법체류자가 많은 국가로 고시된 21개국과 중점 관리 5개국 출신 유학생)의 어학 능력 기준(토픽 3급, 토플 530점 이상)을 강화하여 비자 발급 심사 기준에 반영하고 있다. 이러한 정책은 대학의 신규 유학생 유치와 현재 유학 중인 유학생 모두에게 영향을 주고 있다. 여기에 COVID-19로 인해 국내 유입 외국인 유학생이 감소한 상황에서 이러한 비자 발급 심사 기준의 제시는 D-4 비자 연수생들의 대폭적인 감소로 이어졌다. (12)-다의 경우, 미인증대학(비자 제한 대학이나 컨설팅대학 등)의 어학연수과정에 입학하는 외국인 유학생의 경우 현지가 아닌 한국의 법무부 출입국 관리사무소에서 비자 발급을 처리한다는 지침이다. 미인증기관의 어학연수과정에 대한 경우는 매우 당연한 조치에 해당하지만, (12)-가, 나의 경우는 COVID-19의 상황 속에서 탄력적으로 조정이 가능하다. 이는 2023년까지 외국인 유학생 20만 명을 유치하겠다는 교육부의 'Study Korea Project' 정책에 걸림돌이 될 뿐만 아니라 비자 연장을 앞두고 금전적 부담을 느껴 한국 유학을 포기하는 학생들을 속출하게 만들며, 열악한 재정에 놓인 학생들을 학업보다도 임시 일자리, 더 나아가 불법취업의 현장으로 내몰고 있는 요인으로 작용하고 있기 때문이다. 현재 외국인 유학생들의 경우 일정한 자격 요건을 충족하면 시간제 취업을 할 수 있다.

(13) 가. 유학(D-2) 또는 일반연수(D-4)의 체류자격을 가진 외국인 유학생이 아르바이트를 하려면 일정 수준의 한국어 능력을 보유하고 학교 유학생 담

초국적 관점에서 본 유학생의 경험과 유학정책

당자의 확인을 받은 사람이어야 한다(법무부, 2020: 26).

나. 어학연수생은 자격 변경일(사증소지자는 입국일)로부터 6개월이 경과된 자에 한한다.

다. 석·박사과정 종료자에 한해 정규과정 수료 후 논문준비생도 허용할 수 있으며, 이 경우 학점 미달, 출석률 미달 등 불성실한 학업으로 인한 졸업 지연이 명백한 경우에는 제외된다.

라. 위와 같이 허용하는 경우도 주당 30시간에 한하며 휴무일, 공휴일, 방학 기간 중 무제한 허용 규정은 적용이 배제된다.

마. 아르바이트 허용 분야
- 일반 통역·번역, 음식업 보조, 일반 사무 보조 등
- 영어마을이나 영어캠프 등에서 가게 판매원, 식당 점원, 행사 보조요원 등 활동
- 중국어, 일본어, 기타 외국어 관련 캠프 등도 준용
- 관광 안내 보조 및 면세점 판매 보조 등
- '출입국관리법 시행령' 별표 1의 '비전문취업(E-9)' 자격의 허용범위 내의 제조업에 대해서는 시간제취업 제한(모든 제조업, 건설업 제한)
※ 다만, 토픽 4급(KIIP 4단계 이수) 이상인 경우 제조업 예외적으로 허용

그런데 현재 COVID-19는 외국인 유학생들뿐만 아니라 한국인 학생들의 임시 일자리를 구하기 어려운 상황으로 내몰고 있다. 고용주들의 경우 전에는 저임금으로 외국인 유학생들을 고용하였으나 최저임금의 동일 적용으로 인해 한국인 학생들을 선호하고 있기 때문에 외국인 유학생들의 일자리는 점점 줄어들고 있다. 이러한 상황에서 외국인 유학생들은 비전문취업(E-9)의 영역에서까지 아르바이트를 하게 되고, 결국 불법취업을 할 수밖에 없는 상황으로 내몰리게 된다. 더 나아가 COVID-19는 학교 수업 형태를 바꾸어 놓았다. 온

라인 수업 이수가 가능해지자 학교 근처의 일자리가 아닌 원거리에서 일을 할 수 있게 되면서 그것이 오히려 학생들이 일 때문에 학업을 포기하는 가능성을 높일 수 있는 잠재적 불안 요소로 작동하기도 한다. 외국인 유학생들의 경우 주로 개발도상국의 학생들이기 때문에 재정적인 어려움이 놓여 있다는 항시적 불안 요소와 함께 COVID-19의 상황, 법무부의 이러한 일련의 조치는 외국인 유학생 유치와 상반된 정책에 해당한다.

이에 우선적으로 COVID-19에 따른 국내 경제 상황이 어느 정도 회복되는 시점까지 유학경비 보증 금액에 한시적인 하향 조정이 필요하다. 물론 여기에는 유학이 아닌 취업을 목적으로 오는 학생들의 엄밀한 비자 심사는 그대로 지속되어야 함은 물론이며, 대학 또한 외국인 유학생들의 아르바이트 자리를 확보할 수 있도록 대학 자체의 일자리, 대학 인근의 일자리를 확보하는 노력이 선행되어야 할 것이다. 또한, 뿌리산업(미국의 경우 stem) 분야를 외국인 유학생들의 일자리와 연계하는 양성화 사업도 거시적으로 고려해 볼 만하다. 뿌리산업은 국내 인력들이 기피하는 산업 분야(주조, 금형, 소성가공, 용접, 표면처리, 열처리 등 6개 기술 분야)의 만성적인 기술인력 부족을 완화하기 위해 뿌리기업이 국내 대학을 졸업한 외국인을 기술 인력으로 고용할 수 있도록 지원하는 사업이다. 이러한 프로그램이 확대될 경우 대학에서 취업 목적 외국인 유학생 유치율을 향상시킬 수 있을 뿐만 아니라 인턴십과정을 통한 학생들의 임시 일자리도 확보될 수 있기 때문이다(국가뿌리산업진흥센터, 2015).

토픽 성적은 한국 대학에 입학할 때 외국인 유학생들에게 필수적으로 요구되는 제출 서류에 해당한다. 그런데 COVID-19의 영향으로 이 시험이 2020년도에 유예되어, 한국에 유학을 오는 학생들이 큰 혼란을 겪었다. 이에 법무부에서는 2020년도 6월(하위대학 유학생 한국어능력 입증자료 제출 유예 수정(안))에 외국인 유학생 입학 조건을 일시 완화하였다. 이 조치는 1년 안에 토픽 성적을 제출할 것을 조건으로, 1년간 체류를 허용해 주는 한시적인 성격을 지닌다. 하지만 토픽 시험이 2020년도 COVID-19의 영향으로 연기되거나 취소되어(3차례) 입학과 졸업을 앞둔 학생들이 많은 혼돈을 겪었던 것이 사실이다. 토픽 시험의 파행은 2021년도에도 일어날 수 있는 가능성이 높다는 점에서 이에 대한 유예 조치는 기간이 연장되어야 할 뿐만 아니라, 대학 자체의 한국어시험 성적으로 대체하는 탄력적 조치가 필요하다.

V. COVID-19와 보건복지부의 '외국인 유학생 건강보험 당연가입 적용' 정책

보건복지부는 2019년 7월 16일을 기준으로 외국인 건강보험제도를 개편하였는데, 대학 및 유학생 유치기관 그리고 교육부의 강한 비판을 받았다. 그 이유는 보험비가 민간보험에 비해 약 6배 높게 책정되면서도 이전의 민간보험이 보장하던 커버리지(coverage)보다 상대적으로 약하기 때문이었다. 이러한 반대에 의하여 이 제도는 2년간 시행이 유예되었지만, '장기체류 재외국민 및 외국인에 대한 건강보험 적용 기준'에 따라 결국 2021년 3월 1일부터 '외국인 유학생 건강보험 당연가입 적용'정책을 강행하였다. 여기에 더하여 보건복지부의 외국인 유학생 건강보험 당연가입제도는 대학의 '교육국제화역량 인증제' 평가 지표의 하나로 선정되어 많은 반대에도 불구하고 현재 강행되고 있는 형편이다. 이 정책의 시행은 표면적으로 다음과 같다.

(14) 외국인 및 재외국민이 건강보험 보장이 필요한 경우에만 지역가입자로 임의 가입해 고액의 진료를 받고 출국하는 소위 '건보 먹튀'를 방지하고자 국민건강보험법을 개정해 6개월 이상 국내에 체류하는 모든 외국인 및 재외국민에 대해 건강보험 '지역가입'을 의무화한 것이다.

하지만 이러한 경우는 외국인 유학생에게는 매우 드문 현상으로 실제로는 대부분 낸 보험료보다 보험 혜택을 받은 수가 적었다. 이는 건강보험공단의 '2013~2017년 국민·외국인·재외국민 건강보험료 현황' 자료에서 외국인 전체 가입자의 건강보험 재정수지는 2017년 2,490억 원 흑자를 보이는 등 2013년부터 5년간 1조 1천억 원의 흑자를 기록한 것을 보면 잘 알 수 있다. 결국 외국인들을 한국의 국민건강보험에 가입시키면서 재정 적자를 면치 못하고 있는 보험 재정을 외국인 유학생에 전가하고자 하는 의도가 있다고 볼 수밖에 없다. 한편 보험료는 외국인의 경우 일정 소득과 재산을 파악하기 힘들기 때문에 건강보험 전체 가입자의 평균 보험료(2019년 기준 월 113,050원)를 기준으로 부과되고 있다. 따라서 소득 수준 및 세대 거주 여부와 관계없이 외국인 유학생들은 무조건적으로 월 113,050원 이상의 보험료를 지불해야 하는 실정이다. 현재 국민건강보험공단에서는 외국인 유학생의 경우 교육을 위한 체류 목적 및 소득 활동이 없는 특수성을 고려하여 전체 가입자 평균 보험료의 50%를 차등 부과하고 있지만, 월 43,490원을 지불해야 하며 이는 이전까지 대학에서 연계한 민간보험 가입 시 지불하던 금액의 6배에 도달하는 금액임은 너무도 잘 알려진 사실이다.

〈표 10〉 국민건강보험법 개정에 따른 외국인 유학생 보험료 변화

	가입 방식	연간보험료
개정안 시행 이전	민간보험 개별 단체	연간보험료 10만~12만 원
개정안 시행 이후	국민건강보험 의무가입	67만 8,360원

자료: 한국경제, 2019. 5. 18, '먹튀 외국인' 잡으려던 건강보험 의무가입, 외국인 유학생 유탄

건강보험 가입의 문제는 비용만이 아니라, 그 전에 외국인 유학생들이 가입하였던 민간보험에 비해 매우 낮은 수준의 보장성을 갖는다는 것이다. 예컨대 유학생 맞춤형 보장 혜택(건강보험과 비슷한 수준의 의료보장 혜택, 병원비 지불보

증, 사망 및 후유장해 시 보상, 유해 이송, 일상생활 배상책임, 다국어 안내서비스 등)과 달리 현 건강보험제도에서는 사망 및 후유장해 시 보상, 유해 이송 등의 보장을 받을 수 없다는 것이다.

〈표 11〉 국민건강보험과 민간 의료보험 비교

구분	국민건강보험	민간 의료보험
입원	총 진료비의 80% 보상	본인 실제 부담 금액의 80%(최대 5천만 원)
외래	병원급에 따라 40~70% 보상	본인 실제 부담 금액 80%에서 병원등급별 공제금액을 차감한 금액
처방 조제	70% 보상	본인 실제 부담한 금액의 80%에서 8천 원과 보상 대상 의료비의 20% 중 큰 금액 차감한 금액
사망	없음	상해사망 최대 1억 원 질병사망 최고 3천만 원
기타	암·희귀·중증난치질환자: 90~95% 보상 뇌혈관 및 심장질환자: 95% 보상	사망한 경우 유해이송비용 일상생활 배상책임: 최고 1천만 원

자료: 유학생 국민건강보험 가입 관련 협의 자료(교육부, 2019)

따라서 위험요소에 대비하도록 국민건강보험 이외에 별도의 민간보험에 필수적으로 가입해야 되는 상황이 벌어지게 되었으며 이는 외국인 유학생의 경제적 부담을 더욱더 가중시켰다. 여기에 COVID-19로 유학생 수가 대폭 감소하였고 이 추세가 지속될 것으로 전망되는 가운데 주변국에 비해 높은 보험료는 유학생 감소 심화를 초래할 수 있다.

(15) 일본의 경우 유학생 보험료는 연간 약 24만 원으로 연봉이 2,500만 원인 1인 가입자 연간보험료 242만 원의 10% 수준이며, 유학생도 내국인과 마찬가지로 일본에서의 직전 연도 소득을 기준으로 보험료를 산정하고 있음. 대만의 경우 유학생 보험료가 연간 37만 원으로 월수입이 150만 원인 근로자 보험료인 100만 원의 1/3 수준이며, 이는 내국인 중 가장 소득이 낮은 제6군

이 부담하는 보험료 수준임.

이는 외국인 유학생 1인당 경제기대 효과(연간 약 1,500만 원)를 고려하였을 때 유학생 건강보험 가입으로 얻는 이익보다 유학생 감소로 인한 손해가 더 클 것으로 예상된다. 또한, 이에 대한 여파로 불법취업, 보험료 미납, 불법체류를 야기할 가능성이 높다. 더 나아가 COVID-19의 상황 속에서 신입생과 재학생의 감소를 촉발시켜 외국인 유학생의 교육을 담당하는 전국 224개 대학부설 한국어 교육기관의 한국어 교원들의 고용에 악영향을 미치는 것은 너무도 당연하다. 이렇게 심각한 문제와 관계자들의 반발에도 불구하고 2021년 3월 1일자로 개정안을 강행하고 있다는 점에서 보건복지부의 전향적인 자세가 필요하다. 따라서 COVID-19에 현재 시행 중인 외국인 유학생 건강보험 당연 가입 적용제도의 개선이 시급하며, 보험 운영에 대한 탄력적인 재검토가 필요하다.

여기에서 제안하는 것은 첫째, COVID-19 사태가 안정화될 때까지 외국인 유학생 건강보험 가입 유보뿐만 아니라 둘째, 보험 보장 내용을 민간보험 수준으로 확대하여야 한다. 셋째, 보험 비용을 현재의 1/2로 낮추는 정책에 대한 재고가 필요한데, 이는 보험 비용 자체가 높다는 점뿐만 아니라 기존 필요한 민간 차원에서 보장하였던 보장(예컨대 생명보험 보장)이 학교 입장에서도, 개인의 입장에서도 필요하기 때문이다. 또한, COVID-19 상황을 고려하여 입국한 외국인 유학생들에게 백신 접종을 보장하는 것이 필요하다. 현재 우리 국민은 백신 접종을 무료로 하고 있고, 이들도 우리의 국민 건강보험에 가입을 하기 때문에 백신 접종도 무료로 해야 한다는 것은 너무나 당연한 귀결이다.

VI. 결론

이 연구는 COVID-19 이전과 이후의 외국인 유학생 현황을 살펴보았다. 특히 유학생 유치와 직간접적으로 관련이 있는 정부의 여러 부서들, 교육부, 법무부 그리고 보건복지부의 기존 유학생 제도를 비판적으로 고찰하였다. 현 정부정책의 유학생 관련 제도가 COVID-19로 초래된 외국인 유학생의 급격한 감소에 탄력적으로 대응할 수 있는지를 살펴보면서 COVID-19 이후의 한국어 교육의 안정적인 발전을 도모하기 위하여 어떤 준비를 해야 하는지에 대한 몇 가지 제언을 하였다. 2절에서는 COVID-19 이전과 이후의 외국인 유학생 규모를 파악하였다. COVID-19 이전의 경우 외국인 유학생들의 수는 점진적으로 증가하는 추세에 있었지만, COVID-19가 한국에서 본격적으로 확진된 시점인 2020년 4월부터 외국인 유학생들이 확연히 감소하였음을 밝혔다. 이는 학부생이 아니라 연수생에 있어 특히 감소하였다.

3절에서는 대학의 외국인 유학생의 유치와 관리에 절대적인 영향을 주는 '교육국제화역량 인증제'를 살펴보았다. 여기에는 여러 가지 하위 평가 지표가 있지만 특히 불법체류율이 가장 핵심적인 지표임을 언급하였다. 교육부는 COVID-19 상황을 고려하여 평가 기간을 조정하여 임시적인 완화 조치를 하였다. 하지만 이는 매우 한시적인 조치로 COVID-19가 아직까지 현재 진행형이고 국내외 여건을 감안하면 2년 이상 지속된다는 점에서 매우 불완전한 해결책임을 말하였다. 불법체류율 지표의 가장 큰 문제는 외국인 유학생들의 불법체류에 대한 책임을 모두 학교에게 돌린다는 데 있다. 불법체류의 문제는 학생들을 고용하는 사업주나 불법체류를 한 학생들을 강하게 제재를 하지 않는 결과에 기인한다. 곧 평가 지표에서 불법체류율에 대한 지표 증가는 사회 구조적인 측면이 더 강하며, 사회적 장치가 마련된다면 대학에서의 불법체류가 원천적으로 줄어들 수 있다는 점을 언급하였다. 둘째, 현재의 불법체류율 산정 방식에 문제가 있음을 말하였다. 이에 산정 분모를 최근 1년간 신규 입학 및 편입한 유학생 수가 아니라 전체 재학 유학생 수로 해야함을 제안하였다. 셋째, 연수생들에 대한 제한은 학생들의 대학 적응, 교육 및 관리 비용 그리고 전문적인 인력 확보, 대학생활 및 전공생활 적응 등에 많은 문제를 야기한다는 점을 밝혔다. 따라서 국내 한국어 교육센터를 운영하는 것이 대학뿐만 아니라 국가 차원에서도 기회비용이 덜 들어가는 것임을 말하였으며, 이에 따라 연수생들에 대한 비자 완화 조치가 필요함을 역설하였다.

4절에서는 법무부의 강화된 주요 비자 심사 기준의 문제점을 살펴보았다. 우선 '유학경비 보증제도'는 D-4 비자 연수생들에 대한 대폭적인 감소, 한국 유학을 포기하는 학생들의 증가, 학생들을 학업보다도 임시 일자리, 더 나아가 불법취업의 현장으로 내몰고 있는 요인으로 작동함을 밝혔다. 이에 COVID-19에 따른 국내 경제 상황이 어느 정도 회복되는 시점까지 유학경비 보증 금액에 한시적인 하향 조정이 필요하며, 대학이 외국인 유학생들의 아르바이트 자리를 확보할 수 있도록 대학 자체의 일자리 그리고 대학 인근의 일자리를 확보하는 노력이 선행되어야 할 것이다. 또한, 뿌리산업과 같이 외국인 유학생들의 일자리와 연계하는 양성화 사업이 필요함을 역설하였다. 둘째, 신규 유학생이나 재학 중인 유학생들에게 요구되는 토픽 성적 제출 서류는 법무부에서 COVID-19의 상황을 감안하여 일시 완화하였지만, 대학 자체의 한국어시험 성적으로 대체하는 탄력적 조치가 필요함을 밝혔다.

5절에서는 보건복지부의 '외국인 유학생 건강보험 당연가입 적용' 정책을 살펴보았다. 현재 COVID-19 상황이 진행됨에도 불구하고 보건복지부가 3월 1일부터 강행하고 있는 이 제도는 외국인 유학생 유치에 매우 부정적인 영향을 미친다. 또한, 외국인 유학생들이 감당할 수 있는 보험료 산정, 기존의 민간보험에서 보장하였던 부분에 대한 보완, 국민건강보험에 대상자가 된 외국인 유학생들의 경우 한국인과 동일한 혜택을 받아야 함을 역설하였다.

참고문헌

교육부, 2019, 교육국제화역량 인증제 3주기 평가체계 기본계획(안).

교육부, 2019, 유학생 국민건강보험 가입 관련 협의 자료.

교육부, 2020, 2020년 교육기본통계 결과 발표 및 2020년 교육기본통계 주요내용.

교육부, 2020, 2020년도 교육국제화역량 인증제 및 외국인 유학생 유치·관리 실태조사 시행 공고.

교육부, 2021, 2021년 교육국제화역량 인증제 및 실태조사 추진 방향 의견.

교육부, 2021, 2021학년도 1학기 외국인 유학생 보호·관리방안.

국가법령정보센터, 2020, 2020 출입국관리법 제20조, https://www.law.go.kr.

국가뿌리산업진흥센터, 2015, "뿌리산업의 맞춤 인재를 키운다!", 『더뿌리GO』, 24(10).

김환학, 2013, "불법체류자의 고용관계에 대한 통제", 『행정법연구』, 35, 87-113.

법무부, 2020, 2020 외국인체류 안내매뉴얼(2020.6 기준).

법무부, 2021, 출입국·외국인정책 통계월보, 정책브리핑, 2021년 1월호.

봉동택·박정은, 2020, "포스트 코로나 시대의 한국대학 국제화 전략 - 코로나19시대 중국인 유학생들에 대한 교육전략 개선방안을 중심으로", 『중국연구』, 85, 305-329.

연합뉴스, 2020.8.6, 불법체류 근절에는 고용주 엄벌이 해법, https://www.yna.co.kr/view/AKR20200806056300371?input=1195m.

이규용·이태정, 2007, "이슈분석: 외국인 불법체류 및 취업문제, 어떻게 바라볼 것인가?", 『노동리뷰』, (9), 52-65.

최서리 외, 2019, 외국인 불법고용주 제재의 현황과 개선방안, 이민정책연구원.

한국경제, 2019.5.17, '먹튀 외국인' 잡으려던 건강보험 의무가입, 외국인 유학생에 유탄.

한국교육개발원(KEDI), 2019, 2019년도 국내 고등교육기관 외국인 유학생 통계.

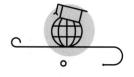

8장

유학생 관련 명칭의 현황과 명칭 사용의 문제

- 학술 논문의 제목을 중심으로 -

이화숙·이용승

I. 서론

1. 연구 목적

이 글은 유학생 관련 명칭의 현황을 분석하여, 명칭의 사용에서 드러나는 문제점을 살펴 대안을 제시한다. 이를 위해 학술 논문의 제목을 대상으로 유학생 관련 명칭을 수집하여 분석 자료를 마련하였다.

유학생 집단은 유학(留學)이라는 경로를 통해 국경을 넘나드는 초국적행위자로[1], 다문화 사회로 일컬어지고 있는 현대사회에서 결혼이주민과 이주노동자 등과 함께 중요한 이주민 집단 중 하나이다. 법무부 자료를 보면, 1993년 '유학'과 '일반연수', 두 종류로 유학생을 구분하던 것이, 2017년부터 '전문학사', '학사유학', '석사유학', '박사유학', '연구유학', '교환학생', '대학부설 어학원연수', '외국어연수', '일학습연계유학', '단기유학' 등 범주명이 10종으로 늘

---

1 국가의 경계를 가로지르는 사회적 관계를 집합적으로 일컬어 초국가주의라고 하는데, 이는 민간과 비제도권에 의한 상품, 문화, 정보, 서비스의 연결과 상호작용이 국경을 초월하여 발생하고 유지되는 현상을 의미한다(Vertovec, 2009). 유학생은 초국가주의 관점에서 초국적 행위자로 볼 수 있다.

어났다. 그 수도 1993년 2,400명이던 것이 2019년에는 180,131명에 이르며, 소속기관과 교육 단계, 체류 형태 등이 다양해지면서 그 외연도 함께 확장되었다.[2] 과거에는 주로 외국의 학교에서 공부하는 한국 국적의 학생을 가리켜 유학생이라고 하였다. 하지만 2018년을 기준으로 한국의 고등교육기관에서 수학하고 있는 외국 국적의 학생이 18만 명을 넘어섰으며, 근래 관련 정책과 교육도 큰 변화를 겪고 있어 우리가 전통적으로 유학생이라고 지칭하던 대상이 변하고 있다. 국내의 유학생 수가 증가하기 시작하는 2005년을 기점으로 학계에서는 유학생 관련 연구가 활발하게 이루어지고 있는데, 연구 분야가 확대될수록 유학생에 대한 명칭(이하 '명칭')도 혼란한 양상을 보여 174종의 '명칭'이 논문의 제목에 나타난다.

한국 사회에 있는 유학생 집단은 여러 학문 분야의 논문 제목에서 주로 '외국인', '학습자', '유학생' 등으로 일컬어지고 있으며, 국적과 소속 등을 나타내는 단어들과 결합하여 다양하게 지칭되고 있다. 논문 제목에서 확인할 수 있는 '명칭'의 수는 약 174종에 이르는데, 그 형태와 의미 분석 등 학술적 연구가 이루어진 것이 없다. 특정 집단을 가리키는 명칭은 지칭하는 집단의 정체성을 반영하며 사회적 인식을 형성하는 데 영향을 끼치는 만큼, 가치중립적이면서도 지시적이고 기술적이어야 한다. 이 글에서는 유학생 집단을 가리키는 '명칭'의 현황을 먼저 분석하고, 구성 형태와 의미 분석을 통해 '명칭'의 사용에서

---

2   출입국외국인정책본부(www.immigration.go.kr)에서 제공하는 '출입국통계연보'를 참고하여 10년간의 유학생 수와 증감률을 제시하면 다음 표와 같다.

〈연도별 유학생 수와 증감률〉

연도	2010	2011	2012	2013	2014
유학생 수(명)	87,480	88,468	84,711	81,847	86,410
증감률(%)	8.02	1.13	−4.25	−3.4	5.6
연도	2015	2016	2017	2018	2019
유학생 수(명)	96,357	115,927	135,087	160,671	180,131
증감률(%)	11.5	20.3	16.5	18.9	12.1

나타나는 문제점을 살펴보고 가치중립적인 '명칭'을 아울러 논의하고자 한다.

2. 선행 연구

이주 현상 내지는 이주민과 관련한 명칭이나 용어에 대해서는 앞선 연구들을 통해 논의가 이루어져 왔다. 먼저 다문화 연구가 확대되면서, 김혜순(2008)과 민현식(2008)에서 다문화와 관련하여 과도한 용어와 개념이 혼용되고 있다는 문제 제기가 시작되었다. 특히 김혜순(2008: 39)에서는 '다문화'가 대중적으로 논의되기 시작한 2005년 말부터 2006년 초를 기점으로, 선행 연구가 많지 않은 상황에서도 관련 용어가 혼용되고 있는 것에 주목하여, "이 분야에는 사용하는 사람들만큼 다양한 용어와 용법이 경쟁하며 공존하고 있다."라고 지적한 바 있다.

언어 표현이 사회적 인식을 형성하는 데 관여한다는 문제의식을 갖고, 차별적 언어 표현들에 대해 논의한 것으로 박재현 외(2009), 안태숙 외(2010), 김일환(2014) 등이 있다. 김일환(2014)에서는 2000년부터 2011년 사이 신문기사에 나타난 '사회'와 함께 사용하는 어휘 중 '차별'이 있으며, 차별은 다시 '외국인'과 공기하는 것을 확인하였다. 박재현 외(2009)에서는 다문화와 관련한 차별적 언어 표현을 다루기 위해 '이주민 차별'을 한 유형으로 설정하고 그 예시로 이주노동자, 결혼이주여성, 귀순자, 탈북자, 새터민을 제시하였다. 안태숙 외(2010)에서는 '다문화 가정', '새터민', '조선족', '혼혈인'이라는 단어가 해당 소수자 구성원에게 차별감을 주는 정도에 대한 대한국민 인식을 조사했다. 일반 국민의 경우 특히 '조선족'에 대한 단어 변경 의견이 가장 높게 나타났다는 조사 결과를 제시하였다. 조태린(2011)에서는 '교포/동포'가 자국 중심적인 사고가 반영된 차별적 언어 표현 중 하나로 보았다. 이들 선행 연구를 통해 외국인, 교포/동포, 조선족 등이 차별의식과 관련 있는 언어 표현임을 확인할 수 있다.

초국적 관점에서 본 유학생의 경험과 유학정책

다문화를 키워드로 이루어진 용어와 명칭에 대한 연구는 서종남(2010), 이민경·이수정(2011), 장한업(2011), 이화숙·이용승(2013) 등이 있다. 서종남(2010)에서는 7개 정부 부처에서 사용하는 다문화 용어를 수집하여 혼용하고 있는 현황을 제시하고, 전문가 집단 인터뷰를 통해 다양한 용어들 중 '이주근로자', '결혼이민자', '새터민' 등을 사용할 것을 제안하였다. 이민경·이수정(2011)에서는 문화적 소수자들을 가리키는 수식어로 '다문화 아동'과 '다문화 청소년' 등이, 대상을 객체화하고 다문화 사회의 문제를 문화적 소수자의 문제로 한정시키는 결과를 가져왔음을 지적하고 가치개념이 들어가지 않는 용어로 '이주배경 아동·청소년'을 제안하였다. 장한업(2011)에서는 '다문화 가정'이라는 표현이 진지한 학술적 논의 없이 만들어졌음을 지적하고, '보통 한국인 가정은 단(일)문화 가정'이라는 것을 전제하는 부적절한 용어이므로 '이민자 가정'을 제안하였다. 이화숙·이용승(2013)에서는 결혼을 동기로 이주한 여성 집단에 대한 명칭 65종을 분석한 결과 '성 정체성', '이동 동기', '국적 정체성', '이동 유형', '가족 유형' 등의 의미를 갖는 형태들이 결합하여 다양한 이칭이 만들어지고 있음을 지적하고, '결혼이주민'이라는 명칭을 사용할 것을 제안하였다.

　　북한이탈주민에 대한 용어와 명칭을 분석한 연구로는 이용승(2014), 최유숙(2016), 이화숙·원순옥(2017) 등이 있다. 이용승(2014)에서는 '북한이탈주민'이 갖는 의미의 부정성을 감안하여 '북한이주주민(denizens from North Korea)'이라는 용어를 제안하였다. 최유숙(2016)은 신문기사에 나타난 북한이탈주민에 대한 지칭어와 그 공기어를 분석한 결과, '탈북'과 '이탈'에 비해 상대적으로 '이주'가 부정적 의미의 형용사와 공기하는 비율이 낮게 나타났으며, 이를 근거로 '북한이주민'이 공적 사용을 검토해 볼 만한 명칭이라고 하였다. 이화숙·원순옥(2017)에서는 북한에서 온 집단을 가리키는 121종의 명칭을 '성별', '연령', '행위', '정체성'의 의미 중심으로 분석하여 기술적(記述的)인 표현으로 '북한이주주민'을 제안하였다.

앞선 연구들은 한국 사회의 차별과 관련한 언어 표현과 이주민 집단에 대한 용어 및 명칭에 대한 문제의식과 비판적 이해를 넓혔다는 데 의의가 있다. 유학생의 경우 학생 신분이므로, 이들에 대한 대중적 담론이나 상반된 사회적 인식이 크게 드러나지 않는다는 점에서 다른 이주민 집단과 차이가 있다. 하지만 이들을 가리키는 '명칭'의 경우 174종에 이를 만큼 복잡한 양상을 보이는데, 결혼이주민과 북한이주주민 등 여타의 이주민 집단을 가리키는 명칭의 혼용 양상과 다르지 않다. 유학생을 바라보는 우리 사회의 인식과 그 인식을 형성하는 그들의 정체성이 아직 확정적이지 않아 지칭이 비교적 자유롭기 때문일 것으로 본다. 어쩌면 현재의 혼용이 보다 정확한 명칭의 정착과정일 수도 있다. 다만 '명칭'을 구성하는 개념과 혼용 양상이 과도한 것은 비판의 여지가 있다.

3. 연구 방법

유학생을 가리키는 명칭을 연구하기 위해서 먼저 학술 논문의 제목에서 '명칭'들을 수집하는 것에서 연구를 시작하였다.[3] 한국학술지인용색인(http://www.kci.go.kr)에서 제공하는 국내학술지논문 상세검색 기능을 활용하여 '유학생', '학습자', '외국인'이 포함된 논문의 제목을 수집 대상으로 한정하였다. 자료의 수집과 분석 및 논의 과정은 다음의 〈표 1〉로 제시한 연구 설계에 따랐다.[4]

---

3 이 글에서는 여찬영(1995; 1997)에서 명칭어를 분석하는 방법론을 참고하여 논문 제목에서 '명칭'을 가려냈다. '명칭'의 가장 오른쪽에 위치하는 핵어(核語)를 기준으로 국적, 소속 및 수학 과정, 체류국 등을 구별표지로 보고 '한국 체류 외국인 유학생', '일본어 모어 학습자', '한국어 학습 외국인' 등을 하나의 '명칭'으로 취급하였다.

4 이 글에서 유학생에 대한 '명칭'을 수집하고 분석하기 위한 연구 설계는, 결혼이주민과 관련한 명칭을 분석한 이화숙(2013)의 방법론을 참고하였다.

진행 단계		진행 내용
자료 확보	1단계	'명칭' 분석 기본 자료 확보(1,170건) −제목에 '유학생'이 포함된 학술 논문 검색
	2단계	'유학생'과 공기하는 어휘 분석(SynKDP 버전 1.5 활용) −추가 키워드로 '학습자', '외국인' 추출
	3단계	'명칭' 분석 추가 자료 확보 −제목에 '학습자'가 포함된 논문 검색(7,059건) −제목에 '외국인'이 포함된 논문 검색(3,454건)
	4단계	'명칭' 분석 최종 자료 확보(1,155건) −중복 제목 삭제 정리 −논의의 대상이 다른 제목 삭제 −한글 이외의 제목 삭제
분석	5단계	'명칭'의 현황 분석(연도별 출현 비율, 사용 빈도)
	6단계	'명칭'을 구성하는 형태 의미와 명칭 사용의 문제 분석

자료 확보를 위해 먼저 '논문명: 유학생', '발행연도: 0000−2018', '등재여부: KCI등재/KCI등재후보'를 각각 제한하여 검색한 결과 1,170건의 목록을 확보하였다(〈표 1〉의 1단계). 목록에서 논문 제목만을 별도로 선택한 후 통합형 한글 자료 처리기(SynKDP 버전 1.5)를 활용하여 1,170건의 제목 속에서 '유학생'과 공기하는 어휘들을 분석한 결과, '학습자'와 '외국인'이 포함되는 것을 확인하였다(〈표 1〉의 2단계). 이를 근거로 '논문명: 학습자'와, '논문명: 외국인'으로 논문 제목을 제한하여, '유학생'과 동일한 방식으로 상세 검색을 각각 실시하였다. 그 결과 '학습자'가 포함된 목록 7,059건, '외국인'이 포함된 목록 3,454건을 추가로 확보하였다(〈표 1〉의 3단계). '유학생', '학습자', '외국인'을 포함하는 11,683건의 논문 제목을 대상으로 중복되는 제목들을 먼저 삭제 정리한 후, 제목에 '동경 유학생', '불교 유학생', '조기 유학생', '조선 유학생', '해외 유학생', '성인 학습자', '영어 학습자', '일본어 학습자', '평생 학습자', '외국인 노동자', '외국인 투자자', '외국인 수형자', '외국인 배우자' 등 논의의 대상이 다른 경우를 모두 제외하였다. 약 3,200개의 제목을 바탕으로 논문의 초록과 본

문을 읽으면서, '명칭'이 가리키는 대상이 국내의 고등교육기관에 소속되어 있는 경우만 가려내 모두 1,155개의 논문 제목을 최종적으로 확보하였다.[5]

II. 유학생 관련 '명칭'의 현황

논문의 제목에 유학생 관련 '명칭'이 본격적으로 나타나기 시작한 것은 2010년부터이다. 〈표 1〉의 연구 설계에 따라 가려낸 최종 대상인 1,155개의 논문 제목에 나타나는 '명칭'의 출현 빈도를 분석하면 약 88.2%가 2010년 이후에 쓰인 것을 알 수 있다. 아래 〈그림 1〉은 연도별로 해당 '명칭'의 출현 빈도를 비율로 환산하여 나타낸 것이다.

유학생 관련 '명칭'이 포함된 1,155개의 논문 제목을 기준으로 연도별 분포를 살펴보면, 2009년까지 논문 제목에 '명칭'이 쓰인 것은 11.8%(136회)이며,

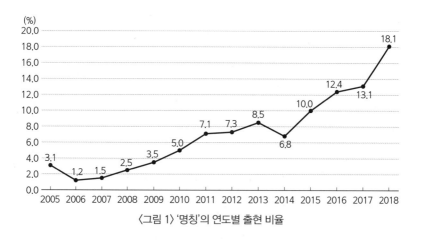

〈그림 1〉 '명칭'의 연도별 출현 비율

---

5 제목과 소제목이 함께 있을 때 이 둘을 분리하여 각각의 논문 제목으로 취급하였다. "대학교 기숙사 생활 만족도에 영향을 미치는 요인: G대학 외국인 학생을 중심으로"의 경우 'G대학 외국인 학생'이 포함된 소제목이 분석 대상이 되며, "지방대학 외국인 유학생들의 유학 동기: A

2010년에 5%(58회)에서 해마다 증가하여 2015년에는 10%(115회)를 넘어서고, 이후 2016년 12.4%(143회), 2017년 13.1%(151회), 2018년에는18.1%(209회)로 점차 증가하였다. 특히 절반 이상이 2015년부터 2018년 사이에 쓰였다. 이를 통해 유학생에 대한 연구가 짧은 기간 압축적으로 이루어진 것을 알 수 있는데, 이 시기에는 '명칭'의 형태도 다양하게 나타난다. 대상 논문 1,155개의 제목에서 가려낸 유학생 관련 '명칭'은 모두 174종이다. 사용 빈도는 적게는 1회에서, 많게는 182회에 이르러 누적 사용 편차가 크게 나타난다. 174종 '명칭'의 출현 빈도와 구체적인 형태를 모두 제시하면 아래의 〈표 2〉와 같다.[6]

〈표 2〉 '명칭'의 출현 빈도와 형태

출현 빈도 (이칭 종류)	'명칭'의 형태
	고급 수준의 한국어 학습자, 고급 학문 목적 한국어 학습자, 골프전공 유학생, 골프학전공 유학생, 국내 거주 20대 중국 유학생, 국내 거주 무슬림 유학생, 국내 거주 중국인 유학생, 국내 대학 교양 학부의 중국인 유학생, 국내 대학 외국인 유학생, 국내 대학원에 재학 중인 중국인 유학생, 국내 대학의 외국인 학생, 국내 동남아시아계 유학생, 국내 뷰티전공 유학생, 국내 외국 유학생, 국내 프랑스인 학습자, 국어국문학전공 외국인 유학생, 국제 유학생, 국제결혼 가정 출신 외국인 유학생, 귀국 유학생, 기혼 여자 유학생, 다문화 유학생, 대학 유학생, 대학교 외국인 유학생, 대학 내 국제어학원 과정 외국인 학생, 대학에 재학 중인 학문 목적 외국인 유학생, 대학원과정 기혼 몽골 유학생, 대학의 외국인 유학생, 독립국가연합 유학생, 동남아시아 유학생, 동북아시아 유학생, 말레이시아인 한국어 고급 학습자, 모국에 자녀를 둔 기혼 여자 유학생, 몽골 유학생, 몽골 출신 대학원 유학생, 무슬림 유학생, 미용전공

대학 아시아 유학생들의 한국 유학 선택과 그 의미를 중심으로"의 경우 제목과 소제목 모두 각각의 논문 제목으로 처리하였다. 'G대학', 'A대학'과 같이 특정 기호와 지역이 명시된 경우 이를 삭제하고 '대학', '지역대학'으로 형태를 통일하였다.

6 논문의 제목에서 '일본·중국 유학생', '전공 및 전공 예비과정 학습자', '조선족 및 한족 중국 유학생', '중·고급 학습자', '중국 및 일본 유학생', '중국·몽골 학습자', '중국·일본 유학생' 등 2종 이상이 나열된 경우는 '일본 유학생'과 '중국 유학생', '전공과정 학습자'와 '전공예비과정 학습자' 등으로 각각 구분하여 분석 자료에 포함하였다.

1회(117종)	중국 유학생, 박사과정 유학생, 베트남어권 초급 학습자, 베트남인 유학생, 브라질인 학습자, 비한문 문화권의 외국인, 사우디아라비아 유학생, 사우디아라비아인 유학생, 사회복지학전공 유학생, 상위 학습자, 석사과정 정부초청 외국인 장학생, 아랍 유학생, 아시아 국가 출신 유학생, 아시아계 외국인 학생, 영어권 고급 학습자, 예비과정 유학생, 외국어로서 한국어 중급 학습자, 외국인 공과대학 대학원생, 외국인 단기 유학생, 외국인 예비 유학생, 우리나라 외국인 유학생, 이공계 유학생, 이공계 전공 예비 유학생, 이공계열 외국인 유학생, 이공계열 중국인 유학생, 이슬람권 유학생, 인도네시아 무슬림 유학생, 일본어 모어 학습자, 일본어권 고급 학습자, 일본어를 모어로 하는 학습자, 일본인 고급 학습자, 일본인 유학생, 일본인 한국어 고급 학습자, 재한 일본 유학생, 재한 동포 유학생, 재한국 중국 유학생, 조선족 유학생, 조선족 중국 유학생, 중국 남자 유학생, 중국 여자 유학생, 중국 학부 유학생, 중국어권 초급 학습자, 중국어권 한국 유학생, 중국어권 한국어 고급 학습자, 중국어권 한국어 학습자, 중국인 국내 유학생, 중국인 대학원 유학생, 중급 단계 유학생, 중급 수준의 학문 목적 한국어 학습자, 중급 중국인 학습자, 중앙아시아 유학생, 중앙아시아 출신 유학생, 지방 사립대 중국인 유학생, 지역 남녀 중국인 유학생, 지역 외국인 유학생, 지역 유학생, 지역대학 유아교육과 중국인 유학생, 지역의 대학교에 재학 중인 중국 유학생, 초급 학습자, 쿠웨이트 유학생, 하위 학습자, 학문 목적 외국인 유학생, 학문 목적 중국인 유학생, 학문 목적의 학습자, 학사경고를 받은 공과 계열 중국인 유학생, 한국 대학원 유학생, 한국 대학원에 재학하는 중국 유학생, 한국 대학으로 유학을 온 아시아 유학생, 한국 무슬림 유학생, 한국 지방대학의 중국 유학생, 한국 거주 중국인 유학생, 한국 대학교에서 유학 중인 외국인 학생, 한국어 고급 단계 외국인 학습자, 한국어 학습 외국인, 한국에서 유학하는 중국 유학생, 한국중부초청 외국인 대학원장학생, 한국 체류 외국인 유학생, 한족 중국 유학생, 항공서비스전공 유학생
2회(15종)	국내 유학생, 대학교 중국 유학생, 우즈베키스탄 유학생, 재한 유학생, 주한 외국인 유학생, 주한 중국 유학생, 중국어권 유학생, 중국인 고급 학습자, 중급 학습자, 지역 중국 유학생, 학부 외국인 유학생, 한국어 초급 학습자, 한국에 거주하는 중국인 유학생, 한국 체류 중국 유학생, 재한 우즈베키스탄 유학생
3회(6종)	아시아 유학생, 일본어권 학습자, 일본어권 한국어 학습자, 초급 학습자, 학문 목적 유학생, 한국 내 중국 유학생
4회(8종)	몽골인 학습자, 외국인 학부 유학생, 외국인 한국어 학습자, 학문 목적 학습자, 한국 거주 외국인 유학생, 한국 거주 중국 유학생, 한국 내 중국인 유학생, 한국어 중급 학습자
5회(3종)	베트남인 학습자, 일본 유학생, 일본인 학습자
6회(2종)	국내 중국 유학생, 외국 유학생
7회(2종)	베트남 유학생, 외국인
8회(1종)	재한 아시아 유학생
9회(1종)	국내 중국인 유학생
10회(3종)	국내 외국인 유학생, 학부 유학생, 한국어 고급 학습자
11회(2종)	일본인 한국어 학습자, 학문 목적 한국어 학습자

초국적 관점에서 본 유학생의 경험과 유학정책

15회(1종)	외국인 학생
16회(2종)	고급 학습자, 외국인 대학원생
20회(1종)	외국인 대학생
24회(1종)	외국인 학습자
33회(1종)	재한 중국인 유학생
36회(1종)	재한 중국 유학생
44회(1종)	유학생
51회(1종)	중국인 한국어 학습자
60회(1종)	중국인 학습자
98회(1종)	중국인 유학생
99회(1종)	중국 유학생
154회(1종)	한국어 학습자
182회(1종)	외국인 유학생

위의 〈표 2〉에서 174종의 명칭 중 출현 빈도가 가장 높은 것은 '외국인 유학생(182회)'이다. 그 다음이 '중국인 한국어 학습자(51회)', '중국 유학생(99회)', '중국인 유학생(98회)', '중국인 학습자(60회)', '한국어 학습자(47회)', '유학생(44회)' 등의 순으로 높은 출현 빈도를 확인할 수 있다. 10회 미만의 출현 빈도를 보이는 '명칭'이 89%(155종)이며, 10회 이상 출현하는 '명칭'이 11%(19종)이다.

특히 논문의 제목에 1회만 쓰인 '명칭'이 전체의 67%(117종)를 차지하고 있다. 논문 제목에 유학생을 명시할 때 '한국 대학교에서 유학 중인 외국인 학생', '한국 대학으로 유학을 온 아시아 유학생'과 같이 '유학생'을 정의하기 위한 개념들을 나열하거나, '국내 외국 유학생', '우리나라 외국인 유학생', '한국 체류 외국인 유학생'과 같이 '국내', '우리나라', '한국' 등 의미가 유사한 표현 중 연구자가 선호하는 단어를 선택하여 '명칭'을 생성하는 경향을 볼 수 있다. 이 밖에도 '골프전공 유학생', '국어국문학전공 외국인 유학생', '미용전공 중국 유학생', '사회복지학전공 유학생', '항공서비스전공 유학생'처럼 대학에서의 전공 분야를 명시하거나, '말레이시아인 한국어 고급 학습자', '몽골 유학생',

'쿠웨이트 유학생', '동남아시아 유학생', '아랍 유학생'과 같이 출신 국가나 지역을 명시하는 등 유학생의 세부적인 특성에 주목한 연구가 증가하고 있는 것도 새로운 '명칭'이 생겨나는 이유 중 하나이다.

'명칭'들 중에는 '국내 중국인 유학생'과 '중국인 국내 유학생'처럼 단어의 순서만 바뀌어 서로 다른 형태가 되거나, '국내 외국 유학생'과 '국내 외국인 유학생', '베트남 유학생'과 '베트남인 유학생', '일본 유학생'과 '일본인 유학생', '재한 중국 유학생'과 '재한 중국인 유학생', '한국 내 중국 유학생'과 '한국 내 중국인 유학생'처럼 '사람'의 뜻을 더하는 접미사 '-인'의 결합 유무에 따라 형태가 달라지는 것들도 있다. 학술적 관심사와 연구 분야에 따라 다른 '명칭'이 쓰일 수 있지만, 연구자의 관점에 따라 대상의 특성을 함축한 개념을 나열하여 '명칭'을 자의적으로 생성하는 것은 지양할 필요가 있다. 개념을 사용하고 또 이해하는 방식은 대상을 보는 학술적 입장을 반영하기 때문에 객관적이고 원활한 소통을 위해서는 '명칭' 자체에 대한 분석이 필요하다(이화숙, 2013: 253; 김혜순, 2008: 39). 아울러 유학생 개념의 사회적 의미 변화를 살펴봄으로써, 보다 기술적인 '명칭'을 모색하기 위한 논의도 필요하다.

III. 유학생 관련 '명칭' 사용의 문제점

1. 차별의식과 관계있는 단어가 포함된 '명칭' 사용

논문 제목에 쓰인 '명칭' 중 '유학생'과 '외국인'을 제외한 172종은 둘 이상의 요소가 결합하여 구성되었다. 모두 116개의 형태가 명칭을 구성하는 데 쓰였으며, 이 중 '명칭'의 구성 요소로 가장 많이 포함된 형태는 '유학생', '중국인', '외국인', '학습자', '중국', '한국어' 등이다.[7]

초국적 관점에서 본 유학생의 경험과 유학정책

'명칭'의 구성 요소

거주, 고급, 골프전공, 골프학전공, 공과계열, 공과대학, 과정, 교양, 국가, 국내, 국어국문학전공, 국제, 국제결혼 가정, 국제어학원, 귀국, 기혼, 남녀, 남자, 다문화, 단계, 단기, 대학, 대학교, 대학 내, 대학생, 대학원, 대학원생, 독립국가연합, 동남아시아, 동남아시아계, 동북아시아, 말레이시아인, 모국, 모어, 목적, 몽골, 몽골인, 무슬림, 문화권, 미용전공, 박사, 베트남, 베트남어권, 베트남인, 뷰티전공, 브라질인, 비한문, 사립대, 사우디아라비아, 사우디아라비아인, 사회복지학전공, 상위, 석사, 수준, 아랍, 아시아, 아시아계, 여자, 영어권, 예비, 외국, 외국어, 외국인, 우리나라, 우즈베키스탄, 유아교육과, 유학, 유학생, 이공계, 이공계열, 이공계전공, 이슬람권, 인도네시아, 일본, 일본어, 일본어권, 일본인, 자녀, 장학생, 재학, 재한, 재한국, 정부, 조선족, 주한, 중국, 중국 동포, 중국어권, 중국인, 중급, 중남미 동포, 중앙아시아, 지방, 지역, 체류, 초급, 초청, 출신, 쿠웨이트, 프랑스인, 하위, 학문, 학부, 학사경고, 학생, 학습, 학습자, 한국, 한국 내, 한국어, 한족, 항공서비스전공

위에 제시한 '명칭'을 구성하는 요소 중에는 종교의 의미를 강하게 반영하는 '무슬림'과 '이슬람권', 계통을 나타내는 '동남아시아계', '아시아계', 이주 배경을 반영하는 '다문화'와 '국제결혼 가정'[8], 민족의 의미를 더하는 '조선족' 등이 쓰인 것을 볼 수 있다. 이들 형태는 다음 〈표 3〉에 제시한 '명칭'에 쓰인 것을 확인할 수 있다.

---

7 '명칭'에서 '대학에', '대학으로', '대학의', '유학하는', '재학하는' 등과 같이 조사나 어미 등 문법 형태가 포함된 경우는 모두 '대학', '유학', '재학'으로 형태를 통일하여 제시하였다.

8 '다문화'와 '국제결혼 가정'이 포함된 논문의 연구 대상이 한국 사회의 다문화 가정과 관계가 있는 것은 아니다. 각각 논문에서 '다문화 유학생'은 '유학생'과 동일한 의미로 쓰였으며, '국제결혼 가정 출신 외국인 유학생'은 부모님이 국제결혼을 한 유학생을 가리키는 표현으로 쓰였다. 한국 사회에서 일반적으로 쓰이는 다문화와 국제결혼 가정과는 그 맥락이 다르지만, '명칭'을 구성하는 요소로 쓰인 만큼 분석 자료에 포함하였다.

<표 3> 차별의식과 관계있는 단어가 쓰인 '명칭'

의미	'명칭'의 예
종교	국내 거주 무슬림 유학생, 무슬림 유학생, 인도네시아 무슬림 유학생, 한국 무슬림 유학생, 이슬람권 유학생
계통	국내 동남아시아계 유학생, 아시아계 외국인 학생
이주 배경	다문화 유학생, 국제결혼 가정 출신 외국인 유학생
민족	재한 중국 조선족 유학생, 조선족 유학생, 조선족 중국 유학생

이들 형태는 연구자가 연구 대상을 한정하기 위한 수식어로 사용한 것들로, '명칭'에 쓰지 않는 것이 바람직할 것으로 판단된다. 차별 언어에 대한 판단은 당대의 사회적 통념과 가치관이 중요한 기준이 된다(박동근, 2014: 86). 시대의 변화에 따라 차별의식과 관계있는 단어가 변할 수밖에 없는데, 과거에 성과 신체에 대한 차별적 언어 표현에 대한 논의가 활발히 이루어지다가, 최근에는 민족과 인종에 대한 차별적 언어 표현에 대한 논의로 확대되었다(조태린, 2006: 389-395 참조). '명칭'에 사용된 이슬람과 관련하여, 대학 수업에서 학생들에게 '이슬람'이라고 하면 떠오르는 단어를 적게 했는데, '폭력', '테러 옹호', '남성 중심' 등의 부정적인 단어가 확인되었다는 보고가 있다(안용균, 2005). 특히 '조선족'의 경우 원래 차별적 의미를 가지고 있지 않았으나 그것이 사용되는 공간적 또는 시간적 변화 속에서 특정한 이미지를 형성하는 차별적 언어 표현으로 그 의미가 바뀌고 있다(조태린, 2011: 395; 안태숙 외, 2010; 박재현 외, 2009: 96-97). '민족'의 경우 공교육과정에서도 2007년부터 이 단어를 삭제하는 등 다문화 사회로의 변화에 맞추어 언어 표현들을 정비하고 있는 점을 감안하면(설규주, 2016) 사회적 소수자 집단인 유학생을 지칭하는 '명칭' 또한 보다 세심한 배려와 비판적인 성찰이 필요해 보인다.

2. '명칭'의 다양성으로 인한 혼란

유학생 관련 '명칭'의 사용에서 의미가 같거나, 동일한 대상을 말하는 다양한 형태를 사용함으로써 과도하게 많은 '명칭'이 혼용되고 있는 것도 문제이다.

특히 '명칭'에서 '한국 유학'의 개념을 나타내는 형태는 '국내', '재한', '재한국', '주한', '한국', '한국 거주', '한국 내', '한국 체류' 등 8종으로 나타났다. 이들 형태는 주로 '명칭'의 가장 앞에 위치하면서, 유학국이 '한국'임을 한정하는 기능을 한다. 한국 유학의 의미가 반영된 '명칭'의 예를 제시하면 아래의 〈표 4〉와 같다.

174종의 분석 대상 중, 43종(24.72%)의 '명칭'에 '한국 유학'의 의미를 더하는

〈표 4〉 '한국 유학'의 의미가 반영된 다양한 '명칭'

형태	'명칭'의 예
국내	국내 거주 20대 중국 유학생, 국내 거주 무슬림 유학생, 국내 거주 중국인 유학생, 국내 대학 교양학부의 중국인 유학생, 국내 대학 외국인 유학생, 국내 대학원에 재학 중인 중국인 유학생, 국내 대학의 외국인 학생, 국내 동남아시아계 유학생, 국내 뷰티전공 유학생, 국내 외국 유학생, 국내 외국인 유학생, 국내 유학생, 국내 중국 유학생, 국내 중국인 유학생, 국내 프랑스인 학습자
재한	재한 아시아 유하갱, 재한 우즈베키스탄 유학생, 재한 유학생, 재한 일본 유학생, 재한 중국 유학생, 재한 중국 조선족 유학생, 재한 중국 한족 유학생, 재한 중국 동포 유학생, 재한 중국인 유학생, 재한 중남미 동포 유학생
재한국	재한국 중국 유학생
주한	주한 외국인 유학생, 주한 중국 유학생
한국	한국 대학교에서 유학 중인 외국인 학생, 한국 대학원 유학생, 한국 대학원에 재학하는 중국 유학생, 한국 대학으로 유학을 온 아시아 유학생, 한국 무슬림 유학생, 한국 지방대학의 중국 유학생, 한국에 거주하는 중국인 유학생, 한국에서 유학하는 중국 유학생
한국 거주	한국 거주 외국인 유학생, 한국 거주 중국 유학생, 한국 거주 중국인 유학생
한국 내	한국 내 중국 유학생, 한국 내 중국인 유학생
한국 체류	한국 체류 외국인 유학생, 한국 체류 중국 유학생

형태가 포함되어 있다. '국내', '재한', '한국', '한국 거주', '주한', '한국 내', '한국 체류', '재한국' 순으로 높은 비율을 보인다. '국내 거주 무슬림 유학생', '재한 일본 유학생', '재한국 중국 유학생', '한국 대학으로 유학을 온 아시아 유학생', '한국 거주 외국인 유학생', '한국에서 유학하는 중국 유학생', '한국 체류 외국인 유학생' 등의 '명칭'에서 이들 한국 유학의 의미를 반영하는 형태를 확인할 수 있다. 연구자들이 국내 대학의 유학생을 국외의 유학생과 구분하기 위해 '명칭'에 한국 유학의 의미를 갖는 형태를 포함한 것으로 보인다. 이로 인해 의미가 동일한 다른 형태의 '명칭'이 만들어져 혼용되고 있다.

특히 '중국 유학생'은 한국 유학을 나타내는 모든 형태와 결합하였다. 중국은 미국과 함께 한국 학생들이 가장 많이 가는 유학목적국이기 때문에 중국 유학생은 중국에서 유학하고 있는 한국 학생들을 지시할 가능성도 있다. 그러한 이유로 특별히 중국과 관련된 유학생 명칭에 한국 유학의 의미를 넣고자 하는 연구자의 의도가 반영된 결과로 보인다. 하지만 그 형태가 다양한 만큼 동일한 대상을 가리키는 데에 과도한 이칭이 나타나는 원인이 되므로, 한국 유학의 의미를 명시할 경우, '국외'와 대칭의 의미로 '국내'를 쓰는 것만으로도 충분히 변별력을 확보할 수 있다.

동일한 대상을 가리키는 '명칭'이 혼용되고 있는 것은 '국적 정체성'을 나타내는 형태의 쓰임에서도 확인된다. 국적 정체성의 의미를 더하는 형태 중 '중국', '중국인', '중국어권', '일본', '일본인'[9], '몽골', '몽골인', '몽골 출신', '베트남', '베트남인' 등은 동일한 국적을 가진 유학생을 가리키는 데 쓰인 다른 형태들이다. 이들 형태는 나라 이름(國名)을 표시하는 것으로 통일하여 동일한 대상

---

9 국내 일본 유학생을 가리키는 '명칭'이 특히 다양하게 나타나므로, 참고를 위해 모두 제시해 둔다. '일본 유학생', "일본어 모어 학습자', '일본어권 고급 학습자', '일본어권 학습자', '일본어권 한국어 학습자', '일본어를 모어로 하는 학습자', '일본인 고급 학습자', '일본인 유학생', '일본인 학습자', '일본인 한국어 고급 학습자', '일본인 한국어 학습자' 등이 학술 논문에 쓰인 국내 일본 유학생을 가리키는 '명칭'들이다.

에 대한 '명칭'의 혼용을 피할 수 있다.

3. 중복되는 개념 사용으로 인한 의미 잉여

학술 논문에 사용된 '명칭'을 살펴보면, 중복되는 개념이 쓰여 의미의 잉여성이 발생하는 경우가 확인된다. 특히, '사람'의 부류를 나타내는 개념이 '명칭'에 중복되어 의미 잉여가 발생하는 경우가 있다. '국적 정체성'의 의미를 더하는 형태 중 '중국인', '일본인', '몽골인', '베트남인', '외국인' 등의 형태가 '사회적 신분'의 의미를 나타내는 '유학생' 혹은 '학생', '대학생', '학습자' 등과 함께 쓰일 때 의미 잉여가 발생한다.[10] 이들 단어에서 마지막에 쓰인 '인(人)'과 '학생(學生)', '자(者)'가 모두 '사람'의 개념을 내포하고 있기 때문이다. 의미의 잉여가 확인되는 '명칭'의 예를 제시하면 〈표 5〉와 같다.

〈표 5〉 의미 잉여가 발생한 '명칭'

'명칭'의 구조	'명칭'의 예
-인 유학생	국내 거주 중국인 유학생, 국내 대학 교양학부의 중국인 유학생, 국내 대학 외국인 유학생, 국내 대학원에 재학 중인 중국인 유학생, 국내 외국인 유학생, 국어국문학 전공 외국인 유학생, 국제결혼 가정 출신 외국인 유학생, 대학교 외국인 유학생, 베트남인 유학생, 사우디아라비아인 유학생, 외국인 단기 유학생, 외국인 유학생, 외국인 학부 유학생, 우리나라 외국인 유학생, 이공계열 외국인 유학생, 일본인 유학생, 주한 외국인 유학생, 중국인 국내 유학생, 지역 외국인 유학생, 학문 목적 외국인 유학생, 학부 외국인 유학생, 한국 거주 외국인 유학생, 한국 거주 중국인 유학생, 한국 체류 외국인 유학생
-인 학습자	몽골인 학습자, 베트남인 학습자, 브라질인 학습자, 일본인 학습자, 외국인 학습자, 외국인 한국어 학습자, 한국어 고급 단계 외국인 학습자

---

10 '사회적 신분'에 대한 범위는 조흥석(2002: 371)과 이상경(2014: 173)을 참고하여, "사람이 사회에 있어 일시적이 아니고 장기적으로 차지하고 있는 지위로서 일정한 사회평가를 수반하는 경우"를 사회적 신분으로 보고, '학생', '유학생', '대학생', '대학원생', '장학생' 등을 사회적 신분의 개념에 포함하였다.

외국인 학생	국내 대학의 외국인 학생, 아시아계 외국인 학생, 외국인 학생, 한국 대학교에서 유학 중인 외국인 학생
외국인 대학생	외국인 대학생

위의 표를 보면, '명칭'의 구조를 나타낸 부분에서 오른쪽에 위치한 '유학생', '학습자'[11], '학생', '대학생', '외국인' 등은 대상의 사회적 정체성을 고정하는 의미를 부여한다. 이들 형태가 함께 쓰일 경우 의미 잉여가 발생한다.

한편 '외국인 유학생', '외국인 학습자', '외국인 학생', '외국인 대학생'처럼 '명칭'에 '외국인'을 사용하는 것은 재고할 여지가 크다. 우선은 의미 잉여가 나타나는 대표적인 '명칭'이기 때문이다. 송병렬(2012: 23)은 "외국인이란 우리나라의 국적을 갖지 않은 사람으로 한국어를 모국어로 익히지 않은 사람을 뜻한다. 따라서 이들 외국인이 한국어를 학습하는 목적은 한국어를 통해서 한국인과 의사소통을 하거나 또는 한국과 관련된 사람들과 의사소통을 하는 것이다."라고 하였다. 2000년대 이전에는 의사소통을 목적으로 하는 어학연수생이나 교환학생이 많던 상황에서[12] 특정한 '사회적 신분'을 명시하기 어려워 '외국인'을 사용한 것이다. 반면, 2000년 이후에는 대학 이상의 정규과정에서 학문을 목적으로 하는 외국인이 증가하면서 외국인이 사회적 신분을 나타내는 '유학생'이나 '학습자' 앞에 놓여 구별 표지의 기능을 하고 있으며, '외국인 유학생'으로 쓰인 예가 가장 많다.[13]

---

11 '한국어 학습자'는 국내외에서 한국어를 배우는 모든 학습자를 아우르는 개념이다. 이 글에서 분석 대상으로 삼은 '한국어 학습자' 혹은 '외국인 학습자' 등 '학습자'가 포함된 논문 제목은, 학술 논문에서 연구 대상이 국내 대학의 학부과정에 소속되어 있는 '학습자'라고 밝힌 것만을 한정하여 수집한 것이다.

12 학술 논문 속에서 '외국인'은 "(한국어학당에서) 우리말을 배우는 외국인(손영자, 1984: 82)", "(한국어학당에서) 한국어를 배우는 외국인(손영자, 1984: 99)" 혹은 "한국어를 배우는 외국 학생들(김중변, 1997: 95)", "8주 16시간 문학반 프로그램을 선택한 학습자(황인교, 1998)", "(한국에서) 한국어를 전문적으로 배우고 있는 (25명의) 영미권 학습자, 외국인 학습자(김경령, 2008)"에서처럼 통칭어로 쓰이다가 점차 '학생'과 '학습자'의 국적이 한국이 아님을 구별하는 구별 표지로 쓰이고 있다.

과거에 외국의 대학이나 대학원으로 공부를 하러 가던 사람을 주로 '유학생'이라고 인식하던 것이,[14] 근래에는 한국의 대학이나 대학원에 와서 공부를 하고 있는 외국 국적의 학생들이 유학생의 개념 속에 새롭게 자리 잡게 된 것이다. 이러한 사회적인 변화로 인해 유학생의 외연이 확대되면서 국내에 있는 외국 국적의 유학생과 해외에 있는 한국 국적의 유학생을 구분할 필요가 생김으로써 외국인 유학생과 같은 '명칭'이 생겨났다. 하지만 2014년 국내의 외국인 유학생이 16만 명을 넘어섰으며, 신문 기사에서 유학생과 관련하여 빈도수가 높은 키워드를 분석하면 '외국인', '외국인 학생들', '중국', '베트남' 등이 제시된다.[15] 이를 참고하면 우리 사회가 국내에 거주하는 외국 국적의 학생을 충분히 유학생의 개념 속에 포섭하였음을 알 수 있다. 따라서 외국인 유학생이 갖는 의미 잉여를 피하고 유학생으로 '명칭'을 단일화하여도 의미 전달에 무리가 없을 것으로 판단된다.

한편 '외국인'은 차별의식과도 관련이 있다. 김일환(2014)에서 '차별'이 외국인과 공기하는 것을 확인한 바 있다. 외국인은 국민과 다른 이방인이라는 특성을 도드라지게 하는 개념이다. 외국인은 유학생과 결합하여 '외국인 유학생'

---

13 '외국인 유학생'은 '해외 유학자'와 대칭적 의미로 사용하는 정책 용어인데, 학술 논문에서도 이 용어를 사용하고 있다.

14 어원적으로 '유학(留學)'은 '머물면서 행하는 배움'을 뜻한다. 표준국어대사전에서는 '유학'을 "외국에 머물면서 공부하는 것"이라고 풀이하고, "유학을 가다."와 "유학에서 돌아오다."를 예문으로 제시해 두었다. 옛 기록에서 '留學'한 사람과 관련한 기록을 살펴보면 통일신라시대 기록에서 '留學生'을 확인할 수 있다. 통일신라시대의 '入唐留學生'을 시작으로, 19세기 '英國留學生', 20세기 '留學生을 日本에 派遣흠', '外國派遣ㅎ는 留學生', '外國留學生', '日本留學生', '派遣俄國留學生', '東京留學生' 등이 옛기록에 나오는데, '留學生'이 '唐', '英國', '日本', '俄國' 등 '外國'에 '派遣'한 학생을 가리키는 말로 쓰였음을 알 수 있다. 최근까지도 '유학생'은 일반적으로 해외에 있는 한국 국적의 유학생을 지칭하는 경우가 더 많았다('留學'한 사람과 관련한 옛 기록에 대한 자료는 한국고전종합DB http://db.itkc.or.kr과 조선왕조실록 http://sillok.history.go.kr에서 '留學'을 키워드로 입력하여 얻은 검색 결과를 제시한 것임).

15 언론진흥재단에서 제공하는 빅카인즈(http://www.bigkinds.or.kr)의 '상세검색' 기능을 활용하여, 중앙지와 경제지를 중심으로 1910년부터 2018년까지 '유학생'이 포함된 신문 기사 41,579건에서 연관성이 높은 키워드를 분석한 결과이다.

으로 쓸 경우 '유학'에 이미 '외국에 머무르며 공부하다'라는 의미가 있으므로 외국인을 구별 표지로 앞세우는 것은 그 의미가 잉여적일 뿐만 아니라, 외국인이 가지는 차별적 뉘앙스를 벗어날 수는 없다. 한국의 경우에도 차별의식을 배제하고자, '외국인 노동자'를 '이주노동자'로 지칭하거나, '외국인 주민'을 '이주민'으로 바꾸는 등 소수자 집단을 가리키는 '명칭'에서 의도적으로 외국인을 제외하고자 하는 학계의 논의들이 있다. 같은 맥락에서 유학생 '명칭'에 외국인을 사용하지 않을 것을 제안한다. 이렇게 할 경우 외국인 학생은 '국내 유학생'으로 통칭하면 된다.

'외국인 학습자'가 쓰인 '명칭'의 경우, '학습자'가 소속이나 수학하는 과정과 무관하게 국내외의 모든 한국어 학습자를 포괄하는 개념으로 이해될 수 있다. 따라서 유학생을 가리키는 데 다소 지시성이 떨어진다. '학생'은 사회적 신분을 의미하는 형태 중 가장 상위의 의미이다. 학생만으로는 유학생을 지시할 때 대상이 반영하고 있는 의미를 명확하게 전달하기 어렵다. 때문에 학생이 핵어로 쓰인 '명칭'은 '한국 대학교에서 유학 중인 외국인 학생'과 같이 그 구조가 복잡하다. '유학생'으로 통일하는 것이 바람직하다.

IV. 결론

이 글에서는 유학생 관련 '명칭'의 현황을 분석하고, '명칭'을 구성하는 형태와 의미를 분석하여 '명칭'의 사용에서 나타나는 문제점들을 살펴보았다. 이 과정에서 보다 기술적인 '명칭'을 제안하는 데도 목적을 두었다. 이를 위해 학술 논문의 제목에 나타나는 유학생 '명칭'에 주목하여, '유학생', '학습자', '외국인'이 포함된 1,155개의 논문 제목을 선별하여, 174종의 '명칭'을 분석 대상으로 삼았다.

'명칭'의 50% 이상이 2015년부터 2018년 사이에 쓰였는데, 이를 통해 유학생 집단이 학술 논문에서 호명되기 시작한 것이 비교적 최근의 일임을 짐작할 수 있다. '명칭'의 사용 빈도는 1회부터 182회에 이르기까지 누적 사용에 편차가 크게 나타났다. 174종의 '명칭' 중 117종이 논문의 제목에 1회만 쓰였는데, 10회 이상의 출현 빈도를 보이는 '명칭'은 19종으로 나타났다. '명칭'들 중에는 '국내 중국인 유학생'과 '중국인 국내 유학생', '외국인 학부 유학생'과 '학부 외국인 유학생'처럼 단어 순서만 바뀌어 서로 다른 형태가 되는 경우도 있었다.

'명칭'의 형태와 의미를 분석하는 과정에서 '명칭' 사용에서 드러나는 문제점 세 가지를 확인하였다. 첫째는 차별의식과 관계있는 형태가 포함된 '명칭'들이다. '무슬림', '다문화', '조선족' 등 특정한 이미지를 형성하거나 차별의식과 관계있는 단어를 '명칭'에 사용하는 것은 지양해야 한다. 둘째, '명칭'의 다양성으로 인해 발생하는 혼란이다. 특히 '명칭'에서 '한국 유학'의 개념을 나타내는 형태로 '국내', '재한', '재한국', '주한', '한국', '한국 거주', '한국 내', '한국 체류' 등 8종이 쓰이고 있어 의미가 동일한 다른 형태가 '명칭'에 반영되어 혼란스러운 양상을 확인할 수 있었다. 이 '한국 유학'의 의미를 갖는 형태들은 '국내'로 통일할 것을 제안하였다. 셋째, 명칭에 중복되는 개념이 쓰여 의미의 잉여성이 발생하는 경우가 있었다. 특히 '외국인'을 '유학생'과 결합하여 '외국인 유학생'으로 쓸 경우 그 의미가 잉여적일 뿐만 아니라, 차별적 인식에 영향을 끼칠 수 있으므로 유학생 '명칭'에 사용하지 않을 것을 제안하였다.

일반적으로 해외에 있는 한국 국적의 유학생을 '유학생'으로 지칭하던 것이, 지구화의 진전에 따라 그 외연이 확대되면서 유학생의 개념이 변화하고 있다. 특히 한국의 대학이나 대학원에서 공부를 하고 있는 외국 국적의 학생들이 유학생의 개념 속에 새롭게 자리하면서 그 외연이 확대된 것이다. 때문에 다양한 형태의 '명칭'이 생성되고 있는데, 한국 유학의 의미를 나타내는 형태는 국외와 대칭적인 의미로 '국내'를 명시하여 '국내 유학생'으로 통일하고, 국적 정체성을 반영할 때는 국적을 명시하여 '국내 중국 학생' 혹은 '중국인 유학생'과 같은 기술적인 '명칭'을 사용할 것을 제안하고자 한다.

유학생과 관련하여 지나치게 많은 '명칭'이 사용되고 있는 것은, 적어도 한국 사회의 학문 공동체 내에서 유학생에 대한 공유되고 합의된 정체성이 정립되어 있지 않은 현실이 반영된 결과로 볼 수 있다. 국내 거주 유학생은 대학은 물론 대학가의 풍경을 바꾸어 놓고 있다. 학령인구 감소로 위기를 맞고 있는 대학들은 교육부의 대학평가와는 일정 무관하게 소위 '생존'과 '수익'을 위해 유학생 유치에 사활을 걸고 있다. 어학연수생을 포함하여 유학생이 만여 명에 가까운 대학도 있다. 앞으로도 유학생은 지속적으로 늘어날 것이며, 한국 거주 이주민 가운데 차지하는 비율이 점차 높아질 것으로 예측된다. 여러 이주민 집단 가운데 유학생은 한국의 정체성을 위협하는 이주민으로 간주되지 않는다. 심지어 우호적이기도 하다. 한국 사회가 진정성 있게 다문화 사회를 지향하고 이주민과 공존을 원한다면 유학생 집단을 전면에 내세워 봄 직하다. 그 첫걸음은 유학생 관련 '명칭'을 통일하여, 이들에 대한 인식과 정체성을 명확히 하는 것에서 시작해야 할 것이다.

이 글은 유학생과 관련한 '명칭' 사용의 문제점을 포착하고 그 대안을 모색하는 탐색적인 연구로서, 유학생 관련한 '명칭'에 대한 언중의 인식을 함께 살펴보지 못한 한계가 있다. 다문화 현상 속에서 유학생 명칭을 둘러싼 연구자와 언중의 의식에 대한 연구는 후속 과제로 남겨둔다.

참고문헌

교육부, 2015, 유학생 유치확대방안, 2015.7.7. 발표 보도자료.
김경령, 2008, "외국인의 한국어 습득 전략 연구", 『이중언어학』, 36, 25-42.
김민아 외, 2018, "소아암을 겪은 이들에 대한 명칭과 사회적 정체성", 『비판사회정책』, 60, 91-134.

김용한, 2017, "'다문화' 표제 및 소개어가 담긴 어린이 도서 분석", 『다문화교육연구』, 10(1), 1-27.

김일환, 2014, "어휘 사용과 사회 변화의 상관성-2000년대 신문 기사를 기반으로", 『Journal of Korean Culture』, 26, 7-33.

김형지·유재연, 2009, "중국인 한국어 학습자 음성의 음향학 특성 연구", 『말소리와 음성과학』, 2(3), 75-80.

메테탈헤미·정우향, 2018, "'학습자' 용어 사용에 담겨진 의미 탐구: FLE의 주요 담론들에 대한 성찰", 『프랑스문화연구』, 38(1), 171-197.

박동근, 2014, "법률 조문의 차별적 언어 표현 연구", 『한말연구』, 34, 73-113.

박재현 외, 2009, "사회적 의사소통 연구: 지역·민족·인종에 대한 차별적 언어 표현개선 연구", 국립국어원 용역 결과보고서.

법무부, 제3차 외국인정책 기본계획(2018년-2022년), 출처: http://policy.nl.go.kr/(검색일: 2019.5.11).

서종남, 2010, "한국 사회의 다문화 관련 용어에 관한 연구: 현황분석 및 다문화교육관계자 FGI를 중심으로", 『교육문화연구』, 16(2), 145-168.

설규주, 2012, "초중고 사회 교과서의 다문화 관련 내용 분석: 2007 개정 사회과 교육과정의 '사회·문화' 관련 단원을 중심으로", 『다문화교육연구』, 5(1), 1-28.

손영자, 1984, "비한문 문화권의 외국인에 대한 한자교육 방법론 소고", 『외국어로서의 한국어 교육』, 9(1), 81-101.

송병렬, 2012, "外國人을 위한 韓國語 敎育에서 漢字 語彙 敎育의 問題", 『한문교육연구』, 38, 21-49.

안영진, 2008, "세계의 유학생 동향과 국제적 이동 특성", 『국토지리학회지』, 42(2), 223-236.

안용균, 2005, 한국에게 이슬람은 善의 軸, 조선일보 2005.12.13일 기사(http://www.chosun.com).

안태숙 외, 2010, "소수자 구별언어에 대한 국민의식 조사 보고서", 국립국어원 용역 결과보고서.

여찬영, 1995, "우리말 명칭어의 색채표지 연구", 『한국전통문화연구』, 10, 1-35.

여찬영, 1997, "우리말 식물 명칭어의 짜임새 연구", 『우리말글』, 15, 105-131.

외교부 재외동포과, 2017, 재외동포현황.

윤종혁 외, 2016, "고령화 시대의 글로벌 인재 유치전략 연구", 『경제·인문사회연구회 미래사회 협동연구총서』.

이길용, 2011, "문화 다양성 사회의 의사소통 연구: 장애인 차별어에 대한 의식을 중심으로", 『다문화콘텐츠연구』, 10, 49-74.

이민경·이수정, 2011, "'다문화 아동, 청소년' 정책 용어 사용에 대한 비판적 고찰과 대안 모색: 정책용어와 방향성에 대한 외국사례를 중심으로", 『社會科學硏究』, 35(2), 1-37.

이상경, 2014, "사회적 신분에 의한 차별사유에 관한 소고: 헌법 제11조 및 국가인권위원회법 제2조의 사회적 신분의 의미를 중심으로", 『憲法學硏究』, 20(4), 167-211.

이선미, 2010, "말레이시아인 한국어 고급 학습자의 토론 담화 양상 연구: 토론 담화표지를 중심으로", 『담화와 인지』, 17(1), 91-111.

이용승, 2014, "북한이탈주민 사회통합, 어떻게 가능할 것인가?", 『민족연구』, 66, 4-23.

이정복, 2014, 『한국 사회의 차별 언어』, 소통.

이혜영·박수정, 2018, "외국인 유학생에 대한 국내 연구동향 분석(2007~2016)", 『글로벌교육연구』, 10(4), 119-145.

이화숙·이용승, 2013, "다문화시대의 정책 명칭 연구: '외국인정책'을 중심으로", 『어문학』, 122, 209-233.

임우열·김영주, 2015, "중국인 한국어 학습자의 개인적 변인과 발음 숙달도 간의 상관성", 『외국어교육』, 22(3), 307-331.

장한업, 2011, "한국 이민자 자녀와 관련된 용어 사용상의 문제점: '다문화 가정'·'다문화 교육'", 『이중언어학』, 46, 347-366.

전나영, 1993, "외국인을 위한 한국어 발음지도", 『외국어로서의 한국어 교육』, 18(1), 151-169.

조태린, 2011, "차별적 언어 표현과 사회 갈등의 문제", 『나라사랑』, 120, 388-410.

조홍석, 2002, "국가인권위원회법 제30조 제2항의 사회적 신분의 범위", 『公法硏究』, 31(1), 369-382.

최유숙, 2016, "신문기사에 나타난 북한이탈주민 지칭어 분석: 지칭어와 관련어의공기어를 중심으로", 『어문론집』, 67, 33-66.

최유숙, 2017, "신문 코퍼스를 활용한 '다문화' 공기어 분석", 『다문화콘텐츠연구』, 24, 275-301.

호취월, 2012, "중국의 유학정책이 재한중국유학생에 미치는 영향 연구", 『한중사회과학연구』, 22, 321-351.

황인교, 1998, "외국인을 위한 한국문학교육: 기초단계의 문학작품 읽기를 중심으로", 『이화어문논집』, 16, 213-234.

Vertovec. S., 2009, "Transnationalism", *Routledge*.

9장

유학생의 학업 수행과 관련한 정의적 요인 연구의 동향 분석

- 유학생 교육정책의 함의 모색을 위하여 -

이윤주·이화숙·이용승

Ⅰ. 서론

1. 연구 목적

이 연구의 목적은 외국인 유학생의 학업 수행과 관련하여 이루어진 정의적 요인에 대한 연구 동향을 분석하여 유학생 교육정책에 관한 함의를 도출하는 것이다. 이를 위해 체계적 문헌 고찰을 통해 분석 자료를 마련하였으며 시기별, 대상별, 연구 방법별, 정의적 요인별 연구 동향을 분석하였다.

외국인 유학생은(이하 유학생)[1] 한국의 고등교육기관에서 수학하고 있는 외국 국적의 학생을 가리킨다. 2004년 이후 'Study Korea Project'를 추진하면서

---

[1] '유학생'에 대한 개념은 기관과 법령에 따라 다양하다. OECD(2018)에서는 'international students'라는 용어를 사용하며, "학업을 목적으로 자신의 출생국을 떠나 다른 나라로 이주한 학생"으로 정의하고 있다. 시민권 여부를 기준으로 '외국인 학생(foreign students)'이라는 용어를 사용하기도 한다. '출입국관리법'에서는 '외국인 유학생'이라는 용어를 사용하고 있으며 "유학이나 연수 활동을 할 수 있는 체류자격을 가지고 있는 외국인"으로 정의하고 있다. 이 글에서는 'D-2'와 'D-4' 비자를 가지고 국내 고등교육기관의 어학연수과정, 학부과정, 대학원과정에서 수학하고 있는 학생 전부를 '유학생'의 범위에 포함하였으며, 글 속에 제시하는 유학생 관련 통계 역시 이 기준을 따랐다.

1만 6천 명이던 유학생의 수가 크게 증가하였는데, 2019년 기준으로 약 16만 명에 이르는 유학생이 429개 대학에서 학업을 수행하고 있다(김도혜, 2019).[2] 유학생이 국내 대학의 구성원으로 뚜렷하게 자리 잡으면서 한국어 교육학을 비롯하여 여러 학문 분과에서 교수법과 교재 개발 및 대학생활 적응, 유학 동기와 진로 등에 대한 연구가 이루어지고 있다(신동훈·김세현, 2020; 이혜영·박수정, 2018). 유학생에 대한 연구는 주로 '경험', '적응', '유학 동기'와 관련한 주제에 치우치는 경향이 있는데, 유학의 본질이 외국에서 학업을 수행한다는 것임을 고려할 때 유학생의 '학업'과 관련한 연구가 상대적으로 부족하다는 논의도 있다(박진욱, 2021; 이선영·나윤주, 2018; 홍효정 외, 2013).

유학생은 대학생활 적응에서 기본이 되는 학업 적응(Academic adjustment)과 사회적 적응(Social adjustment), 정서적 적응(Personal-emotional adjustment)은 물론 유학국의 문화와 자연, 기후와 같은 환경적 요인과 언어, 고립감, 편견, 차별 등 복합적인 문제에도 직면하게 된다(황보국표, 2019; 경제·인문사회연구회, 2010; Baker, R. W. & Siryk, B., 1986). 특히 '외로움'과 '불안' 등 유학생 개인의 심리적인 특성을 망라하는 정의적 요인의 경우 학업 수행에[3] 큰 변수로 작용한다(한국교육과정평가원, 2018). 최근에는 교육의 패러다임이 교수자에서 학생 중심으로 전환되면서 학습자의 특성을 이해하고자 하는 다양한 연구가 진행되고 있으며, 특히 2010년 이후 유학생의 학업 수행과 관련하여 정의적 요인에 대한 연구가 활발하다(우지선, 2021: 1088; 동효령, 2018: 194).

유학생과 관련한 국내 학술지 논문의 88%가량이 2010년 이후에 발표되었

---

2 교육통계서비스(https://kess.kedi.re.kr)에 따르면 2020년 4월 1일 기준 유학생 수는 153,695명으로 전년도 160,165명에 비해 약 6,500명가량이 줄었다. COVID-19에 따른 결과로 보인다.

3 이 글에서는 대학의 어학연수과정과 학부 및 대학원과정에서 이루어지는 학습 활동을 아우르는 개념으로 '학업 수행'이라는 용어를 사용하였다. 유학생이 참여하는 한국어 학습 과정 중의 말하기·듣기·읽기·쓰기와 같은 언어 학습 활동은 물론, 학부와 대학원 과정에서 이루어지는 교과목 학습과 발표·토론·과제 수행 등의 학습 활동 전부를 통칭한다.

는데(김도혜, 2019: 41), 그 후로 10여 년의 시간이 경과하면서 다양한 분야에서 유학생 관련 연구 동향 분석이 이루어지고 있다. 그럼에도 유학생의 학업 수행에 관여하는 정의적 요인 연구에 대한 종합적인 동향 분석은 아직 이루어진 것이 없다. 이러한 문제의식을 바탕으로 이 글에서는 아래와 같은 연구 문제를 설정하였다.

> 연구 문제1: 유학생 학업 수행과 관련한 정의적 요인 연구의 시기별, 방법별, 대상별 연구 동향은 어떠한가?
> 연구 문제2: 유학생 학업 수행과 관련하여 조사된 정의적 요인의 구성 요인에는 어떤 것이 있으며, 연구의 동향은 어떠한가?
> 연구 문제3: 유학생의 학업 수행과 관련한 정의적 요인의 연구 주제 동향은 어떠한가?

2. 정의적 요인 연구의 동향 분석 선행 연구

선행 연구는 이 글의 주된 관심 대상인 유학생을 포함하여 한국어 교육 분야에서 이루어진 정의적 연구 동향에 관한 분석에 한정하여 살펴보고자 한다. 여기에서 살펴볼 정의적 요인에 대한 연구 동향에 대한 연구는 강승혜(2011), 원미진(2018), 동효령(2018), 한혜민·안정민(2019), 우지선(2021) 등이다. 선행 연구에서 분석한 정의적 요인과 분석 근거로 제시한 내용은 〈표 1〉과 같다.

강승혜(2011)는 한국어 교사와 한국어 학습자를 연구 대상으로 하는 학위 논문과 학술지 논문 134편을 분석하였다. 분석 논문 중 한국어 학습자의 정의적 요인에 관한 연구는 23편으로, 연구의 양은 '불안>동기 및 태도>기타 정의적 요인' 순으로 조사되었다. 그의 연구는 한국어 교육 분야에서 이루어진 교사와 학습자 관련 연구 전체를 대상으로 한 것이므로 본격적인 정의적 요인 관

초국적 관점에서 본 유학생의 경험과 유학정책

<표 1> 정의적 요인에 관한 동향 분석 선행 연구

저자 (연도)	논문 제목	분석 근거	정의적 요인
강승혜 (2011)	한국어 교사, 학습자 관련 한국어 교육 연구 동향 분석	–분석자료: 134편(학위/학술 포함) '불안', '동기', '태도' 등 정의적 요인 연구 23편 –분석연도: 2000년~2011년 6월 –분석기준: 연도, 연구 유형, 연구 대상, 주제, 연구 방법	'불안', '동기', '태도', 기타 정의적 요인
원미진 (2018)	한국어 교육 학습자 연구 경향과 전망: 학습자의 인지적·정의적 변인을 중심으로	–분석자료: 언어적성 관련 4편/동기 관련 18편/학습양식 9편/학습전략 17편/불안 14편(학위/학술 포함) –분석연도: ~2017년(명확하게 제시하지 않음) –분석기준: 주제, 대상, 측정 도구 등	'동기', '불안'
동효령 (2018)	한국어 교육에서의 학습 동기 연구 동향 분석	–분석자료: 동기 연구 42편(학위–15/학술–27) –분석연도: ~2017년 10월 –분석기준: 연도, 유형, 주제, 적용된 동기 이론, 방법	'통합적 동기', '도구적 동기', '필수적 동기', '자기결정성 동기'
한혜민· 안정민 (2019)	한국어 교육에서의 외국어 불안감 연구 동향 분석	–분석자료: 불안감 연구 66편(학위 29/학술 37) –분석연도: ~2019년 2월 –분석기준: 연도, 유형, 대상, 주제(언어기능별, 요인 간 관계)	'말하기 불안', '듣기 불안', '읽기 불안', '쓰기 불안'
우지선 (2021)	한국어 교육에서의 자기효능감 연구 동향 분석	–분석자료: 자기효능감 연구 73편(학위 33/학술 40) –분석연도: 2010년~2020년 10월 –분석기준: 연도, 유형, 대상, 주제(언어기능별, 관련 변인 간 관계)	'쓰기 효능감', '읽기 효능감', '듣기 효능감', '말하기 효능감'

련 연구 동향을 분석한 선행 연구라고 보기는 어렵지만 '불안', '동기', '태도'와 같은 정의적 요인을 기준으로 연구 대상 논문을 분류하고 있다.

원미진(2018)은 학습자의 인지적·정의적 요인에 관한 연구 동향을 분석한 것이다. 연구 주제에는 '언어적성', '학습/인지양식', '학습전략'을 아우르며, 정의적 요인으로는 '동기'와 '불안'이 포함되어 있어 정의적 요인만을 분석한 연구는 아니다. 이 연구에서는 각각의 주제와 관련하여 활용된 측정 도구를 함께 조사하였다.[4] 이 연구는 정의적 요인을 포괄적으로 분석한 것이 아니라, 그 가운데 불안과 동기에 한해 논의하였기 때문에 강승혜(2011)와 마찬가지로 본 격적으로 정의적 요인 연구 동향을 분석한 논문으로 보기 어렵다.

동효령(2018)은 정의적 요인 중 '학습 동기'에 대한 한국어 교육 분야의 연구 동향을 분석한 것이다. '학습 동기', '한국어 학습 동기', '정의적 요인'을 키워드 로 하여 2001년부터 2017년 10월까지 모두 42편의 학위 논문과 학술지 논문 을 분석하였는데, 대상 논문의 87%가 2010년 이후에 발표된 것이다. 분석은 주제별로 '동기 요인'(15편), '동기와 학습전략'(4편), '동기와 학업성취도'(9편), '동기'와 '유발전략'(3편), '기타'(11편)에 대해 이루어졌다. 분석 결과 저자는 동 기 유발이 한국어 학습자들의 교육적인 성취를 고취시킬 수 있으며, 이와 관 련한 연구가 필요하다고 지적하고 있다.

한혜민·안정민(2019)은 학위 논문과 학술지 논문 66편(2003~2019년)을 대상 으로 정의적 요인 중 '외국어 불안감' 연구의 동향을 분석하였다. 한국어 교육 분야에서 '불안'과 관련한 연구는 '말하기', '듣기', '읽기', '쓰기' 순으로 언어 기 능과 관련한 것(58%)이 상대적으로 많으며, 요인 간 관계를 분석한 것(42%)은 '정의적 요인' 간의 관계 분석, '학업성취도'와의 상관성 그리고 '기타 요인'에 대한 분석 순으로 연구되었음을 확인하였다. '불안'에 대한 연구자들의 논의를 살펴본 결과 다양한 교수·학습 방안에 대한 논의가 있지만, 이러한 단편적인 교수·학습법에 대한 논의뿐만 아니라 불안을 줄이는 데 효과적이며 종합적인 외국어 교수법의 적용을 연구할 필요가 있다고 하였다.

우지선(2021)은 2010년부터 2020년 사이 학위 논문과 학술지 논문 73편을

---

4 '동기'의 경우 Csizer & Dornyei의 검사지, Gardner의 AMTB(Attitude Motivation Test Battery), Ryan의 SRQ-A(Academic Self-Regulation Questionnaire) 등의 측정 도구를 사 용한 연구가 많으며, '불안'의 경우 Horwitz 등이 개발한 '외국어 교실 불안 척도(FLC(R)AS, Foreign Language Classroom(Reading) Anxiety Scale)'가 많이 사용되었다고 보고하고 있다.

대상으로 '자기효능감'에 대한 연구 동향을 분석하였다. '자기효능감' 연구는 '쓰기', '읽기', '말하기', '듣기' 순으로 언어기능별 연구(19편)가 이루어졌으며, 관련 변인 간 연구의 경우(41편) '학업성취'와 '기타 요인', '학습 동기', '학업전략', '불안' 순으로 연구되었다. '자기효능감'과 관련된 연구가 특정 언어권에 집중된 경향을 보이는데, 언어와 문화가 '자기효능감'에 어떤 영향을 미치는지 다양한 언어권별 연구가 필요하며, 교사효능감에 관한 다양한 주제의 연구도 아울러 필요하다는 제언을 하였다.

선행 연구 가운데 정의적 요인에 국한된 연구 동향을 분석한 논문은 동효령(2018), 한혜민·안정민(2019), 우지선(2021)이다. 이들 논문에서 '동기'와 '불안', '자기효능감'에 관한 대체적인 연구 동향을 이해할 수 있다.

하지만 유학생의 학업 수행과 관련한 정의적 요인 전체에 대한 동향을 파악할 수 있는 연구는 아직 이루어진 것이 없다. 선행 연구의 경우, 한국어 교사는 물론 결혼이주민과 이주노동자, 이주배경 아동·청소년, 유학생 등 한국어 학습자 전체를 대상으로 하였으며, 해외에서 이루어지는 한국어 학습을 배경으로 한 연구를 포함하였기 때문에 교육 목적과 대상에 맞는 구체적인 교육적 함의를 도출하는 데 한계가 있다.

이 글에서는 유학생과 그들의 학업 수행에 대한 정의적 영역 연구에 주목하여 관련 연구 동향을 분석하는 한편, 유학생의 특성에 맞는 교육적 함의를 모색하고자 한다. 유학생은 노동인구가 감소하고 있는 한국 사회에서 졸업 후 전문인력 집단으로 정주할 가능성이 있는 이주민 집단이다. 실제 한국의 이주민정책에서 유학생은 전문 인력과 함께 '유치'의 대상이다. 이미 선진국의 유학정책이 '유학-취업-이민'으로 연계되는 사회통합정책으로 전환되었으며, 한국의 경우도 유학생의 정주를 유도하는 방향으로 유학정책의 변화가 모색되고 있다(김지하 외, 2020). 따라서 학업 수행과 관련한 유학생의 심리적 특성을 파악하고 이에 근거한 현실적인 교육 방안을 도출하는 것은 유학생 교육정책에도 시사하는 바가 있을 것이다.

3. 연구 방법

이 글에서는 체계적 문헌 고찰(Systematic Review)을 통해 선행 연구의 동향
을 분석하고자 한다. 체계적 문헌 고찰은 체계적이고 포괄적인 문헌 검색과
연구 기획 단계에서 정해 놓은 선별, 배제 기준에 따른 문헌 선택, 선정된 문
헌에 대한 평가 등의 객관적인 연구 과정을 거치는 연구 방법이다(김수영 외,
2011). 체계적 문헌 고찰은 기준에 따른 단계적 접근을 시도하기 때문에 연구
자의 특정 연구 질문에 답할 수 있는 신뢰할 만한 데이터를 확보할 수 있으며,
연구 결과를 표 등을 사용하여 보여 주기 때문에 연구의 경향성을 더욱 명료
하게 보여 줄 수 있다. 동향 연구에서 체계적 문헌 고찰을 활용할 경우 계량적
접근을 통한 귀납적 해석뿐만 아니라 분석 기준 설정에 대한 구체적 기술과
분석 과정에 의미적 해석을 포함할 수 있다는 이점이 있다(박진욱, 2020: 58; 이
용준, 2020: 127).

이 글에서는 유학생의 학업 수행과 관련한 정의적 요인의 연구 동향을 분석
하기 위하여 연구 설계 〈그림 1〉을 따랐으며, 최종 선정된 문헌은 코딩 작업을
거쳐 정성적 합성[5]을 실시하여 분석 데이터를 마련하였다.

연구 기획 단계에서 민감도[6]가 높은 검색을 수행하기 위해 핵심 검색어와
관련 있는 유의어는 물론 하위어와 대안어를 모두 확보하여 포괄적 검색을 수

---

5 통계적인 합성을 할 수 없다고 판단되는 경우 정성적 합성(qualitative synthesis)이라는 방
  법을 통해 기술적으로 제시하며, 통계적 합성이 가능하다고 판단되는 경우는 정량적 합성
  (quantitative synthesis)을 수행한다. 정량적 합성은 메타분석(meta-analysis)으로 알려져 있
  다(김수영 외, 2011 참조).
6 민감도(sensitivity)는 적절한 연구를 찾을 가능성으로 정의되며, 민감도가 높은 검색은 포괄적
  인 검색이라고 할 수 있다(김수영 외, 2011: 21).

행하는 것으로 검색 전략을 수립하였다. 검색어는 연구 대상을 특정하는 1차 검색어와 연구 대상과 조합할 정의적 요인을 의미하는 2차 검색어를 각각 확보하였는데, 이들 모두를 제시하면 아래와 같다.

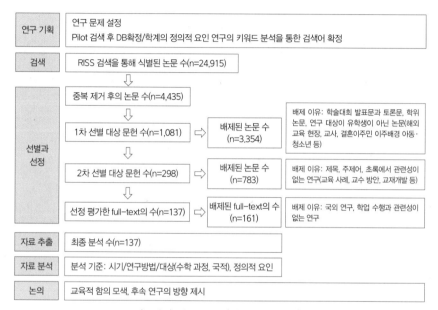

〈그림 1〉 연구 흐름도(김수영 외, 2011)

* PRISMA(Preferred Reporting Items for Systematic reviews and Meta-Analyses)의 연구 흐름도 참조(M. David, L. Alessandro, T. Jennifer, D. G. Altman, 2009)

1차 검색어

유학생, 한국어 학습자, 학문 목적 학습자, 외국인 학습자

2차 검색어

가치, 가치관, 가치인식, 가치태도, 개인가치, 개인적 가치, 경쟁 동기, 공정성, 관심도, 교과불안, 교과태도, 교과흥미, 기대, 기대감, 기대효과, 긴장, 긴장감, 내재적 동기, 내적 동기, 내적 가치, 내적 통제, 노력, 도구적 동기, 도덕,

도덕성, 동기, 동기도, 동기유발, 두려움, 만족감, 만족도, 모험시도, 목표지향, 몰입감, 미래지향 동기, 불안, 불안감, 불안도, 사회성, 상호작용태도, 선호도, 성격, 성취 동기, 성향, 소속감, 수업태도, 수업흥미, 수용방식, 수행가치, 습관, 시험불안, 신념, 신뢰감, 심리, 안녕감, 언어불안, 역할수행 인식, 열등감, 외재적 동기, 외적 동기, 우울, 유대관계, 유용성, 의사소통 의지, 의지, 인식, 일반가치, 일반불안, 일반적 가치, 자기성찰, 자기조절, 자기조절력, 자기조절 효능감, 자기 주도적, 자기통제, 자기효능감, 자신감, 자신과 타인에 대한 이해, 자아개념, 자아존중감, 저항감, 적극성, 전체태도, 정서적 자아개념, 정의, 정의적 요인, 정의적 변인, 정의적 영역, 정의적 특성, 정의적 특징, 정체성, 조직 내 자긍심, 조직지원 인식, 좌절감, 주의집중, 중요도, 즐거움, 즐거움 인식, 집단 내 자긍심, 집단적 효능감, 짜증, 참여 동기, 참여도, 참여정도, 참여형태, 창의적 역할수행, 책임감, 타인불안, 태도, 통제 소재, 통합적 동기, 필요성, 학문적 자아개념, 학습 동기, 학습불안감, 학습습관, 학습신념, 학습욕구, 학습의욕, 학습지향성, 학습 참여 동기, 학습 태도, 학습흥미, 학업 동기, 학업적 자기효능감, 학업적 효능감, 학업효능감, 행복감, 혁신성향, 협동성, 회피 동기, 효능감, 효용, 흥미, 흥미도

1차 검색어는 유학생의 명칭을 분석한 이화숙·이용승(2020)을 참고하여 빈도가 높은 '유학생', '한국어 학습자', '학문 목적 학습자', '외국인 학습자'로 결정하였다. 2차 검색어는 RISS(한국학술정보서비스 http://www.riss.kr)에서 학술논문의 제목과 키워드에 각각 '정의적'이 포함된 4,296편의 논문의 제목과 키워드, 초록을 분석하여 학문 분야에 관계없이 130개의 검색어를 확보하였다.[7]

검색 단계에서는 RISS에서 [1차 검색어 AND 2차 검색어]를 N회차 검색을 통해 24,915개의 논문 목록을 확보하였다(검색일: 2021. 3. 31.). 포괄적 검색을 하였기 때문에 중복 논문이 상당히 많았는데, 중복 논문을 제거하고 남은 4,435편을 대상으로 1~2차 선별 과정과 본문 읽기 과정을 거쳐 최종적으로 137편의 분석 논문을 확보하였다. 최종적으로 선정한 논문은 모두 학술지 논문이다. 이미 연구되어 있는 지식을 파악하여 연구의 흐름과 앞으로의 방향 및 함의를 모색하기 위해서는 문헌 선정의 타당도가 중요하다.

이에 연구 목적에 따라 코딩 매뉴얼을 만들었다. 연구자, 연도, 논문제목, 구성 요인, 관련어, 연구대상(수학 과정/국적/비교군), 연구 방법, 종속변인 등 총 11개의 변수를 구성하였으며, 최종 선정한 논문은 연구 참여자가 함께 본문을 읽으면서 엑셀 데이터 테이블 〈그림 2〉를 마련하였다. 아울러 2명의 연구자가 분석 대상 문헌을 독립적으로 코딩하고 일치 여부를 비교하였으며, 일치하지 않는 자료에 대해서는 논의를 거쳐 의견에 도달하는 방식으로 코딩의 신뢰성을 확보하고자 하였다.

〈그림 2〉 동향 분석의 기초 자료(예시)

적 요인 연구' 목록 마련을 위한 문헌 검색과 선정, 배제, 그리고 용어 추출의 과정은 체계적 문헌 고찰을 거쳐 엄정하게 진행하였다.

데이터 테이블의 레이블에는 '연도'와 '구성 요인', '연구 대상—수학 과정', '연구 대상—국적', '연구 방법' 등이 포함되어 있는데, 이러한 구성은 서론에서 제시한 연구 문제1과 연구 문제2에 대한 통계 자료를 마련하는 데 활용하였다.

2절에서는 이들 자료를 바탕으로 137편에 대한 '시기별', '연구 방법별', '대상별' 동향을 계량적으로 분석할 것이다. '정의적 요인별' 분석의 경우 테이블에 저장한 '구성 요인'을 종합하여 분류의 틀을 마련한 후 계량 분석을 하고자 한다.

II. 유학생 대상 정의적 요인 연구 동향 분석

1. 시기별 동향 분석

유학생의 학업 수행과 관련한 정의적 요인 연구는 2009년 이후부터 RISS의 DB에서 포착된다. 2009년부터 6년을 단위로 구분하여 연구 논문의 비율을 살펴보면 전반기(2009~2015년)에 약 26.28%, 후반기(2016~2021년 3월)에 약 73.68%가 발표되었다. 특히 절반 이상인 57%가 2018년부터 2021년(3월) 사이에 이루어져 관련 연구가 비교적 최근에 학계의 관심을 받게 된 것을 알 수 있다. 연구 논문을 연도별로 계량화하여 나타내면 〈그림 3〉과 같다.

〈그림 3〉을 보면 2009년 2편의 논문을 시작으로 매해 연구가 이어져 왔으며, 2016년부터는 10편 이상의 논문이 발표되었다. 특히 2020년에는 이미 25편의 논문이 발표되었다. 이처럼 정의적 요인 관련 연구가 지속적으로 확대되고 있는 것은 과거에 비해 유학생 수가 늘면서 수학 과정과 전공, 국적 등 인구학적 특성이 다양해졌기 때문으로 보인다. 분석 논문의 연구 대상과 주제를 살펴보면 전반기 연구의 경우 어학연수생을 대상으로 한국어의 말하기, 듣기,

초국적 관점에서 본 유학생의 경험과 유학정책

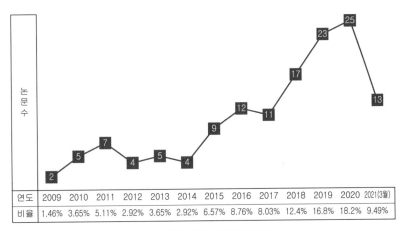

연도	2009	2010	2011	2012	2013	2014	2015	2016	2017	2018	2019	2020	2021(3월)
비율	1.46%	3.65%	5.11%	2.92%	3.65%	2.92%	6.57%	8.76%	8.03%	12.4%	16.8%	18.2%	9.49%

〈그림 3〉 연도별 논문 수와 비율

읽기, 쓰기와 같은 기능적인 영역과 정의적 요인 간의 상관관계를 논의한 것이 주를 이룬다. 이에 반해 후반기 연구의 경우 연구 대상으로 학부생과 대학원생이 포함되면서, '학술적 글쓰기'와 '보고서 쓰기', '대학 강의', '토론'과 같은 학부 과정 이상에서 이루어지는 학업 수행 영역으로도 주제가 확대되는 경향을 보인다. 특히 2020년과 2021년에는 'COVID-19'의 영향으로 교육 분야에 새로운 담론이 형성되었는데, 유학생의 학업 수행에 대한 정의적 연구에서도 온라인(실시간 혹은 비실시간) 수업이나 모바일을 활용한 말하기 과제 활동 등이 유학생의 사회성과 말하기 효능감에 미치는 영향 등을 분석한 연구들이 수행되었다.

2. 연구 방법별 동향 분석

연도별 연구 동향과 관련하여 함께 살펴볼 부분은 연구 방법에 대한 것이

---

8 이 글에서 2015년을 기점으로 전반기와 후반기로 구분한 이유는 정부가 2015년에 '외국인 유학생 유치 확대 방안'을 발표하고 유학생 유치에 적극적으로 나섰기 때문이다.

다. 유학생의 학업 수행과 관련한 정의적 요인 연구의 약 84%가 양적 연구로 이루어졌으며, 나머지 16%는 질적 연구(2%)와 혼합 연구(14%)이다. 아래의 〈표 2〉는 분석 대상 논문의 시기별 연구 방법을 계량화한 것이다.

〈표 2〉 연구 방법별 논문 수와 비율

	전반기 (2009~2015년)		후반기 (2016~2021년 3월)		계	
	논문 수	비율(%)	논문 수	비율(%)	논문 수	비율(%)
양적 연구	32	88.89	83	82.18	115	83.94
질적 연구	1	2.78	2	1.98	3	2.19
혼합 연구	3	8.33	16	15.84	19	13.87
계	36	100.00	101	100.00	137	100.00

위의 〈표 2〉를 보면 양적 연구는 전반기에 약 89%, 후반기에 82%로 그 비율이 소폭 감소한 것으로 나타난다. 질적 연구와 혼합 연구는 그 비율이 높지는 않지만 시기별로 살펴봤을 때 주로 후반기에 이루어진 것을 확인할 수 있다. 특히 양적 연구와 질적 연구를 혼합한 연구의 경우 전반기에 8%로 나타나지만, 후반기에는 약 16%로 후반기 연구에서 혼합 연구가 뚜렷한 확대 경향을 보인다. 유학생의 학업 수행과 관련한 정의적 연구에서 혼합 연구 방법이 점차 확대되고 있는 것을 확인할 수 있다. 137편 가운데 질적 연구는 3편에 불과하여, 전반적으로 질적 연구가 부족한 현실을 보여 준다. 사실 정의적 요인은 개인적 특성이 강하기 때문에 개인의 내러티브를 깊이 살필 수 있는 질적 연구가 유용성을 가질 수 있는 분야이기도 하다.

분석 대상 중 115편(83.94%)이 설문지와 검사지, 평가지와 같은 도구를 활용하여 정의적 요인을 측정하고 이를 통계적으로 분석하는 실증적 연구를 수행한 것이다. 연구 도구의 경우 설문지 문항을 개발하기보다는 기존에 개발된 도구나 문항을 차용한 것이 대부분이다. 검사 도구 중에는 특히 '불안'과 관

초국적 관점에서 본 유학생의 경험과 유학정책

련한 조사에서는 'FLCAS(Foreign Language Classroom Anxiety Scale)'와 'FLRAS (Foreign Language Reading Anxiety Scale)'가 많이 활용되었으며(김주희·김은영, 2021; 박현진·김정은, 2017; 장혜·김영주, 2014; 최정순·안경인, 2009 등), '동기'와 관련한 조사는 'AMTB(Attitude and Motivation Test Battery)'가 주로 활용되었다 (이장패 외, 2017; 김영주 외, 2012 등). 이 밖에 '자기결정성 동기' 설문지는 'SRQ-A'가 쓰였다(홍종명, 2017a; 이진녕, 2015; 최정선, 2015 등). 귀납적 연구 방법인 질적 연구는 그 수가 적은데, 2015년의 연구는 반구조화된 면담법을 통해 인터뷰를 진행한 장아남·김영주(2015)이며, 2020년에 이루어진 두 편의 연구는 중국과 한국의 사회문화적 차이에서 오는 말하기 불안을 알아보기 위해 심층면담으로 확보한 자료를 통해 내러티브 분석을 실시한 김정란(2020)과 베트남 유학생을 대상으로 인터뷰를 이용해 읽기 불안을 연구한 이다슴(2020)의 연구이다.

혼합 연구를 적용한 전반기 연구는 중국 유학생의 쓰기 불안을 연구한 조인·김영주(2015)와 쓰기 불안을 연구한 장혜·김영주(2014) 등이 있는데, 설문조사와 인터뷰를 혼합하는 방법을 적용하였다. 후반기 연구에서 혼합 연구를 수행한 논문으로는 불안 검사지 'FLCAS'를 활용한 조사와 인터뷰를 혼합하여 중국 유학생의 한국어 불안과 한국어 습득의 상관성을 분석한 趙晨薇(2021)의 연구와 다국적 학부생과 대학원생을 대상으로 학술적 글쓰기에 대한 인식과 태도를 알아보기 위해서 설문조사와 인터뷰를 혼합한 곽준화(2018)의 연구등이 있다. 이 밖에도 후반기 혼합 연구에서는 설문조사와 검사 도구, 평가지등을 바탕으로 상담 일지(이효영·진광호, 2016)와 쓰기 과제(이정연, 2021; 권혜경, 2020; 김경령, 2016) 등 다양한 질적 자료들을 활용하여 양적 연구 방법으로는 알아보기 어려운 심층적인 내용을 보완하고 있다. 정의적 요인에 대한 설문조사의 경우 참여자가 '자기 아첨' 증상을 보여, 자기 자신을 '좋게' 보이려고 하거나 자기 스스로에게 '손상'을 입히지 않는 답을 가려낸다는 문제점이 있다(Brown, H., 1994: 210). 아울러 특정한 상황에서 드러나거나 변화하는 심리적인 특성의 원인을 밝히는 데 한계가 있는데, 이러한 점을 고려하면 양적 연구를 통해 일반화 가능성을 확보하는 한편 질적 연구를 통해 심층적인 원인을 보완하는 혼합 연구가 확대되는 것은 정의적 요인 연구 분야에서 바람직한 경향이라고 하겠다.

3. 대상별 동향 분석

분석 논문에서 연구 대상의 국적과 수학 과정을 제시하는 경우가 많다. 아래에서는 분석 논문에 제시되어 있는 국적과 수학 과정을 중심으로 연구 대상별 동향 분석을 해 보고자 한다.

먼저 국적별 연구 동향을 살펴보면 두 개 국적 이상의 유학생들을 대상으로 한 '다국적'[9]의 비율이 약 58%로 가장 높다. 하나의 국적을 명시하여 연구 대상을 표집한 경우에는 '중국'이 약 29%로 그 비율이 가장 높으며, 베트남이 약 9%로 유의미한 분포를 나타낸다. 분석 논문에서 연구 대상으로 삼은 유학생의 국적 분포를 제시하면 〈표 3〉과 같다.

〈표 3〉을 살펴보면 다국적의 경우 전반기 47%에서 후반기에는 61%로 그 비율이 크게 확대되고 있다. 연구자가 소속된 대학의 한국어학당 어학연수생이나 강의를 수강하는 학부 혹은 대학원의 유학생을 연구 대상으로 삼았기 때문에 '다국적'의 비율이 높게 나타나는 것으로 판단된다. '다국적'으로 분류한

---

9 〈표 3〉에서 제시한 '다국적'은 '베트남/중국', '베트남/중국/일본/몽골', '베트남/중국/우즈베키스탄/몽골/프랑스/대만' 등 연구 대상의 국적을 2개 이상 제시한 경우는 물론, '영어권/중국어권/일본어권/기타'와 같이 다수의 언어권으로 표현한 경우, 국적을 제시하지 않고 '교환학생', '어학연수생', '학부생'과 같이 수학 과정만 명시한 경우, '정부초청장학생'으로만 소개한 경우 등으로 분류하였다. 예를 들면 연구 대상의 국적을 명시하지 않았지만, 연구 대상을 "국내에 소재하고 있는 대학 부설 한국어센터의 2018년도 가을학기 등록생 전체를 대상으로 한다."라고 소개한 경우 '다국적'에 포함하였다(오선경·김지혜, 2019: 88).

초국적 관점에서 본 유학생의 경험과 유학정책

〈표 3〉 국적별 논문 수와 비율

	전반기 (2009~2015년)		후반기 (2016~2021년 3월)		계	
	논문 수	비율(%)	논문 수	비율(%)	논문 수	비율(%)
다국적	17	47.22	62	61.39	79	57.66
중국	16	44.44	23	22.77	39	28.47
베트남	0	0.00	12	11.88	12	8.76
기타	3	8.34	4	3.96	7	5.11
계	36	100.00	101	100.00	137	100.00

79편의 논문 중에는 '외국인 유학생', '한국어 학습자', '학부생', '어학연수생'으로 연구 대상을 소개할 뿐 국적을 명시하지 않은 경우가 32편에 이른다. 그밖에 47편의 논문에는 참여자의 수와 함께 2개 이상의 국적을 모두 제시하였는데 이 경우 '중국'과 '베트남' 국적의 유학생이 참여한 경우가 가장 많았으며, '일본', '몽골', '우즈베키스탄', '프랑스', '태국' 등의 국적을 가진 유학생이 참여한 빈도도 높게 나타났다.

단일 국적의 유학생을 대상으로 한 경우에는 '중국'과 '베트남'의 비율이 가장 높다. 특이한 것은 '베트남' 국적의 유학생과 관련한 정의적 요인에 대한 연구는 12편 모두 2016년 이후인 후반기에 이루어졌다는 것이다. '중국' 국적의 경우 여전히 연구 논문 수가 많지만, 그 비율을 보면 전반기에 44%를 차지하던 것이 후반기 연구에서는 약 23%를 차지하여 분포가 대폭 축소되었다. 이러한 국적별 연구 경향은 '중국'과 '베트남' 국적의 유학생 규모와 관계가 있을 것으로 보인다. 〈그림 4〉는 '중국'과 '베트남' 국적 유학생의 추이를 참고하기 위한 것이다.

유학생 집단에서 두 국적은 가장 높은 비중을 차지하는데, 중국 국적이 2019년 이후 감소하는 경향을 보이는 것과 달리, 베트남 국적은 2015년 이후 급격히 증가하여 2020년에는 중국 국적보다 더 많은 유학생이 한국의 고등교

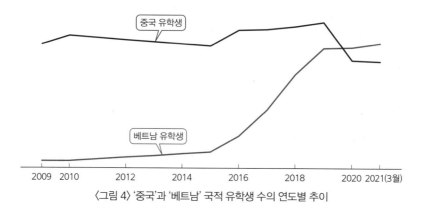

〈그림 4〉 '중국'과 '베트남' 국적 유학생 수의 연도별 추이

육 기관에서 수학하고 있는 것으로 나타난다. 결국 유학생의 학업 수행과 관련한 정의적 요인에 대한 국적별 연구 경향을 살펴보면, 체류 유학생의 국적 분포와 비례하는 경향이 있음을 확인할 수 있다. 이는 유학생 연구 분야에서 연구대상자와도 상관있음을 알 수 있다.[10]

연구 대상의 수학 과정을 살펴보면 '어학연수생'의 비율이 34%로 가장 높다. '학부생'과 '수학 과정 혼합'도 각각 약 28%와 17%를 차지하였으며, 수학 과정을 명시하지 않은 경우도 약 18%에 이른다. 〈표 4〉는 연구 대상의 수학 과정별 분포를 제시한 것이다.

〈표 4〉에서 전반기와 후반기에 수학 과정별 연구의 가장 큰 변화를 보이는 것은 '학부생'이다. 전반기 연구에서 8%의 비율을 차지하던 것이 후반기 연구에서는 약 35%의 비중을 차지하고 있어 학부에 재학 중인 유학생의 학업 수

---

10 법무부의 통계 자료를 참고하여 유학생의 국적 분포를 제시하면 아래의 표와 같다.

국적	베트남	중국	한국계	우즈베키스탄	몽골	일본	네팔	프랑스	그 외	총계
유학생 수	59,876	51,094	9,30	9,169	8,121	2,790	2,714	1,766	23,393	158,923

출처: 출입국·외국인정책본부 2021년 3월 출입국·외국인정책 통계월보(http://www.immigration.go.kr).

초국적 관점에서 본 유학생의 경험과 유학정책

	전반기 (2009~2015년)		후반기 (2016~2021년 3월)		계	
	논문 수	비율(%)	논문 수	비율(%)	논문 수	비율(%)
어학연수생	16	44.44	31	30.69	47	34.31
학부생	3	8.33	35	34.66	38	27.74
명시하지 않음	8	22.22	16	15.84	24	17.52
수학 과정 혼합	8	22.22	15	14.85	23	16.79
대학원생	1	2.79	2	1.98	3	2.18
교환학생	0	0	2	1.98	2	1.46
계	36	100.00	101	100.00	137	100.00

행과 관련한 정의적 요인 연구가 크게 확대된 것을 볼 수 있다. '대학원생'은 그 수가 많지 않지만 후반기 연구에서 수학 과정 혼합에 대학원생이 포함되는 경우가 많아 '학부생'과 마찬가지로 후반기에 참여자로 포함되는 빈도가 높게 나타난다.[11] 최근에 대학원에 진학하는 유학생의 증가 추세가 두드러지는데, 이러한 경향이 관련 연구에도 반영된 결과로 판단된다.[12] 분석 논문 중 약 18%인 23편의 논문에서 수학 과정을 명시적으로 제시하지 않은 것을 확인하였다. "한국어학당에 재학 중인", "한국어 교육기관 재학", "○○대학의 ○○ 수업을 수강하고 있는", "대학에서 수학하는", "○○을 전공하고 있는"과 같은 기술을 통해 '어학연수생'이나 '학부생'임을 암시적으로 소개하였는데, 유학생의 내연이 다양한 만큼[13] 논문에 기술된 정보만으로는 연구자가 임의로 수학

---

11 〈표 4〉에서 '수학 과정 혼합'은 어학연수생+학부생(5편), 교환학생+학부생(1편), 어학연수생 +학부생(1편), 어학연수생+교환학생+학부생+대학원생(1편), 어학연수생+학부생+대학원생 (8편), 학부생+대학원생(6편), 기타(2편) 등 2종 이상의 수학 과정이 포함된 경우를 분류한 것이다.

12 김지하 외(2011: 45−46)에서는 학부과정을 졸업한 학생들의 교육 수요가 상급 학위과정으로 이동하는 한편 중국을 비롯한 일부 국가에서 대학교원에 대한 박사 학위 취득을 의무화하였기 때문에 국내 대학의 박사 학위과정에 유학생의 수가 증가하고 있는 것으로 분석하였다.

과정을 분류하는 데 한계가 있다고 판단되어 〈표 4〉에서 '명시하지 않음'으로 분류하였다.

4. 정의적 구성 요인 분석

1) 정의적 요인 분석의 틀

유학생의 학업 수행과 관련한 정의적 요인 연구에서는 '동기', '불안', '태도', '효능감', '흥미도' 등에 대한 연구가 이루어졌는데, 연구에 사용하는 조사 도구와 설문지 내용 등에 따라 이들 정의적 요인은 다양한 구성 요소들로 구분되고 있다. '정의'(情意)라는 개념이 인간의 광범위한 감정이나 정서의 영역과 관련되는 만큼 정의적 요인을 구성하는 요인들 또한 매우 다양하게 나타난다. 하지만 정의적 요인의 구성 요인에 대한 조사가 충분하지 않을 뿐만 아니라 구성 요인들을 명확하게 유형화하는 데도 한계가 있다(박아람·박영희, 2018; 정옥년, 2007; Brown, H. D., 2006). 유학생과 관련한 연구 동향 연구에서는 정의적 요인에 대한 구성 요인을 조사하고 이를 범주화한 논의는 아직 이루어진 것이 없다.[14] 이 글에서는 유학생의 학업 수행이라는 주제를 고려하여 정의적 요인의 연구 동향을 살펴보기 위해 〈표 5〉와 같이 분류의 틀을 마련하였다.

〈표 5〉는 분석 논문 137편에서 조사한 정의적 요인의 구성 요인 전부를 제시한 것이다. 한 편의 논문에서 2종 이상의 정의적 요인을 조사하는 경우가 많

---

13 유학생에 속하는 범주는 전문학사, 학사유학, 석사유학, 박사유학, 연구유학, 교환학생, 대학 부설어학원연수, 외국어연수, 일학습연계유학, 단기유학 등 10종에 이른다(이화숙·이용승, 2020: 84 참조).

14 참고로 과학 교과목과 영재 교육과 관련한 정의적 요인 연구 동향을 분석하면서 구성 요인(해당 논문에서는 각각 '세부 요소'와 '소주제'라고 하였음)을 조사하고 범주화한 예가 있다. 김선희 외는 '과학에 대한 태도, 과학 학습에 대한 태도, 과학적 태도, 과학 교수 관련 태도'로 정의적 요소를 구분하였고(김선희 외, 2015: 183), 채유정은 '성격 및 성향, 자기인식, 동기/신념/태도, 정서, 사회성으로 정의적 요소의 하위 범주를 제시하고 있다(채유정, 2019: 198).

<표 5> 정의적 요인 분석의 틀

정의적 요인	구성 요소(유의어 포함)
동기	L2 자아 동기, 경쟁-보상, 내재적 동기, 내적 동기, 도구적 동기, 도구적 목적, 도구적 목표, 도구적 요인, 동기, 동기의 강도, 동기의 중요성, 목적 동기, 목표지향, 성취 동기, 성취목표지향성, 쓰기 동기, 언어 동기, 외적 동기, 일반적 동기, 자기결정성 동기, 재동기, 탈동기, 통합성 동기, 통합적 요인, 통합적 목적, 필수적 동기, 필연적 L2 자아 동기, 학습 동기, 학습 참여 동기
불안	걱정, 공포, 근심, 기타 불안, 긴장감, 두려움, 듣기 불안, 말하기 불안, 발음 기술(skill) 부족으로 인한 불안, 본인과 타인의 비교로 인한 불안, 부정적 평가 불안, 부정적인 평가에 대한 불안, 불안, 불안감, 비웃음에 대한 두려움과 혼란스러운 생각, 수업 불안, 시간 제약과 평가에 대한 불안, 시험 불안, 쓰기 불안감, 쓰기 불안, 언어 불안, 예전보다 덜 불안하다, 외국어 불안, 의사소통 불안, 읽기 불안, 작문 시 나타나는 심리적 그리고 신체적 긴장, 적응 불안, 타인의 부정적 평가에 대한 불안, 타인의 평가로 인한 불안, 평가 불안, 평가 불안감, 학술적 글쓰기의 두려움, 한국어 공부에 실패할까봐 불안했다, 한국어 불안
태도	강도 개방적 커뮤니케이션, 거부감, 듣기 의사소통 의지, 말하기 의사소통 의지, 몰입, 불평, 수업 태도, 수행 회피, 숙달 회피, 쓰기 거부감, 쓰기 의사소통 의지, 의사소통 의지, 일관성, 읽기 의사소통 의지, 읽기 태도, 적극성, 집중력이 있다, 참여도, 책임감, 학술적 글쓰기의 과정 및 결과에 대한 태도, 학습상황에 대한 태도, 학습 태도, 학업 지속 의도, 한국어 쓰기에 대한 소극적인 태도, 한국어 학습 태도, 한국어에 대한 태도, 한국에 대한 태도, 한국인에 대한 태도, 호오적 평가
효능감	글쓰기 효능감, 낮은 자신감, 듣기 효능감, 말하기 자신감, 말하기 효능감, 발음 효능감, 발음에 대한 자신감, 수행 효능감, 쓰기 자신감, 쓰기 효능감, 어휘문법담화 효능감, 인정 효능감, 자기조절효능감, 자기효능감, 자신감, 자아효능감, 직소활동을 통한 자신감 향상, 학업적 자기효능감, 효능감
흥미도	과제난이도 선호, 직소활동에 대한 흥미도, 난이도 선호도, 말하기 흥미도, 미디어·문화에 대한 관심도, 섀도잉 학습법에 대한 인식과 기대, 선호, 선호도, 쓰기 흥미도, 앞으로의 수업에서 직소활동 희망 여부, 원격수업에 대한 감정, 직소활동을 통한 수업 흥미도, 한국어 사용에 대한 기대, 한국어에 대한 흥미도, 협동학습에 대한 선호도, 흥미, 흥미가 있다, 흥미도
가치	가치인식, 내적 가치, 도움이 된다, 발음에 대한 중요성 인식, 유용성, 한국어 학습의 중요성, 학술적 글쓰기의 중요도, 효용 가치
사회성	문화적응 스트레스, 부모의 격려, 사회적 지원, 상호작용, 상호지원 및 집중, 자아정체성, 적응도, 정서적 유대감, 한국인에 대한 이해
성격 및 성향	낙관적 성격, 성향, 원격수업에서의 자기주도성, 자기조절학습, 자기주도학습 능력, 학업적 정서 조절, 집단성, 학습자 성격
자아	공동체감, 이상적 L2 자아, 자기존중감
기타	모험시도, 역할수행 인식, 자기평가, 좌절감, 통합성, 학습부담, 만족, 만족도, 성취, 수업에 대한 인식, 쓰기 교실 상황 또는 작문 요청 시 느낌, 수업에 대한 인식, 외로움, 인식, 학술적 글쓰기의 어려움

기 때문에 구성 요인의 수는 논문 수보다 많다. 연구의 목적과 연구자의 관점에 따라 구성 요인을 나타내는 다양한 용어들을 쓰고 있다. 일례로 〈표 5〉에서 정의적 요인 중 '동기'를 살펴보면 '목표지향', '성취목표지향성'과 같은 관련 요인을 나타내는 용어와 함께 '내적 동기', '도구적 동기', '통합성 동기'와 같은 하위 요인을 나타내는 용어들도 확인된다. 또 '도구적 동기'의 경우 '도구적 목표', '도구적 목적', '도구적 요인'처럼 유의어가 쓰인 예도 있었는데, 연구자가 사용한 다양한 용어들을 학계에 보고하는 것도 의미가 있을 것으로 판단하여 별도의 조작 없이 그대로 제시하였다.

2) 정의적 요인별 동향 분석

정의적 요인 중 가장 많은 연구가 이루어진 것은 '불안'과 '동기'로 각각 전체의 24%와 23%를 차지한다. 시기별로 보면 전반기에 '동기'에 대한 비율이 조금 높게 나타나다가 후반기에는 비슷한 수준으로 '불안'의 비율이 높다는 차이를 보인다. '불안'과 '동기' 다음으로 비율이 높은 것이 '효능감'(14%)과 '태도'(14%)이다. 특히 효능감은 후반기에 이루어진 연구가 전반기에 비해 2배 이상 높게 나타나는 특징이 있다. 이 밖에도 '흥미도'(약 7%), '사회성'(3%), '성격 및 성향'(3%), '자아'(1%), '기타'(7%) 등 대부분의 정의적 요인에 대한 연구가 후반기에 다수를 이룬다. 〈표 6〉은 정의적 요인별 연구 빈도와 비율을 나타낸 것이다.

〈표 6〉을 살펴보면 전반기와 후반기 정의적 요인 연구 논문의 증가 폭이 2.3배인데, '동기'와 관련된 연구는 증가 폭이 이를 따라가지 못하는 양상을 보이고 있다. 반면 '불안' 연구는 유사한 정도로 증가하였고 '태도', '효능감', '흥미도'와 관련된 연구의 증가 폭이 가파르다. 이는 유학생이 겪는 불안과 학업 수행과의 관련성에 대한 관심이 높아졌다는 것을 방증한다. 즉 전반기에는 유학생의 유학 목적과 그것을 이루기 위한 동기에 관심이 많았다면, 후반기로 들

<표 6> 정의적 요인별 빈도와 비율

	전반기 (2009~2015년)		후반기 (2016~2021년 3월)		계	
	빈도	비율(%)	빈도	비율(%)	빈도	비율(%)
동기	31	30.69	48	20.25	79	23.37
불안	28	27.73	54	22.78	82	24.26
태도	13	12.87	34	14.35	47	13.91
효능감	7	6.93	41	17.30	48	14.21
흥미도	4	3.96	19	8.02	23	6.81
가치	4	3.96	5	2.11	9	2.66
사회성	4	3.96	7	2.95	11	3.25
성격 및 성향	4	3.96	7	2.95	11	3.25
자아	1	0.99	3	1.27	4	1.18
기타	5	4.95	19	8.02	24	7.10
계	101	100.00	237	100.00	338	100.00

어서면서 유학생이 겪는 불안감을 비롯하여, 학업 수행 과정에 영향을 미칠 수 있는 보다 개인적인 정서에 주목한다는 것을 발견할 수 있다. '왜 유학을 왔는가'와 연관되는 동기에 대한 주목은 정책적으로 보면 '유학생 유치'와 관련이 있다. 후반기에 연구 주목도가 올라간 불안, 태도, 효능감, 흥미도 등은 정부정책보다는 대학 단위에서의 미시정책과 관련이 있고, 이주민으로 유학생의 삶에 더 큰 관심을 가지게 된 현실을 반영한 것으로 판단할 수 있다.

다음으로는 <표 7>을 참조하여 정의적 요인에 대한 세부적인 연도별 현황 및 관련 연구 논문을 살펴보고자 한다. <표 7>을 보면 2009년에 '불안'과 '태도'를 중심으로 유학생의 학업 수행과 관련이 있는 정의적 요인 연구가 시작된 것을 알 수 있다. 2010년에 '동기', '효능감', '흥미도' 등에 대한 연구가 이어졌으며, 2011년에는 '사회성'과 '기타'에 대한 연구가 추가되었다. 2012년에 '성격 및 성향', 2013년에는 '가치' 그리고 2014년에 '자아'에 대한 연구로 그 주제

<표 7> 정의적 요인의 연도별 현황

		불안	동기	효능감	태도	흥미도	사회성	성격 및 성향	가치	자아	기타	계
전반기	2009	3	–	–	1	–	–	–	–	–	–	4
	2010	6	6	1	1	1	–	–	–	–	–	15
	2011	3	10	2	4	2	1	–	–	–	2	24
	2012	6	6	1	3	–	1	1	–	–	1	19
	2013	1	3	1	2	–	–	–	2	–	–	10
	2014	2	2	–	–	–	1	1	–	1	–	7
	2015	7	4	2	2	1	1	1	2	–	2	22
후반기	2016	15	6	8	4	4	–	1	1	–	3	42
	2017	7	5	–	5	–	–	–	–	–	3	22
	2018	8	8	5	3	2	–	2	2	1	1	32
	2019	7	18	9	9	5	3	–	2	1	4	58
	2020	9	11	7	3	7	2	3	–	–	7	49
	2021	8	–	11	10	1	2	–	–	1	1	34
계		82	79	48	47	23	11	11	9	4	24	338
비율(%)		24.26	23.37	14.21	13.91	6.80	3.25	3.25	2.66	1.18	7.11	100.00

영역이 확대되어 온 것을 확인할 수 있다. 백재파(2020)는 2010년부터 2019년까지 한국어 교육 분야의 연구 특징으로 '불안', '동기'와 같은 정의적 영역을 고려하는 등 학습자 중심 교실 수업에 대한 연구가 이루어지고 있다고 지적한 바 있다. <표 7>을 참고하면 학업 수행에 대한 정의적 요인 연구는 2010년 이후 본격적인 확대기에 접어든 것은 분명하다. 연구 대상이나 연구 방법 및 주제 등이 다양화되지 못한 점을 고려했을 때 아직 이 분야 연구가 심화 단계로 접어들었다고 판단하기는 어렵지만, 백재파(2020)의 말처럼 '학습자' 중심성이 높아지고 있다는 점은 확인할 수 있다.

정의적인 요인의 개별 요소를 연구한 논문을 살펴보면 '상태 불안'에[15] 해당하는 '말하기 불안'(이효영·진광호, 2016; 정설군·김영주, 2016), '듣기 불안'(이해영·박지연, 2017), '쓰기 불안'(이효영·진광호, 2016), '시험 불안'(김영주 외, 2012; 최정순·안경인, 2009) 등에 대한 불안 연구가 상대적으로 많이 이루어졌다. 특성 불안과 관련하여서는 '언어 불안'(남명애·김영주, 2011), '의사소통 불안'(최권진, 2016; 최정순·안경인, 2009), '한국어 불안'(趙晨薇, 2021) 외에도 긴장감'(채은경· 배지영, 2017; 조인·김영주, 2015), '두려움'(이선영, 2016) 등에 대한 연구가 있다.

'동기'와 관련하여 가장 많이 조사가 이루어진 구성 요소는 '통합적 동기'(이 바른, 2018; 노복동, 2013; 원미진, 2010 등)와 '도구적 동기'(정해권, 2019; 손성희· 전나영, 2011; 김경령, 2010 등)이다. 이 밖에 '내적 동기'(이윤주, 2019)와 '자기결 정성 동기'(홍종명, 2019; 김상수, 2018; 홍종명a, 2017; 정연희, 2016; 고형진·김영주, 2011 등)등에 대한 연구가 있다. 유학생들은 대체로 '도구적 동기'가 강한 것으 로 보고되었다. 유학은 비용과 보상을 고려하여 선택한 행위이기 때문에(김성 은·이교일, 2019), 유학생이 학습에 있어 '도구적 동기'가 강하고, 또 이에 대한 연구가 다수를 차지하는 것도 이해할 만한 현상이다.

'효능감'은 "특정한 상황에서 필요한 행동을 충분히 수행할 수 있다고 믿는 믿음의 정도"를 이르는데(안한나, 2018: 34 재인용; Bandura, 1997) '자기효능감' (강귀종·조위수, 2018; 김춘주·강승혜, 2016; 전나영·손성희, 2014 등)과 '자신감'(박 현진, 2021; 채은경·배지영, 2017; 손성희·전나영, 2011)에 대한 조사가 가장 많이 이루어졌으며, '쓰기 효능감'(이아름·오선경, 2021; 이정연, 2021; 이은진·권연진, 2020)과 '말하기 효능감'(강소산, 2019; 이효영·진광호, 2016), '발음 효능감'(김지 현·성인경, 2021) 등 한국어 학습 과정에서 느끼는 긍정적인 심리에 대한 연구 도 있었다.

---

15 '불안'은 "자신의 안전을 위협하는 상상적이거나 실제적인 결과로부터 초래되는 긴장의 경험" 을 이르는데, 일반적 상황에서 느끼는 특성 불안(trait anxiety)과 시험을 치르는 상황과 같이 구체적인 상황에서 느끼는 상태 불안(state anxiety)으로 구분할 수 있다(권유진 외, 2010; 박 도형, 1986: 24).

'태도'는 "주어진 대상에 대한 호의적 또는 비호의적으로 일관성 있게 반응하는 학습된 경향"(최서원, 2011: 325 재인용; Gardner, 1985)을 말하는데, 분석 논문에서는 '학습 태도'(민혜경·정진현, 2019; 이장쾌 외, 2017; 김지영, 2016 등)와 '의사소통 의지'(박현진, 2021)와 관련한 논의가 가장 많았다.

'흥미도' 연구는 '직소(jigsaw) 활동을 통한 수업 흥미도, 협동학습에 대한 선호도'(이수정·안한나, 2020; 이바른, 2018), '과제난이도 선호'(박현진, 2021), '미디어·문화에 대한 관심도'(손성희·전나영, 2011), '섀도잉 학습법에 대한 인식과 기대'(서경숙, 2019)와 같이 구체적인 학습 상황과 관련되어 있는 것이 특징이다. '사회성'은 '사회적 거리'와 '사회적 지지'를 반영하는 요소들을 아울러 분류한 것인데, '부모의 격려'(김영주 외, 2012; 남명애·김영주, 2011)와 '상호작용'(권혜경·조윤경, 2020), '사회적 지원'(최재수·김중섭, 2020), '정서적 유대감'(이경, 2021) 등에 대한 조사가 이루어졌다. '성격 및 성향'은 한 개인의 행동 원인과 결과를 설명할 수 있는 총체적 특성을 가진 정의적 요인으로, '낙관적 성격'(송수희, 2020), '학업적 정서조절'(진흠·강진령, 2018), '자기조절학습'(이진녕, 2015; 손성희·전나영, 2011), '자기주도학습능력'(유효강·최우성, 2017) 등에 대해 조사와 분석이 이루어졌다.

'가치'는 "바람직해야만 하는 것과 행동의 선택에 영향을 주는 바람직한 것"을 이르는데, 강도가 높은 정의적 요인으로서 흥미나 태도에 영향을 준다(이미애, 2010; 박도형, 1986). '가치'와 관련한 정의적 구성 요소로는 '내적 가치'(신희재, 2013), '한국어 학습의 중요성'(정해권, 2019), '학술적 글쓰기의 중요도'(곽준화, 2018) 등에 대한 연구가 있다. '자아'와 관련한 조사 연구는 그 수가 가장 적은데, '이상적 L2 자아, 필연적 L2 자아'(장아남·김영주, 2014), '제2 언어 자아'(장아남·김영주, 2015), '자아존중감'(오선경·김지혜, 2019), '자기존중감'(안한나, 2018) 등의 구성 요소를 조사한 것이 있다. '기타'로 분류한 구성 요소로는 부정적 심리에 해당하는 '학술적 글쓰기의 어려움'(곽준화, 2018), '외로움'(김령·임선

　초국적 관점에서 본 유학생의 경험과 유학정책

아, 2021)과 '억압'과 관련이 있는 '학습부담'(홍종명b, 2017), '좌절감'(정설군·김영주, 2016) 외에도 '모험시도'(권유진·김영주, 2011) 등의 연구가 있다. '기타'의 구성 요소를 다룬 연구는 빈도가 낮음에도 불구하고 유학생의 학업에 영향을 미치는 다양한 정의적 요인들을 확인할 수 있다는 의미가 있다.

III. 분석 결과 논의 및 제언

위 연구 결과와 같이 정의적 특성에 포함되는 개념에는 불안, 동기, 효능감, 태도, 흥미도, 사회성, 성격 및 성향, 가치, 자아 등이 있는데, 이들 중에서 외국인 유학생의 학업 수행에 있어서 특히 강조된 것 중 하나가 불안과 동기, 효능감, 태도라고 할 수 있다.[16]

'불안' 관련 연구는 매년 1편 이상 지속적으로 연구되고 있으며, 2016년에는 15편으로 '말하기 불안', '쓰기 불안', '읽기 불안', '학습 불안', '외국어 불안' 등 언어기능별 성취도와의 관계를 규명하였다. 이는 한혜민·안정민(2019)의 한국어 교육에서의 불안 연구 동향에서 밝힌 바와 같이 연도별 분석 결과와 상통한다. 학습자의 불안은 학업 성취도 및 한국어 수준과 관계없이 대부분의 집단에서 부정적인 상관관계가 나타났으며, 불안이 학습자의 산출 능력에 부적 영향을 주었다는 연구 결과가 대부분이었다(趙晨薇, 2021; 박현진·김정은, 2017; 권유진·김영주, 2011; Horwitz, E. K. et al., 1986 등). 특히 유학생이 학업 수행 과정에서 느끼는 '불안'은 한국어가 능숙해져도 감소하거나 소멸하지 않으며, '불안'이 개인의 성향에 따른 문제가 아니라 교실 환경과 관련이 있다는 연구 결과 또한 있었다(정지현·김영순, 2020; 김나나, 2012). 이는 유학생이기 때문

---

16 이 글의 분석 결과를 바탕으로 정의적 요인별 빈도와 비율, 연도별 현황 결과에 따라 10% 이상 차지한 요인을 주요 구성 요인으로 보았다.

에 불안은 소멸되지 않는 과제 중 하나이며, 그것은 학업 수행에만 영향을 미치는 것이 아니라, 목적국에서의 이주민으로서의 삶에도 영향을 미칠 것으로 보인다.

다음으로 '동기' 연구의 목적은 학습자들에게 학습 동기를 유발하여 제2 언어 숙달도를 향상시키는 것으로(Gardner, R. C., 2000) 언어 학습은 물론 전 분야에서 꾸준히 연구되고 있는 정의적 요인 중 하나이다. 이 연구에서 밝혀진 바와 같이 '정의적 요인별 빈도와 비율'에서 동기가 빈도 79회, 비율 23.27%로 가장 높은 수치를 차지하였다. 이와 같이 동기는 유학생의 학업 수행을 위한 정의적 요인으로 중요할 뿐만 아니라, 학습 강도, 한국어를 배우려는 열정, 한국어 및 학업 수행 상황에 대한 태도 등 외국어로서의 한국어를 배우려고 하는 수용적인 요소가 모두 포함된 요인이라 할 수 있다. 아울러 학업성취도가 높은 학습자들이 학습에 대한 동기가 높다는 결과가 많았는데(강귀종·조위수, 2018; 고형진·김영주, 2011; 김경령, 2010) 이는 유학생의 학업성취도와 동기 간의 긍정적 관련성을 말한다. 또한 Gardner와 Smythe(1981), Jung(2009), Noels 외(2001) 등에 따르면 동기화된 언어 학습자는 더 효과적인 학습전략을 사용하고 더 높은 수준의 언어 능력을 달성한다고 보고하고 있다(신희재, 2013: 264 재인용).

아울러 '효능감'은 이 연구의 '정의적 구성 요인 분석 결과'에서 나타난 바와 같이 '말하기 효능감', '듣기 효능감', '발음 효능감' 등 언어 기능과 관련된 구성 요소가 대부분이었다. 그러나 유학생의 학업 수행과 관련한 효능감 연구에서는 학업성취도와의 관계(박현진, 2021; 강소산, 2019), 정의적 요인 간의 관계(이정연, 2021; 이해영·박지연, 2017), 학업 수행에 따른 자기효능감(이은진·권연진, 2020; 전나영·손성희, 2014) 등의 연구가 주를 이루었다. 또한 주은·이용남(2010)은 처음으로 한국어 학습자의 학업적 자기효능감에 관한 연구를 시도하였는데, 중국 유학생들을 대상으로 학습 동기와 불안 및 자기효능감 간의 관계 연구에서 학습자들의 학습 동기가 말하기 불안에 영향을 주며 이에 따라 의사소통 불안으로 자기효능감까지 영향을 준다고 밝혔다. 게다가 효능감은 유학생의 대학생활 적응에 중요한 결정요소로 자기효능감이 높은 학생은 스스로 자신의 스트레스를 관리, 조절하여 문제를 해결하고, 적극적이고 지속적으로 노력함으로써 대학생활 적응을 잘하게 된다는 연구가 대부분이었다.

끝으로 유학생의 학업 수행과 관련한 정의적 요인 중 '태도'는 '학습 태도'에 관한 연구이다. 하오선·신나민(2013: 28)에서는 외국인 유학생의 학습 태도는 독립적으로 존재하는 변인이라기보다 다른 변인들과 상관관계가 있으며, 학습 태도를 매개로 하여 궁극적으로 학생들의 학업성취도에 영향을 준다고 하였다. 특히 학습 태도는 수업의 질과 교수의 지도방식, 외국인 지원 프로그램에 대한 만족도 등과 관련하여 자율학습 능력에 긍정적인 영향을 미친다(서경숙, 2019; 이장패 외, 2017; 김지영, 2016; 최서원, 2011)는 연구 결과를 이 연구에서 수합할 수 있었다.

이와 같이 학습자의 정의적 요인과 언어 기능별 성취도와의 관계를 구체적으로 규명하여 학습자 중심의 의사소통 수업이 확대되고 있는 시점에, 이때 정의적 요인을 교수·학습 방법에 적용시킨다면 외국인 유학생의 학업 수행의 촉매제 역할을 할 뿐만 아니라, 외국인 유학생들의 정의적 요인에 대한 객관적인 정보를 제공함으로써 문제 행동을 치료 및 교정하는 등 그 활용도 광범위할 것으로 본다. 이를 위해서는 학교 차원에서 유학생을 '집단'으로 이해하기보다는 '개인'으로 바라보는 관점의 전환이 필요하며, 교육 수요자로 이들의 요구와 눈높이에 부합하는 교육정책을 마련해야 할 것이다. 아래에서는 선행연구의 제언들을 수렴하여 유학생 교육의 몇 가지 방안을 제시하고자 한다.

1. 유학생 전용 전공 이해 기초 교과목 개발 및 운영

유학생은 수학 단계에 따라 직면하게 되는 문제들이 다르다. 어학연수 과정에서는 주로 한국어 학습에 대한 어려움이 있겠지만, 학부나 대학원에 진학할 경우 언어 문제에 더하여 교과목이나 전공 영역에 따라 사용되는 다양한 전문 용어와 이론들을 이해하는 데 큰 어려움을 겪고 있다. 현재 대학에서 운영하고 있는 유학생 전용 교과목은 일상 회화 중심의 '한국어 수업'의 연장이거나 'TOPIK'을 준비하기 위한 교과목이 대다수이다. 학업 튜터링이나, 멘토링, 학습법 특강 등의 비교과 프로그램도 운영하고 있지만, 일회적이거나 단기로 이루어지는 경우가 많아 체계성이 부족하다.

학부 과정에는 전공 강의 학업을 수행하고 학업에 대한 자신감을 높이는 데 토대가 되는 기초 학업능력 향상을 돕는 교과목이 드물며, 전공 교과목 수학에 필요한 기초이론의 경우 이공계열 기초이론 교과목만 일부 대학에서 개설되어 있는 것으로 보고되고 있다(이선영·나윤주, 2018). 유학생은 한국인과 함께 수강하는 교육 환경에서 정확하지 않은 발음으로 인해 '의사소통에 대한 불안'과 '부정적 평가에 대한 불안'을 크게 느끼며, 한국인의 수준에 맞추어진 과제에 대해서도 '학업 부담'을 가지고 있다(김경령, 2016; 권유진·김영주, 2011; 권유진 외, 2010 등 참조). 심지어 수업 활동에서 교수로부터 소외당한다고 느끼는 경우도 있다. 따라서 유학생 전용 전공 계열별 기초 교과목을 개발하여 전문 용어와 이론은 물론, 계열의 특성에 맞는 자료 검색과 보고서 쓰기, 시험 준비, 노트 필기 등에 대해 전공에 특화된 기초 교육을 지원해야 하며, 비교적 '학업 동기'가 강한 입학 초기에 수강할 수 있도록 독려할 필요가 있다.

2. 정의적 요인을 고려한 교수학습개발센터의 수업 개발 및 교수 교육

유학생의 정의적 요인과 관련하여 외부 요인으로 가장 크게 작용하는 것은 교수자이다. 교수자의 효능감이 높은 경우 유학생의 효능감도 높게 나타났으며, 교수자의 긍정적인 피드백은 유학생의 '학업 동기'를 향상시키는 반면, 부정적인 피드백은 '학업 동기'를 약화시키기도 한다(김지영, 2016; 김춘주·강승혜, 2016 등 참조). 교수자가 제공하는 학습 자료도 유학생의 '학업 태도'에 영향을 미친다. 유학생 학업에 대해 교수자들은 '전공 수학 능력이 부족하다'거나 '학업 기술과 능력이 미흡하다'고 인식하는 경우가 많으며 수업 중 유학생들의 이해도 점검을 위한 별도의 관리는 하지 않는 경우가 많다(이선영·나윤주, 2018 등 참조). 유학생은 사회적 자본이 부족하기 때문에 사회적으로 취약하다. 이러한 특징을 고려할 때 '불안'은 유학생의 학업 수행에 있어 필수불가분한 요소일 것으로 판단된다. 교수자로 인해 유학생이 느끼는 '불안' 중에는 교수자의 '방언 사용에 따른 불안'과 '독특한 필체'로 인해 어려움을 느끼는 경우도 있다. 교육 현장에서 유학생의 불안을 이해하고 최소화할 수 있도록 교수자의 섬세한 배려가 필요하다. 대학의 교수학습개발센터에서 유학생의 정의적 요인에 대한 특강이나 이를 고려한 교수법이 개발되었다는 학계의 보고는 아직 없다. 유학생에게 교수자의 학업 피드백은 '동기'와 '효능감'과 관련하여 무엇보다 중요한데, 한국어 교사가 아니라면 유학생의 특성을 고려한 피드백을 제공하는 것이 쉽지 않다. 교사의 피드백을 이해하지 못하거나 활용하지 못할 경우 '불안'의 정도가 더 커진다는 조사 결과가 있다. 유학생을 고려한 말의 속도와 강의 진행 속도, 학업 피드백 등을 반영하여 교수법을 개발하고 교수 교육을 시행할 필요가 있다.

3. 학생상담센터의 학업 동기 프로그램 개발 및 운영

학습자의 능력이나 노력만으로 성공적인 학업 결과를 얻기는 어렵다. '동기' 는 학업을 지속하고 성취를 이루는 데 큰 영향을 미친다. '동기'는 의지와 관련 이 있기에 동기 유발과 지속의지를 키워줄 수 있도록 전체 수학 과정에 있는 유학생이 대상이 되어야 한다. 모국어를 사용하는 환경에서 심리적 안정감을 느끼는 점을 고려할 때, 유학생의 민족네트워크를 중심으로 모국어 제공이 가 능한 집단 상담 프로그램을 계획할 수 있다. 대부분의 학생상담센터의 프로그 램이 인지적 요인을 중심으로 개발되었으며, 정의적 요인이 반영된 학업 지원 프로그램으로는 학사 경고를 받은 유학생을 위한 상담 프로그램이 있다(박소 연·최은경, 2020). 유학생은 학업에 대한 '도구적 동기'가 강하므로 이를 지속할 수 있는 프로그램도 중요하다. 현재의 유학정책이 유학생 유치와 관리에 치중 하고 있기 때문에 학업에 있어서 유학생이 느끼는 심리적인 어려움을 외면하 는 경향이 있다. 학업 과정에서 발생하는 여러 가지 문제들을 유학생 개인의 능력이나 노력을 통해 해결해 나가고 있는 실정인데, 수업 방식이 모국과 다 르기 때문에 학업에 적응하는 데도 어려움을 겪고 있다. 초기에 높게 나타나 던 '학업 동기'가 학기가 지날수록 점점 낮아지는 문제를 해결하기 위해 학생 상담센터에서 동기 지속 프로그램을 개발하여 유학생을 대상으로 적극 운영 할 필요가 있다. 장학금 인센티브 제도를 고려하는 것도 참여를 유도하기 위 한 한 방편이 될 것이다.

IV. 결론

이 연구는 유학생의 학업 수행과 관련하여 이루어진 정의적 요인에 대한 선행 연구의 동향을 시기별, 대상별, 정의적 요인별로 분석하고 교육적 함의를 모색하는 것을 목적으로 하였다. 이를 위해 체계적 문헌 고찰의 연구 방법론을 적용하여 137편의 논문을 분석하였으며 그 결과는 다음과 같다.

관련 연구는 2009년 이후 자료부터 RISS의 DB에서 식별되며, 전반기(2009~2015년)에 약 29%, 후반기(2016~2021년 3월)에 74%가 발표되어 관련 연구가 활발하게 이루어지기 시작한 것이 비교적 최근의 경향이라는 점을 알 수 있다. 연구 방법별로는 약 84%가 양적 연구로 이루어졌으며, 나머지 16%는 질적 연구(2%)와 혼합 연구(14%)인데, 후반기 연구에서 혼합 연구가 뚜렷한 확대 경향을 보인다. 국적별로는 두 개 국적 이상의 유학생들을 대상으로 한 '다국적'의 비율이 약 58%로 가장 높았으며, 하나의 국적을 명시한 경우에는 '중국'이 약 29%로 가장 높은 비율을 보인다. 하지만 후반기 연구의 경우 '중국'이 감소하고 '베트남'이 증가하는데, 국적과 관련한 연구 경향은 대체로 전체 유학생의 국적 분포와 비례하는 경향을 확인하였다. 수학 과정별로는 '어학연수생'의 비율이 34%로 가장 높으며, '학부생'과 '수학 과정 혼합'도 각각 약 28%와 18%로 나타났다. 분석 자료에서는 수학 과정을 명시하지 않은 경우도 약 18%에 이르렀다. '대학원생'은 그 수가 많지 않지만 후반기 연구에서 연구 참여자로 포함되는 빈도가 높았으며, 이는 최근 대학원에 진학하는 유학생의 수가 증가하는 데 따른 영향으로 판단된다.

정의적 요인별 동향 분석을 위해 분석 자료에 나타나는 구성 요소 전부를 조사하여 '동기', '불안', '태도', '효능감', '흥미도', '가치', '사회성', '성격 및 성향', '자아', '기타'로 분류한 후에 시기별 동향을 분석하였다. 정의적 요인별로는 '불안'과 '동기'에 대한 연구가 가장 많았는데, 각각 전체의 24%와 23%를 차지하였다. 그 다음으로 '효능감'(14%)과 '태도'(14%), '흥미도'(약 7%), '기타'(7%), '사회성'(3%), '성격 및 성향'(3%), '자아'(1%)의 순으로 연구 분포를 보였다. 정의적 요인에 대한 연구는 전반기에 비해 후반기에 약 2.3배 증가하였다.

정의적 요인별 연구를 보면 '사회성'과 관련한 연구가 상대적으로 적은데, 졸업 후 유학생이 정주할 수 있도록 여러 가지 유인책을 마련하는 등 유학정책이 변화하는 정책 환경을 고려했을 때, 유학생의 사회성과 관련한 연구가 확대될 필요가 있다.

이 연구는 유학생의 학업 수행과 관련한 정의적 요인을 대상으로 하였기 때문에 유학생활 전반에 영향을 미치는 정의적 요인이 무엇인지 종합적으로 이해할 수 없다는 한계가 있다. 아울러 연구 동향 분석에서 방대한 자료들을 대상으로 빅데이터 분석 등을 활용한 연구 방법이 다양하게 시도되고 있는 최근의 상황에서 대량의 자료들을 분석의 대상으로 모두 수용하지 못한 것도 방법상의 한계이다. 보다 촘촘한 유학생 교육정책을 수립하기 위해서는 학업을 포함한 유학생활 전반에 걸친 정의적 요인을 분석할 필요가 있으며, 대학생 전체를 대상으로 한 학계의 정의적 요인 연구를 분석하여 유학생의 경우와 비교하는 연구도 필요한데, 이러한 연구 주제와 빅데이터 분석과 같은 연구 방법은 이후의 과제로 남겨둔다.

참고문헌

강귀종·조위수, 2018, "베트남어권 한국어 학습자의 학습 동기와 자기효능감의 관련성 연구", 『학습자중심교과교육연구』, 18(6), 231-252.

강소산, 2019, "베트남어권 학습자의 한국어 말하기 효능감 연구", 『새국어교육』, 119, 345-373.

강승혜, 2011, "한국어 교사, 학습자 관련 한국어 교육 연구 동향 분석", 『이중언어학』, 47, 687-712.

경제·인문사회연구회, 2010, 한·중 양국의 상호 유학생 실태와 개선방안.

경제개발협력기구(OECD), 2018, Education at a Glance 2019 OECD Indicators.

고형진·김영주, 2011, "중국인 한국어 학습자의 자기결정성 동기유형과 학업성취도와의 상관관계연구", 『한국어 교육』, 22(1), 1-26.

교육통계서비스, https://kess.kedi.re.kr.

곽준화, 2018, "한국어 학습자들의 학술적 글쓰기에 대한 인식 및 태도 연구", 『사회언어
학』, 26(3), 1-30.

권유진·김영주, 2011, "한국어 학습자의 외국어불안과 모험시도가 학업성취도에 미치는
영향", 『이중언어학』, 45, 27-49.

권유진·남상은·김영주, 2010, "국어학, 한국어 교육:외국어 불안과 교실상황이 학업성취
도에 미치는 영향-한국어 학습자를 중심으로", 『새국어교육』, 85, 381-402.

권혜경, 2020, "한국어 학습자의 쓰기 동기 향상을 위한 수업 설계와 효과성 연구 -협력적
쓰기 수업을 중심으로", 『문화교류와 다문화교육』, 9(2), 297-320.

권혜경·조윤경, 2020, "한국어 쓰기 수업에서 학습자 동기 요인 간에 미치는 영향 분석",
『인문사회과학연구』, 21(2), 185-210.

김경령, 2010, "학문목적 유학생들의 독해력 지수와 읽기 전략, 동기 변인들과의 상관관계
연구", 『한국어교육』, 21(4), 25-50.

김경령, 2016, "한국어 학습자의 불안도와 쓰기 관련 변인들과의 상관관계 연구", 『한국언
어문화학』, 13(3), 29-68.

김나나, 2012, "일본인 한국어 학습자의 언어 사용 장면에 따른 한국어 불안 양상 연구", 이
화여자대학교 석사학위논문.

김도혜, 2019, "교육 수혜자에서 초국적 청년 이주자로: 해외 유학생 연구 동향을 통해 본
한국의 외국인 유학생 연구의 과제와 추진 방향", 『다문화콘텐츠연구』, 31, 39-68.

김령·임선아, 2021, "중국유학생의 학업스트레스, 외로움, 언어 능력, 자기효능감과 학업
중단의도의 구조적 관계", 『학습자중심교과교육연구』, 21(5), 705-717.

김상수, 2018, "베트남 유학생의 자기결정성 학습동기 연구", 『예술인문사회융합멀티미디
어논문지』, 8(5), 905-913쪽.

김선희·정찬미·신동희, 2015, "국내 주요 과학 교육 학술지의 정의적 영역 연구 동향",
『학습자중심교과교육연구』, 15(12), 179-200.

김성은·이교일, 2019, "한국 정부 유학생 교육정책의 계보와 과제", 『교육문화연구』,
25(5), 61-78.

김수영 외, 2011, "체계적 문헌 고찰 매뉴얼", 한국보건의료연구원.

김영주·이선영·이선진·백준오, 2012, "중국인 학습자의 한국어 습득과 인지, 심리적 제
약", 『국어교육』, 39, 557-588.

김정란, 2020, "중국인 유학생의 경험 내러티브에 나타난 한국어 말하기 불안 연구", 『한민
족어문학』, 90, 45-78.

김주희·김은영, 2021, "외국인 학부생의 보고서 쓰기 불안 요인에 대한 개선 방안 연구",

『문화와 융합』, 43(3), 215-236.

김지영, 2016, "한국어 학습자의 탈동기화 요인 연구", 『새국어교육』, 107, 367-397.

김지하 외, 2020, "대학의 외국인 유학생 유치·관리 실태 분석 연구", 한국교육개발원.

김지현·성인경, 2021, "모바일을 활용한 말하기 과제가 한국어 학습자의 말하기 효능감에 미치는 영향", 『화법연구』, 51, 1-22.

김춘주·강승혜, 2016, "자기효능감이 학업성취도와 팀 효과성에 미치는 영향-스캐폴딩의 지식 공유 활동 매개효과를 중심으로-", 『한국어 교육』, 27(2), 1-23.

남명애·김영주, 2011, "교사의 동기 전략에 대한 학습자의 인식이 동기와 학업성취도에 미치는 영향", 『새국어교육』, 87, 327-351.

노복동, 2013, "동기조절전략과 자율학습 능력 간의 상관관계: 중국인 한국어 학습자를 대상으로", 『한국어문화교육』, 7(1), 97-123.

동효령, 2018, "한국어 교육에서의 학습 동기 연구 동향 분석", 『새국어교육』, 114, 193-224.

민혜경·정진현, 2019, "베트남권 한국어 학습자의 학습 동기저하요인 분석", 『한국민족문화』, 72, 203-219.

박도형, 1986, "정의적 특성의 측정방법, 정의적 영역의 평가의 원리와 실제", 『중앙교육평가원 제3회 전국교육평가세미나 보고서』, 19-41.

박소연·최은경, 2020, "외국인 유학생을 위한 맞춤형 비교과 프로그램 설계: D대학 프로그램을 중심으로", 『교육문화연구』, 12, 381-405.

박아람·박영희, 2018, "문제 만들기 활동과 학습자의 정의적 특성에 관한 연구", 『한국초등수학교육학회지』, 22(1), 93-114.

박진욱, 2020, "KSL 배경 학령기 학습자에 대한 연구 동향 분석", 『한국어교육』, 30(1), 51-76.

박진욱, 2021, "국내 외국인 유학생 대상 학업적응 진단 도구 개발을 위한 구성 요인 연구", 『漢城語文學』, 44, 155-186.

박현진, 2021, "베트남인 학부생의 학업적 자기효능감의 특성 연구", 『문화와 융합』, 43, 937-955.

박현진·김정은, 2017, "외국인 학부생의 한국어 읽기 불안과 학업성취도의 관계-고급 수준 한국어 학습자를 대상으로-", 『이중언어학』, 67, 129-160.

백재파, 2020, "텍스트 마이닝을 활용한 한국어 교육학 분야의 연구 담론 분석", 『동남어문논집』, 49(1), 339-373.

법무부, 출입국외국인정책본부, www.immigration.go.kr.

서경숙, 2019, "섀도잉 학습법이 한국어 학습자의 발음과 정의적 태도에 미치는 영향", 『국제어문』, 82, 503-534.

손성희·전나영, 2011, "한국어 학습자의 학습 동기 분석", 『한국어 교육』, 22(3), 133-152.

송수희, 2020, "한국어 학습자의 낙관성과 발표(speech) 능력의 상관관계 연구", 『대학교 양교육연구』, 5(1), 103-129.

신동훈·김세현, 2020, "텍스트 마이닝 기법을 활용한 국내 외국인 유학생 연구 동향 분석: 시기별 연구주제 변화 탐색", 『교육학연구』, 58(1), 333-381.

신희재, 2013, "외국인 학습자의 한국어 읽기 숙달도와 동기에 대한 분석", 『이중언어학』, 52, 261-282.

안한나, 2018, "한국어 학습자의 정의적 특성에 관한 연구 -특수 목적 한국어 학습자의 자 아존중감, 자기효능감, 불안감 변화 양상을 중심으로-", 『언어와 문화』, 14(2), 27-54.

오선경·김지혜, 2019, "한국어 학습 불안과 성취도 평가 결과의 상관관계 분석", 『한국어 교육』, 30(3), 83-103.

우지선, 2021, "한국어 교육에서의 자기효능감 연구 동향 분석", 『학습자중심교과교육연 구』, 21(2), 1085-1110.

유효강·최우성, 2017, "재한 중국유학생의 성취목표지향성과 진로결정의 관계에서 자기 주도학습능력의 매개효과", 『Tourism Research』, 42(3), 159-182.

원미진, 2010, "학문목적 한국어 학습자의 학습동기가 학습노력과 학습 효과에 미치는 영 향 연구", 『이중언어학』, 43, 277-300.

원미진, 2018, "한국어 교육 학습자 연구의 경향과 전망-학습자의 인지적·정의적 요인을 중심으로", 『외국어로서의 한국어교육』, 50, 115-148.

이경, 2021, "실시간 온라인 수업 및 조별 활동에서 외국인 유학생이 느끼는 사회적 실재 감 연구", 『학습자중심교과교육연구』, 21(6), 547-563.

이다슴, 2020, "인터뷰를 통한 베트남인 한국어 학습자의 읽기 불안 연구", 『우리말연구』, 61, 143-182.

이미애, 2010, "漢文科 創意的 敎授法이 情意的 特性과 學業成就度에 미치는 影響", 경 북대학교 박사학위논문.

이바른, 2018, "중국인 한국어 학습자의 사과 화행 연구 -정의적 변인을 중심으로", 『한국 어와 문화』, 23, 79-117.

이선영, 2016, "학문 목적 한국어 학습자의 말하기 불안 통제 전략 사용 양상", 『우리어문 연구』, 23, 321-352.

이선영·나윤주, 2018, "외국인 유학생의 학업적응 실태조사: 교양교과목 개발을 위한 기초 연구", 『교양교육연구』, 12(6), 167-193.

이수정·안한나, 2020, "한국어 듣기 수업에서의 직소 과업 연구-학부 외국인 유학생을 중심으로", 『한국언어문학』, 113, 231-261.

이아름·오선경, 2021, "외국인 학부생의 한국어 쓰기 효능감 분석-학문 목적 쓰기를 중심으로", 『한국어 교육』, 31(1), 151-175.

이용준, 2020, "국내 읽기 동기 연구 경향 분석", 『청람어문교육』, 77, 119-156.

이윤주, 2019, "학습자의 학습 동기가 학업성취도에 미치는 영향-국내 외국인 유학생 한국어 학습자를 중심으로", 『한국말글학』, 36, 57-79.

이은진·권연진, 2020, "한국어 학습자변인에 따른 쓰기 전략 양상 연구", 『학습자중심교과교육연구』, 20(7), 703-722.

이장쾌·이효휘·박창언, 2017, "한국 내 중국 유학생의 학습 태도 유형 분석-Q방법론적 접근", 『예술인문사회융합멀티미디어논문지』, 7(6), 115-123.

이정연, 2021, "교사 피드백이 외국인 유학생의 쓰기 능력과 쓰기 효능감에 미치는 영향 연구", 『외국어로서의 한국어 교육』, 60, 65-93.

이진녕, 2015, "중국인 한국어 학습자의 자기결정성동기와 자기조절학습 관계 분석", 『한국어 교육』, 26(3), 201-245.

이화숙·이용승, 2020, "유학생 관련 명칭의 현황과 사용의 문제-학술 논문의 제목을 중심으로", 『인문과학연구』, 39, 83-108.

이혜영·박수정, 2018, "외국인 유학생에 대한 국내 연구동향 분석(2007~2016)", 『글로벌교육연구』, 10(4), 119-145.

이해영·박지연, 2017, "한국어 듣기 이해와 듣기 효능감, 듣기 전략, 듣기 불안, 듣기 노출 시간의 상관성-태국인 한국어 학습자를 대상으로-", 『한국어교육』, 28(3), 85-104.

이효영·진광호, 2016, "중국어-한국어 Tandem 수업에서의 학습자주도 평가방법 적용방안 모색-교사 평가와의 비교를 중심으로", 『중국학』, 57, 21-35.

장아남·김영주, 2014, "한국어 학습자의 L2 학습 동기, 불안 및 자아 간의 상관관계 연구", 『외국어로서의 한국어교육』, 40, 309-336.

장아남·김영주, 2015, "중국인 한국어 학습자의 제2 언어 자아 연구 -학습 동기 및 외국어 불안과의 관계를 중심으로-", 『인문학논총』, 37, 233-258.

장혜·김영주, 2014, "중국인 한국어 학습자의 읽기 불안 연구", 『언어학연구』 32, 229-253.

전나영·손성희, 2014, "한국어 학습자의 성취목표지향성과 자기조절학습 관계 분석", 『한국어 교육』, 25(2), 61-77.

정설군·김영주, 2016, "중국인 한국어 고급 학습자의 말하기 불안과 구어 숙달도 간의 상관관계: 정확성과 유창성을 중심으로", 『국어교육』, 153, 267-294.

정옥년, 2007, "독서의 정의적 영역과 독자 발달", 『독서연구』, 17, 139-180.

정지현·김영순, 2020, "한국 내 유학생의 미디어 리터러시 경험 연구", 『문화교류와 다문화교육』, 9(1), 258-269.

정해권, 2019, "한국어 교사와 중국인 학습자의 신념 차이 해소를 위한 수업 튜닝", 『이중언어학』, 75, 175-196.

趙晨薇, 2021, "중국인 학습자의 한국어 불안과 한국어 숙달도의 상관관계 연구", 『청람어문교육』, 80, 141-169.

정연희, 2016, "사우디아라비아 유학생의 한국어 학습 동기 연구", 『학습자중심교과교육연구』, 16(7), 319-338.

조인·김영주, 2015, "중국인 한국어 학습자의 쓰기 불안 연구", 『인문학논총』, 38, 95-122.

주은·이용남, 2010, "중국 유학생의 한국어 학습 동기, 의사소통 불안 및 자기효능감의 관계", 『교육연구』, 33, 23-37.

진흠·강진령, 2018, "재한 중국 유학생들의 학업적 자기효능감과 학업적 정서조절이 학업성취에 미치는 영향: 성취목표지향성의 매개효과", 『학습자중심교과교육연구』, 18(5), 361-382.

채은경·배지영, 2017, "한국어 학습자의 말하기·쓰기 불안 상관성에 대한 연구", 『한민족어문학』, 78, 65-89.

채유정, 2019, "영재의 정의적 특성 관련 연구 동향 분석", 『영재교육연구』, 29(2), 191-211.

최권진, 2016, "제2 언어 학습 환경에서 한국어 학습자의 불안에 관한 연구: 한국정부초청 외국인 대학원 장학생의 한국어교실불안, 학업성취도, 나이 그리고 성별과의 상관관계를 중심으로", 『학습자중심교과교육연구』, 16(9), 1-20.

최서원, 2011, "한국어 읽기 학습자의 태도 및 동기가 성취도에 미치는 영향", 『언어학연구』, 21, 323-340.

최정순·안경인, 2009, "한국어 학습자의 불안이 학업 성취도에 미치는 영향 연구", 『시학과 언어학』, 17, 197-228.

최정선, 2015, "중국인 학습자가 지각한 한국어 교사의 자율성지지, 학업참여, 학업성취도의 관계: 자기결정동기의 매개효과", 『새국어교육』, 104, 401-428.

최재수·김중섭, 2020, "구조방정식을 활용한 한국어 동기 모형 연구: 학문 목적 중국인 학습자를 중심으로", 『한글』, 328, 443-478.

하오선·신나민, 2013, "중국인 유학생의 국내 대학 학습 실태 및 학습 태도에 관한 사례 연구", 고려대학교 교육문제연구소, 26(4), 23-44.

학술연구정보서비스 http://www.riss.kr.

한국교육과정 평가원, 2018, 국가수준 학업성취도 평가의 교과 기반 정의적 영역 문항 개발 및 양호도 검증.

한국보건의료연구원, 2011, NECA 체계적 문헌 고찰 매뉴얼.

한혜민·안정민, 2019, "한국어 교육에서의 외국어 불안감 연구 동향 분석", 『외국어교육연구』, 33(3), 85-112.

홍종명, 2017a, "한국어 학습자 탈동기 요인 및 변인별 양상 연구", 『새국어교육』, 112, 147-171.

홍종명, 2017b, "베트남인 유학생의 한국어 학습전략 분석 연구", 『어문논집』, 71, 407-432.

홍종명, 2019, "한국어 초급 학습자의 학습 동기와 탈동기 연구", 『언어와 문화』, 15(3), 243-262.

홍효정 외, 2013, "외국인 유학생의 대학생활 적응을 위한 학습전략 프로그램 개발 및 적용 사례 연구", 『교양교육연구』, 7(6), 561-587.

황보국표, 2019, "재한 중국유학생의 일반적 특성에 따른 자기효능감의 차이분석", 『한국사상과 문화』, 98, 259-281.

황환·김영환, 2017, "국내 청소년 행복의 영향요인 연구에 대한 체계적 문헌고찰", 『청소년학연구』, 24(7), 1-28.

Baker, R. W., & Siryk, B., 1986, "Exploratory intervention with a scale measuring adjustment to college", *Journal of Counseling Psychology*, 33, 31–38.

Brown, H. D., 신성철(역), 1994, 『외국어 교수·학습의 원리』, 한신문화사.

Brown, H. D., 2006, "Affective Variables In Second Language Acquisition", *Language Learning*, 23, 231–244.

Gardner, R. C., 2000, "Correlation, causation, motivation, and second language acquisition", *Canadian Psychology/Psychologie Canadienne,* 41(1), 10-24.

Horwitz, E. K., Horwitz, M. B., & Cope, J., 1986, "Foreign language classtoom anxiety", *The Modern Language Journal*, 70(2), 125-132.

10장

포스트 코로나 시대의 유학 이해당사자 요구에 기반한 유학정책 연구

- 유학생의 비합법 계절근로와 학업 병행을 중심으로 -

이예지

Ⅰ. 서론

유학 이해당사자의 요구에 기반한 정책을 마련하고자 하는 본 논문은 외국인 유학생[1]의 비합법 시간제 취업 활동과 수학의 병행이 학업에 끼치는 영향을 탐색함으로써 포스트 코로나 시대의 유학정책의 대안을 제언하고자 한다. 먼저, 본 논문에서는 유학생이 학업 외 일정 시간 이상을 투자하고 있는 일상 중에서도 유학생의 비합법 시간제 취업 활동에 관해 살펴볼 것이다. 수학에 집중해야 할 유학생이 비합법 시간제 취업 활동에 과도하게 종사함으로써 학업에 소홀하거나 중단 및 이탈하는 것이 사회적 문제로 대두되고 있기 때문이다(김현미, 2020; 황성원, 2018; 전재은, 2016; 임석준, 2010).

법무부(2019)에 따르면 학업을 중단하고 비합법으로 취업하여 근로 중인 유학생의 규모는 2016년 5,652명, 2017년 8,248명으로 2018년에는 11,176명에 달하며 4,576명이 잠적하였다. 언론에 보도된 유학생의 비합법 취업 관련 이슈 사례들을 살펴보면, 2019년 12월 인천대학교의 한국어학당에서 공부

---

1 본 연구에서 유학생은 학부생과 대학원생 및 어학연수생(한국어연수 D-4-1)을 포함한다.

를 시작한 지 4개월 된 베트남 출신의 어학연수생 161명이 단체로 잠적하는 일이 벌어져 논란을 빚었다. 또한, 2018년에는 경상대학교에서 베트남 출신의 유학생 30명이 불법 취업을 위해 학교를 무단이탈하기도 했다(메트로신문, 2019.8.7). 성균관대학교의 어학당 관계자에 따르면 유학생에게 "수업을 빠지지 말라고 연락하면 지금 택배 일을 가야 해서 못 간다"는 식이었다고 밝혔다(머니투데이, 2020.1.14). 언론을 통해 밝혀지지 않은 유학생을 고려하면 이들의 비합법 시간제 취업 활동률은 더 높은 수준이다. 이처럼 현재까지도 특정 국가 출신의 유학생이 단체로 학업에 소홀하며 비합법 시간제 취업 활동에 종사하는 행위가 성행하고 있다(김현미, 2020: 63~64; 임석준, 2010: 56).

여기서 우리가 주목해야 할 점은 코로나바이러스감염증-19(이하 COVID-19)로 인해 유학생의 학업과 비합법 시간제 취업 활동의 병행이 증가하고 있다는 점이다. COVID-19 단계가 격상되자, 외국인 근로자는 자진 출국하였고 특정 근로 분야의 외국인조차 입국이 제한되어 인력난 문제가 가중되었다(한국농어민신문, 2021.2.10). 특히 2020년 국내에 배정된 외국인 계절근로자 수는 4,523명이었지만, 2021년에는 COVID-19 확산으로 인해 단 한 명의 외국인 계절근로자도 입국하지 못했다(Hello tv NEWS, 2021.4.9). 2021년 4월 기준에 따르면 농업 분야 외국인 계절근로자 1,420명의 입국도 막혀 있는 실정이다(한국농어민신문, 2021.2.10). 따라서 정부는 인력 수급에 문제를 겪고 있는 근로 분야에 체류 외국인의 한시적 근로를 합법적으로 확대 허용하고 있다(대구 MBC 뉴스, 2021.4.7). 그럼에도 불구하고 인력 수요가 충분하지 않자, 근로 인력이 부족한 분야에서는 국내 체류 중인 유학생을 비합법적으로 상시고용함으로써 일손 부족 문제를 해소하고 있다.

사실, 학업에 열중해야 할 유학생은 COVID-19 시기 이전부터 학업과 비합법 시간제 취업 활동을 지속해 왔다(김현미, 2020: 66; 임석준, 2010: 56). 이러한 유학생의 수학과 근로의 병행은 학업 소홀을 초래하였다. 그럼에도 불구하고 유학생은 학업과 비합법 시간제 취업 활동을 병행할 수밖에 없다고 토로한다. 특히 COVID-19가 길어짐에 따라 유학생의 비합법 시간제 취업 활동의 빈도는 높아질 수밖에 없다고 말한다.

2021년 3월 국무조정실의 보도자료에 따르면 정부는 포스트 코로나 시대의 인력 수급 곤란에 대응하여 외국 인력 유치 필요성에 관한 중요성을 강조하였다. 이에 따라 유학생의 고용허가제 취업 허용 등의 제도 개편도 적극적으로 논의 중이라고 밝혔다(국무조정실·국무총리비서실, 2021). 정부가 포스트 코로나 시대의 근로 분야에 외국 인력, 특히 체류 유학생을 적극적으로 유치하고자 하는 만큼, COVID-19 시기뿐만 아니라 이전에도 유학생이 비합법 시간제 취업 활동에 전념할 수밖에 없었던 요인을 살펴볼 것이다. 또한, 아르바이트와 수학의 병행이 학업에 미치는 영향을 탐색함으로써 유학 이해당사자의 요구에 기반한 정책적 대안을 제시하고자 한다.

따라서 본 연구에서는 첫째, 유학생의 비합법 시간제 취업 활동 분야 중에서도 COVID-19 이후 인력 수급에 더욱 문제를 겪고 있는 계절근로에 집중할 것이다. 유학생의 계절근로 분야의 비합법적 시간제 취업 활동은 COVID-19 시기 이전부터 활발하게 일어나고 있었다. 특히 COVID-19로 인해 인력 수급이 절실한 계절근로의 고용주뿐만 아니라 재정난에 어려움을 겪고 있는 유학생이 상시 채용을 희망하고 있으며, 이에 따라 유학생의 비합법적 계절근로가 증가하고 있기 때문이다. 따라서 연구자는 COVID-19 시기 이전부터 현재까지 유학생의 비합법적 계절근로가 어떠한 형태로 행해져 왔는지 그 양상을 살펴볼 것이다.

둘째, 유학생의 수학과 비합법 시간제 취업 활동의 병행이 학업에 끼치는 영향을 탐색할 것이다. 이때 COVID-19 이후, 유학생이 학업에 더 소홀하고 비합법 시간제 취업 활동에 몰두할 수밖에 없는 요인을 유학생정책을 통해 살펴볼 것이다. 특히, 시간제 취업(아르바이트)제도에 관해 보다 자세히 분석하고자 한다. 또한, 유학생이 계절근로를 선호하는 이유와 내국인 고용주가 유학생을 근로자로 선호하는 요인을 현 정책과 차별 경험을 통해 탐색할 것이다.

COVID-19로 인해 유학생의 고용허가제 취업 허용이 논의되고 있는 만큼, 이 연구는 기존 유학생 제도와 인식의 문제점을 보완함으로써 유학생이 학업에 집중할 수 있는 여건을 마련할 것이다. 이를 통해 인력난 문제를 겪고 있는 계절근로 분야와 근로를 통한 임금이 절실한 유학생의 상호 협력 방안을 탐색함으로써 유학 이해당사자의 요구에 기반한 유학정책의 대안을 살펴볼 것이다. 이에 따라 글로벌 인재로 성장할 유학생 개인과 국가가 함께 사회통합의 길로 나아가는 기반을 마련하고자 한다.

II. 선행 연구 검토

본 연구를 위해 재한 유학생에 관한 선행 연구를 검토하였다. 근래까지 이루어진 유학생에 관한 연구를 살펴보면, 해외 유학생정책과 비교하여 국내 유학생 유치를 활성화하기 위한 방안을 수립하고 발전 방향을 모색하는 연구(김수현, 2016; 이은하, 2015; 남수경, 2012; 오수연, 2009) 이후, 유학생 적응과 교육에 관한 연구(장지영·조은영, 2020; 최성호·장경원, 2018; 김재은, 2009)가 이루어졌다. 유학생을 유치한 후 적응과 교육 향상을 위해 노력했지만, 체류 기간이 길어지자 발생하는 부적응 문제와 학업의 어려움 등의 취약점을 지적한 후, 방향성을 탐색하는 연구(김미영·이유아, 2019; 김해경, 2016)도 이루어졌다.

특히 수학을 목적으로 체류 중인 유학생이 공부와 근로를 병행함으로써 노동에 집중하고 학업을 이탈하는 현상이 사회적 문제로 대두되자 이에 관한 연구가 이루어졌다(김현미, 2020; 바트챙게르 투맹뎀베렐·김도혜, 2020; 김미영·이유아, 2019; 황성원, 2018; 구본석, 2017; 김해경, 2016; 전재은, 2016; 임석준, 2010; 하정희, 2008). 먼저 노동의 관점에서 살펴보면, 임석준(2010)은 부산에 체류 중인 중국 출신의 유학생을 학업과 노동을 병행하는 유학생 노동자라는 관점에서 탐색하였다. 생활비를 직접 마련해야 하는 유학생은 단기간 근로 형태로 10인 이하의 소규모 작업장에서 일하며 한국어 구사 능력이 높지만, 내국인(출생)으로부터 차별과 모욕적 발언을 경험했다고 밝힘으로써 합당한 대우를 받으며 수학과 근로를 병행할 수 있는 유학생정책을 제시하였다. 바트챙게르 투맹뎀베렐·김도혜(2020)는 유학생의 미허가 노동이 만연한 현실을 이해하기 위해 대학과 유학원의 이해관계, 정책과 사회적 네트워크를 통해 비합법 노동이 생산되고 지속되는 과정을 분석하고 유학생에게 미치는 영향력을 탐구하였다. 이를 통해 유학생의 미허가 노동을 부정적으로만 인식하는 관점에서 벗어나 원인을 직시하고 문제를 방지하기 위한 토대를 마련하였다. 김현미(2020)는 수도권 지역에 있는 물류센터를 중심으로 유학생의 비합법 노동의 단계와 요인은 무엇인지 사례와 유학생 제도를 통해 분석하였다. 그 결과, 양적 성장에 목표를 둔 유학생정책은 유학생의 비합법 노동 시장을 만들어 냈으며, 유치와 취업 및 노동정책의 연계성을 강화해야 한다고 주장하였다.

이와 함께 유학생의 학업 이탈과 중단에 관해 살펴보면, 김해경(2016)은 중국 출신 유학생을 중심으로 학업을 이탈한 요인과 그 수준을 파악하고 대책을 마련하는 연구를 진행하였다. 하정희(2008)는 비싼 물가로 인한 부담감으로 유학생이 학업과 아르바이트를 병행해야 하는 스트레스를 언급하였다. 또한, 전재은(2016)과 구본석(2017), 황성원(2018)은 유학생의 학업이탈률이 높다는 이유로 대학이 재정 확보만을 목적으로 삼는 것을 문제로 삼고 중도탈락을 방지하기 위한 방안을 강구하였다. 특히 COVID-19로 인해 특정 국가 출신의 유학생에 대한 차별이 심해지고 원격 수업이 진행되면서 COVID-19 시기 학업 이탈에 관한 연구가 진행되고 있다(김주영 외, 2021; 이회숙 외, 2021; LIU 외, 2021; 황성원, 2018; 구본석, 2017; 전재은, 2016). 김주영 외(2021)는 COVID-19 시기 중국 출신 유학생의 온라인 수업 경험에 대한 질적 분석을 통해, 온라인 수업은 편의성을 갖추었지만 학습 동기와 집중력 저하, 교수와의 상호작용에 관한 어려움 등을 단점으로 지적하면서 팬데믹 시기에 유학생의 학업 중단을 막기 위한 시사점을 제시하였다(김주영 외, 2021).

이처럼 유학생의 학업 이탈과 노동실태에 관한 각각의 연구는 있지만, 이들이 왜 수학과 비합법 시간제 취업 활동을 병행하는지 그 요인을 현 정책과 이해 당사자의 경험을 통해 파악한 연구는 분리되어 진행되고 있다. 수학과 시간제 취업 활동의 병행이 학업에 미친 양상을 탐색함으로써 유학생 요구에 기반한 정책을 제언한 연구는 저조하다. 또한, 중국과 베트남 등 국내 거주 비중이 높은 국가 출신의 유학생을 중심으로 한 연구가 주로 이루어진다. 따라서 본 연구에서는 현재 수학과 비합법 시간제 취업 활동을 병행하고 있는 제3 세계 개발도상국가 출신의 유학생을 중심으로 이들이 학업과 근로를 병행하는 양상과 그 요인을 제도, 차별 경험, 고용주의 입장, COVID-19의 영향 등을 다차원적으로 분석함으로써 유학정책의 대안을 마련하고자 한다.

이때 유학생의 비합법 시간제 취업 활동 분야 중에서도 계절근로에 집중할 것이다. COVID-19 시기인 현재와 그 이전에도 인력난 부족 문제를 겪고 있는 계절근로 분야에서 유학생의 비합법 근로가 성행하였지만, 이를 다룬 연구가 미비하기 때문이다. 특히, COVID-19로 인해 계절근로장의 인력난 부족 현상이 사회적 문제로 대두되고 있으며, 유학생의 비합법 취업 분야에 관한 연구가 공장과 식당, 물류서비스업 등 저임금 노동집약적 일터에 관한 연구에만 집중되어 있음을 이유로 들 수 있다.

현재까지 이루어진 계절근로에 관한 선행 연구를 살펴보면 해외와 국내의 계절근로 프로그램을 비교 분석함으로써 국내 계절근로 프로그램에 관한 정책적 보완의 필요성을 제기하고 있지만, 이는 초기 수준이다(김연홍·안후남, 2020; 김학실, 2020; 전윤구, 2020; 한국이민학회, 2018). 또한, 한국이민학회에서는 조금 더 발전한 형태로, 해외 사례와 현장에서 업무 중인 공무원과 고용주에 관한 실태조사를 통해 단기 계절근로자 제도의 현황과 문제점을 분석하고 개선방안을 제안하였다. 이때 비합법 계절근로자에 관한 문제를 최소화하여 다루고 있지만, 그 대상이 학업과 계절근로를 병행하는 유학생 근로자에 관한 연구는 저조한 수준이다(한국이민학회, 2018).

따라서 본 논문에서는 COVID-19로 인해 유학생의 비합법 계절근로가 더 성행하고 있는 만큼 유학생의 비합법 계절근로 양상과 수학의 병행이 학업에 미친 영향을 살펴볼 것이다. 또한, 이들이 왜 비합법 계절근로를 할 수밖에 없는지 그 요인을 유학생과 고용주의 경험 및 정책을 토대로 분석할 것이다. 이를 통해 유학생이 보다 학업에 집중하고 계절근로 분야에서도 인력 부족 문제를 해소할 수 있도록 이해당사자의 요구에 기반한 포스트 코로나 시대의 유학 정책에 관해 탐색할 것이다.

Ⅲ. 연구 대상 및 방법

본 논문은 COVID-19 이전과 근래에 유학생의 비합법 시간제 취업 활동과 수학의 병행이 학업에 끼친 영향과 그 요인을 탐색함으로써 포스트 코로나 시대에 유학생의 요구에 기반한 정책을 제시하고자 질적 연구와 문헌 연구를 중심으로 분석하였다.

먼저 국내 대학에 재학 중인 유학생이 학업 외 일상의 절반을 할애하고 있는 활동은 무엇이며 학업과의 연관성과 요인을 면밀히 관찰하기 위해 질적 연구를 실시하였다. 질적 연구 대상자인 대구·경북지역의 학부생과 석사생 및 대구·경북지역에서 학부를 졸업하고 타지역 대학원에서 수학 중인 석사생과 석사 졸업생을 대상으로 인터뷰하였다. 심층 인터뷰는 개별적인 만남을 통한 면대면 인터뷰 〈사례 1〉, 〈사례 6〉과 COVID-19 단계가 격상됨에 따라 전화 인터뷰 〈사례 2〉, 〈사례 3〉, 〈사례 4〉, 〈사례 5〉로 진행하였다. 보충 인터뷰가 필요한 경우, COVID-19로 인해 전화 통화로 진행하여 사례 내용을 분석하는 데 참조하였다.

본 연구는 논문의 취지를 충분히 설명 듣고 본인의 구술 인터뷰 내용이 본 논문의 사례로 쓰이는 것과 인터뷰 녹음에 대한 동의 표시를 한 사람들만을 대상으로 심층 인터뷰하였다. 연구대상자는 반구조화된 질문지를 충분히 숙지한 후 인터뷰에 참여하였다. 인터뷰 자료는 2020년 8월부터 2021년 4월까지 수집하였다. 연구대상자는 한국어 구사가 능통하며 평균 2회에 걸쳐 각 회차마다 2시간 정도 인터뷰하였다. 본 논문의 연구대상자는 유학생(D-2)과 유학 졸업자인 구직(D-10) 체류자격의 외국인으로서 세부사항을 도표화하면 다음과 같다.

〈표 1〉 연구대상자 목록[2]

사례 번호	이름	성별	연령 (대)	출신국	입국 연도(년)	체류자격	비고
1	우미드	남	20	우즈베키스탄	2020	유학(D-2-2)	학부생
2	자브	남	30	몽골	2017	유학(D-2-3)	석사생
3	아킨	여	30	케냐	2012	유학(D-2-3)	석사생
4	사비나	여	20	키르기스스탄	2014	구직(D-10)	석사 졸업
5	레만	여	30	파키스탄	2013	유학(D-2-3)	석사생
6	히식	남	20	몽골	2016	유학(D-2-2)	학부생

유학 초기의 연구대상자들은 몇 가지 요인에 의해 스스로 유학 비용을 마련하고자 학업과 합법적 시간제 취업 활동의 병행을 시도하였다. 하지만 이들은 어학연수생부터 현재까지 비합법 시간제 취업 활동을 한 유학생이라는 공통

---

2 연구대상자의 이름은 가명이다.

점이 있다. 특히 개발도상국가 출신이라는 이유와 종교, 종교 복장, 외모와 피부색, 문화 차이, 사용언어(모국어) 등을 이유로 시간제 취업 분야(합법·비합법) 고용에서 배제당한 경험이 있는 유학생을 연구대상자로 선정하였다.

각 연구대상자의 특징적인 사항을 개략적으로 살펴보면, 〈사례 1〉의 연구대상자는 합법적 시간제 취업을 위한 요건 중 한국어 능력 성적을 갖추지 못해 비합법 시간제 근로와 학업을 병행하고 있다. 그는 비합법 취업처로서 근로 강도가 높은 공장 대신 편의점 아르바이트, 주차 요원, 계절근로자 등을 선호하며 일당으로 생활비를 충족시키고 있다. 〈사례 2〉의 연구대상자는 남보다 늦게 시작한 유학생활로 인해, 스스로 생활비를 마련하고자 어학연수생 때부터 비합법으로 아르바이트를 시작하였다. 그는 일자리 찾기가 힘들고 월급도 적자 인력 사무소를 통해 일당이 높은 공장과 계절근로를 소개받아 비합법 시간제 근로와 학업을 병행하고 있다. 〈사례 3〉의 연구대상자는 한국어 능력 성적을 갖췄음에도 불구하고 아프리카의 케냐 출신으로, "피부색이 검다"는 이유로 비합법 시간제 취업 분야인 공장에서조차 내국인(출생) 상사로부터 해고 통보를 다수 경험하였다. 따라서 출신국과 피부색 대신 그녀의 영어 구사 능력과 성실함을 인정해 주는 펍(pub)과 계절근로 등에서 비합법 취업 활동을 하고 있다. 〈사례 4〉의 연구대상자는 교내에서 합법적 취업 활동의 기회가 단절되자, 출신 국가 등을 이유로 고용에서 배제된 타국가 출신의 유학생 지인과 계절근로를 한 경험이 있는 여성이다. 〈사례 5〉의 연구대상자는 생활비를 스스로 마련하기 위해 어학연수생부터 석사생인 현재까지 합법적 시간제 취업 활동을 통해 체재비를 마련하고자 노력했다. 어학(한국어, 영어) 능력을 갖췄음에도 불구하고, 파키스탄 출신의 히잡을 착용하는 무슬림이라는 이유로 합법·비합법적 시간제 취업에서 배제당한 경험이 다수 있는 여성이다. 특히 그녀는 내국인(출생)이 개인적으로 운영하는 개인교습소에서 영어 강사로 활동하였지만, 원장에게 출신 국가와 종교 복장으로 차별당하자, 내국인(출생) 고객과 상호작용이 없는 계절근로를 선호하였다. 〈사례 6〉의 연구대상자는 몽골 출신 이주민이 익숙하지 않은 고용주(내국인)들로부터 몽골 출신이라는 이유로 비합법 고용에서조차 차별받은 경험이 다수 있는 남성이다. 모국에서부터 생활비를 스스로 마련했던 그는 유학 국가에서도 체재비를 스스로 마련하기 위해 노력하였다. 하지만 거주지가 도심과 떨어져 있어 아르바이트를 찾기 힘들자, 인력 사무소를 통해 청년층의 근로자를 필요로 하는 계절근로와 이사센터 등에서 비합법 취업 활동 중이다. 이 연구대상자들의 사례를 중심으로 COVID-19 이전과 이후에 비합법 시간제 취업 활동의 양상 및 요인, 아르바이트와 수학의 병행이 학업에 끼치는 영향 등을 보다 자세히 탐색하고자 한다.

셋째, 심층인터뷰 사례 결과를 깊이 있게 분석하고 유학정책의 실효성을 탐색하고자 문헌 연구를 병행하였다. 이에 관해 유학생의 학업과 시간제 취업 활동 실태, 시간제 취업 제도, 외국인 계절근로자 프로그램, COVID-19 이후 근로 분야의 외국 인력 유치 필요성 등에 관한 선행연구 문헌과 자료를 참고하였다.

Ⅳ. 연구 결과

1. COVID-19 전후, 증가하는 유학생의 비합법적 계절근로 양상

고령화된 농촌에서는 농번기 일손 부족 문제를 해소하기 위해 2015년부터 외국인 계절근로자를 합법적으로 고용하고 있다. 그러나 본격적인 농번기가 시작되었음에도 불구하고 COVID-19 여파로 인해 계절근로자의 자진 출국과 입국 제한으로 인력 수급에 문제가 발생했다. 그로 인해 해당 지역의 공무원과 자원봉사자가 투입되어 농촌의 일손을 돕고 있지만, 상황은 여의치 않다(한국농어민신문, 2021.2.10; Hello tv NEWS, 2021.4.9; 한겨레, 2020.1.5; BBCNEWS, 코리아 2020.5.18).

따라서 정부는 취업 활동 기간이 만료되었지만, COVID-19로 인해 국내 체류 중인 비전문취업(E-9) 및 방문동거(F-1) 외국인을 대상으로 계절근로를 한시적으로 허용하고 있다. 이들은 비전문취업(E-9) 체류자격으로서 2020년 4월 14일부터 9월 30일 사이에 체류(취업 활동) 기간이 만료되어 직권 영장을 받았지만, COVID-19로 인해 출국기한이 유예되어 미취업 상태인 자이다. 즉, 정부는 계절근로자(외국인과 내국인)의 부재로 인한 농촌 일손 부족 문제를 고려하여 출국과 취업에 어려움을 겪고 있는 체류 외국인의 계절근로를 일시적으로 허용했다(고용노동부, 2020; KTV, 2020.7.30).

여기서 주목해야 할 점은, COVID-19 시기뿐만 아니라 이전에도 외국인 계절근로자의 인력난 가중 문제를 해소하기 위해 이주민 중 누군가가 그 자리를 비합법적으로 채워주고 있었다는 점이다(김연홍·안후남, 2020: 134; 김현미, 2020: 63-66; 바트챙게르 투맹뎀베렐·김도혜, 2020: 26; 전윤구, 2020: 174; 서울경제, 2019.3.13; 한국이민학회, 2018: 129). 한국이민학회(2018)가 제주도 농촌의 외국인 계절근로자 충원율을 실태조사(2018년 11월 말, 170개 사업장 기준)한 결과, 외국인 근로자의 충원율은 26%(n=536)로 이 가운데 합법적 외국인은 9.6%, 비합법 외국인은 16.4%로 조사되었다. 몇몇 고용주는 지속적으로 비합법 외국인을 계절근로자로 고용하여 인력난을 해소할 가능성을 염두에 두고 있다고 밝혔다(서울경제, 2019.3.13; 한국이민학회, 2018: 123·130).

합법적 계절근로자가 고용되고 있음에도 불구하고 인력난 가중 문제를 해소하기 위해 비합법적으로 근로 중인 이주민 중 한 유형은 바로 유학생이다. 특히 유학생은 대학가 주변의 농경지에서 비합법 계절근로자로서 일손을 돕고 있다(김현미, 2020: 68; 바트챙게르 투맹뎀베렐·김도혜, 2020: 26·36). 외국인 계절근로자란 농·어번기의 일손 부족 현상을 해소하기 위해 연중 노동 수요가 급격히 발생하는 기간(90일 또는 5개월) 동안 농업과 어업 분야에 합법적으로 고용된 자를 말한다.[3] 따라서 학업을 목적으로 체류 중인 유학생(D-2)에게 계절근로는 COVID-19 시기인 현재나 그 이전이나 비합법에 해당한다. 유학생은 적정 시간 동안 시간제 근로를 할 수 있음에도 불구하고 계절근로는 취업 허용 분야가 아니기 때문이다. 그럼에도 불구하고 아래 〈사례〉에서 살펴볼 수 있듯, 각 대학 유학생의 비합법적 계절근로는 2015년 이전부터 지속되어 왔으며, COVID-19 시기인 현재에는 더 증가하고 있다.

〈사례 5-1, 레만〉

나 그때 농장. 농장에도 갔었어요. 한 번, 두 번 정도. 학교 지나서 좀 농촌 있잖아요. 거기 갔어요. 정말 힘들었어요. 거기 가서 뭐 하나 하면. 과일 같은 것 따요. 아침 일찍 새벽에 가서 따고. 저녁에 와요. 거기 가면 말 많이 안 하고. 그냥. 근데 나는 좀 힘들었어요. 같은 나라 사람도 있고. 아프리카 친구들이랑도 갔었어요.

〈사례 1-1, 우미드〉

가 본 경우가 있어요. 농장. 여기 경산에 가까운 농장에서 야간만. 야간에 가서 하는 거 아니면 다른 현장에서 가서 일할 수도 있고. 사과 따어

---

3 외국인 계절근로자 채용은 그간 고용허가제가 충족시키지 못했던 농·어업 분야의 계절적인 인력 부족 문제를 해소하기 위함이다. 계절근로자로서 합법적인 근로가 가능한 체류자격은 계절근로(E-8, 최대 5개월), 단기취업(C-4, 90일), 지자체가 자매결연을 맺은 국가(지방정부)의 외국인, 결혼이주민과 외국 국적 동포(F-1-9)의 가족(방문동거(F-1) 외국인)에 해당한다 (법무부(외국인정책과), 출입국관리법, 2021; 법무부(외국인정책과), 출입국관리법 시행규칙, 2021; 법무부(외국인정책과), 출입국관리법 시행령, 2021; 한국이민학회, 2018; 귀농귀촌종합센터; 법무부·출입국·외국인정책본부; 외교부·주 베트남 대한민국 대사관; 서울경제, 2019. 3.13; 한국 유학저널, 2019.9.3).

요. 농원이야. 그런 거 하는 친구 있고. 농원에서 사과 농원 가 본 적 있고. 포도 농원 가 본 적 있고. 친구들 가서 사과를. 과일은 일이 있으면 농원에 갑자기 가 본 적이 있어요. 친구들 주말에. 10만 원 그렇게 줘요.

〈사례 4-1, 사비나〉
저랑 저의 친구가 러시아 친구였는데 러시아 친구랑 하양에서 시내 가는 길에 가다 보면 농사짓는 곳 있잖아요. 농사하는 데 갔어요. 처음에 한국말이 잘 안 되었어요. 시금치, 깻잎 이런 것 따러 갔어요. 그래서 깻잎을 따 놓고 한 달 동안 일했어요. ○○언니도 했었고. ○○언니가 앙골라 친구 데리고 갔는데.

〈사례 6-1, 히식〉
농장에 제가 한국에 온 지 1년도에 가봤어요. 2017년도에. 완전 촌 같은 곳에. 꽃도 하고 작은 나무들 있잖아요. 저거를 다시 포장해가지고. 나무를 따가지고. 작은 나무가 겨울 되면 창고에 넣어야 되잖아요. 나무를 흙에다 담아서 저거를 해 봤어요. 처음에 그거를 하고 그다음에는 하차하는 것. 양파랑 마늘 하차. 트럭에 싣고 와서. 바구니 위에 싣고. 지게차로 이렇게 들고 창고에 넣어 놓는 거예요.

〈사례 3-1, 아킨〉
저는 그런 걸 정말 특히 주말에 하루종일 하면 집에 돌아올 때 10만 원 가지고 들어오는 날 많이 있었거든요. 나랑 친구들이랑 대부분 남자랑 엄청 사과 많이 따러 갔어요. 2015년쯤이었어요. 우리가 알아서 갔었어요. 사실 나도 영남 쪽에 안 가서 정확히 어디인지 기억을 안 하지만. 그쪽으로 가거든요. 저랑 케냐 친구 여자, ○○○○. 그러니까 오빠 여러 명

갔어요. 8시부터 하면 우리 아마 7시까지 했었나. 왜냐하면 집에 들어가서 더 분리해야 하고. 상자에 담고 뭐 이런 것도 7시까지 10시간 정도 됐었어요. 10시간 정도를 하면 10만 원까지 와요. 만약에 그다음 날도 딸거 있으면 아니면 다른 친구들도 가고. 저는 사과만 했어요. 다른 친구도 감자 아니면 딸기 저는 사과만 했어요. … 대프리카. 너무 더울 때 베트남 학생이 일하다 죽었다는 이야기도 들었어요.

〈사례 2-1, 자브〉

와촌은 복숭아, 포도. 와촌에 창고 같은 거 있었어요. 어학당에 있었으니까 공부 끝나자마자 가면 2시에 자기 투자할 수 있었어요. 2시에서 7시까지 하루에 4만 원 정도. 그리고 그거는 한 달만 일이 있었는데. 그때는 학생들 오라고 하면 우리는 저기서 이야기하다가 오늘 갈까 그렇게 이야기하고 갔는데. 18년도 같은데 베트남 학생 농장에 가다가 너무 더울 때 죽었는데. 우리는 그런 소리도 들었어요. 너무 더울 때 일하다가. 이건 말을 또 못하니까. 나는 할 수 없어 하고 싶었지만 그거 못하는 거보다 나는 이거 꼭 해야 해 이런 마음으로 하다가 죽었어요. … 마늘 일 있잖아요. 그쪽으로 가보는 적이 있는데. 그거는 좀 생각보다 그냥 하루하루 남자 일이라서 좀 더 머니(Money) 받았어요. 대부분은 몽골이면 몽골 같이. 베트남이면 베트남 같이. 우즈벡이면 우즈벡 같이. 아는 사람이면 아는 사람 그런 거예요. 원래 그런 일이 하는 사람을 신고해 주고 보내고 그런 거예요. … 그게 보니까 인력 사장님한테 몇 명을 좀 부르겠다고 아니면 거기에서 항상 나가는 사람들이 있잖아요. 그쪽에서 명단에 들어가면 이쪽에서 보내는 거예요. … 학생들이. 그거 방학 때 7월에? 한 8월에 정도에 그 집으로 지금 가는 사람들이 있었어요. 나는 몇 번째 다 갔는데. 마늘 있잖아요. 그리고 아줌마들이 그거 마늘 좀 가위로 자르고 계속 있었어요. 그때는 또 바구니 같은 거에 넣고. 그것을 주인아저씨한테 차로 좀 바구니를 싣고. 그다음에는 창고로 가서 그걸 좀 보관하는 거 있잖아요. 농협에 있는지 큰 창고 있잖아요. 그 창고로 농사들이. 차에 그거 마늘, 양파 이제 들고 왔잖아요. 그거 좀 20kg 정도. 좀 넣어주고. 이런 거 좀 해 봤어요.

본 연구는 이를 통해 학업과 비합법 계절근로를 병행하는 대구·경북지역 유학생의 양상을 자세히 탐색해 보고자 한다. 유학생은 지인(유학생 포함)이나 에스닉 커뮤니티, 인력 사무소, SNS 등을 통해 계절근로에 관한 고용 정보를 얻는다(김현미, 2020: 64; 바트챙게르 투맹뎀베렐·김도혜, 2020: 40; 임석준, 2010: 68·72). 자체적 혹은 인력 사무소를 통해 계절근로자로 고용된 유학생은 학기 또는 방학에 10명 이하의 사람들과 함께 농경지로 이동한다. 학기 중일 경우, 주로 주말을 이용하고 평일은 공강일 또는 수업을 마치거나 아르바이트가 없는 오후에 작업을 하기도 한다. 또한, 방학이자 농번기인 7월에서 8월 사이에 계절근로를 하는 경향이 높다.

대구·경북지역이 여름내 최고 기온을 기록하자 이탈자가 발생하는 등 합법적 계절근로자(내국인과 외국인)만으로 근로에 어려움을 겪어 비합법 계절근로자로 대체하는 경향을 보인다. 지리적으로 고온의 기후는 근로자에게 강한 근로 강도로 다가오고 실제적인 근로 양은 줄어들며 이탈률을 증가시켜 인력 부족 문제를 가중시킨다. 따라서 부족한 계절근로 인력을 채우기 위해 비합법적 방식으로 상시 고용되는 유학생이 있는 반면, 한 달가량 장기 근로하는 유학생도 존재한다. 이들은 동일 국가 출신이거나, 중앙아시아, 남아시아, 아프리카 등 지리적으로 가까이 위치한 출신 국가끼리, 같은 종교와 비슷한 피부색을 지닌 유학생끼리 무리지어 함께 근로하고 있다. 그 이유에 관해선 후에 보다 자세히 살펴보고자 한다.

유학생은 지인끼리 혹은 인력 사무소에서 배정받은 사람들과 함께 대학 근처나 2시간가량의 거리에 위치한 농경지로 이동한다. 이들은 묘목을 정리하거나 과실을 솎으며 사과, 딸기, 포도, 복숭아 등의 과일과 시금치, 깻잎, 배추, 감자, 마늘, 양파, 쌀 등을 수확하고 바구니에 담는다. 바구니에 담긴 농산물을 차로 옮기고 해당 작업실에서 수합된 농산물을 손질하고 분류하는 작업을 한다. 이후 박스에 담고 보관 장소 또는 출차 차량에 상하차 작업을 하면 하루 작업이 마무리된다. 이들은 평균 10시간(약 오전 8시부터 오후 7시까지) 정도 근로하고 약 10~15만 원의 일당을 받고 있다.

위 과정과 달리 아래 〈사례〉에서 확인할 수 있듯이 농한기에는 묘목을 뽑고 정리하여 출하를 기다리는 농산품과 함께 보관 장소로 옮기는 등 육체적 노동량이 많은 작업을 하기도 한다. 이때는 약 20~40만 원 정도의 일당을 받는다.

〈사례 6-2, 히식〉

이건 아는 사람이 소개해줘서 갔어요. 아침 4시에 나가서. 영천, 와촌 저쪽이에요. 가을이었어요. 가을에서 겨울 되는. 먼저 땅을 동그랗게 만들고. 그다음에 수확을 하고. 그다음에 들고 뽑아서 옆에 세워 놓고. 다 이렇게 해서 마대 들고 가서 포장하는 거. 나무를 말고. … 마늘이랑 양파 차에서 내리는 거예요. 보통 한 봉지를 20원 한 차에 들어갈 때 700개에서 1,000개 정도. 담는 거는 아줌마들이 하고요. 그리고 싣는 건 또 다른 사람들이 하고 있을 거예요. 우리는 내리는 것만 했었어요. 그렇게 해서 적게 받아도 20만 원 넘고. 잘 받으면 30~40만 원 되는 거예요. 하루에. 많이 하면 많이 받을 수 있고.

또한, 인력 사무소를 통해 비합법으로 계절근로하는 유학생이 증가하는 만큼 이들의 양상을 아래 〈사례〉를 통해 보다 자세히 살펴보았다.

〈사례 6-3, 히식〉

아침에 거의 사무실 가서. 하루는 아침 5시 정도에 사무실에 가서 거기 사람들 다 모여 있잖아요. 그럼 사장님이 한 명씩 한 명씩 뽑아가지고 데리고 가요. 그래서 아침 근무시간에 보통 7시부터 5시까지고. 그리고 중간에 10시 되면 잠깐 차 먹고. 12시나 1시 되면 점심 먹고. 그리고 3시 되면 조금 우유나 빵 같은 거 먹고. 그리고 5시 되면 마치는 거예요. 바로 여기 삼거리 인력 사무소가 있어요. 조금 많이 가는 거 같아요. 왜냐면 보통 돈 없는 사람들 한국 온 지 얼마 안 되고. 그리고 저 아는 사람들도 돈 별로 없는 사람들만 오는 거예요. 팀을 만들어서. 마치자마자 인사받고 바로 저녁에 마치고 와서 소개비 줘요. 만 원 정도. 그때는 11만 원 받아서 소개비 만 원 주고 10만 원. 지금 그렇게 적게 안 줘요. 지금은 아마 제가 들었을 때 공장은 14만 원이고. 그리고 농원 가면 14만 원 정도 그렇게 들었어요.

히식 씨는 대학가 삼거리에 위치한 인력 사무소에서 소개해 준 계절근로를 다녀온 경험이 다수다. 인력 사무소를 통해 계절근로하는 유학생을 자세히 살펴보면, 이들은 새벽 5시쯤 인력 사무소에 도착하여 그날 일을 배정받는다. 그는 특정 기간의 주말 동안 계절근로를 여러 번 배정받았다. 유학생뿐만 아니라 인력 사무소를 찾은 타 체류자격의 외국인도 계절근로자로 배정받는다. 배정받은 5명 정도의 인원은 서로의 체류자격 등 자세한 인적사항에 관해 알지 못한 채 함께 농경지로 이동하여 근로한다. 이들은 퇴근 직전, 약 10~15만 원 정도의 일당을 받고 만 원을 인력 사무소 직원에게 소개비로 지불한다.

위와 같이 학업에 열중해야 할 유학생은 어학연수생 때부터 자체적 혹은 인력 사무소를 통해 비합법 계절근로에 상시고용되고 있다. COVID-19를 시점으로 유학생의 비합법 계절근로는 더욱 빈번해졌으며 이전보다 높은 일당을 받고 있는 것으로 나타났다. 이후 계절근로를 다시 할 경우, 동일한 농경지에서 근로하거나 새로운 농경지를 배정받아 근로하는 양상을 보인다. 아래 장에서는 COVID-19 시기 전후, 유학생의 학업과 비합법 시간제 취업 활동의 병행이 수학에 미친 영향을 살펴볼 것이다.

2. 수학과 비합법 시간제 취업 활동의 병행이 학업에 미친 영향

앞서 살펴보았듯이 수학에 열중해야 할 유학생 대부분은 학업과 비합법 시간제 취업 활동을 병행하고 있다. 본 장에서는 유학생의 비합법 시간제 취업 활동과 수학의 병행이 학업에 끼친 영향을 탐색할 것이다. 특히, COVID-19가 학업과 비합법 시간제 취업 활동에 끼친 영향력을 함께 탐색해봄으로써 포스트 코로나 시대의 유학정책의 대안을 마련하고자 한다.

다음 〈사례〉에서 확인할 수 있듯, 많은 시간을 투자하고 있거나, 노동 강도가 높은 유학생의 비합법 시간제 취업 활동과 수학의 병행은 학업 소홀을 야기하고 있다. 특히 우리가 주목해야 할 점은 유학 초기 한국어 교육에 집중해야 할 어학연수생이 비합법 시간제 취업 활동에 몰두하고 있어 학업에 소홀하다는 점이다(노컷뉴스, 2020.10.22; e-대학저널, 2020.10.14). 언론에 보도된 어학연수생의 비합법 시간제 취업 활동 양상에 따르면, 2019년 12월 인천대학교의 한국어학당에서 등록한 지 4개월 된 베트남 출신의 어학연수생 161명이 단체로 잠적하는 일이 벌어져 논란을 빚었다. 2018년 경상대학교에서는 베트남 출신 유학생 30명이 취업을 위해 학교를 무단이탈했다(메트로신문, 2019. 8.7). 성균관대학교의 어학당 관계자에 따르면 유학생에게 "수업을 빠지지 말라고 연락하면 지금 택배 일을 가야 해서 못 간다는 식이었다"고 밝혔다(머니투데이, 2020.1.14). 이 외에도 인터뷰에 참여한 연구대상자 모두는 어학연수생 시절, 학업과 비합법 시간제 취업 활동을 병행하여 수학에 소홀했다고 답했다.

〈사례 6-4, 히식〉

어학 때는 장학금 주는 거 아예 없어요. 등록금을 벌기 위해서. 그리고 처음에는 택배 일하는 것도. 택배에도 1년 했어요. 공부보다.

〈사례 2-2, 자브〉

아르바이트 했지. 아르바이트 하고요. 그리고 저는 그때 식당에 다니고 그거 좀 일주일에 30시간 했잖아요. 농원도 가고. 공장도 가고. 많이 가요. 그리고 돈이 적어서 그때는 너무 힘들었어요. 밤에 일하고 아침에 공부하려고 오는 학생들을 많이 봤는데. 사람은 잘 시간이 필요하고. 사실 다 자요. 일한다고. 피곤하고. 공부 잘 안 하고.

또한, 몇몇 연구대상자는 본인의 출신 대학 어학당에서 함께 공부하던 특정 국가 출신의 어학연수생이 단체로 비합법 시간제 취업 활동과 학업을 병행하여 수학에 소홀했던 사례에 관해 아래와 같이 이야기하였다.

〈사례 5-2, 레만〉

어학당 다닐 때 비자는 D-4. 그리고 여기는 처음 6개월 알바 할 수 없어요. 합법으로 할 수 없는데. 근데 뭐 찾으면 하는 사람들도 있어요. 아니면 뭐 식당에서 시키는 사람들이 그때 할 수 있기는 있어요. 내가 있을 때 첫 6개월 동안 할 수 없었어요. 불법이어서 공장에 일하는 친구들이나. 다른 학교 보니까 공장에서 일한다고 유학생이 학교가 아니고 공장으로 다 가버려서 유학생이 없대요. 우리 ○○대에서도 그런 거 있어요. 케이스 있어요. 엄청 많았어요. 베트남 친구들이 어학당 들어오잖아요. 근데 다 도망쳐요. 다 아니고 너무 많이 그렇게 도망했었어요. 그럼 이 학교 원래 학생들이 비자 그냥 살아 있는. 비자 목적만. 그래서 학교한테

초국적 관점에서 본 유학생의 경험과 유학정책

조금 안 좋잖아요. 인상이 떨어지잖아요. 왜냐하면 공장에서 일하게 됐어요. 그래서 아예 학교 안 오는 거죠. 그때 국제처에서 많이 이야기했었어요.

〈사례 4-2, 사비나〉

제가 2015년까지는 우리 학교가 제일 공부가 하고 싶은 친구를 뽑았다고 생각해요. 근데 그 후에는 약간 어떤 생각이 들었냐 하면. 인도네시아에서 확 엄청 많이 들어왔거든요. 2015년이었던 것 같은데. 중국 친구들은 예전부터 원래 많았는데. 언제부터인가 우리 학교랑 인도네시아랑 MOU 체결을 많이 맺어서 엄청 많이 들어왔었어요. 한 번에 50명 학생이 들어오고. 이게 진짜 너무 많거든요. 인도네시아 학생들이 다 아르바이트를 하는 걸로 알고 있어요. 하양에서 거의 인도네시아 학생들이 중국 학생들 외에 그다음에 하양을 인도네시아 학생들이 차지했던 걸로 알고 있거든요. 다는 아닌데. 근데 제가 봤던 것은 치킨집에서 일하는 친구들 많이 봤어요. 공장도 들었고. 인도네시아 다른 친구들은 한국말이 잘 안되면 공장으로 가요. 사람을 잘 안 만나려고 하고 공장에서 앉아서 일할 수 있잖아요.

위 〈사례 5-2〉의 레만 씨에 따르면, 2013년도 이후부터 자신의 모교인 ○○대학교에서 베트남 출신의 어학연수생 대부분이 학업을 중단하고 공장과 계절근로, 식당 등으로 비합법 취업하는 사례가 다수 발생했었다고 한다. 동일 대학을 졸업한 사비나 씨도 비슷한 경험을 하였다. 그녀는 2015년 이후, 인도네시아 출신의 어학연수생이 급진적으로 증가하였으며 이들 대부분이 공장과 치킨 업체 등에서 비합법 시간제 취업 활동을 했었다고 한다. 이 시기 중국, 베트남, 인도네시아 순으로 각 국가 출신의 어학연수생이 학업에 소홀한 채, 대구·경북지역 대학가의 아르바이트를 비합법적으로 점유했던 것이다. 또한, 연구대상자들은 본인이 어학당 졸업 후, 학부 및 석사 과정에 진학하여 서도 학업과 비합법 시간제 취업 활동을 병행할 수밖에 없었으며 이는 학업 소홀의 결과를 낳았다고 토로한다.

〈사례 3-2, 아킨〉

공부 아예 못 하죠. 우리도 밤에 일했을 때 다음 날 수업 와서 계속 졸았는데 보면. 그래서 저는 공장 하루만 일하고 그만뒀죠. 너무 피곤하고. 정말 저는 사실 어학당 때 한국어만 공부하고 싶었어요. 한국어만 잘하면 나머지는 다 쉬워질 것이라고 생각해서. 일단은 한국어 수업 방해하고 싶지 않았어요. 대학 와서. 사실은 수업 시간에. 거의 2시간 정도 잤어요. 9시 수업 시작하자마자. 9시 11시까지. 점심시간 때 일어나서. 그리고 또 일하러 가는 거예요. 공장이나 농원.

학업과 비합법 시간제 취업 활동을 병행한 연구대상자 모두는 평일과 주말의 강도 높은 아르바이트로 인해 강의에 집중하지 못한 채 잠을 자거나, 예습과 복습, 과제와 시험 준비에도 소홀했다고 밝혔다. 비합법 시간제 취업 활동으로 인한 유학생의 학업 소홀은 성적 미달로 이어져 낮은 장학금을 받게 된다. 이들은 기대에 미치지 못한 성적 장학 금액으로 인해 체재비를 충족시키지 못하자, 필요한 자금을 마련하기 위해 다시금 비합법 시간제 취업 활동과 학업을 병행할 수밖에 없는 것이다.

특히 유학 초기 한국어 교육에 집중해야 하는 어학연수생의 비합법 시간제 취업 활동과 수학의 병행은 학업 소홀로 이어져, 상급 과정으로 진학을 더디게 하였다. 진학을 위한 평가 후, 한국어 능력이 미숙한 어학연수생은 앞선 교육과정을 재이수해야 하기 때문이다. 이때 어학연수생은 추가적으로 발생하는 학비를 직접 마련하기 위해서는 학업과 비합법 시간제 취업 활동을 병행할수밖에 없다고 토로한다.

〈사례 2-3, 자브〉

밥 먹는 것보다 또 처음 그거 학교 등록금 좀 많이 들었어요. 저는 일을계속했지만 공부하면서 일은 계속했지만. 그거 학교 학기가 되잖아요.제가 이제는 좀 일이 좀 잡았으니까. 일이 좀 그런 쪽으로 가니까 괜찮지만. 처음에는 아무것도 모르고 1년 반 정도 그렇게 했어요. 그때는 너무 힘들고 좀 그랬어요. 그리고 어학당이 너무 힘들어요. 왜냐하면 어학당은 학기 시작할 때 한 번 내는 거 말고 2개월마다 돈 내고 갔었어요.2개월마다 1급, 2급, 3급. 그리고 2개월마다 120만 원 줘요. 그리고 그거는 자꾸 일어나서 학생들은 이때 너무 스트레스받고 여자들은 울고. 남자들은 학교하고 그거 불법적으로 나가는 학생들이 또 많이 있잖아요.대부분은 어학당에 있을 때 그렇게 나가요. 다음 그거 2개월을 시작해요. 돈 내라고 해요. 그리고 돈 내라고 하려고 하면 일을 해야 해요. 일하려고 하면 그거 공부 못했으니까 학교에 안 왔으니까 올라갈 수 없어. 너떨어져. 계속 떨어지면 올라갈 수 없으니까. 1년 정도 다녔지만. 그거 할수 없는 학생들이 있었어요.

수학이라는 본래의 유학 목적을 달성하고자 하는 의지가 강했던 유학생에게 이러한 일련의 과정의 반복은 학업과 비합법 시간제 취업 활동의 병행, 학업 소홀과 상급 과정으로 진학의 어려움, 낮은 장학 지원과 같은 결과를 지속하여 양산하고 있다. 특히, COVID-19로 인해 2020학년도 1학기부터 비대면강의가 증가하자, 유학생은 더욱더 학업에 소홀하고 비합법 시간제 취업 활동에 몰두할 수밖에 없게 되었다고 토로한다.

〈사례 1-2, 우미드〉

일하고 나중에 집에 가서 수업을 듣고. 그런 거 경험을 언제. 일요일 날. 주말에 조금 많은 시간 일하고 있어서 월요일에 있는 수업을 별로 못 들어요. 제도를 바꾸고 시간을 늘려주시면.

〈사례 6-5, 히식〉

코로나 난리 날 때부터 다 비대면으로 해서. 수업을 몇 번 들어도 강의실에서 듣는 것보다 안 돼요. 이해를 못 하니까. 혹시나 강의실에서 수업 듣고 있었으면 수업 마치거나 아니면 중간에 물어볼 것 있다 하면 우리가 잘못 이해하면 교수님한테 바로 물어보고 그렇게 수업을 제대로 듣고 있었는데. 근데 코로나 난리 날 때부터 다 온라인으로 해서 그냥 동영상만 보는 거예요. 그냥 영화 보는 것처럼. 그러면 수업을 좀 못하는 거죠. 그래서 차라리 일하러 갔어요. 처음에는 (장학금) 30% 받다가 이제 그냥 (학비) 100% 내고 있어요. 코로나 난리 날 땐. 30% 받아서 그렇게 열심히 했는데도 안 되니까. 그래서 제가 코로나 난리 날 때부터 돈 벌기 하는데.

COVID-19 이후, 강의실에서의 쌍방향 소통이 아닌 동영상 형태의 온라인 원격 강의(실시간 강의 포함)는 유학생의 학습 동기와 몰입도, 이해도, 효과와 만족도를 떨어뜨렸다. 강의에 집중할 수 없게 된 유학생은 비합법 시간제 취업 활동에 더 몰두하게 되었다. 비대면 형태의 강의는 장소와 시간에 구애받지 않고 언제든 참여하면 되는 형태이기 때문이다(김주영 외, 2021: 637-640; LIU 외, 2021: 22-23). 따라서 유학생은 수학보다 아르바이트를 우선으로 하였고 이는 학업 소홀로 이어져 성적과 장학 금액에도 영향을 미쳤다. CO-VID-19로 인한 교육 방법의 비효율성은 학업 소홀로 이어졌으며 낮은 성적 장학금으로 인해 체재비 부족 문제가 발생한 유학생은 다음 학기의 학비와 생활비를 총족시키기 위해서라도 또다시 비합법 시간제 취업 활동에 종사할 수밖에 없는 것이다.

이때 유학생은 외국인 근로자의 자진 출국과 입국 제한으로 인력난을 겪고 있는 계절근로와 같은 비합법 시간제 취업 분야에서 근로하는 것이다. 특히, COVID-19 이전보다 인력난을 더 겪고 있는 계절근로와 같은 분야에서 일당이 높아져, 낮은 성적 장학 금액을 받은 유학생이 이전보다 높은 일당을 받을 수 있는 분야에 몰리고 있는 현실이다. 이처럼 이주 초기부터 COVID-19 시대인 현재까지 유학생이 수학에 소홀히 하며, 학업과 비합법 시간제 취업 활동을 병행할 수밖에 없는 요인이 무엇인지, 유학생의 경험과 정책을 중심으로 아래에서 보다 자세히 분석해 볼 것이다.

3. 유학생의 비합법 계절근로가 성행하는 요인: 정책과 실상

앞서, COVID-19 전후로 유학생의 비합법 근로와 수학의 병행으로 인해 학업에 소홀한 양상을 살펴보았다. 본 장에서는 이러한 현상을 문제점으로만 보는 것이 아닌, 수학을 목적으로 체류 중인 유학생이 시간제 취업 활동 중에서도 비합법 계절근로와 학업을 병행할 수밖에 없는지, 그 요인을 유학생과 고용주의 측면에서 정책과 실상을 바탕으로 분석해 보고자 한다.

1) 유학생 측면

(1) 시간제 취업 제도의 제약

체류 비용을 감당하기 힘들다고 판단한 유학생은 학업과 시간제 취업 활동을 병행하고자 한다. 그러나 유학생은 본인에게 허용된 아르바이트 자격요건과 분야, 시간이 제한적이라 합법적인 시간제 근로를 하기 어렵다고 아래 〈사례〉와 같이 토론한다.

〈사례 5-3, 레만〉
일주일에 만약에 20시간만 할 수 있잖아요. 학생. 토픽에 따라 다르고 과정에 따라서도 달라요. 토픽 기초 수준 이런 거 있었어요. 그리고 석사 과정, 박사 과정에 따라도 달라요. 토픽 높을수록 조금 쉬워요. 가능성이 높아져요. 좋은 거예요. 쉬워요. 만약에 토픽 2급 있으면 잘 허락해 주지 않아요. 그런 거 있어요. 근데 사실 알바 구하기 너무 힘들어. 생활비 우리 필요하잖아요. 나 공부해야 하는데 생활비 때문에 스트레스 너무 받아. 너무. 공부에 집중할 수가 없어.

〈사례 3-3, 아킨〉
그 사람들 일할 수 있는 허가서 있잖아요. 허가서. 그런데 대부분 허가서 없는 사람들. 학생들이에요. 대부분. 첫 번째 이유로 토픽 4급이 있어야 해요. 그런데 대부분 없잖아요. 그리고 두 번째는 학교 성적, 성적도 봅니다. 몇 점 이상이어야 아르바이트 가능해요. 그리고 아르바이트 하는데 사장님이 그런 뭐 시급 이런 것. 그런데 사장님도 대부분 시급 적게 주고 싶은 사장님도 있고 그런데 최저임금 안 되면 사무소에서 허가서는 안 줘요. 그런데 사장님도 좀 알고 월급 시급 적게 주고 싶은 사람도 있어요. 그래서 그런 것 때문에 허가서 받기 힘들어요. 유학생 담당 선생님. 그런데 그런 소리 다 없으면 선생님도 사인할 수가 없어요. 법에 따라 허가서 받아도 학사를 마치면서. 20시간 제한돼요. 학기 중에 그리고 석사 학생들 30시간 채 안 돼요. 그런 제한도 법이 너무 좀 심한 것 같아서.

초국적 관점에서 본 유학생의 경험과 유학정책

〈사례 1-3, 우미드〉

학교에서 그런 거 제도 있고. 공부한 사람들 아니면. 일주일에 몇 시간이야. 그건 시간도 있고 몇 시간 일할 수 있고 몇 시간 일할 수가 없어요. 커피숍에서 아니면 다른 데 일할 수도 있고. 주말에서도 일할 수 있어요. 그런 건 시간을 맞추고 학교에 들어가서 교수님들 해서 시간을 받고. 얼마 시간 일할 수 있다고 다 알아보고. 그거는 제도를 만든 사람들한테 내가 말이 조금. 시간 많이 달라고 하고 싶어요. 왜냐하면 그 시간에 일하면 더 좋고 등록금을 모아서 가질 수 없어요. 생활비도 있고 생활비도 써야지. 그리고 숙소비 있어요. 월세도 내야 하고 전기세도 내야 하고. 그리고 가스비도 있고 다 있어요. 차 있어요. 밥 먹고 싶어요. 그러면 다 돈 필요해요. 돈 없으면 어떻게 해요. 보험도 있고 보험 내야지. 불법으로 일하는 사람도 있어요. 그러니까 그 제도를 한번 바꿔서 그 시간을 조금 늘려주시면 좋겠습니다.

〈사례 2-4, 자브〉

출입국 관리사무소에서 그런 거에 일주일에 20시간 정도 일하는 거 있잖아요. 그 후에는 오토바이 면허증 같은 거 만들고 시험 치고 그래서 시작했는데. 뭐 이거 20시간 일주일에 조금 생각해 보면 안 돼. 진짜로. 누구나 20시간만 그거 좀 해 보세요. 그리고 아마 대구 시내에 있는 한국 대학교. 시내는 그거 좀 커피숍하고 식당, 편의점에서 일하는 것이 그런 자리 좀 많이 있잖아요. 우리 그쪽은 저는 ○○대학교에 다녀봤으니까 ○○대학교 쪽으로 이야기하면 그쪽은 자리 별로 없어요.

학업과 시간제 취업 활동을 병행하고자 하는 유학생은 시간제 취업 제도를 따라야 하기 때문이다. 시간제 취업 제도에 따르면 학업을 목적으로 유학(D-

2) 체류자격을 취득한 유학생에게 아르바이트를 원칙적으로 금지한다. 수학을 목적으로 체류 중인 만큼 이주 이유를 충족하기 위해서는 학업과 근로의 병행이 곤란하다고 판단하기 때문이다. 그러나 유학생이 일정 수준의 한국어 능력을 보유하고 학교 유학생 담당자가 '체류자격 외 활동 허가서'를 확인한 경우에는 합법적인 아르바이트가 가능하다. 이때 관서로부터 허가서를 받기 위해서는 아래 시간제 취업 제도를 충족해야 한다. 그 요소를 자세히 살펴보면, 유학생은 학기 중 최대 2개의 장소에서 월요일부터 금요일까지 주당 20시간 이내의 아르바이트만 가능하다. 공휴일, 토요일, 일요일과 방학 중에는 시간 및 장소의 제한 없이 아르바이트를 할 수 있다.

또한, 유학생의 한국어 능력(TOPIK)과 학위 과정(어학연수 과정, 전문학사 과정, 학사 과정, 석·박사 과정)에 따라 아르바이트의 허용 범위가 달리 적용된다. 아르바이트 허용 분야는 일반 통·번역, 음식업 보조, 일반 사무보조, 관광 안내 보조 및 면세점 판매 보조, 외국어마을이나 외국어캠프 등에서 가게 판매원, 식당 점원, 행사 보조요원 등이다. 이때, 비전문취업(E-9) 체류자격의 허용 범위 내 제조업(모든 제조업, 건설업)에 대해서는 시간제 취업이 제한된다. 단 토픽 4급(KIIP 4단계 이수) 이상인 경우에는 제조업을 예외적으로 허용하고 있다. 특히 장학금을 지원받지 못하는 어학연수생의 경우, 해당 요건을 충족하였더라도 어학연수 신분을 취득한 날부터 6개월이 경과해야만 합법적인 아르바이트가 가능하다(법무부·출입국·외국인정책본부, 2020: 25-27).

위 〈사례〉에서 살펴보았듯이 스스로 체재비를 마련해야 하는 유학생은 학업과 시간제 취업 활동을 병행하고자 하였다. 하지만 개인적 차원에서 허용 기간이 되지 않았거나, 일정 수준의 한국어 능력(TOPIK)을 보유하지 못하여 허가서를 받지 못한 유학생은 합법적 시간제 취업 활동이 불가능했다(Hello tv NEWS, 2021.4.9). 이때 개인적 측면에서 위 요건을 충족시켰더라도 아킨 씨와 같이 고용주가 최저임금을 지불하지 않아 출입국·외국인관서로부터 허가서를 받지 못해 합법적인 시간제 취업 활동에 참여하지 못한 유학생도 있다. 또한, 허가서를 받아 합법적 시간제 취업 활동을 하더라도 최저임금조차 받지 못하는 시점에서 제한된 시간과 낮은 임금으로는 체류 비용을 충족시키지 못한다는 현실을 직시한다. 이처럼 대부분의 유학생은 허가서와 근로 허용 시기, 시간, 분야까지 정해져 있자 합법적 시간제 취업은 힘들다고 생각한다(바트챙게르 투맹뎀베렐·김도혜, 2020: 33·36).

특히 시간제 취업 요건을 갖추었더라도 지역적 특색으로 인한 구직 활동의 어려움뿐만 아니라 출신 국가와 사용 언어(모국어), 외모와 피부색, 종교 및 종교 복장, 문화 차이 등을 이유로 취업 허용 분야에서 고용되지 못하는 유학생도 다수 존재한다(Hello tv NEWS, 2021.4.9; 통계청 사회통계국 고용통계과·법무부 출입국·외국인정책본부 외국인정책과, 2020: 39). 또한, 유학생은 학업을 목적으로 수학 중이며 외국어가 가능함에도 불구하고 외국어 교습 행위를 그 행위의 장소, 대상 등 특수성을 고려하여 엄격히 제한하고 있다(법무부·출입국·외국인정책본부, 2020: 25). 이처럼 수학 중인 유학생의 시간제 취업 분야를 단순노무 활동에만 제한하고 있다는 문제점도 존재한다.

이와 같이 등록금과 학비, 생활비 등의 체재비를 직접 마련해야 하는 유학생은 시간제 취업 제도로 인해 근로 활동에 제약을 받자 상당한 스트레스를 받고 있다고 호소한다. 근로의 제약으로 인한 재정난 악화는 학업에도 악영향을 끼쳤다고 말한다(하정희, 2008: 480-482). 따라서 이들은 아래 〈사례〉와 같이 비합법 시간제 취업 활동에 종사할 수밖에 없다고 토로한다.

〈사례 1-4, 우미드〉
불법 일하는 사람 있어요. 자신을 시간을 안 맞추고 시간에 조금만 있으면 더 제가 조금 많이 일하고. 농장에서도 공장에서도 수업 후에 야간 아니면 다른 데 일하고 오는 사람도 있어요. 어차피 등록금 내야지. 등록금 안 내면 안 돼요. 부모님 혹시 보낼 수 없으면서 학생 어디서 받아요. 안 나와요. 일하는 학생들도 있어요.

〈사례 3-4, 아킨〉

그리고 이제 불법 알바 어쩔 수 없는 건데. 너무 강해요. 제도가 아르바이트. 물론 밖에서 일하면 대화 가능해야 해요. 그러면 한국어 무조건 있어야 하는 거는 이해하는데. 시간 제한하는 게 좀 너무 과하지. 그래서 우리 불법 일할 수밖에 없잖아요.

〈사례 2-5, 자브〉

혹시 제도에 있는 시간을. 어차피 그런 거 시간 조금 많이 가지고 일해요. 20시간이니까. 이 시간에 있으면 내가 20시간만 일을 안 하는 건 아니고는 조금 많아서. 마치면 그거 언제 수업을 해. 저녁에 그런 거. 그리고 커피숍처럼 그런 거 아르바이트하고 주말에 일이 있으면 그런 거 아르바이트하고 우리 생활비, 용돈이. 일하고 있으니까. 경산에 있는 커피숍에서 일하고 아니면 노래방도 일하고. 일하면은 주말에 토요일, 일요일 날에 시간이 있으면. 수업은 다 듣고. 수업하고 나서 아르바이트 나갈 거예요. 주말에 다 일 있어요. 식당에 가서 홀서빙도 하고 그런 거 있으면. 중간에 또 주차장 일하고. 주차하세요. 알려주고 그런 식당에 대구에 보면 그런 거 큰 식당 있죠. 주차하세요. 그러면 관리하는 사람 있어요. 그리고 일하면 돼요.

시간제 취업 제도의 제약은 유학생을 비합법 취업 활동으로 내몰았다. 이는 초기 수학을 목적으로 이주한 유학생에게 학업이 아닌 근로하여 자본을 마련해야겠다는 생각의 전환을 가져다주는 계기가 되고 있다.

초국적 관점에서 본 유학생의 경험과 유학정책

〈사례 6-6, 히식〉

그거는 목적이 바뀌는 거죠. 처음 학업에 들어올 때는 열심히 공부하고 열심히 산다라는 마음 있었는데 이제 바뀌는 거죠. 그니까 알바해서 돈 벌어야죠. 돈. 제가 한국에 들어온 지 6개월 됐다가 ○○대 기숙사 뒤에 GS25 있잖아요. 저기에 두 달 정도 한 적 있어요. 신청한 적은 없고 불법으로. 허가증을 안 받아서. 제가 3년인가 4년 전이에요. 어학당 초급에 있을 때. 왜냐면 주말에만 할 수 있으니까. 주말 아니면 평일에 만약에 시간 되면 하는 거고. 그래서 조금씩 하니까 많이 해야 되잖아요.

비합법 시간제 취업 활동은 한국어 능력을 검증하지 않고 허가서가 없이도 근로가 가능하기 때문이다. 합법적 근로가 불가능했던 아킨 씨와 같은 유학생의 근로도 가능하게 하였다. 또한, 시간의 제한 없이 근로가 가능하다는 장점이 있다. 따라서 유학생은 수업을 마친 야간, 수업이 없는 평일과 주말을 이용하여 비합법 근로 활동을 학업과 병행한다. 최저임금을 받지 못하더라도 근로 시간을 늘려 본인이 일한 시간만큼의 일당과 월급 등의 임금을 받을 수 있기 때문이다.

특히, 합법적 취업 허용 분야에서 출신국과 외모, 피부색, 종교 복장, 문화 차이 등을 이유로 고용되지 못한 유학생은 계절근로와 공장, 이삿짐센터, 유흥업소와 노래방, 주차장 등의 비합법적 취업처에 고용되어 근로하고 있다. COVID-19 시기 이전과 그 이후에도 유학생의 비합법적 취업 활동이 활발히 일어나는 분야 중 한 곳이 바로 계절근로다. 농촌지역 등 노동량이 많은 취업처에서 인력난을 겪고 있어 상시고용이 가능한 유학생과 같은 외국 인력을 선호하기 때문이다. 비합법 시간제 취업 활동으로 인한 취업 분야의 확장은 인력난을 겪고 있는 취업처와 체재 비용을 마련해야 하는 유학생에게 상호 협력 관계로 이어지고 있다.

(2) 최저임금 미지불: 일당 선호

유학생이 비합법 시간제 취업 활동 분야 중에서도 계절근로를 선호하는 이유는 일당이다. 2021년 3월 기준 최저시급은 8,720원이다(최저임금위원회, 2021). 하지만 아래 〈사례〉에서도 확인할 수 있듯이 합법적인 시간제 취업 활동 분야에서 근로 중인 유학생조차도 최저시급을 받지 못하는 경우가 존재한다(김연홍·안후남, 2020: 133; 임석준, 2010 63~70).

〈사례 2-6, 자브〉

허가증 받고 갈 때 그 자리는. 자 너 여기 일해. 일주일에 20시간. 이렇게 하면 우리는 어쩔 수 없어. 그거 그렇게 대로 해야 해요. 법은 그쪽으로 있지만은 실제적으로는 그게 안 되니까. 우리는 돈이 많이 있는 데로 갔잖아요. 돈이 많이 있는 데. 이거는 짧은 시간에 많은 돈을 받을 수 있으니까. 그쪽으로 가는 거예요. 올해는 그런 거 나라에서 그거는 8,500원까지 올려줬지만. 한국에서 올려줬지만. 그쪽에서 그런 부분 안 주니까. 대부분이 그렇게 안 줘요. 그러니까 뭐지 그때는 6,000원으로 일해야 하고 조금 올리고 6,500원, 7,000원으로 하고 일주일에 또 20시간 정도 되면 그렇게 안 해요. 우리는 오랫동안 일할 수밖에 없어요. 그러니까 공장으로 농원. 이거 하루 다니면 8만 6천 원 정도 줘요. 올해는 아마 그 뭐지. 농원으로 가면 11만 원 정도 받아요. 그러니까 일주일에 두세 번 정도 그쪽으로 가면 우리는. 30만 원 받잖아요. 남은 시간에 우리는 공부할 수 있잖아요. 그런 식으로 좀 하고 있는데요.

〈사례 6-7, 히식〉

법대로 하려고 하면 시급으로 돈을 받아야 하고. 그리고 저거를 일주일에 20시간인가요? 저걸 해선 먹고살지 못하는 거죠. 시급 법대로 한 적

없어서. 처음에 7,500원 줬고. 그다음에는 8,500원 정도 받아서 그건 딱 한 번밖에 없어요. 받아서 하려고 해도 계산해 보면 7,500원으로 계산하면 일주일에 14만 원에서 20만 원. 그렇게 오랜 시간 일했는데 적게 받는 거죠. 농원에서 하루에 그렇게 받는데. 하루만 참고 하면 되잖아요.

위 〈사례〉의 유학생은 합법적 취업 분야에서 아르바이트를 하였음에도 불구하고 시급으로 약 6,000~7,500원을 받고 근로하였다. 대부분의 유학생은 합법 취업처나 비합법 취업처에서 고용주(내국인 출생)에 의해 초과 근무하며 최저시급에 미치지 못하는 급여로 월급을 받는다(바트챙게르 투맹뎀베렐·김도혜, 2020: 41-42; 임석준, 2010: 63). 이들이 4주간 주어진 시간에 맞춰 80시간을 일하고 7,000원의 시급을 받을 경우, 한 달 급여는 56만 원에 해당한다.

따라서 상시고용이 가능하고 주말을 이용하여 아침부터 저녁까지 하루의 절반만 일하고도 약 십만 원 정도의 급여를 당일에 바로 받을 수 있는 계절근로가 유학생 사이에서 선호 분야로 꼽히고 있다. 노동 강도에 따라 일당으로 20~30만 원을 받기도 한다. 이때 인력 사무소를 통해 계절근로를 소개받은 유학생은 사무소에 수수료로 만 원을 지불하고도 하루에 약 십만 원 이상을 벌고 있다.

특히 COVID-19로 인해 인력 수급에 차질이 생긴 계절근로장의 경우, 일당을 인상하여 외국 인력을 상시 고용하는 추세이다. 이로 인해 온라인강의로 전환됨에 따라 학습 효과가 저하되었거나 노동에 집중함으로써 이전보다 낮은 장학 금액을 지원받은 유학생이 계절근로에 밀집하는 현실이다.

〈사례 3-5, 아킨〉

그런데 사장님도 대부분 시급 적게 주고 싶은 사장님도 있고. 사장님도 좀 알고 월급 시급 적게 주고 싶은 사람도 있어요. 솔직히 시간제한 있잖아요. 20시간만 하면 거기서 일하면 돈이 적잖아요. 그렇게 어쩔 수 없이 학생들 대부분 사람 그렇게 하는 거죠. 그래서 무작정 등록된 사람들 투잡하는 사람들 하나 법적으로 할 수 있는 거고 적은 시간으로 법적으로 하고 넘어간 시간은 불법으로는 하게 돼요.

또한, 위 〈사례〉에서 확인할 수 있듯, 부족한 체재비를 충족하기 위해 강의가 끝난 평일 오후에는 합법적 취업처에서 시간제 근로를 하여 월급을 받고, 주말에는 일당을 받을 수 있는 계절근로를 병행하는 유학생도 존재한다. 이처럼 급여 지급이 적절하지 못하고 시간제 취업 제도에서 배제된 유학생은 짧은 시간을 일하고도 높은 일당을 받을 수 있는 계절근로 분야로 몰리고 있다(한국농어민신문, 2021.2.10).

(3) 특정 국가 출신의 유학생에 관한 타자화

특정 국가 출신의 유학생은 피부색과 종교 복장 등을 이유로 내국인으로부터 근로자 혹은 미등록체류자라는 편향된 시선을 받기도 한다. 하지만 유학생이라는 신분이 입증되면 학생이라는 사회적 지위와 특수성으로 인해 차별보다는 인정받는 자격을 갖는다. 그러나 취업처에서는 유학생이 시간제 취업 요건을 충족했더라도 고용주(내국인 출생)가 이들의 출신 국가와 사용 언어, 외모와 피부색, 종교 복장, 문화 차이 등을 이유로 고용하지 않아, 특정 국가 출신의 유학생이 구직 활동에 어려움을 겪는 문제점이 대두되고 있다(김현미, 2020: 64; 임석준, 2010: 63-72). 본 장에서는 특정 국가 출신의 유학생이 취업처에서 타자화되는 양상을 살펴보고 이러한 현상이 유학생의 계절근로에 미친 영향을 탐색하고자 한다.

초국적 관점에서 본 유학생의 경험과 유학정책

〈사례 5-4, 레만〉

어떤 친구가 O마트 같은 곳 들어가요. 한국어 조금만 할 줄 알면 우리가 시킬 수 있는데. 근데 그 친구가 한국어 조금 못 했었어요. 나 한국말 다른 친구보다 조금 잘하잖아요. 사실. 토픽도 높아요. 근데 내 친구들 다 마트에서 일했어요. 나보다 한국말 못하고. 토픽도 낮은데. 근데 나는 이력서 보내잖아요. 근데 나는 한국어로 자기소개 적고 했는데. 근데 나한테 연락이 잘 없고. 만약에 내가 카페 같은 거 시도 안 해 봤는데. 잘 모르겠지만. 만약에 가면 뭐가 좀 무서워요. 거절할 수도 있잖아요. 내가 외모 좀 다르잖아요. 피부색도. 그 친구들은 중국, 베트남. 그래서 나 많이 떨어진 것 같아요. 그런 경우가 사실 너무 많죠.

〈사례 3-6, 아킨〉

면접 보러 가면 죄송합니다. 외국인은 안 됩니다. 외국인 안 된다는 것 아니고 우리 흑인들 안 된다는. 왜냐하면 만약에 다음 날 가서 캄보디아 사람들 이야기하고 있고 중국인 친구들 이야기하고 있었고. 그러면 외국인은 안 된다는 거 아니고.

레만 씨는 앞선 인터뷰에서 토픽 급수가 높아 시간제 취업 분야에 합법적으로 고용되는 것에 자신감을 비추었다. 하지만 그녀는 동일 분야에 지원했던 다른 출신 국가 지원자에 비해 토픽 급수가 높았음에도 불구하고 면접에서 떨어지는 경험을 다수 겪었다. 파키스탄 출신으로 외모와 피부색이 다르며 무슬림으로서 히잡을 착용한다는 이유 때문이었다. 아킨 씨도 아프리카 케냐 출신의 흑인이기 때문에 피부색을 이유로 지원자를 이미 채용했다는 거짓 통보를 받기도 했다.

고용주(내국인 출생)는 유학생을 채용함에 있어 한국어 능력 평가 급수와 허가서 등의 객관적 평가 기준보다는 제3 세계 국가 출신의 종업원을 낯설게 느끼지 않을 만큼의 고객(내국인 출생) 수용도를 고려한다. 따라서 피부색과 외모가 내국인과 별반 차이 나지 않는다고 판단한 중국과 캄보디아, 베트남 등 아시아 출신 국가의 유학생을 종업원으로 선호하는 경향을 보인다.

이처럼 객관적 평가 기준을 충족했음에도 불구하고 출신 국가와 사용 언어, 종교 및 종교 복장, 외모와 피부색, 문화 차이 등을 이유로 합법적인 시간제 취업 분야에서 배제되는 유학생은 비합법 취업 분야에서의 근로를 시도한다. 그러나 여기서 주목할 점은 이미 유학생의 비합법 시간제 취업 활동이 활발하게 이루어지고 있는 분야인 공장과 물류센터, 식당 등에서마저 유학생을 출신 국가와 피부색, 종교 등을 이유로 차별하여 배제시키고 있다는 점이다(김현미, 2020: 71; 통계청 사회통계국 고용통계과·법무부 출입국 외국인정책본부 외국인정책과, 2020: 39).

〈사례 3-7, 아킨〉
그 저도 사실 그런 차별을 당한 적이 있는데. 식당에서 서빙 아르바이트 구했어요. 선생님이 서빙 하다가 그냥 어차피 지나가는 사람들 얼굴. 오 외국인. 이라는 그런 표현으로 보잖아요. 그런데 아마 사장님이 이해 못 했나 봐요. 그래서 사장님이 저한테 여기 앞에 있으니까 사람들 안 들어와. 주방으로 들어가. 그래서 주방에는 저는 한국 요리를 못했고 음식 준비도 못 했고 이런 것들 그냥 막 튀김기. 튀김기도 이용 못 했고. 설거지 많이 하고. 그래서 좀 힘들어서 그냥 보기에 저도 그 아르바이트 포기했어요. 서빙을 신청했는데 주방으로 일하게 됐는데 그러니까 저는 하나도 할 줄도 몰랐어요. 그런 것들. 우리도 또 다른 공장에 갔어요. 저는 구미 공장 포기하고도 다른 학교 뒤에 있는 아이스크림 공장 갔는데. 그런데 캄보디아 친구한테. 이제 더 뭐지 더 많은 사람 필요해요. 일할 수 있는 사람들만 필요하다고 했고. 그런데 까만 친구 안 된다고 했어요. 그래서 우리 농원에 갔어요.

〈사례 6-8, 히식〉
그건 지금 있어요. 다 업체들이. 우린 외국인 안 씁니다. 이렇게 게시판 올렸는데. 그리고 저 업체들도 외국인 안 쓴다고 하고. 다 쓰면서. 몇 개 나라 안 쓰고.

위 〈사례〉의 아킨 씨는 합법적 시간제 취업처에서 피부색을 이유로 고용에서 배제되자, 비합법 분야에서 아르바이트를 시작하였다. 그녀는 허가서 없이도 근로 허용 시간을 초과하며 일할 수 있는 식당에서 내국인(출생) 손님에게 서빙하는 목적으로 고용되었다. 하지만 내국인(출생) 고용주는 아킨 씨의 피부색을 이유로 손님이 불편해할 것이라며 고객과 접점이 없는 주방으로 이동시켰다. 이후 주방에서 설거지와 음식 보조만 하게 된 아킨 씨는 공장으로 취업처를 옮겼다. 공장에서는 이미 여러 출신 국가의 유학생이 비합법으로 근로하고 있어 특정 국가 출신의 외국인에 관한 차별이 없을 것이라 생각했기 때문이다. 그녀는 아프리카 출신의 유학생 지인과 함께 몇 군데의 공장에서 근로하였지만, 내국인(출생) 상사로 인해 그만두어야 했다. 공장은 유학생에게 비합법 취업처임에도 불구하고, 상사는 아프리카 출신 유학생의 "얼굴이 검다"는 이유로 캄보디아, 베트남 등 동남아시아 출신 국가 유학생의 고용을 선호했기 때문이다.

몽골 출신의 히식 씨도 비합법 시간제 취업을 위한 구직 활동 중 몇몇 업체로부터 외국인을 고용하지 않겠다는 공지를 접했다. 하지만 그 당시 몽골 출신의 외국인과 근로해 본 경험이 없는 취업처에서 출신 국가를 이유로 몽골 출신의 유학생만 고용하지 않았던 것이다.

위 〈사례〉 외에도 본 연구에 참여한 연구대상자 모두는 우즈베키스탄, 몽골, 케냐, 키르기스스탄, 파키스탄 출신이라는 이유와 피부색, 종교 복장 등을 이유로 비합법 취업처에서 마저 배제당한 경험이 다수 있다. 따라서 합법적 취업처뿐만 아니라 비합법 취업처에서마저 차별로 인해 근로 현장에서 배제되고 있는 점은 유학생이 동일 국가 출신 또는 비슷한 처지에 있는 유학생 지인과 함께 계절근로를 시작하게 되었다.

앞서 살펴본 점과 같이 계절근로 분야의 고용주(내국인 출생)는 이미 유학생의 노동이 절실하여 타 취업처보다 제3 국가 출신의 유학생에 대한 다문화 수용도가 높게 작용한다. 또한, 유학생의 입장에서 계절근로는 내국인 고객에게 대면으로 직접 서비스할 일이 없으며 내국인(출생) 인력과 함께 일하기보다 조를 맞춰 온 외국인(유학생 포함)끼리 근로하면 되기 때문이다. 이처럼 특정 국가 출신 유학생의 고용에 관한 내국인(출생)의 차별과 배제, 타자화는 비합법 취업처 중에서도 국적과 인종, 종교로부터 진입장벽이 낮은 계절근로를 선호하게 만들었다.

2) 고용주 측면

앞서, 유학생이 비합법 계절근로를 선호하는 요인을 현 정책과 차별적 경험을 통해 살펴보았다면, 본 장에서는 고용주(내국인 출생)가 유학생을 계절근로자로 상시 채용할 수밖에 없는 요인을 외국인 계절근로자 제도를 통해 탐색해 보고자 한다. 이를 통해 COVID-19 시기에 한시적으로나마 유학생의 합법적 계절근로의 필요성과 허용 가능성에 관해 살펴볼 것이다.

고용주가 계절근로자로서 합법적인 허가를 받지 않은 이주민(유학생 포함)을 유연 노동력으로 빈번하게 고용할 수밖에 없는 이유는 인력이 부족하기 때문이다. 특히 내국(출생) 인력은 농촌 지역에서의 근로 및 육체적 노동을 기피하여 수급 자체가 어렵다(한국농어민신문, 2021.2.10; Hello tv NEWS, 2021.4.9; 김연홍·안후남, 2020: 126·133; 김현미, 2020: 64; 한국이민학회, 2018: 127-129).

〈사례 6-9, 히식〉

어차피 지금 보면. 사람들 다 50대, 60대예요. 20대, 30대, 40대 사람들은 그냥 좀 다른 일하고 가볍게 하는 일하고. 힘든 일하는 한국인들도 없는 거죠. 우리들 맨날 가는 거예요. 어차피 이건 법대로 하려고 하면 엄청 힘들고. 어차피 한국 사람들도 어쩔 수 없으니까 우리 일 시키는 거잖아요. 첫 번째는 거의 사람들은 한국 사람들 시키려고 하면. 한국 사람들은 나왔다가 중간에 포기하고 가는 사람들도 많고. 그리고 우리는 많이 참고. 그리고 잘해 준다는 마음 가지고 일해 주니까. 그리고 한국 사람들은 농원 나가보면 일하는 사람들은 한국 사람들은 열 명 중에 한 두 명밖에 없고 다 외국인밖에 없고.

한국이민학회의 실태조사(2018)에 따르면, 81명의 고용주가 내국(출생) 인력을 구하기 어려워 비합법 외국인을 고용한다고 답했다. 이는 '인건비가 저렴(n=19)'하여 비합법 계절근로자를 고용한다는 답변보다 높은 수치를 나타내며 인력 부족 문제의 정도를 체감할 수 있다. 또한, 내국(출생) 인력 수급의 차질로 인해 외국인 계절근로자를 합법적으로 고용하고 있지만, 신청 인원에 비해 배정 인원이 낮아 충분히 충원받지 못하고 있기 때문이다. 2018년 전체 지자체를 기준으로 농업 부문에만 22,575명의 잠재 수요가 있었다. 하지만 2018년에 입국한 외국인 근로자 수는 2,173명으로 추가 수요는 20,422명에 달한다. 계절근로자 수요는 매년 22,000명이 넘지만, 연간 계절근로자는 2,000여 명(2017년 1,086명, 2018년 2,822명, 2019년 2,597명)에 불과한 실정이다. 이는 수요에 비해 10%에 그친 수치로, 외국인 계절근로자는 연간 2만여 명이 부족하다(대구 MBC 뉴스, 2021.4.7; 서울경제, 2019.2.13; 한국이민학회, 2018: 122-128).

그리고 계절성 농업이 여러 작물로써 사계절 내내 지속되고 있음에도 불구하고, 고용주는 상·하반기 연 2회에 걸쳐 1가구당 연간 최대 6명을 고용할 수 있기 때문이다. 이때 미등록체류자가 없는 최우수 지자체의 경우, 농가당 한 명을 더 고용할 수 있으며 8세 미만의 자녀를 양육 중인 고용주도 한 명을 더 고용할 수 있다. 외국인 계절근로자를 합법적으로 고용할 수 있는 제도가 있음에도 불구하고 절차가 까다롭고 배정 시기와 인원이 제한되어 있어 필요한 시기에 필요 인원을 충분히 충원받지 못하는 고용주는 인력 부족 문제를 해소하기 위해 자체적으로 이주민(유학생, 미등록 체류자 포함)을 비합법 고용하고 있다(법무부·출입국·외국인정책본부, 2021; 김현미, 2020: 64; 한국이민학회, 2018: 127). 또한, 계절근로자를 고용 중이더라도 이들의 이탈률이 높아[4] 비합법적 근로자(유학생 포함)를 고용할 수밖에 없는 실정이다.

〈사례 6-10, 히식〉

그리고 좀 여기서 안심하고 살고 싶잖아요. 다 태국이나 베트남, 우즈벡 사람들 좀 하다가 도망가거나 이런 거 경험이 좀 많다고 했어요. 다른 업체들도 외국인들 있다가 나간 사람도 있고.

위 〈사례〉뿐만 아니라 언론 보도에서도 2019년 6월에서 7월 사이 경기 포천시로 입국한 네팔 출신의 계절근로자 41명 중 18명이 작업장을 이탈하였다고 한다. 외국인 계절근로자 중 다수는 국내에 입국하기 위해 국내외 중개업체를 이용한다(한겨레, 2020.1.5). 이들은 그 과정에서 발생한 수수료를 중개업자에게 지불하기 위해 작업장을 이탈하는 것으로 나타났다. 중도 이탈을 전략적으로 선택함으로써 타 분야에서 더 높은 강도로 일하고 그 임금으로 수수료

---

4 2015년부터 2018년 9월 말까지 입국한 계절근로자 3,478명 가운데 120명이 해당 농어가를 이탈하였으며, 2018년 상반기(9월)까지 이탈률은 4.5%에 이른다(한국이민학회, 2018: 128).

를 지불하고 차액을 남기는 것이다.

더불어 계절근로자는 최대 5개월을 근로한 후, 모국으로 귀국해야 한다. 따라서 국내에서 정주하고자 하는 계절근로자는 체류 기간 만료 전 농경지를 이탈함으로써 미등록체류자로 체류를 연장한다(김연홍·안후남, 2020: 127; 전윤구, 2020: 174; 한겨레, 2020.1.5). 이에 따라 고용주는 인력 공백을 메우기 위해 비합법 계절근로자를 고용함에 있어 미등록체류자보다 체류자격이 법적으로 보장되어 장기체류가 가능하며 이탈률이 보다 낮은 유학생의 비합법 고용을 선호하는 것이다. 아래 〈사례〉에서 확인할 수 있듯, 신분이 보장되는 유학생은 비합법 취업 활동 중이더라도 미등록체류자보다 이탈할 우려가 적고 책임감 있게 임한다는 믿음 때문이다.

〈사례 6-11, 히식〉
가는 사람들이 좀 일도 좀 제대로 하는 사람들도 없고. 하는 척만 하고. 다섯 시까지만 하면 돈 받고 가면 된다는 생각해요. 혹시나 다음에 여기 또 오면 이 사람이랑 다시 하는 거 그런 생각은 가지고 있는 사람도 없고. 오늘 다섯 시까지만 여기 있으면 돈 받고 간다는 생각하고 있어요. 여행 관광비자로 들어왔다가 불법체류인 사람들. 유학생은 일단 비자가 있는 사람이니까. 비자가 있는 사람들도 불법 같은 거 하면 경찰서도 걸리잖아요. 걸리면 비자 취소돼서 몽골에 바로 보낼 수도 있고 어차피 불법하는 건 똑같아요.

특히 '외국인 계절근로자를 고용 중인 고용주의 주된 애로사항'을 살펴보면, 계절근로자와 '의사소통의 어려움(44.2%)'과 '월급에 대한 부담감(33.0%)', '고용 절차와 긴 소요 시간', '고용 방법의 어려움', '숙소 문제'(한국농어민신문, 2021. 2.10) 등을 꼽았다. 그리고 '건의사항'으로 '고용 기간 연장(71.3%)', '숙박

비 유상화(17.5%)', '배정인원 확대(11.2%)'를 제시하였다. 이때 임금과 근로조건이 개선된다 하더라도 고용주는 계절근로자의 내국인(청년층, 여성인력) 대체 가능성을 낮게 평가하고 있다(한국이민학회, 2018: 122-127).

여기서 주목할 점은 유학생이 타 체류자격의 이주민보다 위의 문제를 해소할 수 있는 여건이 높아 비합법 대체 인력으로 선택되어 고용되고 있다는 점이다. 대학에서 수학 중인 유학생은 한국어로 의사소통이 가능하며 여학생도 계절근로를 희망하여 근로 중인 비율이 높기 때문이다. 또한, 이들은 높은 일당을 받기 위해서라도 계절근로 중에서도 노동력을 요하는 분야에서 근로하고 있다. 이는 유학생이 노동 강도가 높은 일도 해결할 수 있는 청년층에 해당된다는 말이다. 유학생은 주로 수업이 없는 주말을 이용하여 근로하기 때문에 일당으로 지불하며 월급에 대한 부담감도 적다.

설문조사에 참여한 고용주는 '농업의 특성상 1년 동안 바쁜 게 아니기 때문에 장기간 고용할 필요가 없고(n=52)', '절차와 방법이 어려워(n=60)' 합법적 계절근로 외국인을 굳이 고용하지 않는다고 답했다(한국이민학회, 2018: 123). 이에 반해 시간제 취업 활동이 필수불가결한 유학생은 농번기에 상시 채용이 가능하다는 장점이 있다. 원하는 시기에 유학생을 수시로 고용할 수 있는 절차의 간소화와 신속한 처리는 계절근로자의 배정인원 확대와 고용기간 연장, 해고에 관한 부담감을 줄여준다.

계절근로를 경험한 유학생이 같은 농원 또는 다른 농원에 재고용을 원하는 점도 장점으로 한몫한다. 고용주의 입장에서 새로운 사람을 고용하는 것보다 계절근로를 경험하여 숙련된 유학생을 재고용하는 것이 이점이기 때문이다.

특히 유학생은 대학의 기숙사나 학교 주변에서 자취하기 때문에 숙소를 따로 제공하지 않아도 된다는 장점이 있다. 경기도 포천의 한 농원에서 발생한 외국인 계절근로자의 사망 사건을 계기로 고용노동부는 농어업 분야 외국인 근로자의 숙소 기준을 강화하는 방침을 내놓았다. 충분한 주거환경 시설을 갖

초국적 관점에서 본 유학생의 경험과 유학정책

추지 않은 사업장은 허가를 받지 못한다는 것이다. 따라서 숙소 문제에 관해 현실적 대책을 마련하기 힘든 고용주는 부담이 따른다고 토로한다(한국농어민신문, 2021.2.10; 한국이민학회, 2018: 127). 이로 인해 비합법적 외국인 근로자를 고용함에 있어서도 숙소 제공 등 사회복지 비용을 신경 쓸 필요가 없는 유학생을 계절근로자로 선호하는 것이다.

〈사례 6-12, 히식〉
좀 훔쳐 가거나. 우즈벡 사람들 그런 게 좀 많대요. 그 사람들 불법자나 뭐 그런. 그래서 유학생 더 많이 일해요. 믿고. 우리는 비자 있잖아요.

또한, 위 〈사례〉와 같이 유학생은 합법적인 비자를 소지하여 미등록체류자와 달리 문제(도난 등)가 발생했을 경우 신분이 보장되어 노무 관리가 용이하기 때문이다. 이로 인해 고용주는 이주민 중에서도 특히 유학생을 비합법 계절근로 노동력으로 대체하고 있는 현실이다.

V. 결론

포스트 코로나 시대에 유학 이해당사자 요구에 기반한 유학정책의 대안을 마련하고자 한 본 논문은 외국인 유학생의 일상 중에서도 일정 시간 이상을 할애하고 있는 비합법 시간제 취업 활동과 학업의 병행에 관해 탐색하였다. 유학생은 COVID-19 시기 이전부터 인력난을 겪고 있는 다양한 분야에서 합법과 비합법으로 시간제 취업 활동을 하며 학업을 병행하고 있다. 특히, 본 논문에서는 유학생의 비합법 시간제 취업 활동 분야 중에서도 계절근로에 집중하였다. COVID-19 시기 이전부터 유학생의 비합법 계절근로가 성행하였으며, COVID-19로 인해 외국 인력의 수급이 중단된 계절근로 분야에서 상시 채용이 가능한 국내 체류 유학생의 근로는 필수불가결하기 때문이다.

유학생의 비합법 계절근로와 학업 병행 양상을 살펴본 결과, 이들은 강의를 마친 오후나 공강일, 주말을 이용하여 대구·경북지역 대학 근처 혹은 2~3시간 거리에 위치한 농원에서 하루의 절반을 일하고 약 10만 원 정도의 일당을 받고 있다. 수학에 집중해야 할 유학생은 비합법 시간제 취업 활동에 몰두한 나머지 학업 소홀을 초래하였다. 이들의 비합법 시간제 취업 활동은 노동 강도가 높아 강의 중에 잠을 자거나 결석이 잦고 예습과 복습, 과제, 시험 준비 등에 소홀한 경향을 보인다. 이는 성적 미달로 이어져 성적 장학 금액에 영향을 미치며 학업 중단과 이탈 및 졸업 지연과 같은 문제를 증가시키고 있다. 특히, COVID-19로 인해 비대면 형식의 강의가 지속되자 수업을 이해하지 못하고 집중력이 저하된 유학생은 학업보다 비합법 시간제 취업 활동에 몰두하게 되었다. 이로 인해 성적은 떨어졌으며 이전보다 낮은 성적 장학금을 받게 된 유학생은 스스로 체재비를 충족하기 위해 다시 시간제 취업 활동과 학업을 병행할 수밖에 없는 현실이다.

본 논문에서는 유학생의 비합법 시간제 취업 활동과 학업의 병행으로 인해 수학에 소홀한 양상만을 문제점으로 보는 것이 아닌, 이들이 왜 비합법 시간제 취업 활동과 학업을 병행할 수밖에 없는지 현 유학생정책을 통해 분석해 보았다. 그 결과, 유학생에 관한 시간제 취업 제도의 제약으로 인해 비합법적 시간제 취업 활동을 할 수밖에 없다는 문제점이 존재한다. 위 제도에 따르면 일정 이상의 한국어 능력(TOPIK)을 보유하고 관서로부터 허가서를 받은 유학생만이 학업과 시간제 근로를 합법적으로 병행할 수 있다. 하지만 유학생의 입장에서 허가서를 받기 위해서는 시간제 취업 허용 기간과 조건, 분야, 시간 등 요건에 과도한 제약이 따르기 때문에 유학생의 학업 이탈과 비합법 시간제 취업 활동이 성행할 수밖에 없는 현실이다. 또한, 합법적 시간제 취업 분야에서조차 유학생에게 최저임금을 지불하지 않으며, 수학을 목적으로 체류 중인 유학생에게 노동력만을 필요로 하는 분야와 기피 업종 등에 시간제 취업이 제한되어 있다는 것도 제도의 문제점으로 지적할 수 있다. 특히 위 제도에 따라 합법적 시간제 취업 분야에 근로할 수 있는 요건을 충족시켰음에도 불구하고 출신 국가와 사용 언어(모국어), 외모와 피부색, 종교 및 종교 복장, 문화 차이 등을 이유로 합법적 고용에서 배제되는 특정 국가 출신의 유학생이 증가하고 있다. 이때 이들은 공장과 같은 비합법 시간제 취업 분야에서조차도 앞선 이유로 배척당하는 현실이다.

따라서 위와 같은 타자화를 경험한 우즈베키스탄, 몽골, 케냐, 키르기스스탄, 파키스탄 등 특정 국가 출신의 유학생은 비합법 시간제 취업 분야 중에서도 계절근로에 집중하게 된다. COVID-19 시기뿐만 아니라 평소에도 인력난을 겪고 있는 계절근로 분야의 고용주 입장에서 숙소를 제공하지 않고도 상시 채용이 가능하며, 체류자격이 정확하여 신분이 보장되고, 노동 강도가 높은 일도 할 수 있는 청년층인 유학생의 계절근로를 선호하기 때문이다. 특정 국가 출신인 유학생의 입장에서 계절근로는 내국인 고객을 응대하거나 내국인(출생) 동료와 함께 근로해야 하는 환경이 아닌, 본인이 함께 조를 맞춰 온 지인(유학생 포함)과 근로가 가능하여 차별받을 일이 적기 때문에 선호 분야로 꼽히고 있다. 특히 비합법 계절근로는 본인이 근로한 만큼 일당을 받을 수 있다는 장점이 작용하여 유학생의 비합법 계절근로와 학업의 병행이 증가하고 있다.

위 연구 결과를 바탕으로 포스트 코로나 시대에 유학생이 학업과 시간제 취업 활동을 보다 효율적으로 연계하며 수학에 집중할 수 있도록 유학 이해 당사자의 요구에 기반한 유학정책의 보완을 기대한다. 첫째, COVID-19로 인해 비대면 온라인강의가 증가하자 학업에 소홀하고 성적 장학금에도 영향을 미치는 유학생이 증가하는 만큼 유학생을 위한 디지털 기반 교육 프로그램의 도입이 시급하다. 둘째, COVID-19 이후 성적 장학 금액이 감소하거나 장학대상에서 제외되는 등 장학금에 관한 만족도가 낮아 시간제 취업 활동과 학업을 병행하는 유학생이 증가하는 만큼 유학생을 대상으로 한 기존의 장학금 지원 정책에 관한 검토가 필요하다. 셋째, 장학금 지원에 관한 낮은 만족도로 인해 체류 비용을 직접 마련해야 하는 유학생이 합법적으로 시간제 취업 활동과 학업을 병행할 수 있도록 기존의 시간제 취업 제도에 관한 정책적 보완의 필요성이 제기된다. 특히 수학을 목적으로 체류 중인 유학생에게 노동력만 요하는 기존의 제도와 달리, 외국어를 구사하거나 수학과 관련된 분야에서 학업과 연계하여 시간제 근로를 할 수 있도록 취업 분야와 시기, 근로 시간 등의 제도적 확대가 시급하다. 교내에서 유학생을 위해 시간제 취업 활동 분야를 증대하는 점도 필요하다고 본다. 더불어 유학 생활 초기의 어학연수생이 한국어 학습에 집중할 수 있도록 어학연수생을 위한 장학금 지원과 시간제 취업 제도에 관한 정책적 보완은 필수불가결하다. 이때 최저임금을 지불하지 않는 고용주와 기관에 관한 단속과 처벌 등의 최저임금 보장을 위한 정책적 합의도 필요하다.

특히 근래 들어 정부는 COVID-19로 인해 인력난 문제를 겪고 있는 계절근로 분야에 체류 외국인의 근로를 한시적으로 허용하고 있지만, 유학생은 허용 대상이 아니다. 하지만 인력난 부족 문제를 겪고 있는 다양한 분야에서 체류 유학생이 근로할 수 있도록 숙련기능인력 제도를 확대 검토하고 있다. 이에 따라 COVID-19 시기 이전부터 체재비 부족 문제를 해소하기 위해 비합법으로 이루어졌던 유학생의 계절근로와 교육정책의 연계성 강화에 관한 제도적 논의가 필요하다고 본다. 이를 통해 포스트 코로나 시대의 유학생은 확대 허용된 합법적 시간제 취업 활동 내에서 체재비를 마련하여 학업에 집중함으로써 유학생 개인과 인력난 부족 문제를 겪고 있는 계절근로 분야가 상호협력하여 성장할 수 있도록 기대한다.

참고문헌

구본석, 2017, "동국대학교 경주캠퍼스 외국인 유학생 관리 역량 강화를 위한 교과목 구축 사례 연구", 『예술인문사회 융합 멀티미디어 논문지』, 7(9), 709-717.

국무조정실·국무총리비서실, 2021, 제39차 목요대화: 체류 외국인 250만 시대, 경제활력 제고와 공존을 위한 방안 2021.3.25. 보도자료.

김미영·이유아, 2019, "베트남 유학생들의 진로스트레스와 진로탐색활동에 관한 질적 연구", 『동아연구』, 38(1), 41-72.

김수현, 2016, "외국인 유학생 유치·관리 정책 분석을 통한 한국어 교육기관의 운영 개선 방안", 안양대학교 석사학위논문.

김연홍·안후남, 2020, "농업분야 외국인 계절근로자 제도 비교연구", 『융합사회와 공공정책』, 13(4), 126-159.

김재은, 2009, "외국인 유학생의 문화적응 스트레스와 적응 프로그램 효과성 연구", 아주대학교 석사학위논문.

김주영·구예성·백춘애·박정환, 2021, "COVID-19 시기 재한 중국인 유학생들의 온라인 수업경험에 대한 질적 분석", 『한국산학기술학회 논문지』, 22(3), 633-642.

김학실, 2020, "외국인 계절 근로자 운영에 관한 국가 간 비교: 역량강화와 인권기반 운영 관점", 『한국자치행정학보』, 34(2), 21-46.

김해경, 2016, "중국인 유학생 학업중단 의도에 영향을 미치는 학생 및 대학수준 변인의 탐색", 경희대학교 박사학위논문.

김현미, 2020, "글로벌 노동 유연화와 유학생-노동자의 사례: 수도권 물류서비스업을 중심으로", 『노동리뷰』, 4, 63-78.

남수경, 2012, "한·중·일 3국의 정부지원 유학생정책 비교 분석", 『比較敎育硏究』, 2(4), 75-98.

바트챙게르 투맹뎀베렐·김도혜, 2020, "유학생 노동의 불법성 연구: 한국 지방대학의 몽골과 베트남 유학생의 노동경험을 중심으로", 『현대사회와 다문화』, 10(2), 25-52.

법무부(외국인정책과), 2021, 출입국관리법.

법무부(외국인정책과), 2021, 출입국관리법 시행규칙.

법무부(외국인정책과), 2021, 출입국관리법 시행령.

법무부·출입국·외국인정책본부, 2020, 외국인체류 안내매뉴얼, 2020. 2.

오수연, 2009, "국내대학의 외국인 유학생 유치현황 및 전략에 관한 연구", 숙명여자대학교 석사학위논문.

이은하, 2015, "한·중 양국 외국인 유학생 유치정책의 발전과 주요 제도 비교 연구", 『중국

학』, 53, 161-184.

이화숙·김정숙·이용승, 2021, "COVID-19 팬데믹이 유학생의 취약성에 미치는 영향", 『현대사회와 다문화』, 11(2), 1-34.

임석준, 2010, "외국인 노동자인가 유학생인가? 부산지역 중국유학생의 노동실태와 사회적 책임", 『21세기정치학회보』, 20(3), 53-77.

장지영·조은영, 2020, "외국인 유학생 대상 한국어 교양 교육 과정 운영 현황과 과제", 『교육문화연구』, 26(6), 617-636.

전윤구, 2020, "농업분야 외국인력 활용제도의 변용과 중간착취: 고용허가의 근무처 추가 제도와 계절근로제를 중심으로", 『노동법논총』, 48, 171-208.

전재은, 2016, " 외국인 유학생 중도탈락률에 대한 대학기관 수준의 결정 요인 분석", 『글로벌교육연구』, 8(3), 29-51.

최성호·장경원, 2018, "외국인유학생의 교육과정에 대한 요구분석", 『교육문화연구』, 24(2), 615-640.

통계청 사회통계국 고용통계과·법무부 출입국외국인청책본부 외국인정책과, 2020, 2020년 이민자 체류 실태 및 고용조사 결과: 고용·보건 및 정보화·한국생활·한국어 능력·체류사항·비전문취업·유학생, 2020.12.21 보도자료.

하정희, 2008, "중국유학생의 대학생활 적응에 대한 질적 연구", 『한국심리학회지: 상담 및 심리치료』, 20(2), 473-496.

한국이민학회, 2018, "외국인 단기 계절근로자 제도 실태분석 및 종합개선 방안 연구".

황성원, 2018, "비수도권 지역 외국인 유학생의 대학생활에 관한 연구", 한국외국어대학교 석사학위논문.

LIU·HUI·최영출, 2021, "COVID-19 하의 원격교육에서 유학생 학습 동기가 학습 몰입도, 학습 효과, 학습만족도에 미치는 영향: 충북대학교 중국 유학생을 중심으로", 『사회과학연구』, 38(1), 21-43.

고용노동부, E-9 취업활동기간 만료자의 계절근로 취업 허용 안내, http://www.moel.go.kr/news/notice/noticeView.do?bbs_seq=20200801045(검색일: 2020.03.19.).

귀농귀촌종합센터, 방문동거(F-1) 외국인 계절근로 신청, https://www.re turnfarm.com:444/cmn/sym/mnu/mpm/1070101/htmlMenuView.do(검색일: 2021.03.06.).

법무부·출입국·외국인정책본부, 외국인 계절근로자 프로그램." https://www.immigration.go.kr/immigration/1528/subview.do(검색일: 2021.03.06.).

외교부·주 베트남 대한민국 대사관, 외국인 계절근로자제도 관련 안내, http://overseas.mofa.go.kr/vn-ko/brd/m_2203/view.do?seq=1345436(검색일: 2021.03.06.).

최저임금위원회, 최저임금액 현황, https://www.minimumwage.go.kr/stat/statMiniStat
.jsp(검색일: 2021.03.23.).

노컷뉴스, 2020.10.22.

대구 MBC 뉴스, 2021.4.7.

머니투데이, 2020.1.14.

메트로신문, 2019.8.7.

서울경제, 2019.3.13.

한겨레, 2020.1.5.

한국농어민신문, 2021.2.10.

한국유학저널, 2019.9.3.

BBCNEWS 코리아, 2020.5.18.

e-대학저널, 2020.10.14.

Hello tv NEWS, 2021.4.9.

KTV, 2020.7.30.

출처

※ 이 책에 실린 글들은 저자들의 선행 연구를 일부 수정·보완하여 작성된 것이다. 출처와 저작권자는 다음과 같다.

제1부 유학생의 생활세계

1장. 유학생의 차별 경험과 정신건강 간의 관계에서 문화적응 스트레스의 매개효과 검증 연구 -대구·경북지역의 베트남 유학생과 중국 유학생의 비교- / 김연희·이교일

출처: 2021, "유학생의 차별 경험과 정신건강 간의 관계에서 문화적응 스트레스의 매개효과 검증 연구 - 대구·경북지역의 베트남 유학생과 중국 유학생의 비교", 『디아스포라연구』, 15-1

저작권자: 전남대학교 글로벌디아스포라연구소

2장. 학문 목적 외국인 유학생의 학업 경험에 관한 질적 연구 -자기결정성 동기를 중심으로- / 이윤주

출처: 2022, "학문 목적 외국인 유학생의 학업 경험에 관한 질적 연구 - 자기결정성 동기를 중심으로", 『문화와 융합』, 44-4

저작권자: 한국 문화융합학회

3장. 유학생의 SNS 이용 목적이 유학생활 만족도에 미치는 영향 -적응스트레스의 매개효과를 중심으로- / 김혜영·황동진

출처: 2021, "유학생의 SNS 이용 목적이 유학생활 만족도에 미치는 영향 - 적응스트레스의 매개효과를 중심으로", 『학습자중심교과교육연구』, 21-15

저작권자: 학습자중심교과교육학회

제2부 한국어와 한국어 교육

4장. 딕토콤프(Dicto-Comp)를 활용한 한국어 듣기 쓰기 담화통합 사례 연구
  -중국인 학습자의 한국어 능력 5급을 대상으로- / 김정란·김명광

출처: 2021, "딕토콤프(Dicto-Comp)를 활용한 한국어 듣기 쓰기 담화통합 사례
연구 – 중국인 학습자의 한국어 능력 5급을 대상으로", 『학습자중심교과교육연
구』, 21-10
저작권자: 학습자중심교과교육학회

5장. 한국어 교육에서의 태도 연구 동향 분석 -외국인 유학생 연구를 중심으로-
  / 이윤주

출처: 2021, "한국어 교육에서의 태도 연구 동향 분석-외국인 유학생 연구를 중심
으로", 『배달말』, 68
저작권자: 배달말학회

6장. 유학생 역번역문에 나타난 어휘 연구 / 박은정

출처: 2019, "유학생 역번역문에 나타난 어휘 연구", 『한국언어문화학』, 16-1
저작권자: 국제한국언어문화학회

제3부 초국적 유학정책

7장. COVID-19와 유학생 유치정책에 대한 일고 / 김명광

출처: 2021, COVID-19와 유학생 유치정책에 대한 일고, 현대사회와 다문화,
11-2
저작권자: 대구대학교 다문화사회정책연구소

8장. 유학생 관련 명칭의 현황과 명칭 사용의 문제 -학술 논문의 제목을 중심으
  로- / 이화숙·이용승

출처: 2020, "유학생 관련 명칭의 현황과 명칭 사용의 문제 – 학술 논문의 제목을
중심으로", 『인문과학연구』, 39
저작권자: 대구가톨릭대학교 인문과학연구소

9장. 유학생의 학업 수행과 관련한 정의적 요인 연구의 동향 분석
   —유학생 교육정책의 함의 모색을 위하여— / 이윤주·이화숙·이용승

출처: 2022, "유학생의 학업 수행과 관련한 정의적 요인 연구의 동향 분석—유학생 교육정책의 함의 모색을 위하여", 『인문과학연구』, 72
저작권자: 강원대학교 인문과학연구소

10장. 포스트 코로나 시대의 유학 이해당사자 요구에 기반한 유학정책 연구
   —유학생의 비합법 계절근로와 학업 병행을 중심으로— / 이예지

출처: 2021, "포스트 코로나 시대의 유학 이해당사자 요구에 기반한 유학정책 연구—유학생의 비합법 계절근로와 학업 병행을 중심으로", 『디아스포라연구』, 15-2
저작권자: 전남대학교 글로벌디아스포라연구소

초국적 관점에서 본 유학생의 경험과 유학정책
교육 현장에서의 연구 결과를 중심으로

초판 1쇄 발행   2023년 5월 31일
엮은이   대구대학교 다문화사회정책연구소
펴낸이   김선기
펴낸곳   (주)푸른길
출판등록   1996년 4월 12일 제16-1292호
주소   (08377) 서울시 구로구 디지털로 33길 48 대륭포스트타워 7차 1008호
전화   02-523-2907, 6942-9570-2
팩스   02-523-2951
이메일   purungilbook@naver.com
홈페이지   www.purungil.co.kr

ISBN 978-89-6291-020-9   93300

이 저서는 2021년 대한민국 교육부와 한국연구재단의 지원을 받아 수행된
연구임(NRF-2021S1A5B8096275).